Transition

3

The Blueblood of MuFu

Liu Ruisheng

犀照·意解心开

案頭書
DESK BOOK

木府血脉

THE BLUEBLOOD OF MUFU

Transition 3

The Blueblood of MuFu

Liu Ruisheng

刘瑞升 编著

科学普及出版社
·北京·

目录 | Contents

白序　　　　　　滴水鉴大海　　　　　　　　2

自序　　　　　　我来到美丽的临沧　　　　　4

编撰说明　　　　　　　　　　　　　　　　11

前引　　　　　　　　　　　　　　　　　　12

第一篇　　　　丽江坝，昆明坝 木府嫡长的求索（1929–1948年）

进入20世纪的中国，迎来3000年未有之大变局。辛亥革命推翻最后的封建王朝，外来文化冲击本土文化、外敌入侵、各地军阀财阀割据；《三民主义》《独秀文存》《热风》《彷徨》和《新青年》等书刊为追求新思想的中国人提供了精神食粮；中国抗日战争的胜利，标志着第二次世界大战彻底结束；国共之间博弈，终以蒋介石退守台湾告结。其间，木光从儿童到青年，求学于丽江与昆明的五六所学校，目睹罢课学潮、参加联校游行，还担任新民主主义青年团总支委员等职务。

第一章　走出四方老街 就读南菁学校（1929–1939年）

巍峨的高山、奔腾的大江，神奇的自然风光、神秘的民族文化，还有无数的珍稀动物、植物，这就是20世纪初吸引外国探险家们纷至沓来的滇西北。玉龙雪山下，大研古镇内，1929年木光出生在木家院。在云南历史上，丽江作为少数民族地区，首开崇尚汉文化的先河。元明以来，丽江的经济、社会、文化获得了空前的发展。"云南诸土官，知诗书，好礼守义，以丽江木氏为首。"木氏重视后代的教育，童年、少年木光的求学之路就铺展在丽江坝子和昆明坝子之间，先后就读于龙云创办的昆明南菁学校及丽江小学、丽江中学。

19　**1929年　出生**

1月13日，父亲木琼（1908–1959年）与母亲李玉棋（1908–1988年）在木家院举行婚礼；1月21日，祖父木标（1885–1929年）逝世，享年44岁；11月7日，木光出生；是年，父亲木琼经云南省政府主席龙云（1884–1962年）签批，承袭丽江土通判职。20世纪20年代中期，表叔方国瑜（1909–1983年）在北京参加云南左派学生组织的"新滇社"。他同在北京读书的几位丽江籍青年学生回到家乡，均受聘为丽江中学教师。他们从北京带回《三民主义》《独秀文存》《胡适文存》《热风》《彷徨》《社会科学入门》和《新青年合订本》等进步书刊，在师生中广为传阅。新思想、新文化开始逐步在丽江传播。1928年，时为丽江中学学生的舅舅李群杰（1912–2008年）等纳西族青年，秘密组织"新丽江读书会"。李群杰是丽江及纳西族中的第一个中共党员。

40　**1930年　1岁**

美籍学者约瑟夫·洛克（1884–1962年）在木家院翻拍《木氏宦谱》图片，木琼怀抱刚满1岁的木光与几位族亲合影；木琼赴省城拜会龙云主席述职。

44　**1931年　2岁**

在木家院生活。

46　**1932年　3岁**

被祖母李氏（1886–1941年）包办与丽江习姓之女习咏吟（生卒不详）订下娃娃亲。

46　**1933年　4岁**

在木家院生活；方国瑜在丽江以一部《徐霞客游记》换得《木氏宦谱》副本。

47　**1934年　5岁**

在木家院生活；方国瑜在石鼓镇拓《石鼓木氏纪功刻辞》碑。

48　**1935年　6岁**

随父亲木琼到鸡足山；赴昆明，在龙云创办的南菁学校读书。

50　　**1936年　7岁**
　　　继续在南菁学校读书。

51　　**1937年　8岁**
　　　在丽江上小学；李群杰在香港加入中国共产党，后返回昆明重建中共云南地方组织。

51　　**1938年　9岁**
　　　继续在丽江上小学；李群杰担任中共云南省特委书记。

53　　**1939年　10岁**
　　　继续在丽江上小学；李群杰担任中共云南省工委书记，后潜入国民党军政机构。

第二章　接受进步思想　参加联校游行（1940–1948年）

　　20世纪40年代的中国风云激荡，从抗日战争的战略相持阶段，到抗日战争的全面胜利；从国共两党重庆谈判，到三大战役胜利结束，再到人民解放军进军大西南，这些都会让一名学子期盼和激动。其间，木光曾在昆明私立五华中学和西南中山高级工业职业学校上学。受到进步思想影响，与进步师生一同参加"反内战，反饥饿"的罢课学潮，参加"一二·一"联校大研完上街游行。在丽江古城大研完全小学任教期间，担任新民主主义青年团总支委员兼支部副书记。少年、青年木光，有着良好的人生起点。

55　　**1940年　11岁**
　　　继续在丽江上小学；刘敦桢（1897–1968年）写就《丽江县志稿·建筑志》，在介绍大定阁时，他说："《府志》称此阁为明土官木增（1587–1646年）建。增字生白，即建鸡足山悉檀寺，及招徐霞客（1587–1641年）游丽江者。"

61　　**1941年　12岁**
　　　小学毕业，升入丽江县初中班；俄国人顾彼得（1901–1975年）来到丽江，著有记述丽江生活的《被遗忘的王国》一书，书中部分章节记录了木府状况，以及木土司后人的一些生活细节、生存状态等。

62　　**1942年　13岁**
　　　经方国瑜介绍，入昆明私立五华中学读书；杨若兰（汉族）出生（1962年，与木光结为夫妻）；龙云决定从云南选送40名优秀学生去美国留学深造，其中有三位丽江纳西族青年。

63　　**1943年　14岁**
　　　中学毕业考入西南中山高级工业职业学校；罗常培（1899–1958年）撰写《记鸡山悉檀寺的木氏宦谱》。

67　　**1944年　15岁**
　　　继续在西南中山高级工业职业学校读书。

70　　**1945年　16岁**
　　　继续在西南中山高级工业职业学校读书，参加"一二·一"联校上街游行；万斯年发表《徐霞客书山中逸趣叙跋》；龙云被蒋介石（1887–1975）解职。

79　　**1946年　17岁**
　　　继续在西南中山高级工业职业学校读书。

80　　**1947年　18岁**
　　　受聘于丽江古城大研完小任教；哈佛大学出版社出版约瑟夫·洛克著《中国西部古纳西王国》一书。书中记载木氏家族史料，并收入《木氏宦谱》中土司画像30余幅。

81　　**1948年　19岁**
　　　继续在丽江古城大研完小任教；李群杰回到昆明，在省教育厅任职并兼《民意日报》主笔；龙云抵香港。

第二篇　凤庆河，南汀河 电影老兵的奉献（1949–1987年）

1949年中华人民共和国成立，亿万人民欢呼着进入新时代；接下来一系列运动，让无数人命运浮沉，特别是"文化大革命"，几近把中国推向崩溃边缘；1978年中共十一届三中全会召开，昭示着中国改革开放的起程。其间，木光1950年在南京参加由中央电影局举办的电影放映训练班，成为云南省早期电影工作者，先在云南省电影发行放映大队工作，后到云南省电影放映学校任教；1958年来到滇西边地，从凤庆河边的凤庆县到南汀河畔的临沧县，都留下了电影放映队长木光的身影。数十年间，他还担任电影放映员培训班、少数民族译制人员培训、晶体管电影放映扩音机专业班全部课程的老师；应邀出席全国少数民族语电影译制、发行和放映表彰大会。

第三章　目睹风云变幻 体味人间冷暖（1949–1964年）

　　土地改革，对木光的家庭是一次洗礼；而身在昆明的政协第一届云南省委员会秘书长的舅舅李群杰，也遇到了"麻烦"。木光于1958年来到临沧专区双江农场劳动，后调到临沧专区电影管理站，不久到凤庆县电影放映队任队长，再到临沧专区电影公司，一直从事与电影有关的工作。临沧成为他的第二故乡，他在澜沧江畔的茶叶之乡、温泉之乡扎根、工作、恋爱、结婚、养育子代。他是一名支边干部、下放干部，同时是一名普通的劳动者。

85　**1949年　20岁**
继续在丽江古城大研完小任教；与习咏吟结婚；李群杰在"九九整肃"中被捕入狱，后释放出狱，仍回省教育厅工作。

85　**1950年　21岁**
担任昆明市文庙图书馆管理员；长女木莲生出生；参加在南京市举办的全国电影放映技术培训班；与习咏吟离婚；李群杰任"昆明军事管制委员会"文教接管部副主任；龙云从香港到北京，担任中央人民政府委员会委员等职务。

89　**1951年　22岁**
入云南省电影发行放映大队，到滇西各地放映电影。

89　**1952年　23岁**
土地改革，家中全部土地和房产被没收；父亲木琼入丽江监狱。

89　**1953年　24岁**
入云南省文化局电影科工作；木氏土司后人将《木氏宦谱》捐献给云南省博物馆；李群杰任云南省民族事务委员会副主任。

90　**1954年　25岁**
在云南省文化局电影科工作；龙云当选全国政协第二届委员会常务委员会委员。

92　**1955年　26岁**
云南省电影放映学校成立，奉调该校任教；2月，李群杰被选为政协第一届云南省委员会秘书长；年底，李群杰被"隔离审查"；顾彼得著《被遗忘的王国》在英国出版。

93　**1956年　27岁**
继续在云南省电影放映学校任教。

93　**1957年　28岁**
继续上一年工作；是年，龙云被划为"右派分子"。

93　**1958年　29岁**
下放到临沧专区双江农场劳动锻炼；李群杰由公安机关宣布正式逮捕入狱。

94　**1959年　30岁**
父亲木琼病逝，享年51岁；调到临沧专区电影管理站工作；再调到凤庆县电影放映队任队长。

96　**1960年　31岁**
继续上一年工作。

96　**1961年　32岁**
继续上一年工作。

96　**1962年　33岁**
继续上一年工作；与杨若兰结婚；龙云在北京逝世，享年77岁；《中国西部古纳西王国》作者美籍学者约瑟夫·洛克在檀香山病逝，享年78岁。

98　1963年　34岁

从凤庆县电影放映队调到临沧专区电影公司，从事电影设备维修及放映员培训工作；长子木志平出生；《木氏宦谱》所有文字收入《云南纳西族社会历史调查》（内刊）一书中。

99　1964年　35岁

继续上一年工作；方国瑜出席第三届全国人民代表大会第一次会议。

第四章　亲历非常生活 勇敢面对困苦（1965—1978年）

1966年，电影工作者木光被派到奶牛场劳动。一天，小道河水库的发电机出现故障，救援的木光"手到病除"。在那个岁月里，木光为知识和技术赢得了尊严。此时，身在澜沧江边的木光，不知道金沙江畔丽江亲人们的境遇，更无力帮助。后回临沧专区电影公司，管理电影器材及配件。1972年，经临沧地区革命委员会调查，澄清历史问题，被予以平反。

101　1965年　36岁

继续上一年工作；李群杰被判处有期徒刑15年；木府门前明代建筑忠义石牌坊被云南省人民委员会公布为第一批省级重点文物保护单位。

101　1966年　37岁

"文革"开始，以"逃亡地主"身份被揪斗；忠义石牌坊以破"四旧"为由被摧毁。

102　1967年　38岁

继续上一年工作；次女木志英出生。

102　1968年　39岁

继续上一年工作。

103　1969年　40岁

继续上一年工作。

103　1970年　41岁

继续上一年工作。

103　1971年　42岁

继续上一年工作。

104　1972年　43岁

继续上一年工作；三女木志玲出生。

104　1973年　44岁

继续上一年工作；李群杰"刑满释放"，被"留场劳动"。

104　1974年　45岁

继续上一年工作。

105　1975年　46岁

继续上一年工作；方国瑜出席第四届全国人民代表大会第一次会议；《被遗忘的王国》作者顾彼得在新加坡病逝，享年74岁。

109　1976年　47岁

继续上一年工作；长女木莲生结婚；约瑟夫·洛克著《中国西南古纳西王国》中文铅印本由云南大学历史研究所民族组刻印发行；李群杰被宣布"特赦"，安置在云南省文史馆任馆员。

111　1977年　48岁

继续上一年工作；长外孙女张丽娟出生。

111　1978年　49岁

继续上一年工作；方国瑜出席第五届全国人民代表大会第一次会议。

第五章　荣誉来自实干 知识改变生活（1979-1987年）

1979年，临沧地区少数民族语电影译制组建立，招收佤族、傣族、拉祜族三个语种译制人员，木光担任译制人员培训老师，还任电影放映人员培训班老师，担任晶体管电影放映扩音机专业班全部课程老师；在临沧地区科技大会上获先进工作者称号；参与译制不同语种的故事片120部，科教纪录片30多部。长期在边疆民族地区从事少数民族语影片译制、发行和放映工作，业绩突出，木光应邀出席国家民委和文化部联合召开的全国少数民族语电影译制、发行和放映表彰大会，受到乌兰夫等国家领导人的接见，十世班禅额尔德尼·确吉坚赞为其颁奖；参与制作的佤语译制影片《武林志》获得国家民委、文化部颁发的"优秀译制片"奖。

115　**1979年　50岁**
继续上一年工作；原木氏家寺福国寺内五凤楼搬迁至黑龙潭工程完成。

117　**1980年　51岁**
继续上一年工作；参加临沧地区科技大会，获先进工作者称号。

118　**1981年　52岁**
继续上一年工作。

121　**1982年　53岁**
继续上一年工作；李群杰恢复党籍，任云南省政协专职常委，分管文史工作。

122　**1983年　54岁**
继续上一年工作；方国瑜逝世，享年80岁。

125　**1984年　55岁**
继续上一年工作；应邀出席国家民委和文化部联合召开的全国少数民族语电影译制、发行和放映表彰大会，受到乌兰夫（1906-1988年）等国家领导人的接见，十世班禅额尔德尼·确吉坚赞（1938-1989年）为其颁奖。

127　**1985年　56岁**
继续上一年工作。

131　**1986年　57岁**
继续上一年工作。

132　**1987年　58岁**
继续上一年工作。

第三篇　听政者，问政者 政协常委的担当（1988-2002年）

经过多年的改革开放，中国社会、经济、文化获得长足的发展，民主和法制的进程得到人民进一步的关切；1990年成功举办了第11届亚运会；1997年、1999年分别对香港、澳门恢复行使主权；长江三峡水利枢纽工程顺利建设；中国首次成功发射载人宇宙飞船神舟五号。1988年，步入花甲的木光开始履行15年的政协云南省委员会委员、常委之职，他经常深入边远山区的农村实地考察，撰写提案和调查报告。1996年"2·3"丽江大地震后，木光被聘为木府重建指挥部顾问，他撰写木府古建建筑布局规模方面的论文；将自己数十年收集珍藏的楹联捐献出来。

第六章　情系贫困山区 勤于议政建言（1988-1994年）

1988年，木光当选云南省政协委员，1993年、1998年连续当选常委。履行职责15年，他先后提出数十份提案或政协会议交流材料，多数提案受到有关部门的重视和采纳，有些还被评为优秀提案。他的提案大多是针对实际问题或亟待解决的问题提出的，如边远山区、高寒山区贫困少数民族的经济发展、民族教育等问题，以及工业（糖业）、农业（茶业）、交通建设、宗教管理、文化市场，甚至细化到少数民族山村电影放映的费用补贴。这些针对性强的提案的提交，是他不顾年老体衰，深入边远山区、农村基层实地调查研究的结果。

137　**1988年　59岁**
继续上一年工作；被推荐担任政协云南省第六届委员会委员；母亲李玉棋病逝，享年80岁。

139　**1989年　60岁**
继续上一年工作；参加政协云南省六届二次会议。

139 **1990年 61岁**
从临沧专区电影公司退休；参加政协云南省六届三次会议。

139 **1991年 62岁**
参加政协云南省六届四次会议；长孙出生，名木瑞。

140 **1992年 63岁**
在政协云南省六届五次会议上发言，题目是《加速发展边疆民族地区、贫困山区的文化事业》；次外孙女出生，名和雪。

141 **1993年 64岁**
担任政协云南省七届委员会常委。

143 **1994年 65岁**
参加政协云南省七届二次会议。

第七章　参与木府重建 无私献计著文（1995–2002年）

走出丽江坝子，在昆明坝子、临沧坝子学习、工作、生活六七十年，古稀之年的木光是一位游子。在历史悠久、文化灿烂的大研古镇，古街、古桥、古楼都是他魂牵梦萦的地方。为丽江、为故园做一些力所能及的工作，是木光多年埋藏在心底的愿望。1996年"二·三"丽江大地震后，木光被聘为木府重建指挥部顾问，为木府重建撰写《关于元、明、清三朝木府古建筑的布局规模结构的概述》；将自己数十年收集、珍藏的80余副楹联奉献给丽江市古城管理局及丽江市文学艺术界联合会，其中与木府有关的占一半。

147 **1995年 66岁**
参加政协云南省七届三次会议。

150 **1996年 67岁**
参加政协云南省七届四次会议；"二·三"丽江大地震后，被聘为木府重建指挥部顾问，为木府重建撰写《关于元、明、清三朝木府古建筑的布局规模结构的概述》。

161 **1997年 68岁**
参加政协云南省七届五次会议，期间与其它委员共同提出《继续在民族贫困地区开展生产实用技术培训》的提案，被评为优秀提案；丽江古城申报世界文化遗产获得成功。

164 **1998年 69岁**
担任政协云南省八届委员会常委。

168 **1999年 70岁**
参加政协云南省八届二次会议；应邀参加木府竣工典礼；约瑟夫·洛克著《中国西南古纳西王国》中文版出版发行。

183 **2000年 71岁**
参加政协云南省八届三次会议。

189 **2001年 72岁**
在政协云南省八届四次会议上，作大会发言，题目是《加强领导 狠抓落实 努力实现贫困人口基本解决温饱目标》；写作《天雨流芳》；担任李群杰奖学金管理委员会委员；云南省博物馆藏《木氏宦谱》（影印本）出版发行。

199 **2002年 73岁**
《关于要求省政府增加经费对我省边境地区、高寒贫困地区、少数民族聚居地区实行电影免费放映》提案，被评为优秀提案奖；撰写《木府经历的三次浩劫》《保境安民》《鸡足山悉檀寺》；孙女木萌出生。

第四篇　金沙江，扬子江 木氏传人的追慕（2003–2013年）

伴随着改革开放的进程，中国取得了世界瞩目的成就：在北极建成第一个科考站——黄河站；世界海拔最高、线路最长的青藏铁路全线通车；第29届奥林匹克运动会成功在北京举行；我国第一艘航空母舰"辽宁舰"交付海军；莫言获2012年诺贝尔文学奖；标志着中国明确规范私有财产不得侵犯的《中华人民共和国物权法》颁布。中共十八大后，出台八项规定，高层贪腐官员纷纷落马；雾霾频袭中国大地。耄耋之年的木光老人，倾注10年心血编著《木府风云录》，频频出席丽江、纳西文化及木氏历史研究的会议，撰写研究文章。他奔走于金沙江旁的丽江，并远赴扬子江边的江阴，参加学术研讨活动。

第八章　研究木氏历史 传播纳西文化（2003–2007年）

以电影工作者身份退休的木光，半个多世纪都是一位勤勤恳恳的文化传播者、文化创造者。古稀之年的木光被丽江市文化研究会、纳西文化研究会聘为名誉副会长，被临沧市丽江文化研究会聘为顾问，成为名副其实的文化老人。木光撰写了大量的研究文章，包括《改土归流》《历代木氏土司与藏传佛教的亲密交往》《木增风雨童年及晚年归宿》《丽江白沙岩脚木家院》《剖析木氏土司历史文化的丰厚价值》《明代木氏土司开拓和繁荣滇川藏茶马古道所作的历史贡献》《缅怀方国瑜表叔》《缅怀亲舅李群杰》《喜迎〈甘珠尔〉大藏经荣归木府》等。他的文章，洋溢着对木氏先人的追慕和礼赞。

215　**2003年　74岁**

由于年事已高，从政协云南省常委的岗位上退下；撰写《改土归流》《历代木氏土司与藏传佛教的亲密交往》。

223　**2004年　75岁**

被聘为丽江市徐霞客研究会顾问；撰写《〈木氏宦谱〉考证》《徐霞客情系云南人文山川》等文章。

236　**2005年　76岁**

与夫人杨若兰第一次到江苏省江阴市，参加"2005中国江阴徐霞客文化旅游节学术研讨会"；撰写《木增风雨童年及晚年归宿》《万卷楼》。

242　**2006年　77岁**

撰写《吴三桂迫害木懿》《丽江白沙岩脚木家院》《徐霞客与悉檀寺的深厚情缘》；历时10载编著的《木府风云录》出版发行。

251　**2007年　78岁**

重外孙李金歆出生；参加中国社会科学院民族学与人类学研究所与丽江古城博物院（木府）联合主办的"丽江木氏土司与滇川藏交角区域历史文化研讨会"；应邀前往四川参加四川省藏学研究会、四川藏学研究院第五届理事会暨研讨会；顾彼得著《被遗忘的王国》中文版和英文版同时在中国出版。

第九章　三赴江阴考察 续写徐木友谊（2008–2013年）

被聘为丽江市徐霞客研究会顾问的木光，2005年、2009年和2011年三次赴江阴参加徐霞客学术研讨会；应邀参加海峡两岸纪念徐霞客逝世370周年公祭典礼；在徐霞客故居与徐霞客第九世嫡孙徐挺生会面，续写徐霞客与木增友谊新篇章；撰写《先祖木增与徐霞客的深厚友谊》《徐霞客与悉檀寺的深厚情缘》《徐霞客丽江之行的思考》等论文；力促召开"玉龙纳西族自治县—江阴市缔结友好城市"座谈会，两地领导在框架协议上签字；促成由江阴全顺汽贸公司捐资，兴建玉龙纳西族自治县龙蟠完小师生宿舍楼——徐霞客楼；担任40集电视连续剧《木府风云》顾问。

265　**2008年　79岁**

复印结集《参政议政文集》；复印结集《木府风云录·增补文集》；将收集、珍藏的80余幅楹联奉献给有关部门；李群杰逝世，享年96岁。

271　**2009年　80岁**

被临沧市丽江文化研究会聘为顾问；赴江阴参加2009年中国江阴徐霞客国际学术研讨会，期间，与徐霞客第九代后人、93岁高龄的徐挺生（1917–2012年）第一次会面；撰写《回忆家父生平事迹》。

278　**2010年　81岁**

陪同江苏省徐学界人士到丽江福国寺遗址考察。

283	**2011年**	**82岁**
		参加中国·江阴徐霞客学术研讨会；参加"第六届中国徐霞客国际旅游节"开幕式；参加"海峡两岸纪念徐霞客逝世370周年公祭典礼"；力促在丽江举行"玉龙纳西族自治县—江阴市缔结友好城市"座谈会；陪同中国徐霞客研究会张宏仁会长等考察重建中的福国寺；《木府风云录》修订再版。
295	**2012年**	**83岁**
		经过与江阴市徐霞客研究会协商，玉龙纳西族自治县龙蟠完小师生宿舍楼——"徐霞客楼"奠基；担任顾问的40集电视剧《木府风云》在中央电视台播出；徐霞客第九世嫡孙徐挺生因病逝世，享年95岁。
303	**2013年**	**84岁**
		在临沧接受本书编者采访；在丽江参加纪念"方国瑜先生诞辰110周年学术研讨会"；在木府博物院参加大昭寺藏明代丽江版藏文《甘珠尔》大藏经复制版回归故里仪式。

附录

312	一、丽江木氏嫡长四十五世至五十世世系简表
313	二、木氏谱系表
318	三、《木氏宦谱》（图、文谱）

跋

350	一、江阴和丽江，情涌一江水　唐汉章
355	二、在神奇的大地深耕厚植　木仕华
359	三、点亮真诚心灯，轻叩木府文脉　刘瑞升
364	四、补记　刘瑞升

木府余韵・天雨流芳

自序 | Preface

滴水鉴大海

今春以来，我在主持国家重大课题"中国少数民族文学发展工程"之余，一直奔忙于筹建成立北京纳西学会、主编《纳西学博士论文丛书》及《国际纳西学译丛》。至5月下旬，愉快接受刘瑞升先生托付，为其所著《木府血脉》作序。

刘瑞升先生是一位资深记者，供职于《中国知识产权报》，而木光先生则是纳西族退休干部。他们之间结缘于徐霞客研究事业。木光先生曾先后参加在云南丽江、江苏江阴等地举办的多次徐霞客研究学术活动，并作为木增嫡长与徐霞客第九世孙徐挺生先生历史性会晤，再话纳汉友谊新篇章；刘瑞升先生不仅长期致力于徐霞客研究事业，而且实际担任中国徐霞客研究会副秘书长、《徐霞客研究》杂志编委，并多方寻访徐霞客在滇云大地遗留的踪迹，进而踏上丽江的土地。

木光先生作为生于民国初年、进于新中国成立、成于改革开放、退于新世纪伊始的丽江木府第48代后裔，虽历史光环夺目并曾任云南省政协常委，听政问政于官民之间，但毕竟只是一名普通的电影工作者，绝非"木天王"再世，先祖于元明清的辉煌已经不再。为这样一个普通纳西族老者作谱，其价值何在？因为，在一般人的观念中，似乎只有帝王将相才能立传、才子佳人方可作谱。

看得出，刘瑞升先生为木光先生作谱，除了被木光先生之人品、人性所感动，除了木氏祖先与徐霞客的一段渊源，看来主要还是出于木光先生作为一个木府传人，在历史与现实之间、在纳西族与各民族之间、在政治与文化之间、在丽江与周边地区之间、在个人与诸多历史事件–历史人物之间具有社会、历史、文化连结点的意义，足以通过展示这滴"水"而知纳西文化之"海"，可以借助析理其年谱叶片来呈现当代普通纳西人的人生际遇、社会关联、喜怒哀乐，以折射波澜壮阔的中国现当代历史"百年潮"。

《木府血脉》以主人公从1929年出生至今的生命历程为经线，在中国现当代历史的广阔时空中全面梳理其生存、生业、生活的年年月月，并纵溯纳西族与木氏家族的兴衰脉络，横穷木光先生多采、多样、多舛的活动印迹，直至对云南及丽江的大量社会历史进行了精细的钩沉，展示了纳西族文化的昨天与今天，廓清了种种笼罩在木府、木氏研究领域上空的迷雾。如对徐霞客是否曾经为木增《山中逸趣》作序之辩便是极精彩的例子。作者通过缜密的鉴别，确定徐霞客为《山中逸趣》所作者为"跋"而非"序"，了却了一件学术公案。又如作者进行细致考据，矫正了《木氏宦谱》中的部分地名、人名、时间、事迹、人物关系，使之还历史以本来面目。它以木光先生为中心，以木府为线索，以徐霞客与木增友谊为依据，集结了大量的相关文献、人物、事件、活动，将云南边地，尤其是丽江近百年来的社会风云悉数记录，将纳西族的历史与现实呈现得淋漓尽致，将始自明代、特别是徐霞客以来中原文脉在纳西族社会的传播回放得翔实生动，不仅让人们照见了木光先生这个"时代大舞台上的一个小角色"不平凡的一生、木府"诚心报国"的文治武功，而且揭示了纳西族那种维护团结、维护统一、开放进取的精神，以及木氏后裔及纳西族优秀儿女在国内外全新政治、经济、社会背景下忍辱负重、生生不息、寻找前路、实现生存发展大突围的气度。窃以为，这也是对《木氏宦谱》的一种个性化、个别化、当代版续写。我所能做者，除了认真学习理会，只能是理顺一些表述、纠正个别讹误、提出若干建言、补充某些史料，如此而已。

我有幸作为第一个读者阅读这部书稿，强烈感受到了作者与木光先生的友谊之深厚，以及作者对木府的尊重、对纳西文化的礼敬、对纳西族命运的深切关怀。我想，没有博大的人类情怀，没有平等的民族观及强烈的国家意识，没有科学的思想指导与方法武装，没有系统的理论知识储备，断然不会有这部著作问世，更不会有它高超的立意与华美的品质、优雅的文字、谨严的叙述。而这，正是徐霞客的文风与精神的延续，无疑也是对纳西学研究的一大贡献。从而，我欣然命笔，作序以志感铭。

由木增与徐霞客等先辈开启的纳汉文化交流之江河正在汇涌成汪洋大海的今天，刘瑞升先生之作《木府血脉》乃是一朵格外耀眼的新浪，我自喜不能胜，由衷祝愿作者与木光先生的友谊地久天长，更期待纳汉文艺界、学术界再续促进中华文明伟大繁荣的弦歌，以同圆"中国梦"。

是为序。

白庚胜
2014年7月6日

白庚胜——纳西族，国际纳西学学会会长，国际萨满学会副主席，中国少数民族文学学会理事长，中国作家协会副主席。

自序 | Author's Preface

我来到美丽的临沧

我来到美丽的临沧，为追寻丽江木府嫡传后人的行踪。临沧距木府所在地丽江有五六百千米，木府血脉嫡传人为何离开他的出生地丽江，在半个多世纪前只身一人南下边陲小城临沧？我来到美丽的临沧，为了编写《木府血脉》做一次访谈，被访者木光老人，今年已八十有四了。这是我第五次与木光见面了，我们在江苏江阴徐霞客的老家见过三次面，在他的故乡云南丽江见过一次面。以前的见面不是会议就是活动，都有点儿正式。现在来到老人的第二故乡临沧，在他的家里，感到很亲切。我们有机会在私人空间面对面长谈，少了点客套，多了些随意。

澜沧江畔，那一条霞客小路

木光家坐落在临沧市区玉带路旁的山坡上。它沿缓坡分为两层，一层是宽大的院子和一排平房，二层建有一座三层别墅。在敞亮的客厅里，老人坐在我面前的红木雕花沙发上。"滇红"的芬芳在我们谈话间漫溢。老人说，知道我胃寒，特意沏了暖胃的红茶给我。我感动良久。话题自然从"徐木"友谊说起。今生我最爱徐霞客。霞客与木光的先祖木增有缘分，我与霞客有缘分，我与木光有缘分，而木光与霞客同样有深厚的缘分。

天下的徐霞客研究者、爱好者，都知道霞客与木增的友谊。木增生于明万历十五年（1587年），农历丁亥年，如果采用公元纪年法，与徐霞客同庚。年仅11岁依准恭袭父职为第十三代土知府；36岁让爵卸任，由长子木懿承袭。木增博学多才，广交滇内及中原名士，切磋诗文。崇祯十年（1637年），木增闻知徐霞客已在来滇途中，致函委托在昆明的诗友杨胜寰，转达邀请徐霞客赴丽江相晤的诚意。霞客得知后特别高兴，当即答应赴约。崇祯十一年腊月二十二日，徐公到达佛教圣地鸡足山。崇祯十二年正月二十五日，霞客来到丽江，受到木增的盛情款待。

崇祯十二年（1639年）八月初五，徐霞客到达今凤庆县西隅的锡铅(今习谦)，初十、十一日在云州（今云县县城）考察，十二日折返今凤庆县境。十五日北渡澜沧江，进入今凤庆县北部。十六日北渡黑惠江进入今大理州巍山县境，二十二日回到鸡足山，受木增邀请创修鸡足山志。这是徐霞客生命中最后的一次"大型行动"，回到鸡足山不久，这位伟大的旅行家再也不能迈动双腿行走了，他一生的遐征结束了。

  口述历史的木光提到了隶属临沧的凤庆。这个县名让我眼前一亮。作为《徐霞客游记》的爱好者，我知道今天的凤庆县城就是明朝顺宁府的治所。徐霞客在《滇游日记十二》中为顺宁府留下了浓墨重彩的记录。他于八月初经右甸（今保山市昌宁县，明清时和民国初为顺宁辖地）沿"顺宁道"往顺宁府境地前行，大约用了半个月时间，对顺宁府（今凤庆）、大侯州（今云县）做了考察。这些日记成为今天认识和研究古代临沧地理地貌、历史沿革、民族文化等方面的重要依据和珍贵资料。徐霞客这位杰出的地理学家，到今天的凤庆县是来探访澜沧江源流的。关于凤庆县的记述超过万字，详细而生动，是一幅幅山川形胜图、生活风情画。

  一生热爱文化的木增，1639年在丽江解脱林（福国寺旧称）与徐霞客谈论中原名士的时候不会想到，320年后，他的一名嫡长孙会来到南方的顺宁府，在连绵的群山中，以一种叫作电影的新生事物传播文化。看电影的山民们根本不知道这位放映队长的身世谱系。1959年木光来到凤庆县的时候，顺宁更名为凤庆不过5年时间。徐霞客在今凤庆县考察和游览了10多天，而木光则在凤庆工作和生活了近4年光景。木光无意中重走了不少徐霞客小道。当年木光重走的时候，霞客在明末走过的多数路段几乎没有变化。

  在顺宁府期间，霞客已"头面四肢俱发疹块"，但他的心情是愉快的。在游圣的笔下，顺宁府不但山川风光独特，而且居民热情好客。《滇游日记十二》记述，八月十四日"又下二里，而宿于高简槽。店主老人梅姓，颇能慰客，特煎太华茶饮予"。徐霞客也许不会预料到，他的记载泽被后世，目前公认的观点，顺宁大叶茶是霞客发现的。至今，凤庆县产的"滇红"乃是名扬天下的优质茶。

凤庆河边，那一株素心幽兰

  木光原来住的临沧市电影公司宿舍，就在临沧电影院所在的凤翔镇西大街65号。这次来临沧，我特别请木光带我到老地方，参观了老电影院、电影译制人员培训班老教室、老录音室和老宿舍。这条街木光曾经走过半个世纪。

木光的职业是电影工作者，职称是电影专业高级技师。木光的人生可以简述为三个坝子的故事。1929年他出生在丽江坝子的木家院，是丽江土通判木琼的长子。1942年他来到昆明坝子，在昆明私立五华中学就读，1943年考入西南中山高级工业职业学校，1947年毕业后返回家乡任教。1950年木光再到昆明，参加在江苏南京举办的电影放映训练班，从此与电影事业终身结缘。1951年木光进入云南省电影发行放映大队，奔走于滇西各地。此后，他在云南省文化局电影科工作，不久到云南省电影学校任教。1958年木光下放到临沧专区双江农场劳动锻炼，1959年调至临沧专区电影管理站，后来到凤庆县电影放映队任队长，1963年回到临沧县，从此定居未能跻身云南省面积超过30平方千米坝子名录的临沧坝子。

木光是临沧电影事业发展的见证人，是临沧电影事业的活辞典。20世纪50年代的云南，尤其是在滇西，电影放映队的故事本身就是一部故事片。在云南省基本实现村村通公路的今天，人们很难想象20世纪50年代初电影放映队在滇西各地工作的情形。放映队员风雨兼程，电影设备人背马驮，这不算艰苦。走藤桥、爬鸟道、滑溜索、趟急流，还不算危险。时刻要提防的是蒋军残兵的袭扰、土匪恶霸的骚乱。

直到1979年，在沿海省份的平原农村，农民们听说电影放映队要来，都会兴奋得像过节一样。可以想象，20世纪50年代末、60年代初的凤庆，听说晚上要放露天电影，山里的孩子们欢呼雀跃、奔走相告的情形。在凤庆县的群山中，在彝乡、傣村、苗寨，木光是山民们翘首以待的电影放映队的队长。我眼前呈现这样的画面，来看电影的山民们穿着民族服装，还有那没有经过艺术加工的原生态的歌唱和舞蹈。

电影放映队长木光，这位身材颀长的帅哥，吃的是文化饭、干的是技术活，又来自省会昆明，是国家干部，在那个年代是被羡慕、被仰望的人。果然，木光在凤庆俘获了漂亮的汉族女孩杨若兰的芳心。木光很熟悉徐霞客在游记中提到的顺宁府的不少地名，他说游记中的鹿塘现在叫作洛党，他妻子就是当年洛党区鹿鸣乡人，现在是洛党镇。木光还向我透露了一个不为人知的小秘密，当年听到"若兰"二字，他就喜欢得很。后来见到年方十九的杨若兰，更是让他喜出望外。据了解，凤庆山高林密，自古就有雅驯兰花的传统。春兰、草素、莲瓣、梅瓣、素心等精品迭现，美不胜收。爱花的我知道，凤庆举办兰花博览会已经十余届，养兰、赏兰是凤庆人的传统，难怪身为小学老师的父亲杨庭珍，为自己的女儿取名若兰。

木府血脉
The Blueblood of MuFu

如果一位电影导演来拍摄木光的人生，木光老人的故事很有画面感、具备时代情节。他的生活不仅有凤庆县城新房里的温馨，许多经历更有时代的重量和烙印。在那个年代，丽江木府后裔的身份，给木光带来的不是荣耀，而是身心的放逐。

1966年，由于众所周知的原因，木光来到临沧县小道河水库旁的奶牛场工作。有一天，小道河水库一台发电机出现故障，工作人员前来求援，木光"手到病除"。木光在那个岁月里，为厄运中的自己赢得了尊重，为知识和技术赢得了尊严。木光说，小道河水库的经历，让他感悟到很多东西。现在的小道河水库是一座森林公园，四季山花竞相开放，那里有洁白的长蕊木兰、妖艳的红花木莲，还有濒危动物白腹锦鸡等。

五老山头，那一轮中秋明月

我走进木光的家，正在走近木光的心。

木光老人安度晚年的地方，有一个动听的名字：凤翔，是1988年由城关镇更名为凤翔镇的，2004年后这里称为临沧市临翔区凤翔街道。距木光如今居住的地方，大概六七百步的距离，就是临翔区政府新盖的办公大楼，好是气派。凤翔坐落在四面环山的高原盆地，五老山就在凤翔街道东北面，以五座山峰远观如老人列坐而得名，现在是一座国家级森林公园。木光上街散步，能看到五老山郁郁苍苍的群峰。

与我进行长谈的木光，有多种身份，其中一个是扎根边疆少数民族地区的电影工作者，自己也是少数民族。假如有编剧以木光老人为主人公写一部剧本，可以写成电影工作者的题材，可以写成支边干部、下放干部的题材。在20世纪的中国，下放人员、支边人员似乎有着特殊的人生经历，有着特殊的精神世界，这是20世纪的"70后""80后""90后"所无法理解的。

我从昆明到临沧来，飞行距离大概是400千米，用了40分钟。陆路大约600千米，汽车行驶得七八个小时。而1958年从昆明下放到临沧的木光可能要走三四天吧。现代交通工具、通信工具，以及经济社会的跨越式发展，让年轻人不能体会那种遥远，不能体会生活条件、工作环境的突变，尤其是人生际遇的剧变，给心灵带来的震荡。今天的年轻人有着自己的人生规划，不再被外力抛掷进命运的汹涌洪流。而在木光年轻的时候，许多人的命运往往不可选、不可逆。

在木光家我们总是很自然地说起徐霞客。1639年是农历己卯兔年，这一年的中秋节霞客是在顺宁府度过的。他很重视这个佳节，提前在顺宁府治(今凤庆县城凤山镇)买好胡饼(烧饼)，揣在怀里准备赏月时享用，但天公不作美，"月为云掩"。霞客在他一生的倒数第二个中秋节，没有看到明月上的玉兔，他在游记中以"竟卧"两字表达了怅然。身在澜沧江边的霞客肯定思念远在扬子江畔的亲人们。霞客是一位旅人，木光是一个游子。游圣在顺宁府没有看到的中秋月，木光在凤庆县肯定看到了，身在凤庆河边的他，后来定居南汀河边的他，是不是思念远在金沙江畔的爸爸妈妈弟弟妹妹呢？那一年，木光29岁。

从1963年起，五老山头的那一轮中秋月已陪伴木光半个世纪了。年复一年梦回故乡，月复一月梦见亲人，这是那个年代身在异乡的人们共同的情结。牵挂亲人和被亲人牵挂，那一份魂牵梦萦，那一份刻骨铭心，是当今通过新技术随时随地能听到亲人声音、看到亲人身影的年轻人无法体会的。

我在临沧期间没有遇到中秋赏月，但恰逢端午节。木光老人外孙女和雪从求学的昆明回来，适值午饭时分，木光夫妇不时走到门外向路的尽头张望。午餐席间，木光的老伴不停地给和雪递饭布菜，一家人情意浓浓。其间，木光还用手机与远在丽江的大女儿通电话，喜悦之情溢于言表。这一切，收录在我这个远道而来的过客的眼里和心中。

令我难以忘怀的是，木光老伴包了很多粽子给我吃，在我临回北京时，让我把刚出锅的粽子背上。两位老人的目光和善而热情，由不得我不服从。

与木光老人零距离接触，让我想起许多老人。我在生活和工作中，在漫漫霞客路上，遇到过许多可亲、可敬的老人。他们从历史的树林中穿过，从时代的山岭上走来，再先进的艺术形式也难以重现、复制老人们丰富的生活经历，但那些最珍贵的情感，我们必须刻录在心灵最柔软的光盘上。老人们人生的底片，保留着的时代色彩也许已经褪色，但让我们触摸到的是他们热血的温度。他们中的许多人或许有过不平和不振，有过无奈和无助，但他们仍然对生活充满了爱，对他人拥有一份理解。老人们的心灵历史，正是我们民族历史很鲜活、很细腻、很温暖的一部分，值得记录，值得保存，值得传递！

南汀河上，那一派野性大美

我走在南汀河畔。这条由南向北穿过临翔中心城区的河，贯穿临沧市七县一区中的五县一区，被称为临沧的母亲河。

在木光家，老人每天用大叶茶（滇红）款待我。老人说这是临沧的特产。在临沧市人民政府的网站上，展示了临沧的四个名头，第一个是"君临天下的茶都"，第四个是"人类最后的秘境"。一个地方称自己是最后的秘境、天下的茶都，显示了一种拥有独特资源的自豪。

"临沧地区解放前经济社会落后，发展缓慢。"发表于2000年的《临沧概览》中有这样一句话。其实，对当年的落后和缓慢，还有一种说法是：滇西南、滇西北部分地区，是从人类的多种社会发展阶段(如奴隶制、封建领主制)一同跨入社会主义阶段。1950年在滇西南、滇西北的一些山区，能显示进入20世纪中叶的，可能仅有工作队队长的钢笔、解放军战士的钢枪。那个时候，这里是人类学家、民族学家、社会学家梦寐以求的课堂，是旅行家、探险家们流连忘返的乐园。

一部名叫《七彩云南》的电视片，将临沧称为"大美临沧"，与广泛传播的"大美西藏""大美青海"相提并论。作为一个旅行者，我几乎走遍中国，看到过太多发达的美，还有人工的美。临沧的大美，就是保存、展示了地球最初始的美感。正是讳莫如深的"落后"和"缓慢"，对大美是一种护佑和珍惜。而先进和快速，有时候意味着伤害。不论是在云南省内外，还是"他称"或"自称"，临沧市都是一个欠发达、后发展的地区。

我知道，为了这欠发达的富饶、后发展的美丽，木光在连任三届政协云南省委员会委员（后两届是常委）期间，为了第二故乡，为了富裕临沧、生态临沧、文化临沧，四处奔走，讲真话、献良策、出实招。

我看到，在耄耋之年，他从临沧启程，行走在丽江、江阴之间，书写着"徐木"友谊的续篇。

记不得这是第几次来云南了。作为徐霞客研究者的我，每次踏上彩云之南的大地，都备感亲切。游圣在滇考察一年零九个月，足迹遍及今天云南16个市州中的10个，行程超过3000千米。《滇游日记》达25万字，约占千古奇书《徐霞客游记》的五分之二，全面而系统地展示了云南，是可以奉为经典的信史。正是霞客对云南山水饱含深情的赞美，让我们认识到云南多彩风光的审美价值；正是霞客，让我们看到了云南自然资源独特的科学内涵和深厚的文化底蕴。《徐霞客游记》让我们深切感受到霞客深厚的文化功底、广阔的历史视野，以及他人文境界的高度、深度和广度。徐霞客是云南自然地理学和人文地理学的拓荒者之一，虽然在他生活的那个时代还没有这些概念。

是徐霞客和他的游记，让我对七彩云南的享受，从感性向知性升华。

古榕树下，那一位品茶旅人

我来到美丽的临沧，却没有时间到周边走走，看一看临沧美丽的景色。

距木光居住的玉带路东北方向四五千米的忙畔街道，有一座茶文化风情园，展示茶歌、茶舞、茶俗、茶艺、茶礼等多姿多彩的茶文化，我没有时间去体验。距市区较近的坡脚、榨房河等温泉，也没有功夫去泡一泡。不远处的五老山森林公园、小道河森林公园，更没有时间去。

  这是我第二次来到临沧。第一次是在2008年3月8日"重走霞客路"途中，我从西双版纳州勐海县过来，在临沧市双江县住宿，9日清晨出发，经过临翔区、云县、凤庆县，傍晚到达保山市隆阳区的蒲缥镇，是名副其实的穿越临沧。那天下午经过凤庆县公路边的习谦村。习谦就是明崇祯十二年八月初五徐霞客到达的锡铅驿。《滇游日记十二》记载："返饭于肆，亟南由公馆侧浴于温泉，暮返而卧。"我有些后悔，应该停车探访一下徐公当年沐浴过的温泉，也就个把小时。

  来到临沧，我想去凤庆，拜访成片成林的大叶茶树，据说那里有当今世界上最粗壮的茶树；去被徐霞客称为阿禄司的鲁史街，走一走古镇上当年游圣的驼骑(马帮)踏过的青石板小巷。最好花两三天，按照霞客的记述，走几段弘祖的精华线路。

  多年来，我重走霞客路，地点多、时间紧，不得不选择"快进"。现代交通工具让我迅捷地到达，但也容易滑过。我快速走过霞客路，意味着一些丢失和遗漏。我也希望"慢放"，在霞客记述的地方，多几次伫立，多几次凝望。回头看看，发现我们的人生、我们的旅行，有时候实在匆忙了些。

  临沧还有一个榕树之乡的头衔，村头寨尾、坡边路旁，植有高山榕、大叶榕、细叶榕等多种榕树，是景观之树，也是纳凉之处，还是歇息之所，有不少树龄达数百年的古榕。我多想，有时间坐在一棵古榕树下，煎一杯今日"太华茶"，体会"野泉烟火白云间，坐饮香茶爱此山"（唐·灵一）的诗境，做一回气定神闲的品茗客。

  一路走来，风景需要慢慢品味，我所结识的包括木光在内的老人们人生的风景，同样需要慢慢品味。

  美丽的临沧，我会再来。

刘瑞升
2013年6月11日凌晨初稿，临沧
2014年5月18日午夜定稿，北京

编撰说明 | Editor's Illustrations

一、本书旨在展现百年木府之风云，追溯至300年前木氏土司木增与明末大旅行家徐霞客的友情，而这些事件是以1929年出生的木氏后裔木光先生生年为引线，串连成篇。

二、本书著录木光先生的生存、生业、生活事迹，其撰写的文章是根据需要有全文录入者，也有摘编、节录者，还有仅择录一节一段者。

三、本书以时年为序，约略记载背景，包括重要时事、相关时人及丽江发生的重要事件。

四、本书收集材料务求详尽，使用材料力求审慎，对书中涉及的人物的思想言行，一般只做客观记录，不予评判，力争以无倾向的方式反映这个历史时期的原始面貌。

五、本书所引木光文章，主要是根据其编著《木府风云录》，引用时，在不影响本意的前提下，就语法、修辞、句读等加以必要的修正。

六、本书所引资料，均注明出处，接排于引文之后，加括号，内排作者、书名(或文章名)、发表时间、出版单位(或报刊)名称，如重复引用，则只列作者和书名(或文章名)。

七、本书采用公历纪年，各年皆附阴历岁次干支，1949年之前附系民国年份。

八、本书正文体例格式，采用以月（有日则含日）为一个单位方式进行：

    1. 某月某日：简洁记述事件发生的时间、地点、人物、结果等基本内容，上述要素多寡根据需要而定；

    2. 按：依照、按照之意，继"某月某日"之后，引入附加的说明，使陈述更明白；

    3. 链接：与"按"相联系的、更为宽泛的内容；

    4. 据：为"链接"延伸出的证据、凭证等内容，多放在链接之后；

    5. 补白：即填补之意，多为人物介绍等，大多是没有出处的文字，所放位置因需要而定。

九、本书在内容选择、体例编排、版式设计上虽竭尽努力，但恐仍有未足、未尽妥善，敬请读者赐教。

前引 | Introduction

明·张志淳《〈木氏宦谱〉序》（文谱——本书编者注，下同。）："……盖自始祖讳叶古年者，陆传而至三甸总管秋阳，时唐上元中也。又四传至武勋公，蒙汪而始盛，自武勋公又贰拾肆传乃至生，中间历唐、五代、宋、元，为公为侯为将帅者，蝉嫣煜雪无间于朝之易代，何可谓不盛，然率以武功显也。逮入我明朝宣使，载以忠款，际遇高皇帝赐姓木氏，易以文资，俾世长厥民，文则兆矣。"（《木氏宦谱》（影印本），云南省博物馆供稿，云南美术出版社，2001年12月版，第1页。另见《丽江志苑》第二期，丽江纳西族自治县县志编纂委员会办公室编，1988年8月，第19页。）

明·朱桂林（跋）、梁之杰（订撰）《〈木氏宦谱〉重序》（文谱）："若稽《南诏野史》，丽之初属白国，未有专名也。木氏先世居筰国，邈于周、秦，自汉晋迄唐，由来世载其德。始称越析诏，为六诏之一。迨宋季麦琮者，慧性遐龄，天禀特异，另有别志，才德超凡，为群夷所推尊。当文教未通，虽有善德令名，末申纪述。生子良、良生兀、兀生亮、亮生甲、甲生得。享元之世，其迹昭典。逮皇明定鼎金陵，识天命有在，甲贻子遣使间道上图籍，壬戌得内附，太祖嘉之，赐姓木，敕授丽江世袭知府。于是定铁桥，镇石门，锡袍笏金带。"（《木氏宦谱》（影印本），第81页。另见《丽江志苑》第二期，第22页。）

明·杨慎《〈木氏宦谱〉序》（图谱——本书编者注，下同）："木氏之先，始于叶古年，当唐武德世仕为总兵官。"（《木氏宦谱》（影印本），第91页。另见《丽江志苑》第二期，第20页。）

清·陈钊镗《〈木氏宦谱〉后序》（图谱）："七传至阿得，洪武十五年率众归顺，赐木姓。"（《木氏宦谱》（影印本），第96页。另见《丽江志苑》第二期，第23页。）

《木氏历代宗谱》碑文载："始祖叶古年年之前十一代，东汉为越巂诏，年之后六代，改为筰国诏，又定筰县改昆明，升为昆明总军官。传至唐武德时，祖叶古年凡十七世，六传至秋阳。叶古年无考，谨以秋阳为始。"（余海波、余嘉华著：《木氏土司与丽江》，云南民族出版社，2002年9月版，第274页）

方国瑜《木氏宦谱图像世系考》："一世祖名爷爷曰：'原西域蒙古人，从昆仑山乘一大香树，浮金沙江而来，居白沙为酋长。婿生子阿琮牟保，抚之以为嗣，琮之子即阿良也。'何以木氏肇基始祖，来自蒙古，殊不可解，有一故事，似可作旁证。嘉庆七年，维西傈僳族以恒乍绷为首，起义兵抗清统治。云贵总督觉罗琅玕率兵镇压，至巨甸，见一和姓墓地，古塔（俗称蕃字塔）周匝刻蒙古文，闻尚有蒙古文刻碑，琅玕识之，唤其家族云：'尔家乃蒙古籍，与满族至族。'琅玕待之甚厚，自是此家改姓元，以系蒙古籍为荣。1933年冬，瑜至巨甸访其家，云：'自入民国已吃不开矣。'此事虽与木氏无涉，惟木氏附会蒙古原籍，希得清统治者之重视，乃作新谱，则可能也。闻永宁阿少云言：'其家自古是纳西族，但有蒙古籍之说，殊不可解。'亦因出于附会。此仅地方统治家族之传说，而在盐源左所土千户麽些族，有传说从蒙古迁来，然于史事无可征信也。冯时可撰《木氏六公传》谓：'木氏始以中华人移边檄'，亦未有据。然明代无蒙古原籍之说，此可为证丽江木氏原籍蒙古之说，始于嘉庆初年。《滇系·土司系》载丽江府土通判曰：'其先麦宗，西域人，宋理宗末始入丽江，土人推为酋长。'即据新谱为说。1935年，瑜从伪云南民政厅档案室，抄录《木琮承袭清供册》载：'原籍西域蒙古，远祖阿甲，传至始祖阿得。'云云。按：阿甲即阿得之父，称之为远祖，是可知木氏自述家乘，愈后愈不知其渊源也。"（方国瑜著：《方国瑜纳西学论集》，民族出版社，2008年1月版，第224–225页）

方国瑜《木氏宦谱》："……《木氏宦谱》始作于正德年间，出木公手。自后时有增益，止于清初。大本厚纸，为木氏冢子收藏。1933年，瑜归里，从木氏以一部《徐霞客游记》换得副本，惟缺其附载之《世系表》。……木公撰《建木氏勋祠记》曰：'祖叶古年已上十一代，虽有俗老口名讳，而无谱牒，不敢据信。'即谓此十一代，故述木氏鼻祖自叶古年始。《木氏宦谱》载叶古年后六传至秋阳,秋阳以下历代具名,且纪事迹,凡十六传至阿良。《元史·地理志·丽江路·通安州》曰:'麽些蛮叶古乍二十三世孙麦良内附。'麦良即阿良,叶古乍为叶古年之误,可知阿良以前世系,自古相传如此也。元《一统志·通安州》曰:'叶古乍二十四世孙麦兀',据《元史·地理志》麦兀为麦良之子。《木氏宦谱》作阿胡,胡与兀之音相近也。"(方国瑜著:《方国瑜纳西学论集》,第221页)

木光《丽江〈木氏宦谱〉考证》载,木氏家族历史悠久,其肇始初兴,与纳西族的民族起源血脉相连。纳西族的民族始祖"崇忍利恩",《木氏宦谱》称"草羡里为为",被认定为木氏远祖。在纳西族远古传说中,有名的四个民族支系是:束、叶、买、何四支中的叶氏为木氏家族直接血缘的始祖,叶古年之前的十一代,宦谱仅提到:"年之前十一代,东汉为越嶲诏、诏者为王也。"仅此两句,别无可考,因此确认叶古年为木氏家族的鼻祖。

今四川省盐源县,在公元前105年西汉元封六年,称"定筰县",在619年改定筰县为昆明县。县域盛产盐及矿产,资源富足,为纳西族先民(麽些蛮)世居地,当时木氏家族鼻祖叶古年任昆明管军官。在叶古年任内发生"姜岭大战",即麽些蛮与吐蕃争夺昆明城之战。因军事上的力量悬殊,麽些蛮战败,叶古年率领一支麽些蛮退出昆明城,迁徙到"三赕"即丽江坝,攻占了仆繝蛮世居地"三赕"。选址在白沙岩脚凤凰山下建造了"三甸"总管府(三赕改为三甸),传至秋阳为三甸总管。至元顺帝十三年,木氏家族第20代兀亮为发展执政地域、改善衙署环境,将衙署由白沙岩脚迁到大研里狮山之下。

丽江木氏家族原籍世居地为今四川省盐源县(古代称:定筰县),谱系30代木高在明嘉靖年间撰写的一副楹联可佐证如下:

云霄雨露兴乔木,
筰国山河镇世家。

此联所指的"筰国"就是"定筰县"(今四川省盐源县)。(木光编著:《木府风云录》,云南民族出版社,2006年3月第1版,2011年12月第2次印刷,第180页)

木光《丽江〈木氏宦谱〉考证》："现在仅以我个人的考证，木氏鼻祖始于叶古年，以秋阳为一世祖、木公为二十八代、木增为三十三代，家父木琼为四十七代，是符合历史依据的。公元2001年，我与胞弟木权在共同刻立的家父墓碑上，铭刻有家父木琼为木氏47代嫡长字样，传承到我为48代。但是我也并不舍弃乙种谱本的历史依据和参考价值。除了一世祖爷爷有异议之外，其他谱系与甲种本基本相同，并还延续了后面的六代谱系。这也是值得肯定的方面。"

"我所附录的谱序代数，则遵照历代承传家规，秋阳以下采用父子联名，明洪武十五年朱元璋御赐'木'姓，以后家规承传采用单名制沿袭到我这一代。谱序代数，无缺代和遗漏。"（木光编著：《木府风云录》，第181页）

PART ONE 第一篇

丽江坝，昆明坝

木府嫡长的求索（1929—1948年）

进入20世纪的中国，迎来3000年未有之大变局。
外敌入侵和军阀割据，
以及外来文化对本土文化的冲击，
使中国社会变幻靡常。
20年代中期，
纳西族青年方国瑜，
在北京参加云南"左派"学生组织的"新滇社"，
后返乡，受聘为丽江中学教师。
1928年，
丽江中学学生李群杰等秘密组织"新丽江读书会"。
李群杰是丽江及纳西族中的第一个中共党员。
1929年木光出生在木家院。
丽江坝子和昆明坝子是这位木氏嫡长早年求学的地方。

[第一章] 走出四方老街 就读南菁学校

1929—1939年

"云南诸土官,知诗书,好礼守义,以丽江木氏为首。"
木氏重视后代的教育,
童年、少年木光的求学之路就铺展在丽江坝子和昆明坝子之间。

木府血脉
The Blueblood of MuFu

1929年

(民国十八年)
己巳 出生

· 1月13日，父亲木琼（1908–1959年）与母亲李玉棋（1908–1988年）在木家院举行婚礼。

木光父亲木琼（洛克 摄1930年 左图）

木光母亲李玉棋（右图）

木光母亲李玉棋（后排左一），姑姑木灿昭（前排右二）。

按

木标画像

木光《回忆家父生平事迹》载：

父亲名琼，字佩明。生于光绪三十四年（1908年），他幼年时期在私塾攻读儒学。自小诚实憨厚。民国十六年毕业于国立丽江师范学校，学习成绩名列全班前茅。祖父对父亲的德行及儒学的培养教育倾注了心血，经常给父亲讲授历代先祖的品德风范和勤学成才的事迹，鼓励父亲刻苦学习，为先祖争光。父亲对木氏历史知识积累较为丰富，经常给我讲述历代先祖文治武功的辉煌业绩。（木光编著：《木府风云录》，第236页）

1月21日，祖父木标（1885—1929年）逝世，享年44岁。

走出四方老街
就读南菁学校

按　　　三十二世考：

木标，民国九年10月10日奉云南省长任命，发公文电令木标祗领任职。木标随父木荫为公出力，防堵维西蛮匪，并办理运粮公务，得以详请奖励。自光复奉西征军司令殷将委西征滇军宣慰委员，于民国三年7月17日蒙前云南都督蔡锷保准给予七等文虎章座。民国六年8月7日，奉西征司令殷将委滇军宣慰委员，业经竭力遵办。民国三年7月13日蒙云南督军唐将委四川川南各土司及云南永宁、滇藁土司宣抚委员，当将安抚情形呈报在案，经准承袭任职，办理地方公益，并兼任纳西洞经古乐会长，一生不辞劳苦瘁心尽力，报效国家公务。于民国十八年1月21日在家病故，享年44岁。妻李氏系大研里李提台侄女，生2子1女，长男琼，次男进，长女木灿昭。（木光编著：《木府风云录》，第34页）

· 4月，家族联名呈述木标逝世事由，木琼撰写《亲供》请求省政府批复丽江土通判替袭事宜（撰写时间见《亲供》落款——本书编者注）。

· 6月，木光父亲木琼举行袭职庆典。云南省政府主席龙云签批任命木琼承袭丽江土通判职。

按　　　木光：《回忆家父生平事迹》（节录）

举行袭职庆典。双亲结婚后的第8天（1929年1月21日），年仅44岁的祖父病逝，家族联名呈述事由，父亲撰写了《亲供册》请求省政府批复丽江土通判替袭事宜。

云南省政府主席龙云于民国十八年6月签批任命木氏33代嫡长木琼承袭丽江土通判职（其木氏代数按宦谱乙种本呈报），省政府委派特使到丽江参加土通判袭职庆典。

庆典仪式由省政府特派员主持，宣读了龙主席签批的全文后颁发土通判印章。

庆祝活动连续了3天，第一天宴请官客，第二天宴请家族成员，第三天宴请亲戚朋友。家中搭棚挂红连续热闹了3天。
……

父亲生平淡泊名利，厌与官场交往，大部分的时光是在他的书房阅读诗文和儒学度过的。（木光编著：《木府风云录》，第236—239页）

补白　　　龙云（1884—1962年），字志舟，彝族。生于云南省昭通县炎山区松乐村下营盘。1912年5月，龙云进云南讲武堂第四期学习，学骑兵科。1915年，龙云被调回昆明到唐继尧身边，任中尉副官，并迅速得到唐继尧的信任。1927年2月6日，史称"二·六政变"，龙云、胡若愚、张汝骥、李选廷等调兵逼进省城，对唐继尧实行"兵谏"，唐继尧被迫交出政权。1948年加入民革，历任民革第二届中央委员、第三届中央副主席、第四届中央常委。龙云先后主政云南17年。

·11月7日（农历十月初七）申时（15-17时），木光出生于云南省丽江县木家院，生肖蛇，纳西族。依《木氏宦谱》（文谱），为丽江木氏土司48代嫡长。若以图谱排序，则有不同说法。

《木氏宦谱》文谱及图谱各一卷，出版时间不详。

按一　　洛克认为，木光是丽江木氏土司第33代（按图谱——本书编者注）。他在其著作中记载："第33代：木松奎，也写为嵩锟，生于民国十八年十月初七日(1929年11月7日)申时（下午3-5时）。"（[美]约瑟夫·洛克著：《中国西南古纳西王国》，刘宗岳等译，宣科主编，云南美术出版社，1999年4月第1版，2008年10月第5次印刷，第84页）

按二　　木光认为："洛克认为我是第33代，有误，应为第34代。在《木氏宦谱》（乙种本）研究过程中，我参阅了云南省博物馆供稿的《木氏宦谱》影印本，阅读了张永康先生的代序。其中有这样一段话：'木德以后的5幅画像无考释文字，据洛克先生考证，第28至29代幅是同一个人（木汉）早晚不同时期的画像（《中国西南古纳西王国》，云南美术出版社1999年4月版）。如是，从第26幅起，无考的5幅画像顺序应为：木秀、木睿、木汉（早年）、木汉（晚年）、木景。

"根据我父亲木琼呈报省政府龙云主席的《承袭亲供册》的历史资料记载，无考证的5幅画像应为：木秀、木睿、木汉、木景、木晖等5位先祖的画像。

　　"我在无考证的5幅画像后面，根据家父《承袭亲供册》的历史资料逐一增补了各幅画像的考释文字，并增补了31代考木荫，32代考木标，33代考木琼（家父）的影像及考释文字，使其《木氏宦谱》顺序完整无误地传承到我这一代。

　　"自先祖木汉以来，历代奉此本为世谱，按此乙种谱本编著代数，我列为34代。"（据2013年6月刘瑞升、木光临沧访谈录）

按三　　　木光认为："洛克称我名字写为'嵩锟'不属实，不知他从何得来信息。我出生后，父亲木琼为我起名为木广（廣），繁体的广字有一个黄字，写起来比较难，后来外公改为木光，光、广同音。松奎之名是福国寺大喇嘛吉巴旺秋为我起的。我知道松树是一种生命力极强的常青树。春夏秋冬都郁郁葱葱。人们赋予它意志刚强，坚贞不屈的品格，与竹、梅一起被誉为'岁寒三友'。奎是星名，28宿星之一，奎星主文章，故有关文章、文运、文字等多加奎字。为什么叫松奎没有人告诉我，但从我的人生经历来看，我觉得这个名字对我是很有意义的，让我无论遇到什么困难都能像松树一样不屈不挠地面对生活、记录生活。当然，福国寺大喇嘛吉巴旺秋当年也许是看到我羸弱的身体，仅是希望我身体健康而已。洛克的《中国西南古纳西王国》是介绍纳西族历史的权威著作之一，且出版时间久、流传比较广，许多书籍均引用这种说法。"（据2013年6月刘瑞升、木光临沧访谈录）

按四　　　白庚胜：《"木府"由来记》（摘录）

　　"木府"，原称"木家院"。这是一个不争的事实。那么，"木家院"是怎样于近年陡然变成了"木府"的呢？

　　话得从1994年说起。这一年4月，时任中共丽江纳西族自治县委员会书记的解毅专程前来国家文物局、建设部、文化部等单位汇报丽江古城申报世界历史文化遗产事宜。

　　一天，我陪同解毅等同志去故宫博物院联系工作。在午间休息去附近的北海公园散步时，解毅同志征求我对申报、扩建工作的意见。我表示支持与拥护。同时，我也建议为"木家院"改名。这是因为：一、"木家院"是"改土归流"、木氏土司衰败之后的俗称，而非历史性称呼；二、"木家院"之称与一般的"王家院""和家院"之称无异，不能突出木氏土司在滇西北地区曾有过的特殊政治地位；三、"木家院"之称并不能将木氏土司之宅院与一般的木姓人家宅院区别开来，缺乏个性与历史感。

  我提出可以用"木府"或"木宫"更替"木家院"。理由很简单：在汉语中，"府"既指官署，又尊称他人住宅，从唐至清，还专称县以上的行政区划。这一切，正好与"木家院"既是官署又是私宅，木氏土司从明洪武年至清雍正初年一直为丽江府最高主宰的情况相符；"宫"虽大都指帝王住所，但将"木家院"改称"木宫"亦与木氏土司自唐以来称王一方、独立发展的史实不悖，更与白、藏、普米、傈僳等民族一直称其为"木天王"相吻合。而且，徐弘祖就曾称木氏住所为"宫室"，《徐霞客游记》中有"宫室之丽，拟于王者"之说。

  经过反复斟酌，解毅认为"木府"最好，但需回丽江与和自兴县长等交换意见，并交丽江各界讨论再做决定。待数年后回丽江探亲，方知"木家院"已经正式改名为"木府"，且见云南省人民政府前省长和志强同志书写的"木府"横匾悬挂在"木府"大门之上。（载于《丽江日报》，2000年10月13日）

补白

  约瑟夫·洛克（Joseph Charles Francis Rock，1884—1962年），美国人类学家、植物学家、纳西文化研究家。生于奥地利维也纳。1897年开始自习汉文。1902年，大学预科毕业，开始漫游欧洲和北非。1906年至美国。1913年入美国国籍。1919年为夏威夷学院植物学教授。从1922年起曾六次到中国，深入到滇、川、康一带民族地区活动。1922—1924年第一次到中国，由曼谷到丽江，进入四川西南角木里，途经纳西、彝、藏地区。回国时，携走八万件植物标本以及文物文献。1924—1932年到川、甘、滇以及青海等地区。三次在岷山和阿尼玛卿山之间山谷河谷地带拍摄资源照片，测绘地形地图，搜集实物标本以及文物资料。自1929年起以较多时间和精力研究纳西东巴仪式、经文、历史、语言、文化和文献资料。1962年病逝檀香山。重要著作有《中国西南古纳西王国》《纳西语英语百科辞典》等。

补白

  顾彼得（Peter Goullart 1901–1975年），出生于俄国，1941年由中国工业合作社委派到云南丽江，1949年离开，1975年病逝于新加坡。顾彼得精通俄语、英语、法语、汉语。主要著作有：《被遗忘的王国》（1955年）、《玉皇山的道观》（1961年）、《彝人首领》（1959年）、《在马来西亚沙捞越地区的经历》等。（顾彼得著：《被遗忘的王国》，前勒口）

链接

据一

丽江

方国瑜《丽江府》

有在城驿，在府治之西。

〔石门关巡检〕万历《云南通志》通安州曰："石门关巡检司，在州治西一百二十里。"正德《云南志》卷十曰："在州北一百里剌巴村。"按：剌巴村即今之石鼓，惟石门关设在石鼓北十里，今犹有此地名。

〔雪山门关〕正德《云南志》卷十丽江府曰："雪山门关，在巨津州北，旧名越灭根关，在吐蕃、磨些之界，极为险峻。"按：此关在巨津州北界，即今之塔城关也。

〔坵塘关〕正德《云南志》丽江府曰："坵塘关，在府治南二十余里南山之顶。"按：《徐霞客游记》，自鹤庆城北行过冯密村，入丽江境，十五里过七和村，又十五里为坵塘关，设关于岭脊，以严出入，非有土司之命，不得擅行，即此关也。（方国瑜著：《方国瑜纳西学论集》，民族出版社，2008年旧版第116页）

补白

方国瑜（1903–1983年），字瑞臣，纳西族，云南丽江人，云南大学教授，中国现代著名历史学家、民族学家、文献学家。他一生在历史学、民族学、文献学、语言学、边疆史地等研究领域作出了重大的贡献，是云南地方史、西南民族史和中国民族史研究的拓荒者和奠基人，被誉为"南中泰斗，滇史巨擘"及纳西族历史、语言与文化之父。主要著作有《滇西边区考察记》《困学斋杂著五种》《纳西象形文字谱》《彝族史稿》《抗日战争滇西战事篇》等，约500万言。（载于《方国瑜纳西学论集》，前勒口）

据二

乾隆八年纂修《丽江府志略》（摘要）

《丽江府志略》于清乾隆八年（1743年）纂修，为丽江第一部官修志书。图为翻印本书影，翻印时间不详。

疆域 在省西北。其地：东至永北府界一百三十里，西至怒夷界六百四十里，南至鹤庆府界四十五里，北至中甸界五十五里，东南至鹤庆府界一百三十五里，西南至大理府云龙州界六百三十里，东北至永北府永宁界四百五十里，西北至鹤庆府维西界四百五十七里。由府至省一千二百四十里。东西广七百七十里，南北袤一百里。

形势 三关壁立，特严边塞之防。两江带围，尽属垒巢之种。东宁永而南鹤剑，西怒夷而北吐蕃，雪岭崔巍，宛似擎天玉柱，金沙蜿蜒，俨然割地鸿沟，崇山如墉，鸟道若线，俯临十郡，雄控一方。据全滇之上游，诚半臂之锁钥。

气候 地处西北，壤接吐蕃。山峻风高，四时积雪。虽盛夏不服单袷，遇微雨即披羊裘。平原仅种荞麦，沿江稍产禾稻。谚曰：云南本是温和乡，冷热不同在两江。谓元江极热，丽江极冷也。按月令，五气中位，宜在西南，滇列西南，于后天卦位为坤，得土冲气，故两迤应中宫之候，惟丽江有北鄙之风。

祥异（附） 明：正德九年，大疫。天启四年六月，地震。五年十一月，庆云见黄山。七年，芝草生于木氏家庙。本朝：顺治十六年，民房灾。康熙三十一年四月，雨雹大如拳，人畜多毙，禾麦尽伤，岁大饥。雍正八年，籍田产嘉禾，一茎四穗。乾隆元年，旱。夏四月，玉河源涸。乾隆四年，岁大熟，大研白马二里，麦两歧。(载于《丽江府志略》，乾隆八年纂修，丽江县县志编委会办公室翻印，第31-33页)

邱塘关是进入丽江的必经之地，如今这里只剩下当年镇守门户的一只身首分离的石狮子了。（2008年3月17日 摄）

据三

大研镇

位于丽江坝子的中部，海拔2400米。全镇总面积56.1平方千米，其中城区面积18.2平方千米。1990年第四次人口普查时，全镇有居民13092户，57064人，其中城镇人口38931人，农业人口18133人。人口密度每平方千米1017人。居住着纳西、汉、白、彝、傈僳、普米、回、藏等25个民族。1986年12月8日，国务院公布大研古城(丽江古城)为国家级历史文化名城。

纳西语称大研镇为"郭奔"，其意一说为设粮仓之村寨，一说为用背来的货物做生意之地。唐代中叶，大研镇区域已形成城镇。元至元十三年(1276年)置通安州，属丽江路。明洪武十五年(1382年)设丽江府，时称大研厢。明、清、中华民国及中华人民共和国时期，丽江府、专员公署、地区行政公署治所均设在大研镇。清乾隆三十五年(1770年)设丽江县后，其治所一直设于大研镇。清代实行里约制，大研镇改称大研里。民国19年(1930年)改里制为乡、镇、闾、邻制，大研里改称大研市，属第一区，民国29年(1940年)改称大研镇。

1949年7月1日丽江解放，大研镇隶属于丽江政务委员会下辖的7个分会之一，即大研分会。1949年9月25日，称大研区。1950—1960年7月称大研镇。1960年8月称大研人民公社，直属于丽江专员公署。1962年9月称大研镇，改属丽江县。1966年称大研人民公社，将原属一区的红卫、红星、红桥、红池(即今义正、义尚、义和、八河)作为蔬菜队划归大研公社。1979年称大研镇，将原属黄山公社的五台、祥云及原属金山公社的文智划入大研镇。1987年增设西安街办事处。

大研镇四季温差不大，干湿季节分明，夏无酷暑，冬无严寒。水利条件好，郊区农村出产稻谷、玉米、小麦、油菜、蚕豆和各类蔬菜。

大研镇是滇西北历史悠久的商业重镇，地处滇川藏交通要道，是古代南方丝绸之路的辐射地区和"茶马古道"的中转站。民国时期，街道上铺面货栈林立，商贾云集，特别是抗日战争时期，大研镇作为中印商贸交通线上的重要集镇，每天进出物资300多驮，商贸繁盛时有大小商号1200多家，其中拥有百万元以上资金的有10余户。富滇、交通、中央等八家银行在大研镇设有分支机构。(载于《丽江纳西族自治县志》，云南人民出版社，2001年3月版，第48-49页)

洛克为这张图片写的说明是"如水晶般清澈的河水从多个方向穿过古城。纳西人将古城分为几个村子，每个村子都有名字。图中所见的这部分叫'吉底瀑'，玉河（纳西语叫古鲁吉）从这里穿过"。（洛克 摄 约20世纪二三十年代 左图）

路伴水走，水穿桥过的今日丽江古城。（2008年3月17日 摄 右图）

木府血脉

The Blueblood of MuFu

水是古城的动脉,水让古城灵动、清洁且充满生机。图为历史悠久的白马龙潭,至今仍然造福百姓。(2008年3月16日 摄)

据四

木庚锡:《丽江纳西族民居概述》(摘录)

　　丽江古城始建于宋末元初期间。据《光绪丽江府志稿》记载:南宋理宗淳祐"十二年(1252年)元世祖忽必烈攻大理,由临洮逾吐蕃至丽江,所至望风款附,立丽江茶罕章管民官。"当时元军驻扎,已有村落。此后不断发展,"元世祖至元八年(1271年)改茶罕章为丽江宣慰司。""十年改置丽江路立军民总管府。"丽江古城在元明两代为通安州的州府衙署所在地,到明初已具相当规模,据传已有民居千余户。据地方志载,城内的"光碧楼""忠义坊""皈依堂"等建筑群皆系明代建造。《徐霞客游记》称古城的民房"瓦屋栉比",称木氏土司所居宫式建筑为"宫室之丽,拟于王者",从中依稀可辨当时古城之貌。19世纪中叶的清朝咸丰、同治年间,杜文秀回民起义时古城大部被烧毁,后又不断重建,逐步形成数千户、万余人的规模。清代始称古城为大研里,民国改称大研镇。1949年新中国成立后大研镇一直为丽江县政府及地区所在地,丽江县城规模不断扩大,但由于新区建设避开了古城,因而古城面貌至今犹存,这在全国来说也算是极少有的幸存者之一。古城现占地约一点五平方千米,现有居民5000多户,42129人。

　　丽江古城布局合理、古朴自然、空间和谐、景色秀丽。

　　丽江坝海拔2400米,这里干、湿季分明,季风显著。古城城址选在北靠象山、金虹山,西靠狮子山的平坝地段,东、南两面开朗辽阔。这样,秋冬季节西北寒风为高山所阻,使城镇免受严寒侵袭;春季东风徐来,花木欣欣向荣;夏季南风通畅,城区热气尽除。因此这里虽系高原,却冬无严寒、夏无酷暑、春秋相连、四季温凉,年平均气温为12.6℃。古城城址的选择充分利用地形地势及自然环境,具有较高的科学性。

走出四方老街
就读南菁学校

象山山麓澄碧如玉的玉泉水从古城的西北端悠悠流至镇头玉龙桥下，由此分成西河、中河、东河三股支流，再分成无数股支渠；城内亦有多处龙潭、泉眼出水。古城利用这种有利的自然条件，街道自由布局。不拘网格的工整，主街傍河、小巷临渠，清澈的泉水穿街流镇、穿墙过屋，"家家泉水、户户垂杨"的诗情画意也是这座古城的真实写照。这里虽系云贵高原的小镇，却似锦绣江南的水乡，非常亲切自然。

丽江古城民居
（2012年11月30日 摄）

狮子山上古柏葱郁，系明朝初年栽种，图为掩映在参天古柏中的三清殿。（2014年8月19日 摄）

木府血脉

The Blueblood of MuFu

古城街景（2012年11月30日 摄）

《丽江文史资料》（第一辑）书影

古城占地不大，但却有山有水。鉴于古城结合地形自由布局，道路随着水渠的曲直而布置，房屋就着地势的高低而组合，造成了整个古城丰富和谐的街景空间。主要街道新华街紧依西河而筑，很有水乡特色；有的小路随水渠的弯曲而行，空间变化多端。上山的街道逐级而上，引人入胜；下坡的小巷居高临下，趣味无穷。门前即渠，清新幽雅；房后水巷，景色迷人。跨河筑楼，饶有风趣；引水入院，别具匠心。古城的中心广场四方街，四周铺面挟持，街巷汇集，这里是古城集市贸易的中心点，空间适度，风格古朴别致；古城的交通要处万子桥，桥梁面貌斑驳、古风浓郁，建筑轮廓优美。在这座古城中，尚有不少景色秀丽的风景名胜。黑龙潭的泉水明净碧翠，它与玉桂银笋般的玉龙雪山遥相辉映，得月楼、石拱桥点缀其间，风景如画。玉泉北畔的法云阁系明万历二十九年（1601年）所建，三层木构、重檐攒尖，造型宏伟而式样玲珑，雕刻精巧，彩画华丽，实为云南省少有。玉峰寺的"万朵山茶"，树龄二百二十三年，每年立春初放，立夏花尽，先后数十批，开花两万余朵，茎干盘错，花叶艳丽，誉为"山茶之王""茶中状元"。狮子山头，古柏参天，郁郁葱葱，它们系明初栽培，六百多年来虽阅尽人间沧桑，却依然苍劲挺拔。立身树下俯视古城，瓦屋鳞次栉比，古城春色尽收眼底。

（木庚锡：《丽江纳西族民居概述》，载于《丽江文史资料》第一辑，1985年7月，第148-150页）

据五

四方街

四方街位于狮子山东麓，清代称四方街为府城市，民国时称人和街，纳西语称"芝滤古"，意为街市的中央、古城中心，隶属于新义街办事处。四方街包括街场及东至大石桥、南至百岁坊石桥、北至卖鸡巷地段，街场长68米，宽22米，面积1500平方米。四周房屋店铺骈阗，6条主街呈辐射状与之相连。几百年来，四方街是滇西北最大的贸易集市。乾隆《丽江府志略》记四方街："环市列肆，日中为市，名曰坐街，午聚酉散，无日不集，四乡男妇偕来。商贾之贩中甸者，必止于此，以便雇脚转运。"乾隆三十八年任丽江知府的吴大勋在其所著的《滇南闻见录》上卷载："郡城西关外，有集场一所（即四方街），宽五六亩，四面皆店铺。每日巳刻，男妇贸易者云集，薄暮始散。因逼近象山，山水流溯入市，然后东注于溪湖。市廛之民，向以泥泞受困。余思另辟一沟，使水从市外行非不便，民惧于街市风水不利，因谕街旁从铺各就门面铺砌石街，于进水之口筑一小水闸，晨则下闸阻水，不得入街，暮则启闸放水涤场使净，俾入市者既免于泞泥，又免于尘埃，而水仍由市流行，当无所碍，各铺家所费无几，而便益无穷，城乡之民无不感惠焉。"此后，常用西河与中河之高差，在街头西河放下活动闸堵住河水，水流冲洗四方街面后排入中河。清光绪初，参将张润组织摊贩自备条石铺地，规定谁铺的地段归谁摆摊营业，部分街面铺筑条石。

在四方街揽客的"马帮"
（2012年11月30日 摄）

四方街的石板路面是丽江古城的一道风景（2008年3月17日 摄）

夜幕下的四方街
（2011年4月8日 摄）

走出四方老街
就读南菁学校

民国年间，四方街市场繁荣。顾彼得在其《被遗忘的纳西王国》一书中，记述四方街通宵达旦的热闹情景："一大早，几股由农民形成的人流，从远处村子出发，沿着五条大道，十点钟后开始向古城集中。石头铺成的路上，马蹄声嘈杂，人声鼎沸，人群都拼命挤过去，抢占四方街广场的各'启除'（纳西语，意为专卖某类东西之地段）最好位置。""稍过中午，集市达到了热火朝天的程度，人和牲口乱作一团，开了锅似的，约在下午三点钟后，集市到了高潮，然后开始回落。……晚饭后，大街上又开始挤满了人，商店重新开门，有些商店点着普通的油灯，红色的灯光忽隐忽现，有些商店则用汽灯和煤石灯照明，不时点明了火把，人群来回走动。""银色的月亮从高空向下微笑，松明子火把发出的芳香烟雾直升九霄，四方街上竖起几个帐篷，逐渐把广场变成了营地，火炉架起来了，石头地上摆开长凳和方桌，芬芳的气味开始从许多锅和盘中升起。"

四方街及附近街巷有交易货物的专卖地，纳西语称"启除"。如"奥古启着"：卖鸡、鸭蛋之桥，"埃启除"：卖鸡处，"次此启着"：卖豌豆桥，"音启除"：卖陶罐处，"托布启除"：卖布处，"火配启除"：卖蔬菜之巷段，"韶窝启除"：专卖束河村皮革产品、麻绳、铁钉等的巷段，还有专卖糖、酒、米、面、马料草的"启除"。赶集的人们，每天早市开始就有秩序地在约定俗成的"启除"点交易。(载于《丽江纳西族自治县志》，第838-839页)

洛克摄于20世纪二三十年代的四方街。洛克的图片说明是："背景是东方，这里天天都赶街，每天从上午10点到下午5点；贸易者多是纳西妇女。"（左图）

今日四方街，背景也是东方，然而再也看不到洛克镜头中的景色，取而代之的是旅游者的身影。（2014年8月18日 摄 右图）

据六

土司衙署

明洪武十六年(1382年)，土知府木得在古城建造丽江军民府衙署，后经历代土司相继营建，至明末，土司衙署、家庙、住宅已具相当规模。明崇祯十一年(1638年)，徐霞客至丽江，谓土司衙署区域"宫室之丽，拟于王者"。土司衙署的选址、布局讲究风水、地望、避讳，衙署建在城西南，北靠狮子山，意为"玄武"；左有城池及金虹山，意为"青龙"；右临白马龙潭，意为"白虎"。前方坝子平展，远处有震青山，寓作"朱雀"。四方街、关门口一带，建筑平面呈阴阳图形，层层环拱，从里向外拓展，府前有流经古城而来的西河环绕，背依山陵，前抚平川。根据东方属木，木为纳西东巴教中的崇拜物，亦为皇帝所赐纳西土司之姓，衙署坐西朝东，以受木气。

复建后的木府大门
（2008年3月16日 摄）

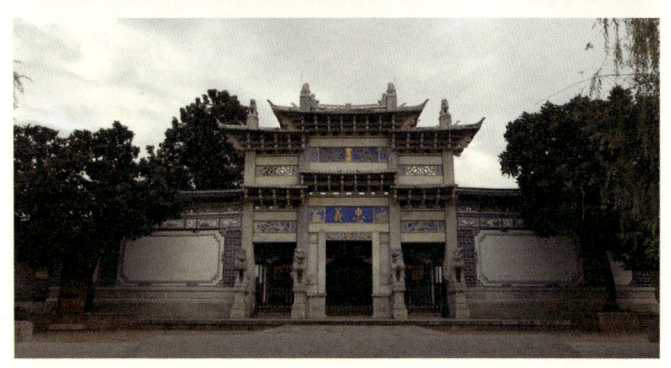

复建后木府大门前的"忠义"石坊
（2012年12月2日 摄）

　　关门口是进入土司衙署的第一道关口，建有关门楼，两侧有一对石狮。关门口对面有一堵大照壁，照壁后面有两院平房，一院住守关土兵，一院住吹鼓手(乐队)，木土司出入关就奏乐。进关门口约200步处为头道牌坊，为一座两柱一门的木牌坊，两侧前后用四个有云头的大石鼓抵住，木牌坊上刻龙凤呈祥图，牌坊两面有横额。再往里为结构与头道牌坊同，坊上彩画及横额有所区别的二道牌坊，东有一驻守坊土兵之小院。南60步处为坐西朝东三间大平房组成的三道门，高约两丈，长约四丈余，内外皆架斗拱，精雕细琢，两边八字墙高且长，跨河展开，中间三洞红漆大门，高一丈多，南北两门常开，中门常闭。中门上有一直额"世袭丽江知府"，两边一副黑底金字大对联："越自汉唐，缙笏簪缨世胄；肇兴元宋，衣冠文物人家。"北门悬横额"辑宁边境"，南门悬"乔木世家"，三额都由御赐，上有朝廷印鉴。此门为土司衙署门面，有人专管。门前有一对坐狮，再前是精工石雕的拴马柱和上马堆。南北八字墙后两所平房为木府土兵驻地。进三道门，沿一宽四尺的青石板路西行200步抵木家院大门，也是三间，中间开门，两边围墙自成一小院，称头院。第二院南北两廊直通第三院的南北两廊。第三院正中为木府大堂，是木土司处理政务之所。南北两公廨系公务人员办事场所。北面隔一五尺通道，有一院平房四合院，为木府北宅。南面与北面对称，为南宅。两院系木家住宅。再往里为南北两园，北有万历年间木增建的万卷楼，明成化七年(1471年)木钦建的皈依堂。南园顺河一片竹林，亭榭轩宇点缀其间。玉河水从金星巷水闸引至北园及勋祠，石牌坊的水闸引水至南园。木府北宅，有一座单间二柱的石坊，过石坊约10余步即勋祠大门，系明嘉靖年间土知府木公所建，嘉靖七年竣工。永昌进士张志淳撰写的《丽江木氏勋祠碑记》载："正室三稳，室下周屋共二十四稳，而厨、库、池、桥、垣、宇、罔不饰。凡堂廉、陈级、阑楯，皆石为之。而石产雪山者，晶莹粲洁，罔不琢。中门三稳，题曰'崇德'；外大门一稳，题曰'诚心报国'。"勋祠共计房屋31间，除大门一间另建外，为正院、北院、南院三院，大门及围墙成一前院。勋祠正殿内奉祀历代有勋功的木氏祖先牌位。清咸同年间，勋祠遭兵燹，后重建"家庙"。

南园为一组万历年间土知府木增建造的宫廷式建筑群。三道门往南百步处为马鞍桥，往西10余步为忠义坊。明万历四十八年(1620年)，木增向朝廷纳银1200两，明神宗赐"忠义"二字，木增在南园建忠义坊。乾隆《丽江府志略》载："在土通判署右，高数丈，栋梁斗拱，通体皆石，坚致精工，无与敌者。"建筑学家刘敦桢(1897-1968年)详记了忠义坊结构："坊三间四柱六楼，明间面阔较巨，其柱与楼亦较次间为高，柱皆通天式，以狮鱼及抱鼓石自前后夹持，每间于龙门枋及额枋上，施绦环板及楼间各二层。下层之楼仅为前后坡顶，上层改为庑殿顶，且将山面之檐绕至柱外，为最鲜见。檐下斗拱，下层二跳，上层三跳，皆具斜拱，又于跳头上置三幅云，与当时明建筑作风，大体符应。"石牌坊西百余步处为一圆形大水池，柳条垂拂水面，池中有荷，池系建坊时挖土而成。过水池往西约50步，有一三层楼，称玉音楼。乾隆《丽江府志略》载："在土通判署右，上奉万岁圣位，为祝厘所，额曰'天颜咫尺'。雄伟奇丽，甲于滇西。"距玉音楼50步为精心雕琢，备极巧工的寿星楼，为三层。再西面为光碧楼，光碧楼天井有一方形水池，池心置一铜铸大香炉。光碧楼西高台上为五凤楼，全用柏树建成，居高临下，雄伟异常。清咸同

年间，土司衙署多毁于兵燹，所剩无几。(载于《丽江纳西族自治县志》，第855-857页）

据七

和红媛：《丽江木府恢复重建编年实录(1996–2007年)》(节录)

丽江木氏土司自元、明至清初，统治滇西北，是明代云南三大土知府之一。《明史》称"云南诸土官，知诗书，好礼守义，以丽江木氏为首"。木氏土司为政干练、忠君爱国，有开放意识又善于学习，对各种民族文化、各种外来宗教采取兼容并蓄的态度，形成纳西族独具一格的以本民族文化为中心、融合各民族文化的多元文化，对纳西族地区经济文化的发展和各民族间的交往都起过积极的作用。现今，土司制作为一种政治制度，已成为历史。历任丽江知府的木氏也早已退出历史舞台，但木氏土司及其创造的文化对纳西族文化的发展有着特殊而重要的历史意义和现实意义，特别是木府的恢复，在旅游业发展中的影响将继续下去。

木氏土司衙署建筑群，俗称木府。纳西族首领木氏自元代世袭丽江土知府以来，历经元、明、清三代22世470年，明末时达到鼎盛，其府建筑富丽堂皇，气象万千。……后历经战乱、动荡，大部分建筑被毁，保存完整的大门"石牌坊"也在"文化大革命"中成为"大破四旧"风暴的首选攻击目标，被夷为平地。

木府复建工程于1997年6月28日正式动工。

1999年2月3日，木府工程竣工典礼隆重举行，并宣布成立丽江古城博物院。

木府位于古城西南隅，整个建筑群坐西朝东，"迎旭日而得木气"。左有青龙(玉龙雪山)，右有白虎(虎山)，背靠玄武(狮子山)，东南方向有龟山、蛇山对峙而把守关隘。占地46亩，中轴线长369米，由四个部分组成：第一部分为衙署区，包括石牌坊、仪门、议事厅、万卷楼、护法殿等建筑；第二部分为玉花园，包括光壁楼、玉音楼、三清殿；第三部分为生活区，包括木家院和木府一条街；第四部分为祭祀区，未能恢复。建筑依地势建有15幢，大大小小计162间。

万卷楼是木氏土司的藏书楼，是木氏土司推崇汉文化和儒家学说的真实写照。在这里，珍藏有400年前的木增土司主持刊印的丽江版大藏经《甘珠尔》，在纳藏文化史上树起了丰碑。此套大藏经刊印于万历四十二年，历时九年，包括108卷，1000多篇文献。现在，拉萨大昭寺里还珍藏有木增当年赠送的《甘珠尔》朱印版108卷，每卷用绸缎包成一包，每两包装成一木箱，木箱外用金线缠绕，加上银锁，成为该寺的传世之宝。除此之外，万卷楼也是木氏土司接受汉文化的地方，所设私塾就是要让其弟子学习写文章。

木府的成功恢复,完善了丽江古城,丰富了世界文化遗产的内涵,弘扬了民族文化。以丽江民族文化为坚强后盾的木府,自1999年开园以来,接待了党和国家领导人,以及大量的中外游客。特别是1999年5月2日,江泽民同志视察了木府。江泽民首先注意到木府大门上"凤诏每来红日近,鹤书不到白云闲"的对联。进了木府,当江泽民走到木府万卷楼时,他若有所思地向陪同的地县同志问起大门上的对联。地委书记介绍说,这是明代木氏土司木泰(1455—1502年)写的七律《两关使节》中的两句话,反映的是当时的丽江纳西与中原内地关系十分密切,表达了拥护中央政府、维护国家统一的思想。

到目前,木府已成功收藏了明代土司木增、清代进士和庚吉,以及名家杨卿之、李群杰、周霖等的书画墨迹,同时还收集了流落民间的省级重点保护文物多件;成功迎回大藏经《甘珠尔》。

木府自1999年对外开放以来,本着抢救和保护纳西民间传统文化的宗旨,一直以来致力于收集、整理、弘扬丽江纳西传统文化精品,先后开辟了丽江壁画馆、丽江民俗馆、丽江古城馆、李群杰先生书法展馆、丽江荣誉公民李霖灿先生纪念馆、古城名人美术书法作品展馆、民间新娘房展馆等展览馆,收集了大量文物。中外游客在领略木氏土司悠久而辉煌的历史的同时,也感觉到了纳西族灿烂的民族文化。(载于木仕华主编《丽江木氏土司与滇川藏交角区域历史文化研讨会论文集》,中国藏学出版社,2008年9月版,第416-423页)

俯瞰丽江古城民居(2012年11月30日摄)

木府血脉
The Blueblood of MuFu

据八　　　　〔俄〕顾彼得：《被遗忘的王国》（摘录）

离铜器广场不远处，有一条讲究的街道通向木土司家的宫殿。跨街的一道凯旋门是这个贵族生活区的起点。宫殿是汉族式的杂乱无章的建筑，被用作地区小学的校舍。与之毗连的是一连串有围墙的房屋，那是以前的土司、他的家庭和其他王室亲戚居住的地方。王宫大院前面有一个巨大的石头拱门，经过精心雕刻，上有"忠义"两个汉字，是17世纪（1624年——本书编者注）明朝皇帝赠给一个土司（指木增——本书编者注）的。提到木家的头人，人们仍然使用"王"和"首领"之类称号，以示尊敬。在清朝期间，土司的封建地位被废除，丽江变成流官管辖的府，有段时期木氏土司以世袭府的高级行政长官身份继续其统治，可是即使这点权力也被剥夺，由汉族行政长官继任。木氏王朝可追溯到盛唐时代，曾经出现过许多英勇正义的统治者，也出现过几个败类。到清朝末年木氏土司正在没落。（顾彼得著：《被遗忘的王国》，云南人民出版社，2007年8月第1版，2012年1月第5次印刷，第49页）

补白一　　　　白朗：《纳西之和姓》

"和"姓为纳西人第一大姓。据汉地史籍记载，"和"是传说中上古的一种乐器，相传能均衡一切声音。所以此字大有深意。

在汉文化中，"姓"和"氏"是不一样的，有些学者认为，"姓"最早渊源于母系，"氏"最早渊源于父系。据《通鉴·外纪》说："姓者，统其祖考之所自出，氏者，别其子孙之所自分。"说的是"姓"与"氏"的差别。在中国，"姓"与"氏"之间的界限早已变得模糊。

纳西人自古便有自己独特的姓氏，古纳西人有"尤、墨、树、禾"四大氏系，并实行父子联名制，如首领为：牟保阿宗、阿宗阿良、阿良阿胡。

有种观点认为，纳西人中第一个有姓的人为阿甲阿得(据《皇明恩纶录》载，洪武十五年，朱元璋特赐阿得"木"姓）。此说当有误，元朝末年即有纳西首领叫和字、和牒、和失。和字是宁蒗古纳西首领泥月乌的后代，和牒是巨津州古纳西首领蒙醋醋的后代。据《元一统志》，通安州93个乡镇名称中，有几十个带"和"字的村寨。《木氏宦谱》提到了阿塔剌(即和牒）的主寨叫"和寨"，这本书里还记载了木得的曾祖阿良阿胡娶的正妻系白沙羡陶氏和挥之女，而木得本人的正妻是三必村和略哥的女儿。从普泛的姓氏角度讲，在史料记载中，纳西历史上"和"先出现于"木",应无问题。纳西的"和"姓,当出自古纳西人"尤、墨、树、禾"四大氏系中"禾"的译音,如木氏渊源于"尤"系,从译音来说,其老祖宗叶古年大约作"尤古年"更为准确。所以,将木得视为第一个明确记载有汉姓的纳西人也许更为准确,而"和字""和牒""和失"等一大批人的"和",则是汉文译音的纳西古已有之的姓氏。

"和"姓,并非纳西人独有的姓,汉人的百家姓中就有"和"姓,此"和"姓的最初来源有两处,一是上古时代的羲和,其后人称和姓,二是春秋战国时代的卞和,其后人称和姓。现陕西、河北、河南、南京皆有"和"姓之汉人。晋代时朝中有著名大臣叫和砚,五代时有著名词人叫和凝。而清代大贪官和珅之"和"并非姓,而是名,其人为满族正红旗人,姓钮钴禄氏。

纳西"和"姓同汉族的"和"姓,显然出自完全不同的谱系。

在明代,丽江一带"四郡齐民一姓和"。徐霞客曾到过我的老家丽江七河乡,在其游记中,"七河"当时叫"七和",这与传说中早先有七个和姓家族住在这里,所以叫"七和"相吻合。到了明代,木氏利用其在世俗中的权势,使辖区内的姓氏形成"木""和"两大等级姓氏。(白朗著:《月亮是丽江的夜莺》,重庆出版集团,2007年4月第1版,第53-54页)

补白二

今日丽江市处于云南省西北部,云贵高原与青藏高原的连接部位,东经100.25,北纬26.86,北连迪庆藏族自治州,南接大理白族自治州,西邻怒江傈僳族自治州,东与四川凉山彝族自治州和攀枝花市接壤。总面积20600平方千米。辖古城区、玉龙纳西族自治县、永胜县、华坪县、宁蒗彝族自治县,共有69个乡(镇)446个村民委员会,总人口120多万人。丽江是一个多民族聚居的地方,共有12个世居民族,其中纳西族23.37万人,彝族20.14万人,傈僳族10.62万人。其中纳西族占古城区及玉龙县(即原丽江县)总人口的57.7%。丽江属高原型西南季风气候,气温偏低,昼夜温差也很大。丽江的大部分地区冬暖夏凉。丽江市区海拔高度为2418米。距昆明市527千米。1997年12月4日,丽江被联合国教科文组织批准为世界文化遗产地("丽江古城",包括古城区的古城及玉龙县的白沙古镇);世界自然遗产地("三江并流"保护区);世界非物质文化遗产地(纳西东巴象形文字)。丽江主要景区有"两山一江一城一湖",即老君山、玉龙山、长江第一湾、丽江古城、泸沽湖。

玉龙雪山。前景是张艺谋为总导演的《印象丽江》大型实景演出现场。（2011年4月10日 摄）

石鼓长江第一湾
（2008年3月15日 摄）

·是年，赵银棠"进昆华女子高等师范学习；同年秋，考进东陆大学，成为纳西族第一个女大学生"。（载于《丽江县革命史·新民主主义时期》，云南人民出版社，1999年6月版，第166页）

·是年，国民政府令：龙云等13人为云南省政府委员，并指定龙云为主席。（［美］江南著：《龙云传》，中国友谊出版公司，1989年2月版，第73页）

·是年，龙云上佛教胜地鸡足山（几代木氏土司出资在鸡足山兴建寺院，著名的悉檀寺是木增捐建的。——本书编者注），除布施结缘外，又身披袈裟，胸垂素珠，盘坐摄影，上题"我之将来"四字，表示以后要皈依佛法。（［美］江南著：《龙云传》，第176页）

1930年

(民国十九年)

庚午 1岁

・是年，美籍学者洛克在木家院拍摄《木氏宦谱》图片后，请求为木琼拍照片。木琼怀抱刚满一岁的木光，并邀请其叔伯弟兄合影。

按

[美]约瑟夫·洛克《中国西南古纳西王国》载：

当我1931–1932年在丽江逗留期间，曾多次到木氏官邸访问木家，承他们把有祖先画像的第二部《木氏宦谱》给我看，这就是他们曾给巴克看过的那部。我把这部书的正文和画像，都用照相机照下来（附在本书内），此外我还请了那位替巴克临摹画像的艺术家，照原画像的尺寸，为我照画一套。这一部有附图的《木氏宦谱》，经现任土通判的签章证明，很仔细地装订起来，现藏华盛顿的国会图书馆里。（[美]约瑟夫·洛克著：《中国西南古纳西王国》，第42页）

链接一

[美]约瑟夫·洛克《中国西南古纳西王国》载：

法国人巴克在公元1907年、1909年两次去丽江旅行，他在丽江曾看到这部有图片的家谱，他把它抄了下来，并雇了一位纳西艺术家，即木氏的一个亲戚把附在这部家谱里的画像临摹下来。他把这些临摹下来的画像发表在他的著作《麽些研究》一书中，这些图片不是原文附图的摄影照片。巴克一共发表了26张画像。（[美]约瑟夫·洛克著：《中国西南古纳西王国》，第42页）

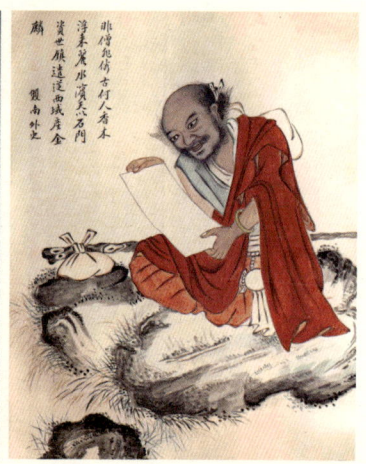

《木府宦谱》封皮及内图

签有云南丽江土通判印信的《木氏宦谱》，现藏于华盛顿国会图书馆。该部《宦谱》是洛克于1931年请人临摹复制的。洛克手书文字的大意是，本人兹证明此文本的真实性：其原为中国云南丽江的世袭木土司历代记录文，现为土司子孙即现在当地的纳西家族所持有。1931年5月14日于丽江约瑟夫.F.洛克。

图中《宦谱》是否为藏于华盛顿国会图书馆原件，待考。

链接二　　　[美]约瑟夫·洛克《中国西南古纳西王国》前言：

当我住在过去纳西王国的首府丽江之时，我获得了所有重要的碑文拓片，拍摄了纳西首领的家谱和珍贵的手稿，以及可以追溯到唐代和宋代的祖传遗物。此外，我还收集了4000多本纳西象形文手稿(即东巴经——译者)。其中的许多手稿具有历史价值，其他不少手稿是纳西人的宗教文献，它们与西藏佛教前的本教有关。（[美]约瑟夫·洛克著：《中国西南古纳西王国》，第9页）

链接三　　　木光《回忆家父生平事迹》载：

父亲与洛克的亲密关系。美籍学者洛克于1922年到达中国的西南部，并以云南的丽江为总部。他受美国国家农业部、美国国家地理协会和美国哈佛大学植物研究所三个权威机构的派遣，来到边远山区采集稀有植物和飞禽标本，他是一位精干的"探险动植物学家"。他到丽江后通过广泛的接触和研究对纳西历史文化后排中间者为时任土通判木琼,所抱小孩是他的儿子即第木松奎(即木光——本书编者注)。木琼是木保(即木标——本书编者注)的儿子。木琼的右边是他的叔叔,其余3人是他的表兄弟。(载于洛克著《中国西南古纳西王国》,图版第26页)

补充说明:
1930年,洛克在木府花园翻拍《木氏宦谱》后,为木琼等拍照。后排左是木瑤(木荫次子木楷的长子)、中是木琼(木荫长子木标的长子,怀抱者为木光)、右是木理(木荫次子木楷的次子),前排左是木瑛(木荫5子木檀之子)、右是木瑚(木荫4子木枢的长子),左边站在地上的小孩是木瑤的长子。(木星提供图片及补充说明)(如果木星说法正确,那么,洛克图片说明中"木琼的右边是他的叔叔"便有误——本书编者注)

感到浓厚的兴趣,他开始撰写《中国西南古纳西王国》一书,他这本名著的前言中写道,"当我住在过去纳西王国的首府丽江之时,我获得了所有重要的碑文拓片,拍摄了纳西首领的家谱和珍贵的手稿,我开始了探索这个迷人而神奇古国历史的艰巨工作。"

木府珍藏的《木氏宦谱》甲乙种本和多件碑文资料,是洛克撰写书稿的重要内容,他费尽心思想得到这些珍贵的资料。自1930年开始,他就想方设法接触父亲,时而向父亲赠送美国带来的花卉种子,时而来赠送美国常用药品和洋货礼品。通过较长时间的接触交往,父亲感受到洛克很有学问,人品也很好。当洛克提出要借《宦谱》拍照,以及木府内的碑文拓片时,父亲为了在国内外弘扬历代先祖的辉煌事迹,毅然同意了洛克的要求。

《宦谱》在木府花园内拍摄。洛克摄影技艺高超,每幅画面都拍了两张。拍完《宦谱》后还请求为父亲拍照,以花园假山为背景,父亲抱着刚满一岁的我,邀约叔伯弟兄合照了一张资料像。

洛克为了充实资料,请来一位画家按照宦谱画像复制了一本历代先祖的画谱,请求父亲签名盖章。洛克非常感激父亲,每逢节日都来木府看望父亲,相互友情十分亲密。(木光编著:《木府风云录》,第238页)

木府血脉
The Blueblood of MuFu

链接四

和为剑：《雪山无恙魂安在 玉湖碧水应有情——随美〈全国地理杂志〉记者寻访散记》（节录）

1996年5月底，美国《地理杂志》提出寻访洛克探险故地的申请，很快得到我外交部新闻司批准。该杂志特别委派副总编迈克·爱德华兹(Mike Edwards)于6月13日来到丽江，专访当年洛克生活与工作的地方。

同是《全国地理杂志》的撰稿人，相隔近六七十年，耳闻目睹先人之事迹，65岁的迈克先生感叹不已："一个人的生命有多少个二十七年？"他的心情难以平静，感到些许遗憾："自己同丽江相识太晚，同玉龙雪山相识太晚。"

我们去参观位于狮子山东麓的土司衙门——木家院。去年2月(指1996年2月——本书编者注)的地震严重损坏了这些建筑，但迈克仍坚持要看一看。

洛克在他的著作《中国西南古纳西王国》一书中对木氏土司的家世亦有详尽的记叙，并配以历代土司的肖像画和他亲自拍摄的那座汉白玉门坊式建筑"忠义坊"的照片作为压题插图。这座凯旋门式的建筑曾闪耀过木氏宦宗尊贵的光芒，也曾是历史上丽江顺应祖国统一和作为滇西北重镇的重要标志。现只能从洛克的照片上一睹其风采了。

抚摸着残存的断石，迈克先生茫然若失，喃喃地说道："太可惜了，太可惜了。"我告诉他不远的将来要恢复重建这座建筑，而他只是默默地摇了摇头……我们明白：历史是无法复原的。

在宣科先生家里，我们得到令人兴奋的收获。他如数家珍地讲起当年洛克和他父亲的一些故事，又拿出他悉心珍藏的洛克的著作和有关洛克的书籍资料给我们看，其中就有宏篇巨著《中国西南古纳西王国》，沉甸甸的两大卷。迈克习惯地戴上那副老花镜，神情专注地沉醉于这些书籍照片之中。宣科先生不停地介绍着，一本没看完又递上一本，让我们一饱眼福。迈克先生是有备而来，此行的目的是要寻找洛克的踪迹，让他最兴奋的莫过于找到洛克的遗物。在宣科先生的书房里，迈克见到了洛克当年用过的那张书桌。据宣科先生介绍，这是1927年由一位纳西族工匠，按洛克要求的奥地利维多利亚式样制作的。如今成为宣科先生最为珍爱的纪念物。迈克先生凝神观赏着这件油漆仍旧隐隐乌亮的家具，许久才回过神来操起相机从各个角度拍了又拍。(和为剑：《雪山无恙魂安在 玉湖碧水应有情——随美〈全国地理杂志〉记者寻访散记》，载于《沿着洛克的足迹——走进香格里拉》，第60-63页，《丽江日报》社编)

链接五

据

纳西学

白庚胜：《致力于纳西学的崛起》（摘录）

纳西学，就是以纳西族为研究对象的学科。在实践上，他贯穿古今；在空间上，它横跨东西。它既包括对纳西族的本体性研究，也包含这种研究本身。就前者而言，有关纳西族的生存环境、存在历史、生活方式、精神信仰、组织制度、艺术创造、技术成就等都无不纳入其视野之中；就后者而言，有关纳西族研究的理论与方法、学者与成果、历史与活动、机构与组织都囊括于其内。（白庚胜：《致力于纳西学的崛起》代序，载于《方国瑜纳西学论集》，第2页）

· 是年，李群杰就读于北平民国大学。（载于《丽江县革命史·新民主主义时期》，第11页）

1931年

(民国二十年)

辛未 2岁

· 是年，木光的父亲木琼奉命履行滇西北宣慰委员的任务，历时两个多月。后赴省城拜会龙云主席述职。

按

木光《回忆家父生平事迹》载：

民国二十年（1931年），省政府发来公文委任父亲为滇西北地区土司宣慰委员，并寄来宣慰的奖章及奖品。父亲整装后带着几名随员动身前往永胜、华坪、宁蒗、中甸、德钦、维西、福贡、贡山等县逐县进行慰问活动。每到一地均受到当地土司、头人的热烈欢迎和盛情接待。宣慰活动历时两月多，顺利完成了省政府委托的宣慰任务，为全省各民族的稳定团结做出了贡献。

赴省城拜会龙主席述职。父亲完成各地土司的安抚宣慰回来后不久，就接到省政府的公文，指令父亲赴省述职。

因外祖父全家住在昆明，一则述职，二则探亲，所以父亲带着母亲和我一起赴省府，由丽江到昆明行程18天。

去拜会龙主席的当天，父亲一早穿上衫子马褂。在主席秘书招呼下来到五华山省政府，龙主席在他的会客厅接见父亲。主席亲切地招呼父亲坐下谈话，父亲向主席问好后概略呈述了宣慰活动的完成情况,主席表示满意。主席说:"丽江历代木氏土司对云南的历史贡献是很突出的,至今木氏土司的形象在滇西北各民族中还有一定影响力,我考虑给你任个县长职务,你愿意吗?"因为父亲无意于仕途,婉言谢绝了主席的提议。最后,主席关切地建议让我进入主席捐资创办的昆明南菁学校。学校是一所全公费的贵族子弟学校(按:[美]江南著:《龙云传》,第78页载:龙云在昆明北门街创办私立南菁学校,设小学、初中、高中三部,培养云南当地人才。抗日战争期间,迁移至岗头村永丰寺,扩展教学设施,先后培养了数千学生。其中在国内外颇负盛名的专家学者就有数百人之多。——本书编者注),龙主席的子女和各地土司的子女都在该校读书(按:[美]江南著:《龙云传》,第186页载:龙云之女龙国璧在南菁学校读过书,后入上海震旦大学。而龙云的七个儿子未见记载。——本书编者注)。(木光:《回忆家父生平事迹》,载于木光编著《木府风云录》,第237页)

补白　　龙云在昆明北门街创办私立南菁学校的时间是1932年。([美]江南著:《龙云传》,中国友谊出版公司,1989年2月版,第78页)此处提前两年受邀去该校读书。据谢本书著《龙云传》上说,1935年建南菁学校,且是私立。(谢本书著:《龙云传》,云南出版集团公司、云南人民出版社,2011年3月版,第90页)

1989年2月,[美]江南著《龙云传》,中国友谊出版公司出版。(左图)

2011年3月,谢本书著《龙云传》,云南出版集团公司、云南人民出版社。(右图)

1932年

(民国二十一年)
　　　　　　　壬申 3岁

・是年，在丽江木家院生活。

・是年，由祖母李氏包办，木光与丽江习家之女习咏吟订亲。

・是年，李群杰考入广州中山大学，接受马克思主义，投身抗日救亡运动，在校倡导组织"马列主义行动团"，任负责人。（载于《丽江县革命史·新民主主义时期》，第11页）

・是年，龙云在昆明北门街创办私立南菁学校，设小学、初中、高中三部，培养云南当地人才。抗日战争期间，迁移至岗头村永丰寺，扩展教学设施，先后培养了数千学生。其中在国内外颇负盛名的专家学者就有数百人之多。（［美］江南著：《龙云传》，第78页）

1933年

(民国二十二年)
　　　　　　　癸酉 4岁

・是年，在丽江木家院生活。

・是年，木光表叔方国瑜在丽江得到《木氏宦谱》的副本。

按一　　"……《木氏宦谱》始作于正德年间，出木公手，自后时有增益，止于清初。大本厚纸，为木氏冢子收藏。1933年，瑜归里，从木氏以一部《徐霞客游记》换得副本，惟缺其附载之《世系表》。"（方国瑜：《木氏宦谱》，载于《方国瑜纳西学论集》，第221页）

按二　　"1933年，我省纳西族著名史学家方国瑜先生回到丽江，曾得到《木氏宦谱》文字本的副本。后来，方先生将《木氏宦谱》甲、乙两种本子作了考据，录入他的《云南史料目录概说》（中华书局，1984年版）第一册中，以之为云南地方史研究的重要史料。"（张永康：《抄本〈木氏宦谱〉浅识》，载于《木氏宦谱》（影印本），第1页）

1934年

(民国二十三年)

甲戌 5岁

· 1月,方国瑜在石鼓镇拓《石鼓木氏纪功刻辞》。

按一　　方国瑜:《石鼓木氏纪功刻辞》(摘录)

瑜幼年随伯兄国璜(瑞周)、胞兄国琛(瑞生)至其地,两岸高山巍峨,江流浩瀚,气象雄伟,石鼓屹立其间,盘桓久之。公元1934年1月,驻石鼓镇数日,拓此碑文以归。闻在前无人捶拓,今已被破坏,损字甚多,瑜藏拓片为孤本,已捐赠云南省博物馆收存,可保存长久也。(方国瑜:《石鼓木氏纪功刻辞》,载于方国瑜著《云南史料目录概说》,中华书局,2013年11月北京第2次印刷,第1201页)

按二　　方国瑜:《石鼓木氏纪功刻辞》(摘录)

乾隆《丽江府志·古迹志》曰:"石鼓在城西七十里金沙江边,相传武侯南征立,以镇吐番。鼓面原无文字,明嘉靖辛酉(四十)年,土府木高平吐番,刻《凯歌》于其上,今存。"按地以石鼓为名,由来已久,然未见嘉靖以前之纪录,不审鼓之立在何时。(方国瑜:《石鼓木氏纪功刻辞》,载于方国瑜著《云南史料目录概说》,第1201页)

金沙江边石鼓镇上的石鼓。

按三　　　方国瑜：《石鼓木氏纪功刻辞》（摘录）

《新纂云南通志》卷九十六《金石考》之十六，著录："《石鼓凯歌》，镇西大将军金紫主人撰。鼓圆径五尺，文二十八行，行二十八字，正书。嘉靖二十七年戊申，在丽江县城西北七十里石鼓乡金沙江岸，金紫主人即丽江土知府木高，纪战胜吐蕃功。"按此刻石，滇西北第一大碑也。立于金沙江自北而南折东流处（长江第一湾）之西岸，距石鼓镇东南里许。（方国瑜：《石鼓木氏纪功刻辞》，载于方国瑜著《云南史料目录概说》，第1201页）

链接　　　［美］约瑟夫·洛克：《中国西部古纳西王国》·石鼓（摘要）

石鼓镇正位于长江转弯处的斜坡之上，岬角之顶。在镇的附近，人们用一种筏子渡江，但其安全很成问题。石鼓镇有200户人家。只有商人和少数家庭是汉人，其余都是纳西人；石鼓镇附近的居民由纳西人、傈僳人和彝人所组成。在镇以北的斜坡有一个大石鼓，因此得名。大石鼓放在一个长方形岩石上，底部呈平面形。人们传说如果这个石鼓裂开，当地就要遭难。民间口头流传这个石鼓是诸葛武侯（诸葛亮）南征时所建立的。由于这个石鼓是为了防备入侵而建立的，因此称为镇番鼓。最初在鼓的表面或边上没有刻字。嘉靖辛酉年（1561年），土司木高平定当地，把祝捷歌文刻在石鼓上（这是从《丽江府志略》上卷第四章356页上摘引的）。沙畹把巴克带回的碑文（拓下来的）译为法文，这里我根据原文翻译为英文。（［美］约瑟夫·洛克著：《中国西南古纳西王国》，第191-192页）

· 是年，在丽江木家院生活。

1935年
(民国二十四年)
乙亥　6岁

· 是年，木琼袭职第6年。为祖母50寿辰，随父木琼前往鸡足山，做求寿法事。

按　　　木光《回忆家父生平事迹》载：

父亲为贤母求寿，邀请了洞经古乐会的亲友及家族的近亲，一行10余人骑马坐轿，一路热热闹闹地来到鸡足山脚已是黄昏时候，悉檀寺的慧海方丈带领20多名和尚，已在山下迎候父亲。大家在方丈及和尚们引路下点燃火把，连夜登山，沿途边走边奏着优雅的古乐漫步进山。虽然大家都在吃力登山，但优雅的古乐节奏使人感到乐趣，也就不感觉劳累了。我们的起居生活寺院早已周到安排，第二天早上，寺院的两百多名和尚在方丈主持下，坐立两边开始举行为祖母祝寿的诵经大典。大殿正中供着一尊两丈余高的无量寿佛铜像，殿宇宏伟整洁，父亲跪拜祈祷祝愿祖母健康长寿，并向佛祖贡了一份文书。

　　悉檀寺正殿后院的侧室，塑有一尊生白公的塑像，父亲也虔诚祭奠了先祖木增。

　　求寿法事进行了3天，随后方丈陪同父亲到周围寺庙参观访问，而后返程。（木光编著：《木府风云录》，第239页）

链接　　鸡足山悉檀寺是先祖木增在明代天启年间为贤母求寿而建，并捐赠三千亩良田作为寺产，寺院规模为鸡足山诸寺之冠。是木氏土司的家庙之一。

鸡足山（2008年3月18日 摄）

　　悉檀寺与木府的联系历代以来都较为密切，到父亲任职年代，每年春节和中秋节，悉檀寺的方丈按传统礼节，派和尚送来悉檀寺自制的果脯、干笋、蜜饯等礼品，以表对寺主的敬意。（木光编著：《木府风云录》，第239页）

　　·是年，根据1930年木光父亲赴省述职，拜会龙云主席时，龙主席建议让木光到南菁学校读书，为此，6岁的木光，由父亲送到昆明。

按　　木光《回忆家父生平事迹》载：

"我年仅6岁就进入南菁小学部一年级上学。父亲不便在昆明久留,把我委托给外祖父照顾,就返回丽江了。"(木光编著:《木府风云录》,第237页)

·是年,龙云协助蒋介石,拦截长征途中的红军。([美]江南著:《龙云传》,第111页)

1936年

(民国二十五年)
丙子 7岁

·4月,中国工农红军第二、第六军团(后改称第二方面军)兵分两路长征过丽江。军团总指挥贺龙、政委任弼时率第二军团为右路,24日抵达丽江县城。……在县城砸碎监牢大门,放出40多个"囚徒",并发给衣物银钱。在大研镇、石鼓、巨甸等地惩治贪官污吏,打开粮仓救济贫苦民众。(载于《丽江县革命史·新民主主义时期》,第12页)

·4月25-28日,中国工农红军二、第六军团在石鼓一带渡过金沙江天险北上抗日。4月24日上午,红二军团先遣部队四师在丽江城郊的玉龙锁脉(丽江城南路旁的寺庙名)受到开明绅士和各族群众200多人的欢迎。(载于《红军长征过云南》,云南民族出版社,1986年12月版,第330页)

·是年,继续在昆明南菁小学部上学。

·是年秋,李群杰(从广州中山大学)毕业后,受党组织推荐,到"华南救国会"工作,兼任《港报》编辑。(载于《丽江县革命史·新民主主义时期》,第11页)

·是年,龙云向国民政府推举熊庆来博士为云南大学校长(前身为私立东陆大学),并聘请了许多留法、美等国的学者专家来该校任教。([美]江南著:《龙云传》,第78页)

1937年

(民国二十六年)

丁丑 8岁

・年初，李群杰"在香港参加'华南救国会'"。"5月1日，由杨康华、李驹良介绍，在香港加入中国共产党"。"5月下旬，带着'南委'指示的任务，返回昆明，进行重建中共云南地方组织的工作"。（谢本书著：《枫叶如丹——李群杰生平概述》，云南民族出版社，2002年9月版，第362页）

・5月，李群杰"在香港加入中国共产党。5月中旬，被派回云南发展党员，建立组织；7月，成立中共昆明支部，任支部书记。"（载于《丽江县革命史·新民主主义时期》，云南人民出版社，1999年6月版，第11页）

・是年，木光从昆明南菁小学返回丽江。

按

木光《回忆家父生平事迹》载：
我在南菁学校读书两年，因祖母想念而又回丽江。（木光编著：《木府风云录》，第2次印刷，第237页）

・是年，龙云主动向蒋介石请命修筑滇缅路，打通抗日的国际通道。用了短短8个月的时间修筑了927千米的路面，滇缅公路全线通车。

1938年

(民国二十七年)

戊寅 9岁

・2月，丽江旅省学会在昆明成立。

按

陈怀贵《抗战初期成立的丽江旅省学会及其〈会刊〉》（摘要）

1938年2月，丽江籍在昆就职、求学、从军等大批有识之士，在方国瑜、李群杰、和志坚、周光宇、李寒谷等贤达的倡议下，在昆明成立了丽江旅省学会。

　　同年7月，创办《丽江旅省学会会刊》，在创刊号上提出"抗战则生，不抗战则亡"的口号，积极开展抗日救亡运动。

　　当时支持创办《丽江旅省学会会刊》的人员有，丽江籍学者方国瑜、和志坚、李觉民、范义田、周光宇、李寒谷、赵银棠等；还有丽江区早期的地下党员李群杰、杨尚志、李汝纲等。

　　《丽江旅省学会会刊》的创办宗旨是：联络情感、砥砺学风、促进地方文化。地址在当时的丽江同乡会馆。

　　学会内部设名誉理事五人，由和志坚、方国瑜、周光宇、余仲斌、赵景原担任；设名誉监事三人，由李群杰、李寒谷、杨顺达担任。

　　《丽江旅省学会会刊》为16开本，1938年7月出版了《创刊号》，由云南开智印刷公司印刷。1939年9月出版了第二期，由云南大学出版部印刷。后因赞助单位丽江县教育局官员变动和战时昆明纸张和印刷费昂贵等经费原因而停办，仅出版了两期。

　　从《丽江旅省学会会刊》出版的两期看，办刊质量都很高，对积极宣传战时文化，砥砺学风，促进地方生产、文化，号召民众抗日等方面都起到了积极的影响，做出了较大的贡献。很多文章和作品质量较高，特别是我省早期地下党员、书法家李群杰先生在《创刊号》上撰写的《半年来时局演变概观》一文，分析了当时中外形势，有力的批判了亡国思想，预测了战争发展趋势，通过后来八年抗战的实践证实，李先生的分析是正确的，具有较高的前瞻性。(陈怀贵：《抗战初期成立的丽江旅省学会及其〈会刊〉》，载于《丽江地区文史资料·第三辑》，2002年2月印刷，第51-52页）

· 8月，李群杰担任中共云南省特委书记。

按　　　　中共云南临时工委与中共昆明支部合并，成立中共云南省特别委员会（特委），以李群杰为书记。（谢本书著：《枫叶如丹——李群杰生平概述》，第363页）

木光在丽江上小学。

・是年，木光舅母舒自秀加入中共组织，担任地下交通员。舒自秀，满族，1917年生，云南鹤庆县人。舒自秀的父亲舒华生，曾留学日本，学习商业。（据2013年6月刘瑞升、木光临沧访谈录）

按

舒自秀于1935年高中毕业，在全省高中会考中获第一名，1936年考入云南大学数学物理系。恰巧这时李群杰回到云南，并兼任云南大学校刊编辑，得以同在云南大学求学的舒自秀相识。就在1936年年底，李群杰与舒自秀结合了。婚后，李群杰从事地下斗争，舒自秀则尽力协助，并成为地下组织的交通员。（谢本书著：《枫叶如丹——李群杰生平概述》，第354-355页）

・是年，英国《泰晤士报》连续3天发表文章和照片，报道滇缅公路的修筑情况，赞美"只有中国人才能在这样短的时间内做得到"。（载于［美］《泰晤士报》，5月17-19日）

1939年

(民国二十八年)

己卯 10岁

・1月，李群杰担任中共云南省工委书记。

按

在省特委的基础上成立中共云南省工作委员会（工委），以李群杰为书记。（谢本书著：《枫叶如丹——李群杰生平概述》，第363页）

・6月，李群杰潜入国民党军政机构。

按

6月，省工委书记改由马子卿担任，李群杰不再参加省工委工作，由马子卿单线联系。此后打入国民党军政机构，先后任云南省政府单行法规编审委员会秘书、国民党军事委员会政治部调查室昆明调查站调查员等职。（谢本书著：《枫叶如丹——李群杰生平概述》，第363-364页）

・是年，木光在丽江上小学。

[第二章] 接受进步思想 参加联校游行

1940—1948年

少年和青年时期的木光，有着良好的人生起点。
进步思想影响着这位有特殊背景的青年，
参加"反内战，反饥饿"的罢课学潮，
加入地下爱国组织。

1940年

(民国二十九年)
庚辰 11岁

· 9月，刘敦桢写就《丽江县志稿·建筑志》，对丽江的古建筑皈依堂、琉璃殿、大宝积宫、大定阁、木氏家祠门坊、忠义坊等做了全面考察。在介绍大定阁时，他说："《府志》称此阁为明土官木增建。增字生白，即建鸡足山悉檀寺，及招徐霞客游丽江者。"足见刘敦桢了解徐霞客与木增之关系。

> **按**
>
> 刘敦桢：《丽江县志稿·建筑志》（摘录）
>
> **一、皈依堂**
>
> 皈依堂在丽江县治西南官院巷，现改为小学校。正殿东南向，下承石台，束腰处镌如意纹一列，类明季作风。殿身面阔三间，进深八架，其外绕以走廊，但廊外侧之墙非原构，正面抱厦亦为后代所增。
>
> 殿柱比例粗矮，其下柱础，介乎宋式之櫍与明式鼓镜之间。柱上额枋狭而高，平板枋薄而宽，胥存宋、元矩矱。
>
> 走廊之斗拱，内、外侧皆仅一跳。外则之翘，直接承载挑檐枋，枋之下缘，刻如意纹，为元代以来滇省建筑通行之作法。惟此殿正心缝仅施拱垫板一枚，板甚厚，雕作如意纹，则不常见。内侧跳头上，只以三幅云与麻叶头相交。
>
> 殿身斗拱，内、外侧皆三跳。第一跳无瓜拱，以如意头式雕饰，与外拽枋联为一体，另于坐斗左、右角，各出斜拱一缝，上施斜三幅云。第二跳以三幅云代替瓜拱，其上施十八斗以承外拽枋。第三跳直接托于外拽枋及井口枋下。正心缝无瓜拱、万拱，与走廊同，惟垫拱板所雕如意纹，易空雕而为剔地起突，为稍异耳。
>
> 殿内明间上部，原构有藻井，现已无存。其上屋顶采用单檐歇山式，但因藻井面积过巨，特将明间架二缝，移于左、右次间，而于殿身四隅，另施抹角梁四根承之；抹角之两端，则载于正、背二面与山面平身科斜三幅云之上，其结构原则，与大理圣源寺观音阁约略相类。
>
> 殿身正面，于左、右次间装佛像版各一，镂刻南无净土梵王及忉利天王帝释部众，不仅构图精美，且其佛像与卷云之间，雕有空隙，兼可采取光线并流通空气，意匠尤为奇特。殿身背面与两山，均施薄壁，壁之内、外两侧，绘有壁画多幅，胥明人手笔，惜为烟火熏炙，已模糊难辨其原来面目。
>
> 殿之建造年代，《府志》称建于明隆庆三年（1569年），然

殿内明间脊枋下，榜书"皇明成化辛卯孟夏谷旦，太中大夫资治少尹世袭土官木嵚命工□□□□，（原碑脱字——本书编者注）世禄延长，子孙荣盛，凡皆吉昌……"40余字。按辛卯乃成化七年（1471年），据《木氏宗谱》，嵚以英宗正统七年（1442年）袭职，卒于宪宗成化十二年（1476年），则成化七年营造此殿，年代适相契合，然则《府志》所纪，殆误重修而为鼎建欤？

二、琉璃殿

琉璃殿在丽江县治北十千米之白沙里，明土官木氏建。寺东向而微偏北，外为山门三间，门内小院，周以回廊；次拜殿三间，其后即紧接琉璃殿；殿后复有方院及宝积宫，俱位于寺之中轴线上，但琉璃殿与宝积宫现已隔绝不通，各有主持，不相统属。

琉璃殿平面正方形，殿身正面一间，背面与山面以中柱分为二间，皆施薄壁。殿身之外，绕以走廊；廊之正面三间，其余三面周以墙壁，皆四间。廊后原有一门可通宝积宫，现已封闭。

此殿分为上、下二层。下层之檐，覆于走廊上，上层乃殿身金柱所延长，冠以歇山式屋顶，已残破不全，亟待修葺。

下檐斗拱三彩单翘，外出一跳，但正心瓜拱比例过长，疑经后代修改。上檐七彩三翘。第一跳施三幅云，承外拽枋，另于坐斗两角，各出斜拱，上置斜三幅云，托于前述外拽枋下。第二跳仅施三幅云一具，承外拽枋。第三跳直接承于挑檐下，无厢拱。就今日已知资料，国内建筑以三幅云代瓜拱者，仅见于北平明长陵之屏门。其以斜三幅云承托外拽枋，无有早于此殿者。

殿身墙壁内、外侧，绘有壁画多幅，其旁题记可辨者，共计九处，现迻录如次：

中顺大夫土官木初造

太中大夫资治少尹知府木嵚造

奉佛世袭男木定敬续

奉佛土官应袭舍人木高造

奉佛土官知府应袭木旺造

奉佛长孙木增敬礼

奉佛长孙应袭木懿敬礼

奉佛长孙应袭木靖敬礼

为孙男木地敬造

据《木氏宦谱》，木初乃入明后第二代土官，洪武二十四年（1391年）袭职，洪熙元年（1425年）卒。三传至木嵚，属第五代。木定第七代。木高第九代。木旺第十一代。木增第十三代，增殁于隆武二年（1646年），子懿孙靖，已易明为清矣。又《府志》载敖毓元《木侯本安袭职序》，称木森从征靖远，以功进三品,擢太中大夫资治少尹。森宣德、正统间人,属第四代。题记中木嵚职衔,即承袭父官,而与曾祖父木初异职是故耳。其云"世袭男木定敬续"者,则其画必成于成化、弘治间,为乃父木泰在世时,或泰殁未久,尚未正式袭职者也。以此类推,木增所奉壁画,必绘于其祖木旺在世中;而木懿之画,则绘于木青时也。由此而言,此殿壁画,乃木氏历代承袭或应袭土官所供养,自明洪武、洪熙,至于清康熙,赓续制作,凡三百载,其宜珍惜保存,当不言而喻矣。

此殿营建年代,《府志》仅称建于明代,但无确实岁月。依木初题名,疑建于明洪武二十四年至洪熙元年之间。衡以殿内结构式样,此假说尤为可信。

三、大宝积宫

大宝积宫（2011年4月9日 摄）

自琉璃殿南侧护法堂,入大宝积宫。平面亦正方形。殿每面三间,除正面走廊外,其余三面概施墙壁。殿内置金柱四根,其前部廓然开朗,后半部则于金柱间施木板壁,围绕佛像之三面,布置与琉璃殿不一致。

殿之外观,重檐歇山造。下檐斗拱五彩重翘,上檐七彩三翘,但仅正面斗拱与琉璃殿相似,其余三面则骈列甚密。且于坐斗左右出斜拱,重叠交搭,构成网目形如意式斗拱。

殿内之家具造型与花纹镂刻,俱极精丽,惟佛像平庸,不能与之相称,疑其年代略晚。

此殿上檐匾额,题有"万历壬子"字样,按壬子乃万历四十年（1612年）,虽不能断此殿即建于是岁,然足证《府志》谓"万历末木土司建"一语为足据也。

四、大定阁

大定阁在白沙里宝积宫西北,南向微偏东。外为坊门一间,门内构小院，周以廊屋；廊之壁面描绘壁画，似明人手迹。阁位于院之正北，每面三间。内部前、后老檐柱之间，复各装槅扇一列，划其前为走廊，中为拜庭，后供佛像。像之左右，亦以壁画为饰。

阁顶过重檐攒尖。下檐无斗栱；上檐七彩三翘，其跳头上所施三幅云，比例纤巧，如明末通例。殿内之槅扇、几案，皆镂刻甚工，壁面且嵌文石，足窥当时之着意经营，不惜物力。《府志》称此阁为明土官木增建。增字生白，即建鸡足山悉檀寺，及招徐霞客游丽江者。足证此阁建于明万历、崇祯间无疑矣。

五、木氏家祠门坊

祠在县治西南黄山东麓，现存门坊一座，及祭殿三楹。殿后则极目荒芜，旧日堂庑，久已鞠为茂草，仅石础二具，乃明旧物耳。

门东南向，单间二柱，上覆单檐歇山顶，其檐牙凋落，门扉抱框现已无存。平板枋上置斗栱六攒，每攒出翘三跳，各承外拽枋一层。又于坐斗左右角，出斜栱二缝，与邻接坐斗上斜栱相交，构成如意栱，托于第一跳外拽枋下；其上施翘二跳，并将斜栱逐跳向上展延，遮蔽于翘之前端，故每缝每跳之翘与斜栱交互变换，无雷同之弊。三面斗栱与上部歇山屋顶，则利用柱之上端，延为灯笼榫，俾与下部柱枋联为一体。

据《木氏宦谱序》及《府志》所载《建木氏勋祠自记》，此祠成于嘉靖末大理巧工杨得和之手。现存门坊，或即杨氏所营，未可知也。

六、忠义坊

黄山东麓旧有土官署，现改县立第一高级小学，其前石坊一座，为明万历间土官木增奉敕修建。

坊三间四柱六楼，明间面阔较巨，其柱与楼亦较次间为高。柱皆通天式，以狮、鱼及抱鼓石自前后夹持。每间于龙门枋及额枋上，施绦环板及楼各二层。下层之楼仅为前后坡顶，上层改为庑殿顶，且将山面之檐，绕至柱外，为最鲜见。檐下斗栱，下层二跳，上层三跳，皆具斜栱，又于跳头上置三幅云，与当时木建筑作风，大体符应。

此坊明间之绦环板上，镌"忠义"二字，据《府志》人物志，木增尝输金助三殿工，并慨陈时事，神宗嘉其忠诚，晋职参政。疑此坊即建于是时，而忠义之名，亦当时所赐也。

1940年9月敦桢草于昆明麦地村兴国庵

（木仕华主编：《丽江木氏土司与滇川藏交角区域历史文化研讨会论文集》，第246-252页。收入该书编者拟加标题《明代

丽江木氏土司建筑概论》，且附图片8幅——本书编者注）

补白

刘敦桢（1897—1968年），字士能，湖南省新宁县人。著名建筑学家、建筑史学家、建筑教育家。本文选自《刘敦桢文集》（三），中国建筑工程出版社，1987年。原题为《丽江县志稿·建筑志》（1949年9月），当系作者受丽江地方政府之邀，为《民国丽江县志》所撰的建筑志稿。（木仕华主编：《丽江木氏土司与滇川藏交角区域历史文化研讨会论文集》，第246页）

链接

北岳庙、大宝积宫、琉璃殿、大觉宫、万德宫、大定阁

北岳庙

在县城北13千米的白沙乡玉龙村，始建于唐德宗兴元元年(784年)，历经宋、元、明、清屡次修葺。北岳庙分布在一条北南向的主轴线上，为三进院落。有山门、花厅、厢房、鼎亭、大殿、后殿。占地2329.8平方米，建筑面积738.86平方米。大殿平面呈方形，单檐九脊歇山顶抬梁式建筑。面阔进深皆为5间，通高10米，四周置游廊。殿内佛台塑"三朵"神像。内有碑数通，镌记修建原由及沿革。1992年公布为云南省重点文物保护单位。

大宝积宫 琉璃殿

在县城北10千米的白沙街东面，建于明代永乐年间。有山门、前房、藏经楼、琉璃殿、大宝积宫等，三进院落。琉璃殿平面呈正方形，重檐歇山抬梁式，四脊飞翅，面阔3间，进深5间，通高10米，按24节令作24柱，上檐置12根擎檐柱，下檐斗拱三彩单翘，外出一跳上檐七彩三翅，第一跳作三幅云，外承拽枋，另于坐斗两角各出斜拱，上置斜三幅云，托于外拽枋下。第二跳仅施三幅云1件，托外拽枋。第三跳直接承于挑檐枋下，没有用厢拱，给人以饱满浑朴、简练豪放的感觉。我国著名建筑学家刘敦桢说："在我国众多的古建筑中，除北京明十三陵屏门外，仅此一例。"

后殿大宝积宫，建筑外观线条与琉璃殿略同，殿悬"大宝积宫"四字，有"土官木旺造"款识，可证其建造年代在明万历间。斗拱繁复，与琉璃殿形成鲜明对比。大宝积宫内有28铺明代壁画，计73平方米，属省级重点文物保护单位。

大觉宫

在县城西北7千米的白沙乡束河村。明永乐年间(1403–1424年)土司木增建。宫坐北向南，现存西厢、大殿、过厅。大殿平面呈方形，面阔3间，进深4间，单檐歇山，四脊飞晕。内檐装修额枋、梁柱、隔扇、花板皆镂雕龙凤等各种图案，浅雕、深雕、

透漏雕交相使用，技艺精湛。殿内存6铺明代壁画。相传"大觉宫"三字匾额为董其昌所书。县级重点文物保护单位。

万德宫

在县城南8千米的金山乡漾西村。始建于明嘉靖三十五年(1556年)，是木氏土司迎送朝廷官员的处所之一。现存门楼、过厅、北厢房。明代徐霞客在游记中记述："其门南向甚敞，前有大石狮，四面墙垣之外，俱巨木参霄。""由其右转过一厅，左有巨楼，楼前茶树，盘荫数亩，高与楼齐。"县级重点文物保护单位。

大定阁

在白沙大宝积宫、琉璃殿东北角，相距约12米。始建于明万历年间，清乾隆八年(1743年)重修。《光绪丽江府志稿》载："阁四面缭以铜罘，甃以文石，修极精巧。"后毁于兵燹，修复中原貌多失。阁坐东西向，单檐歇山四合院落。由大门、正殿组成，正殿面阔3间，进深2间。两厢面阔4间，进深1间。四周有回廊。大门阔3间，进深1间，明间高耸，斗拱繁复。内有16铺壁画，计69.96平方米。县级重点文物保护单位。（载于《丽江纳西族自治县志》，第816-817页）

- 是年，学者李霖灿到丽江做艺术考察。

补白

李霖灿（1913—1999年）河南省人，著名学者。1940年到丽江做艺术考察，从此与纳西族东巴文化结下了不解之缘，潜心著述，先后出版了《麽些（纳西）象形文字字典》《麽些标音文字字典》《麽些经典译注九种》《麽些研究论文集》《玉龙大雪山游记》等。曾担任台北故宫博物院副院长。（张桐胜：《丽江古城》，1998年7月第1版，2002年6月第3版第2次印刷，第120页）

李霖灿著《麽些研究论文集》书影，台北故宫博物院出版，民国七十三年七月初版。

1941年

(民国三十年)

辛巳 12岁

- 9月，小学毕业，升入丽江县初中班。

- 是年，祖母李氏（1886–1941年）逝世，享年55岁。葬于漾西木家桥坟山，与木标合葬。

- 是年，郭大烈出生，纳西族，云南丽江市古城区宏文村人。

补白

郭大烈。1999年木府恢复重建完成后，撰写《重建木府记》。主要著作：《纳西族史》（与和志武合著），主编《论当代中国民族问题》《纳西族文化大观》等。云南社会科学院研究员。1964年毕业于中央民族学院历史系，历任云南省社会科学院民族学所所长、中国西南民族研究会副会长、云南省民族学会会长等职。

- 是年，俄国人顾彼得来到丽江。作为国际援华组织中国工业合作协会的成员，他从1941–1949年在丽江工作。其记述丽江生活的《被遗忘的王国》一书，1955年在英国出版。书中部分章节记录了木府的状况，以及担任他秘书的木姓男子，即木氏土司后人的一些生活细节、生存状态等。

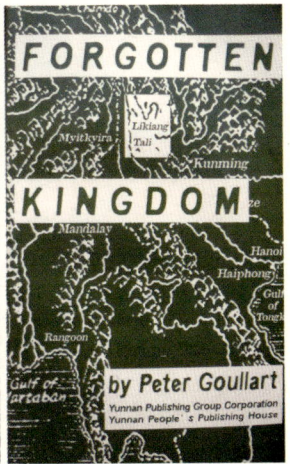

顾彼得（1901–1975年），著有《被遗忘的王国》等著作。图中骑马者为顾彼得。（左图）

顾彼得《被遗忘的王国》英文版书影（右图）

补白

中国工业合作协会是一个国际援华组织，领导这个组织的有宋庆龄等。顾彼得，1901年出生在俄国，两岁时丧父，便与其母相依为命。他在丽江居住9年，积极发展丽江的工业合作组织，

接受进步思想
参加联校游行

特别是毛纺业,使丽江的毛纺业一度成为云南毛纺业的中心。而顾彼得的《被遗忘的王国》,是他通过自己的所见所闻,翔实记录了20世纪40年代,丽江及其周边的风土民情、自然面貌,还有各方政治势力的角逐等。

· 12月,云南省主席龙云决定,从云南选送40人去美国留学深造工、农、医科。成立了选送留美学生委员会,决定公开在全省20岁以下的高中毕业生中招收。选委会发出布告,云南省籍符合条件的都可以报考。

1942年

(民国三十一年)

壬午 13岁

· 是年,经方国瑜介绍,木光从丽江县初中班转入昆明私立五华中学读书。该校是李根源第五子李希泌创办的。(据2013年6月刘瑞升、木光临沧访谈录)

补白一

李希泌(1918-2006年),李根源第五子。1918年8月26日生于云南省腾冲县,少年时代曾在苏州跟从父亲的好友章太炎名下,得到文史研究之门径。1942年7月在西南联合大学历史系毕业,1942年9月至1951年7月在昆明创办的私立五华中学任校长,曾当选国民政府立法院委员。曾任昆明五华中学、腾冲商科职业学校校长,昆明五华学院董事。1951年9月到中国国家图书馆工作,历任北京图书馆馆员、编辑、研究馆员,《图书馆工作》《联合目录》编辑,《文献》杂志副主编、《当代中国图书馆事业》副主编。是第六、第七、第八届全国政协委员、全国政协文史资料委员会委员、中国孔子基金会理事、宋庆龄基金会理事、中国辛亥革命研究会副理事长等。文化部图书资料系列高级职称评委会委员。主要从事中国图书馆事业发展史、隋唐史、近代史、亚洲史和文献学的研究工作。

补白二

李根源(1879-1965年),字印泉,又字养溪、雪生,号曲石,别署高黎贡山人,祖籍山东益都(今山东青州),生于云南腾越(今云南腾冲)。近代名士、国民党元老。

・是年农历八月初二,杨若兰出生。

按　　　1962年,杨若兰与木光结为夫妻。

・是年,3位纳西族学生成为留美预备生。云南省选送留美学生委员会经过对报考人员进行严格考试和复试,选送留美学生合格者有61名。随后,龙云亲自主持面试,择优45名为留美预备生,其中有丽江的方宝贤、杨凤、和惠祯。可谓丽江教育史上的一件大事。

1943年

(民国三十二年)
癸未　14岁

・5月,罗常培撰写《记鸡山悉檀寺的木氏宦谱》。

按　　　罗常培:《记鸡山悉檀寺的木氏宦谱》(节选)
　　我,和费孝通先生不同,比较是有历史癖和考据癖。我写不出像他那样笔姿生动,想象丰富,情趣盎然的朝山记;我也写不出像曾昭抡先生那样时间准确,里程精详,宛然和在化学实验室称量药品一样谨严的游记。假如我要写的话,尽管怎样事先有意避免,写出来的结果多多少少总有些像胡适之先生庐山游记那一类的玩艺儿。这也是才分所限,无可如何!
　　可是,这次鸡足巡礼归来,我却不能贯彻我的考据癖了。……山上看见的东西比较可以引起我的探索兴趣的,只有悉檀寺所藏的丽江木氏宦谱罢了。
　　悉檀寺是鸡山最东的丛林,后倚九重崖,前临黑龙潭,是明朝万历间古德本无所创建的。丽江的木土司世为护法檀越,现在寺里的和尚大部分还是丽江人,所以在客堂待茶的时候,我们能够尝到富有丽江风味的油炸糯米粑粑和胡麻酥油茶。寺内有大佛一尊,是从西藏运来的,弥勒殿前的横匾亦为藏文,古宗气味虽重,但未与寺僧详谈,不知宗派是显是密。最早的碑文是万历四十八年谢肇淛所撰和天启间蔡毅中所撰。
　　木氏宦谱长约一尺六寸,宽半之,装裱甚为讲究。前有嘉靖二十四年杨慎所作序文。底下自第一世"爷爷"起,至第24世木钟止，各有图像和世系说明，自第九世以下，装裱次序稍有凌乱，且缺第十。案木氏属藏缅系么些族（自称纳西），第一世"爷爷"宋徽宗时来雪山。第三世阿琮阿良入元。第七世阿甲阿得入明，洪武十五年赐姓木氏，改名木得。第20世木懿顺治十六年降清。此谱修至第24世木钟，时当清雍正间。现在把他们的简单世系列在后面：

1爷爷——2年（应该为"牟"——本书编辑注）保阿琮——3阿琮阿良——4阿良阿胡——5阿胡阿烈——6阿烈阿甲——7阿甲阿得——8木初——9木土——10"木森"（注一）——11木嵚——12木泰——13木定——14木公——15木高——16木东——17木旺——18木青——19木增——20木懿——21木橒——22木尧——23木兴——24木钟

据陶云逵先生说：木氏宗谱共有四种：（一）木氏历代宗谱碑，在今丽江县治东南十里蛇山木氏坟地，清道光二十二年所立。（二）杨慎木氏宦谱序，藏丽江木府。（三）续云南通志稿南蛮志么些诏附注之木氏宗谱，志稿系光绪二十七年修成。（四）木氏宦谱图像世系考。图谱前有道光二十年海南陈钊钟所题"木氏归命求世之图"，今藏木府与杨序合装一册，但杨氏所序的谱并没有图像而且世代也不同。（注二）这四种里当然要算第一种的史料价值最高。碑上说：自汉代至唐武德间之叶古年，凡十七世，又六世乃至秋阳。从秋阳以下至清乾隆间之木仁，共三十九世，皆有名爵可考。原碑是陶氏民国二十四年从丽江为中央研究院历史语言研究拓来的。二十六年董作宾先生作爨人谱系新证(以下简称董文)，二十七年凌纯声先生作唐代云南的乌蛮与白蛮考（以下简称凌文）均曾引用。现在我把它重列一下，以便和悉檀寺的木氏宦谱比较：

1秋阳（唐高宗上元时为三甸总管）——2阳音都谷（唐玄宗天宝时，南诏阁罗凤授为总督元帅）——3都谷剌具——4剌具普蒙——5普蒙普王——6普王剌完——7剌完西内——8西内西可——9西可剌土——10剌土俄均——11俄均牟具——12牟具牟西——13牟西牟瑳（《丽江纳西族自治县志》，云南人民出版社，2001年3月版，第998页，为"磋"——本书编者注）——14牟瑳牟乐——15牟乐牟保——16牟保阿琮——17阿琮阿良（元世祖亲征大理，以功升茶罕章宣慰司）——18阿良阿胡——19阿胡阿烈——20阿烈阿甲——21阿甲阿得（明洪武十五年赐姓木，故又名木得）——22阿得阿初（木初）——23阿初阿土（木土）——24阿土阿地（木森）——25阿地阿寺（木嵚）——26阿寺阿牙（木泰）——27阿牙阿秋（木定）——28阿秋阿公

（木公）——29阿公阿目（木高）——30阿目阿都（木东）——31阿都阿胜（木旺）——32阿胜阿宅（木青）——33阿宅阿寺（木增）——34阿寺阿春（木懿）——35木楔（《木氏宦谱》，云南美术出版社，2001年12月版，第55页，为"樑"——本书编者注）（清康熙时）——36木松——37木润——38木楣——39木仁（乾隆时）

这两种材料的不同之点有五：（一）宦谱的第一世相当于宗谱碑的第15世，惟所谓"爷爷"是否就是牟乐牟保，尚有疑问。杨序和宗谱碑都没有"爷爷"这个名称，而世系考上说"爷爷"是"西域蒙古异人，乘大香树，浮入金沙江，至北浪沧，夷人望而异之，率众迎之登陆。时有白沙，羡陶阿古为夷人长，妻以女，生一子曰阿琮。牟乐牟保抚以为嗣。"那么不单"爷爷"和牟乐牟保是两个人，牟保阿琮也是牟乐牟保的养子而不是亲子了。（二）宦谱的第二世年保阿琮应据宗谱碑校改作牟保阿琮。（三）宦谱自第八世木初以下均改赐姓，宗谱碑则并列么些原名，直到清康熙时才不复列。（四）宦谱的第21世至24世和宗谱碑的第35世至第38世命名不同。（五）宦谱没有和宗谱碑第39世相当的一代。由此可见宦谱是从阿琮的本生父修起，现存鸡山悉檀寺的一部，从清雍正以后就没有续修。

杨慎的宦谱序也托始于叶古年，以下所列相当于宗谱碑的第一世秋阳至第28世阿秋阿公。续云南通志稿列有18代，除叶古年外，相当于宗谱碑的第一世秋阳至第17世阿琮阿良。这两个本子所列各代名氏都是减称，而且译音用字也不全同，详见陶氏的比较表。木氏宦谱图像世系考列有29代，自宗谱碑的第15世起至第39世木仁止，又增加木秀，木睿，木汉，木景四世，但把牟乐牟保改作"爷爷"，把第22世阿得阿初改称木初，以下皆从木姓，不列原名。这最后的一种，我认为和悉檀寺所藏的同出一源，不过从木仁起续修过五代罢了。

在这宦谱里顶惹人注意的，就是"父子连名制"。（注三）例如：牟保阿琮的儿子阿琮阿良，用父名的下两字作己名的上两字，而他的儿子阿良阿胡，又把他的下两个字用作上两个字，好像文字游戏中的"顶针续麻"似的。这种制度在么些族里很早就有。在丽江流传的么些多巴字经典里，也载有洪水后的六代宗祖名氏，那六代是：

1宗争利恩——2恩亨糯——3糯本培——4本培禸——5禸高劣——6高劣趣……（注四）

可见这种制度的起源是很远的。余庆远的维西见闻录上说：么些族"无姓氏，以祖名末一字，父名末一字，加一字为名递承而下，以志亲疏"。照他的说法应该得出下列的公式来：
　　　　祖父　　　父亲　　　自身　　　儿子　　　孙子
　　　　甲乙丙——乙丙丁——丙丁戊——丁戊己——戊己庚
但事实上并不如此。且拿洪水后的六代作例，便可得出下列的公式：
　　宗争利恩（甲乙丙）——恩亨糯（丙丁戊）——糯本培（戊己庚）——本培呙（己庚辛）——呙高劣（辛壬癸）——高劣趣（壬癸子）
这只是拿父名的末一字或末二字作子名的首一字或首二字，并不承袭祖名。就是在木氏宗谱碑的39代里也没发现过这种现象。余氏的话似是而非，不可不辨。
　　父子连名制并不专行于么㱔族，在所谓爨族，乃至于其他藏缅系的各部族，都有这种文化特征。
　　……
　　……总结上文，得出以下结论：
　　（一）鸡山悉檀寺所藏的木氏宦谱从牟保阿琮的本生父"爷爷"修起，和木氏宦谱图像世系考同出一源，但缺修木仁木秀木睿木汉木景五代。比丽江蛇山的木氏历代宗谱碑上面少了14代，下面缺了一代。
　　（二）父子连名制是广义的藏缅族的文化特征，就我们已经得到的材料来讲，在唐代的乌蛮或爨人，么㱔，倮倮，窝泥，阿卡，栗粟，茶山，缅甸都通行的。
　　（三）这种顶针续麻式的父子连名制是帮助没有文字的部族，乃至于有文字的部族，记忆他们自己的世系的。
　　……
　　　　　　　　　　　　　　　三十二年五月四日，昆明青园
　　（注一）原缺，据木氏历代宗谱碑校补。
　　（注二）见陶云逵关于么㱔之名称分布与迁移一文后所附丽江木氏宦谱比较表，中央研究院历史语言研究所集刊第七本第135页后。二十七年——出版。
　　（注三）此名采凌纯声说，见唐代云南的乌蛮与白蛮考，中央研究院历史语言研究所人类学集刊第一卷第一期，66页，董作宾称此作"以父名为子姓的制度"尚待商酌。例如，皮罗阁与阁罗凤皆属蒙氏，皮与阁都不是姓。
　　（注四）见董作宾爨人谱系新证，中山文化教育馆民族学集刊第二期，183页，192页。
　　（罗常培著：《苍洱之间》，2009年6月，黄山书社，第178-190页）

补白

　　罗常培（1899–1958年），字莘田，号恬庵，斋名未济斋。北京人。满族。北京大学毕业。语言学家、语言教育家。是我国现代语言学的奠基人之一。1934–1937年，担任中央研究院历史语言研究所研究员。1944年夏，应邀到美国朴茂纳大学作人文科学的访问教授，1946年8月移教耶鲁大学。1949年后，筹建中国科学院语言研究所，并任第一任所长，中国文字改革委员会委员。毕生从事语言教学、少数民族语言研究、方言调查、音韵学研究。

罗常培（左图）

2009年6月，罗常培著《苍洱之间》书影，黄山书社。（右图）

· 8月，木光从五华私立中学毕业，考入西南中山高级工业职业学校。

· 8月，木光舅舅李群杰担任昆阳县县长。

按　　中共云南省工委同意李群杰报考县长，后被任命为昆阳县县长，直至1946年7月。（谢本书著：《枫叶如丹——李群杰生平概述》，第364页）

· 是年，云南留美预备班正式开课，对预备生进行为期两年多的培训。课程设有英语、国文、数学、自然科学、中国文化、美国史地，以及到工厂实习等。由西南联大教授授课。

1944年

(民国三十三年)

甲申　15岁

· 是年，木琼年满36岁，为求福求寿，前往三多庙朝拜。

按　　木光《回忆家父生平事迹》载：

接受进步思想
参加联校游行

父亲年满三十六岁之年，为求福求寿，邀请洞经古乐会的亲友，家族的长辈同去朝拜。启行之日主客十余人有的骑马有的坐轿，祖母及父亲、母亲均坐轿而行，我同祖母同轿，多匹骡马驮着行李、伙食、祭品等到达三多庙门，打玉及先行的仆役早已迎向父亲行礼。

在三多庙的庙侧丛林中建有一底一楼，三坊一照壁的一座宽大秀丽的庭院，这个庭院是木氏土司祭奠三多后休闲的庭院。连续三天祭奠准备和待客都安排在庭院内。

祭典程序分生祭和熟祭，第一天早上在三多塑像前，条桌上摆满生祭的猪头三牲（未煮过的猪头三牲）。祭礼开始，打玉点燃蜡烛香火，父亲坐在三多塑像旁的靠椅上（因为三多是木氏土司的家将，历代承传土司只能陪祭不能跪拜），打玉高声诵经，家人及来客均来叩拜。第二天是熟祭，在打玉主持下祭典仪式照例进行。第三天是鸣炮挂匾，家里准备了一块黑底金字的横匾，题有"阿普三多"四字，落款为木氏三十三代土通判木琼敬题，举行了简单鸣炮挂匾仪式。祭典结束后，大家围拢倾听洞经古乐演奏，也到寺庙周围丛林中散步。父亲高兴时给大家讲述三多及三多庙历史渊源的故事。（木光编著：《木府风云录》，第239页）

三多庙（北岳庙）这幅图片是洛克拍摄于大约20世纪二三十年代，图片说明为："玉龙村北岳庙，有数棵世纪之龄的古枫树和柏树环绕着这座庙。在庙大门上面的匾额上书写着恩溥三多4个汉字，字面的意思是恩泽广大，惠及三多（北岳）"。

如今，在洛克拍的三多庙图片上，两棵古树仅剩下半棵，一颗没了踪影，一棵被剃了光头（2014年8月18日 摄）

木府血脉

The Blueblood of MuFu

三多庙正面，高悬三多阁匾额
（2014年8月18日 摄 上图）

三多庙内景（2014年8月18日摄 下图）

链接

据

"三多"及三多庙的历史渊源

木光《回忆家父生平事迹》载：

据历代先祖口传，"三多"是阿琮阿良手下的一名战将，"三多"武艺高强，作战勇猛立下了赫赫战功，在攻打大理的战斗中"三多"不幸中箭牺牲。阿良为了纪念"三多"的功绩在白沙建造了三多庙，木氏土司率兵出征前都要到三多庙祭奠"三多"，祈求"三多"保佑。木氏土司在率兵与敌人激战中曾多次突然出现雷电交加的暴雨，主帅和纳西士兵中产生了"三多"显灵助战的幻觉，提高了纳西士兵的战斗士气而击败了敌人，因此纳西族将"三多"尊为保护神。二月初八为传统的三多祭日。木氏土司传承千年的历史，每代土司袭职后都要捐资重修三多庙，木公在《重修北岳庙记》中提到"求而无所不灵，祷而无所不验，公感神而殊服，乃命工重修祠宇"。可见历代木氏土司对"三多"神灵的崇敬。父亲袭职后也曾捐资重修三多庙（据传说："三多"是北岳景帝的化身，"三多庙"也称北岳庙）。

　　三多庙设有木氏土司指令的世袭打玉（祭师兼管事），三多庙置有木氏捐赠的庙产，三多庙是木氏土司家庙之一。（木光编著：《木府风云录》，第239页）

- 是年底，龙云秘密加入中国民主同盟会。

1945年

(民国三十四年)　乙酉 16岁

- 4月，龙云创办的留美预备班经过招生、录取、培训，"前往美国就学"。

- 6月，万斯年发表《徐霞客书山中逸趣叙跋》。

按　　万斯年《徐霞客书山中逸趣叙跋》载：

右山中逸趣叙，徐霞客撰书，现藏丽江木世庥后裔木琼先生处。原纸长89公分，宽33公分，每字大小为2公分×2公分。原纸宣纸，已黄旧，上有水渍。连叙题及霞客题名共30行，行20或20余字不等，上录原文，注以行数，以便保留原文形式，但加标点而已。原幅霞客题名下钤二方章，大小相等，同为14公厘。两章均篆书，上章系"徐宏祖印"四字，下章为"霞客"二字（横行），上章印的略较模糊，下章则极清晰。两章当为一人所作，俱铁线，笔致显然，刀工是很好的。（按两章仅宏祖二字为阴文，余为阳文）

全章笔力劲遒，字画飞动，应当是一挥而就的，足见霞客的书法，正同他的为人一样，绝没有一点造作。（载于重庆《旅行杂志》，第19卷6期，1945年6月版）

链接一　　朱惠荣《徐霞客的〈山中逸趣跋〉》载：

这一发现引起学术界的关注，被人们确信不疑。纳西族女作家赵银棠在1947年出版的《玉龙旧话》一书中，全文收录了万斯年先生发现的《山中逸趣序》，作者署"徐宏祖"。1959年出版的《纳西族文学史》亦引《山中逸趣序》的内容说明徐霞客对木生白的赞颂。1984年赵银棠出版《玉龙旧话新编》，又两次详细摘录这篇据认为是徐霞客写的《山中逸趣序》。1985年出版赵银棠辑注的《纳西族诗选》，也说《山中逸趣序》是"徐霞客撰写"。（朱惠荣：《徐霞客的〈山中逸趣跋〉》，载于朱惠荣著《徐霞客与〈徐霞客游记〉》，中华书局，2003年1月版，第304页）

链接二　　朱惠荣《徐霞客的〈山中逸趣跋〉》载：

徐霞客手书《山中逸趣序》的原件在哪里？为了弄清这个问题，笔者对南京博物院宋伯胤先生新中国成立初期在丽江的工作发生了兴趣。

宋先生1950年参加中央西南民族访问团，不远万里，到滇西访问，10月9日抵达丽江，10月27日离开丽江。作为一位文物工作者，宋先生这次行程的重要收获之一就是徐霞客《山中逸趣序》手迹的发现。所写《丽江区工作报告》发表在1951年2月出版的《文物参考资料》第二卷第2期上。该文有一段重要的叙述：

丽江木家藏有徐霞客《山中逸趣序》墨迹一轴，1942年万斯年先生在丽江时，曾摹刻石于南口。此物后辗转流入伪贡山设治局长陈纪手中，访问团到达后，陈纪欲出售于我局。我先请其尊重地方政府、丽江父老和木家子孙的意见，最好由他们收购，结果皆以索价过高而拒绝。后经多方动员，才以25万元（旧币——本书编者注）为我局购得，从此，这件仅有的徐霞客墨迹，永为人民所公有，是值得庆幸的一件事。

1986年3月10日，宋先生整理当时在丽江的日记及其他资料，写成《徐霞客〈山中逸趣序〉的发现、得到、留滇经过》，详细叙述了这次发现的经过。今全文录出：

1950年5月，我随中央西南民族访问团去云南。10月9日到达丽江。过去读明史时，知道丽江木姓土司是明代云南土司中喜爱诗书并和徐霞客有过交往的人。徐霞客游滇西北时，曾在木家院住过，为木氏校书、评文。特别是对徐宏祖笔下的解脱林神往已久。因此，一到玉龙雪山下这座美丽的城市后，便到处打听有关"木天王"和徐霞客的事，有没有什么东西留下来。不几天，在一个旧书摊上，买到一本赵银棠编著的《玉龙旧话》。

这是1947年在昆明印的，有神话，有民歌，还有玉龙山文献，有名胜古迹。文献中收有杨慎的《雪山诗选序》和徐宏祖的《山中逸趣序》。我特别喜欢序文中引用李景山的两句诗："丽江雪山天下绝，积玉堆琼几千叠。"后来工作一忙，也就把这事搁下来了。

根据10月20日我的日记："丽江专署有一位北大同学叫曾孝武，曾做过什么地方的县长。昨天他托施泽早同志给我看一幅徐霞客写的《山中逸趣序》，是一个卷子，装裱过。据说这东西原藏在木家，后来卖到昆明。"

"徐霞客手迹还没有见过。天壤间所有的恐怕只有这一件。万斯年老师在这里工作时，曾在南口摹刻一石，且有专文考证。曾孝武说，这个东西要出让，我也想收，只是没有人碰头商量价钱。今天去看周汝诚先生，和他谈到南口刻石，他说他有一件原物的照片，也拿给我看了。我心里很高兴，向周先生借回，想对照一下真伪。周先生还为这件东西散失在昆明而惋惜，还不知道它又回到丽江，并且已在我的身边。"

10月22日日记："徐霞客手迹，对方开口要50万，还不太贵。晚上冒雨去专署看曾孝武同志，谈了很久，价钱还没有定。曾是华坪人。"

10月23日日记："同李校长到南口看徐霞客石刻。"

10月24日日记："徐宏祖的《山中逸趣序》今天谈好了，花了25万元把它买回来。天壤间的唯一真迹，我总算得到了，心里很高兴。"

10月27日，我离开丽江去怒江。这件徐霞客墨迹也跟着爬过碧罗雪山，到了怒江，然后经保山，于1951年2月1日回到昆明。

2月1日日记："晚饭后，到云大去看方先生（即方国瑜教授），并向他谈了在丽江购到《山中逸趣序》的事。"

2月2日日记："李埏（当时是云南图书馆馆长）来，是为了徐霞客字的事。我表示：这件事我尊重云南父老的意见。"

2月6日（元旦）（元旦为农历正月初一，后来普遍称春节——本书编者注）日记："4点钟出去看姜亮夫先生，他赠我《滇绎》3本。后去方国瑜先生家吃晚饭，谈了不少关于云南的掌故。不一会，李群杰厅长（当时是文教厅）来，谈到徐霞客墨迹，他们要留在云南。"

2月17日日记："云南文教厅派人来拿走徐霞客墨迹。"

传为徐霞客手迹的《山中逸趣序》流传线索总算清楚了。万斯年与宋伯胤的两次发现实为一物。该件原藏丽江木氏后裔木琼处，40年代被万斯年先生加以介绍，后流失昆明，最后又回到丽

木府血脉
The Blueblood of MuFu

江，辗转流入贡山设治局长陈纪（回忆录作曾孝武）手中。1950年10月24日宋伯胤以25万元（旧币——本书编者注）买到，带在身边翻过碧罗雪山，经怒江、保山到昆明。1951年2月17日交云南省文教厅的人拿走。宋伯胤先生给笔者来信说："有关同志均在昆明，请你走访寻找，可能找到原件。果如是，盼能见告，以免悬念。"老一辈学者搜寻徐霞客手迹的苦心，令人肃然起敬。1942年万斯年曾摹刻立石于丽江县城的南口。1950年宋伯胤在丽江曾亲见南口刻石及照片。经落实，《山中逸趣序》一幅现藏云南省图书馆，南口刻石则下落不明。（朱惠荣：《徐霞客的〈山中逸趣跋〉》，载于朱惠荣著《徐霞客与〈徐霞客游记〉》，第304-307页）

链接三　　朱惠荣《徐霞客的〈山中逸趣跋〉》载：

《山中逸趣序》是否徐霞客所作？要鉴定其真伪必须用《山中逸趣集》进行认真核对。

《山中逸趣集》传世甚少，仅云南省博物馆藏有原刻本一册，纸黄旧，有水渍印，间有蛀洞。云南省图书馆有复抄本。该书系木增所著的诗文集，收有赋2篇、散文3篇、诗152首，原刻有眉批小字评语100条。正文首页署"滇西水月痴人木增长卿父吟，晋宁此置子唐泰布史甫订，云间青莲居士章台鼎吉甫评"。前有两篇序，后有两篇跋。第一篇序为章台鼎所作，第二篇序为唐泰所作。奇怪的是原书上章台鼎的序文与万斯年先生公布的序文完全一样，仅将文末的署名"云间章台鼎吉甫题"换为"霞客徐宏祖题"，将篆体阴文"章台鼎印"，阳文"章氏"两方印章换为篆体"徐宏祖印"和"霞客"字样，"宏祖"二字为阴文，余为阳文。徐霞客名弘祖，印章却作"宏祖"，显系清代人避乾隆皇帝弘历的讳，肯定不是徐霞客本人用的印章。章台鼎的序变成了"徐霞客手书序"，作伪的痕迹十分明显。章台鼎序共八叶半，每半叶四行，行八至十字不等，乌丝栏，四周有单栏线，为手书草体字影刻，与万斯年所说"全章笔力劲遒，字画飞动，应当是一挥而就的"特点相同。看来作伪者是照章台鼎草书影刻本摹写，但整理成30行、行20或20余字不等的条幅。以后在传抄过程中，改头换面的情况愈加严重，赵银棠在《玉龙旧话》中抄录的《山中逸趣序》，文末还增署"大明崇祯霞客徐宏祖题"字样。

该文的内容也与徐霞客的思想不符。文中称颂木增"智足知兵，才堪八面，所雅镇石门铁桥，丸泥可封，使金沙之涯，俨标铜柱，无疆事之忧"。徐霞客《丽江纪略》却载："乙亥秋，丽江出兵往讨之（按指必烈管鹰犬部落），彼先以卑辞骄其师，又托言远遁。丽人信之，遂乘懈返袭，丽师大败。"《滇游日记七》亦载："然闻去冬亦曾用兵吐蕃不利，伤头目数人，至今未复，儳伢、古宗皆与其北境相接，中途多恐，外铁桥亦为焚断。""其俗新正重祭天之礼，自元旦至元宵后二十日，数举方止。每一处祭后，大把事设燕燕木公。每轮一番，其家好事者费千余金，以有金壶八宝之献也。"《滇游日记六》又载："木氏居此两千载，宫室之丽，拟于王者。盖大兵临则俯首受绁，师返则夜郎自雄，故世代无大兵燹，且产矿独盛，宜其富冠诸土郡云。"如此等等，大相径庭。

《山中逸趣集》原刻本的原收藏者为剑川鲁元齐。他在卷首的两页题记已对作伪的情况作了揭露：

此木长卿《山中逸趣》为曾祖蔚斋公藏书。余爱其前后诸序跋，常携之行匣。往见朝报，以章吉甫序作徐霞客文刊出，即欲抄寄订正，未果。据云系北平万斯年君在丽抄诸手迹，实则一贡生伪造。万君未见刊本，遂信为真耳。今方朦仙师撰担当年谱成，述及霞客序，亦据万抄。余乃亟将此书拣陈朦师，俾此奇文与海内共欣赏焉！

壬辰春三月剑阳鲁元齐（印）

原来，《山中逸趣序》的作者是章台鼎而不是徐霞客，所传"徐霞客手迹"实为清代一贡生所伪造。李惠铨亦认为《山中逸趣集》那一篇"徐霞客撰书"的序实为讹传，万斯年先生却未细察，上了贡生的当。(李惠铨：《〈山中逸趣序〉作者辨正》，载《古籍整理研究》，1989年第1期)（见朱惠荣：《徐霞客的〈山中逸趣跋〉》，载于朱惠荣著《徐霞客与〈徐霞客游记〉》，第307-309页）

链接四

朱惠荣《徐霞客的〈山中逸趣跋〉》载：

有趣的是，虽然《山中逸趣序》与徐霞客无涉，《山中逸趣跋》却是徐霞客写的。

《山中逸趣集》有两篇跋，第一篇即徐霞客用篆书写的《山中逸趣跋》，最末一篇为梁之翰用楷书写的《山中逸趣后跋》。徐霞客跋文版框长17.5厘米，宽11.1厘米，乌丝栏，四周有单栏线，每叶书口有"山中逸趣徐跋"六字及书叶编号，从一编到九，共九叶。每半叶四行，行八字，字实大为(1~2)厘米×(1.2~2.2)厘米。末署"崇祯己卯仲春朔旦江左教下后学徐弘祖云逸父顿首拜书于解脱檀林"。共546字。最末钤有二方章，皆篆书阴文，上一方2.2厘米×2.2厘米，为"霞客"二字。下一方2.7厘米×2.7厘米，为"徐弘祖印"四字。徐霞客写这篇跋的时间是崇祯十二年，岁次己卯（1639年）的二月初，写作地点在丽江解脱林。

解脱林即福国寺。《嘉庆重修一统志》丽江府寺观载:"福国寺,在丽江县西北,雪山西南麓。旧名解脱林,明天启时赐此名。"至今当地人仍称解脱林。该寺藏经阁名法云阁,"八角层甍,极其宏丽",为形制特殊的三层木结构建筑,俗称五凤楼,近年已照原样搬迁至丽江城郊黑龙潭。徐霞客于一月二十九日抵解脱林,寓藏经阁前的南庑。二月八日离解脱林返城。据今本《徐霞客游记》将他在那里的工作整理如下:

二月初一日　木增"设宴解脱林东堂"。

二月初二日　"下午,又命大把事来,求作所辑《云薖淡墨》序。"

二月初三日　"余以叙稿送进,复令大把事来谢。"

二月初四日　"有鸡足僧以省中录就《云薖淡墨》缴纳木公。木公即令大把事传示,求为较政。其所书洪武体虽甚整,而讹字极多,既舛落无序,而重叠颠倒者亦甚。余略为标正,且言是书宜分门编类,庶无错出之病。晚乃以其书缴入。"

二月初五日　"复令大把事来致谢。""求再停数日,烦将《淡墨》分门标类,如余前所言。余从之,以书入谢。且求往忠甸,观所铸三丈六铜像。"

二月初六日　"余留解脱林校书。""闻由此而上,有拱寿台,狮子崖,以迫于校雠,俱不及登。"

二月初七日　"连校类分标,分其门为八。以大把事候久,余心不安,乃连宵篝灯,丙夜始寝。是晚既毕,仍作书付大把事,言校核已完,闻有古冈之胜,不识导使一游否?"

二月初八日　"昧爽,大把事赍册书驰去,余迟迟起。""备马,别而下山。"

以上校书的经过说得非常具体,但使人读后产生疑问:《云薖淡墨集》都没有见过,就给该书写序言吗?序已写好交了,为什么复又传示该书?《山中逸趣跋》的发现回答了这个问题。在解脱林的7天里,徐霞客实际做了两件事,第一件是为《山中逸趣集》写跋,这是木增原先安排的;第二件是为《云薖淡墨集》校雠错讹,分门编类,这是临时追加的事。因此,《山中逸趣集》有徐霞客的跋,《云薖淡墨集》却没有徐霞客的序。传世的《徐霞客游记》二月二日应正为:"下午,又命人把事来,求作所辑《山中逸趣》序。"由于后面谈到《云薖淡墨》,引起抄誊的人混淆两种书名而致误。"序"字在此并无不妥,既是大把事传话所称,带有尊敬的意思,又是徐霞客对自己文章的理解,正如他文中所说的"故喜极而为之序"。只因徐霞客得知前面已有章台鼎和唐泰的序(唐泰作序的时间为崇祯丁丑即1637年12月),

才把自己的序放在书末作跋了。

《山中逸趣跋》是根据徐霞客用篆字书写的手迹雕版影刻的，保留了徐霞客精湛的书法技巧和文字风格。徐霞客选用奇诡的篆书写跋，为人们叹服。一方面，他以此向"此中无名师，未窥中原文脉"的西南边疆展示中原文化中一些寻常难见的侧面，引起他们对中原文化的惊讶、震动和膜拜；另一方面，超过常人知识水平的形式，使作伪者难以对付，堵塞了日后作伪的门径。正如孙太初先生指出的："因霞客跋尾是用奇诡的篆书写的，作伪者难以辨识，遂全抄章台鼎序言，冒充徐氏'真迹'，弄成张冠李戴。"（《徐霞客手书赠鸡足山僧妙行诗稿》，载《文物》1978年第10期）赝品选用章台鼎序也是煞费苦心的。在《山中逸趣集》诸序跋中，章序是一篇献给木增的颂歌，通篇充斥谀美赞颂之词，被认为"可以作木增传略看"，且草书大字又容易摹写。然而，章台鼎的名气和社会影响却远不如写跋的徐霞客。赝品的作者使徐霞客的名和章台鼎的文合璧，意图产生出人意料的效果。因此，这件赝品才有可能长期在土司家收藏，并由土司后裔木琼出示给内地来的著名学者。

然而，徐霞客的选择却给后人带来了麻烦。奇诡的篆书难以识读，可望而不可即，耐欣赏而难辨认。文中同一个字有多种写法，甚至有的是自拟篆字；再加上雕工对篆书掌握不准，板刻过程中笔画的讹误更难避免。长期以来，一批学者为识读徐霞客《山中逸趣跋》殚精竭虑，付出了大量劳动。云南大学图书馆藏方瞿仙先生手稿《师斋随笔》第二册按以下顺序全文抄录了唐泰《山中逸趣序》、梁之翰《山中逸趣后跋》、徐霞客《山中逸趣跋》和章台鼎《山中逸趣叙》。在徐霞客文后方氏注有一段题记："霞客日记，海内风行；文少见。此文以篆文书刻，而篆未专字，有自拟篆者。经剑川鲁季均、姚安由定庵悉心校释，余亦参加审定，尚有欠妥之处，录存以质后之读者。"文中有疑问的地方划了符号，并有眉批14条，多提出问题，悬而未决。于乃义先生生前得见《师斋随笔》，对徐霞客的跋颇感兴趣，可惜来不及识读就去世了。1982年10月，笔者将有关情况向当时来昆的谭其骧先生请教，谭先生大喜，提出很多解决办法，并主动提出愿联系顾廷龙先生帮助。1983年笔者得李孝友先生陪同，到上海图书馆请教顾廷龙先生，顾先生破读了其中一些难字。后来赴北京，又托在人民文学出版社古籍部的友人盛永祜向有关书法家请教。

徐霞客《山中逸趣跋》的发现经历了半个多世纪，笔者对这一问题的研究亦持续了十多年。现把发现经过和释读结果整理出来，作为对杰出的旅行家、地理学家徐霞客逝世350周年的纪念。（朱惠荣：《徐霞客的〈山中逸趣跋〉》，载于朱惠荣著《徐霞客与〈徐霞客游记〉》，第309-312页）

链接五 朱惠荣《徐霞客的〈山中逸趣跋〉》载：

徐霞客的丽江之行与其说是旅游考察，不如说是被土司木增安排为他效力。在丽江境内共16天，除赶路四天，憩通事楼候见四天，木增大宴一天，其他时间则是在解脱林校书、作序，在木家院作文、评文，还给木增写过两封信，又为木增推荐名士，写邀请吴方生的信。作为旅行家的徐霞客，他"神往而思一至"的中甸、泸沽湖等地皆被婉言拒绝，在丽江地区的考察活动多未能实现，他对此十分遗憾。但徐霞客在丽江期间，圆满完成了一个中原文化使者、木氏家塾名师的任务。为了传播中原文化，他却是尽心尽力，"连宵篝灯，丙夜始寝"。在这些文化活动中，最有意义的一项就是写成《山中逸趣跋》。今以《师斋随笔》的校释为基础，参酌诸家识读，将《山中逸趣跋》全文整理，录出供学术界赏析：

山中逸趣跋

自两仪肇分，重者为地，重之极而山出焉。以镇定之体，奠鳌极而命方岳，但见其静秀有常而已，未有能授之逸者。孰知其体静而神自逸，其迹定而天自逸。彼夫逃形灭影，堙坯湮谷，曾是以为逸乎，岁直与山为构者也。进而求之，伊尹逸于耕，太公逸于钓，谢傅逸于奕，陶侃逸于甓，逸不可迹求，类若此而大舜有大焉。其与木石居、鹿豕游者谁，其逸沛然决、莫能御者又谁。迹野人求之市，复迹大舜求之不得，是所谓真逸也。千古帝皇，莫不以舜为兢业，自乃鼓琴被袗，其得力于深山者固趣。但自有虞以后，山川之劳人亦久矣。神禹以之胼手胝足，秦人因之驱石范铁，焉睹所谓逸。乃丽江世公生白老先生，夙有山中逸趣者何？非天下皆劳，而我独逸，天下俱悲，而我欲趣。即以天下之劳攘还之天下，而我不与之构；以我之镇定还之我，而天下阴受其庇。与山之不能相者，我欲迹之。是山非天下之山，乃我之能镇能定之山也；多山非我一方之山，乃天下之山，而为镇为定之山也。故文章而摘石者，逸为出岫之卷舒；雪影而飞絮者，逸为天半之璃玉；泉静而滥觞者，逸为左右之逢源；志情而宫商之音，逸为太始赋形；而金石之宣，逸为钧天。先生此集，所以卷纶藏密者，与莘渭各异，而镇意念之心，故悠然迹外。即纳之大麓，又何与于舜庭之飏歌。垂承则能贲天下于春台者此趣，能翔太稣于寰宇者此趣，而山中云乎哉？然必系之山中者，所以奠鳌极而襁方岳也。弘祖遍觅山于天下，而亦乃得逸于山中，故喜极而为之序。

崇祯己卯仲春朔旦

江左教下后学徐弘祖霞逸父顿首拜书于解脱檀林

这不是通常的序跋，它没有堆砌对木增的大量谀颂辞藻，而是借题发挥，抒发自己的哲学观点。徐霞客认为世界"静秀有常"，是有规律而非杂乱无章的。"其体静而神自逸，其迹定而天自逸"，"体""迹"决定"天""神"，"以镇定之体，奠鳌极而命方岳"，这些思想是唯物的。他反对历史上的大规模趋赶群众服劳役，"神禹以之胼于胝足，秦人因之驱石范铁，焉睹所谓逸"，感叹"自有虞以后，山川之劳人亦久矣"！在明末社会动荡，战争频仍，人民疲惫，生活艰危，生命难保，阶级矛盾和民族矛盾都日愈激化的岁月，徐霞客提出："千古帝皇，莫不以舜为兢业，自乃鼓琴被袗，其得力于深山者固趣。"要求"以舜为兢业"，舒缓民力，实现"真逸"。这样的思想十分难能可贵。徐霞客不主张超然独善，自寻其乐，"非天下皆劳，而我独逸，天下俱悲，而我欲趣"。他希望通过自身修养影响社会，"是山非天下之山，乃我之能镇能定之山也；多山非我一方之山，乃天下之山，而为镇为定之山也。""以我之镇定还之我，而天下阴受其庇。"这是徐霞客留下的重要哲学论文，也是徐霞客一生行世的准则，正如他自己宣称的，"弘祖遍觅山于天下，而亦乃得逸于山中，故喜极而为之序"。在《徐霞客游记》里，徐霞客用这一原则处世待人的例子随处可见。（朱惠荣：《徐霞客的〈山中逸趣跋〉》，载于朱惠荣著《徐霞客与〈徐霞客游记〉》，第312-315页）

说明：链接一至五引述的文字，还参考了《云南徐学研究文集》，云南出版集团公司，云南人民出版社，2013年5月版，第337-348页。

补白

朱惠荣，1936年生，贵州兴义人。云南大学教授，博士生导师，中国徐霞客研究会副会长，云南徐霞客研究会会长。长期从事中国古代史与历史地理的教学与研究，重要著作有《中华人民共和国地名词典·云南卷》《中国历史地图集》《中国历史地名大辞典》《徐霞客游记校注》《徐霞客游记全译》《千古奇人徐霞客》等。

朱惠荣教授（2009年3月22日 摄）

木府血脉

The Blueblood of MuFu

1995年9月印行,《西南中山高级工业职业学校学运史资料集》

・10月初,蒋介石指令杜聿明率中央军包围昆明城,解除龙云警卫部队和滇军守城地方的武装,史称"一〇·三事件"。龙云结束了统治云南长达16年的历史。

・12月,木光在西南中山高级工业职业学校读书期间,受到进步思想影响,参加"反内战,反饥饿"的罢课学潮。昆明是近现代著名的"民主堡垒",民主运动此起彼伏。1945年12月1日,昆明爆发了"反对内战,争取民主"的"一二·一"民主运动,遭到当局残酷镇压,震惊全国,得到全国人民的同情和支持。

按　　木光:《回顾我的人生历程》节录
　　1945年我在昆明西南中山高级工业职业学校读书期间,受到革命进步思想的影响,跟进步师生一道参加了"反内战,反饥饿"的罢课学潮,继而加入"一二·一"联校上街游行,抗议国民党的反动暴行。(木光:《回顾我的人生历程》)

・是年,龙云还设置了一项"云南私费留学生公费补贴",用以资助云南留学生出国深造;凡云南籍学生考取教育部留学生资格者,可向云南省政府申请津贴2000美元。(〔美〕江南著:《龙云传》,第78页)

1946年

(民国三十五年)
　　　　　　　丙戌　17岁

・是年,木光继续在昆明西南中山高级工业职业学校读书。

・秋,李群杰任邓川县长。

按　　李群杰调任邓川县长,至1948年秋。在邓川时,与欧根保保持联系。(谢本书著:《枫叶如丹——李群杰生平概述》,第365页)

接受进步思想
参加联校游行

1947年

(民国三十六年)

丁亥 18岁

- 7月，木光从西南中山高级工业职业学校毕业。升学无望，谋事甚难，于是返回家乡，受聘于丽江古城大研完小，教授语文、历史、自然等课程。（据2013年6月刘瑞升、木光临沧访谈录）

- 是年，哈佛大学出版社出版了洛克的《中国西南古纳西王国》一书。书中记载了与《木氏宦谱》相关史料，并收入《木氏宦谱》中画像30幅，这些画像是1930年洛克在木家院向木琼借得《木氏宦谱》后拍摄的。书中，刊载了木琼怀抱刚满一岁木光的照片。

洛克著《中国西南古纳西王国》一书中洛克拍的图片

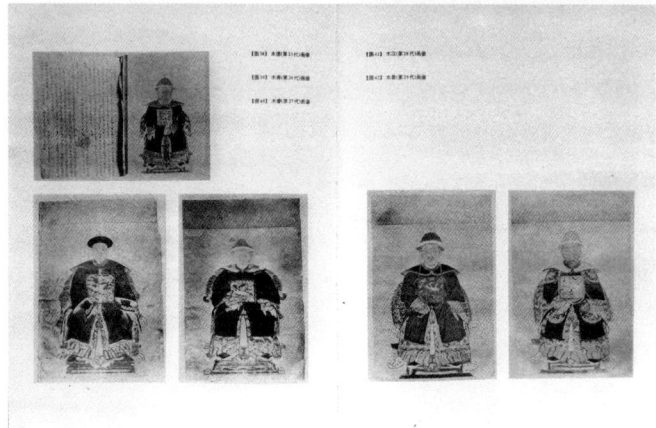

《中国西南古纳西王国》中木氏土司画像插页

按

洛克在《中国西南古纳西王国》的前言中写道："当我住在过去纳西王国的首府丽江之时，我获得了所有重要的碑文拓片，拍摄了纳西首领的家谱和珍贵的手稿，以及可以追溯到唐代和宋代的祖传遗物。此外，我还收集了4000多本纳西象形文手稿(即东巴经——译者)。其中的许多手稿具有历史价值,其他不少手稿是纳西人的宗教文献,它们与西藏佛教前的本教有关。"
([美]约瑟夫·洛克著:《中国西南古纳西王国》,第9页)

1948年

(民国三十七年)　戊子　19岁

・是年,木光在丽江古城大研完小继续担任老师。

・是年,中共丽江地下党县工委开始进行统战工作。

按　　从1948年起,中共丽江地下党县工委就与习自诚等一批地方当权派、地方绅士、会社头目及爱国民主人士、文教界人士中可以争取的人物建立了统战关系。
　　这些统战对象是:习自诚、和志坚、李烈三、鲍品良、和学祁、和尧安、和吉光、和立信、木翠华、张念祖、木铎、和述夏、和世璋、和善嘉、李达三、赖敬庵、和集柑、木承圣、周霖、杨超然、李扬铣、李觉民、和德璋等。(和万宝:《关于习自诚等一批统战对象、起义投诚人员的简介》,载于《丽江县革命史·新民主主义时期》,第320页)

・是年,黄乃镇出生。

补白　　黄乃镇,男,纳西族,丽江人。1975年9月到丽江古城区一中任教;1987年任丽江大研中学校长;1989年任丽江县教委副主任;1995年4月任丽江县文化局局长;1996年,任木府恢复重建总指挥;1999年任丽江古城(木府)博物院院长。2004年2月,丽江徐霞客研究会成立,担任会长。

・冬,李群杰回到昆明,在省教育厅任职。

按　　回昆明任省教育厅秘书、主任秘书,兼《民意日报》主笔。与中共昆明市委副书记赖卫民保持联系。(谢本书著:《枫叶如丹——李群杰生平概述》,第365页)

・12月8日,在陈纳德等人的秘密安排下,龙云化装潜出南京到达广州,尔后迅速转道抵香港。

PART TWO 第二篇

凤庆河，南汀河

电影老兵的奉献（1949—1987年）

20世纪50年代，
木光成为云南省早期电影工作者，
他先后在电影放映大队工作和电影放映学校任教。
1958年来到滇西边地，
从凤庆河边的凤庆县到南汀河畔的临沧县，
都留下了电影放映队长木光的身影。
他还担任电影放映员培训班、
少数民族译制人员培训的老师。
光荣出席全国少数民族语电影表彰大会。

[第三章] 目睹风云变幻 体味人间冷暖

1949—1964年

土地改革，木光家受到冲击。
1958年木光到临沧工作，他在这里恋爱、结婚、养育子代。
临沧成为他的第二故乡。

木府血脉
The Blueblood of MuFu

1949年

(己丑)

20岁

· 1月5日，张田群出生。

按　　1976年9月20日，张田群与木光长女木莲生结婚。

· 是年，木光与习咏吟结婚。

· 9月10日，李群杰入狱。12月初，出狱。

按　　在"九九整肃"中被捕入狱，坚持斗争。释放出狱，仍回省教育厅工作。（谢本书著：《枫叶如丹——李群杰生平概述》，第365页）

· 9月21日，中国人民政治协商会议在北京开幕。龙云被列入75名特别邀请人士之一。

· 10月1日，在毛泽东主席签署的公告中，龙云被安排为中华人民共和国中央人民政府委员会委员。

1950年

(庚寅)

21岁

· 1月，为报考大学，木光从丽江来到昆明，暂住舅舅李群杰家。不久，来到昆明市文庙图书馆任管理员。(木光：《回顾我的人生历程》)

· 1月14日，龙云从香港启程。1月18日，抵万里冰封的赤都。政务院设法把他安置在北总布胡同□号。日后，中共要人，自毛泽东、周恩来以下，无不先后光临。龙云的官方职务，是中央人民政府委员，兼人民革命军事委员会委员。不久，又被任命为西南军政委员会副主席。月入500元人民币，相当于副总理级的待遇。（〔美〕江南著：《龙云传》，第169–170页）

· 3月4日，李群杰任"昆明军事管制委员会"文教接管部副主任。

按

・3月4日,"昆明军事管制委员会"成立,以陈赓为主任。下设七个接管部,文教接管部主任为袁勃,副主任为张子斋、李群杰。(谢本书著:《枫叶如丹——李群杰生平概述》,第365页)

・7月,洛克在丽江搜集的东巴经书,被美国哈佛大学出巨额美金买下。这之前的1947年,哈佛大学出版社出版了洛克的《中国西南古纳西王国》一书。书中记载了木氏宦谱的情况,还有木光及其父辈的照片等。

这次被美国哈佛大学出巨额美金买下的东巴经书,是否包括他在《中国西南古纳西王国》一书前言中提到的"4000多本纳西象形文手稿"呢?

洛克在丽江卧室中留影(资料照片右图)

七八十年过去了,洛克工作室兼卧室仍然如故。(2014年8月18日摄下图)

木府血脉

The Blueblood of MuFu

洛克旧居外景（2014年8月18日 摄）

<u>按</u>　　美国哈佛大学出巨额美金买下美籍奥地利学者洛克在丽江所搜集的东巴经书。洛克在民国时曾先后在纳西族地区生活长达27年之久，于1949年7月离开丽江。他是第一个把纳西族的东巴文化大量地、有目的地带到海外，并从文化学、民族学、语言学等方面作了大量研究工作的外国学者。专著有《中国西南古纳西王国》《纳西语——英语百科辞典》《中国云南省腹地土著民族纳西人举行的驱鬼仪式》《纳西文献中的洪水故事》《纳西巫师占卜经的起源》《纳西文献研究》《麽西萨满教的创始人多巴梭罗的诞生和起源》《祭天仪式或纳西人奉行的祭天》《纳西人的纳加崇拜及其有关仪式》《纳西葬仪与纳西武器起源的特殊关系》《中国西南的纳西人支玛丧仪》《中国西藏边陲纳西人的生活和文化》《德国所藏东方手稿纳西文写本目录》等。（载于《丽江地区大事记·1949年10月-1996年10月》，第311页）

<u>链接</u>　　一枚日本的鱼雷击中了装载洛克所有家当的军舰，他的心血全成了战争的牺牲品，沿阿拉伯湾顺流飘去的军舰残骸中就有他的关于宗教仪式的译文和一卷《纳西——英语百科辞典》手稿。消息传给洛克时，他几乎崩溃了。其后，他向友人们吐露说他曾认真考虑过自杀，他说他绝不可能仅凭记忆重新写出失去的著作。

（S·B·萨顿等著：《约瑟夫·洛克》，宣科编译。载〔美〕约瑟夫·洛克著：《中国西南古纳西王国》，第7页）

· 7月20日，长女木莲生出生。

· 8月，昆明市文庙图书馆推荐木光赴江苏省南京市，参加由中央电影局举办的电影放映训练班。

1950年10月16日，中央电影局放映训练班红旗优胜纪念合影。木光（前排左一）

· 10月，中央民族访问团电影队在丽江县民主广场（现体育场）放映电影，这是丽江人民第一次看到有声电影。（载《丽江地区大事记·1949年10月-1996年12月》，第311页）

· 是年，木光与习咏吟离婚。女儿木莲生由习咏吟抚养。

1951年

(辛卯) 22岁

· 1月，中央电影局电影放映训练班结业后返回昆明，木光调到云南省电影发行放映大队，担任第一小队队长。到滇西各地放映电影，主要放映的影片是《白毛女》《新中国的胜利》《解放大西南》等。（据2013年6月刘瑞升、木光临沧访谈录）

1952年

(壬辰) 23岁

· 是年，木光到云南省电影放映大队部工作。

· 是年，丽江进行土地改革，木光父亲木琼入丽江监狱，土地和房产被没收。仅在木家院后院留一间小房，供木光的母亲和弟弟妹妹使用。此时，弟弟9岁、妹妹7岁。（据2013年6月刘瑞升、木光临沧访谈录）

1953年

(癸巳) 24岁

· 2月，李群杰任云南省民族事务委员会副主任。（谢本书著：《枫叶如丹——李群杰生平概述》，第366页）

· 6月1日，丽江专区人民大礼堂电影院开业，第一场放映《钢铁战士》。（载于《丽江地区大事记·1949年10月-1996年12月》，第312页）

· 是年，木光调入云南省文化局电影科工作。

· 是年，木土司后人将《木氏宦谱》（文、图谱）捐献给云南省博物馆。

按　　1953年，丽江木土司后人将此两部家谱捐献给云南省博物馆收藏。（张永康：《抄本〈木氏宦谱〉浅识》。载于《木氏宦谱》（影印本））

1954年

(甲午) 25岁

· 3月13日，习自诚去世。

按

习自诚（1896–1954年），字朴庵，大研镇五一街人，纳西族。父世贤，清末举人，开"志远堂"行医。自诚于1909年由县高等小学选入云南陆军讲武堂学习。1911年毕业后参加云南"重九"起义。1912年随唐继尧伐贵州，任警卫部队连长。1920年参加护国军入川，任营长。返滇后，兼中甸、维西、阿墩子三属筹防指挥官。1923年任团长兼滇西八属剿匪区总指挥，建国联军第三路指挥官。1927年，任云南陆军军械局少将局长，省务委员会军事参议。1928年脱离军职，在昆明经营纺织业。1930年回丽江。1932年，主办地方团务，1934年任县参议长。扩建地方武装，重用回乡军人，培植亲信，参与地方政务，成为地方上的头号实力人物，数任县长被他弹劾丢官。1937年，习以参议会名义向省府告县长林鉴秋借搬迁监房侵吞经费，克扣囚粮，造成囚犯死亡，林被撤职；1938年，发动县政府各科局长及各区乡长、议员等联名告县长周乃振"敲榨勒索，收受贿赂"等，周被"解省查办"；1942年，习组织状告县长徐亚雄重收鸦片出口保费，贪污公粮，徐在丽难以立足辞职而去。时有丽江县长难当难派之说。新任县长、专员抵丽后都要先到习家拜访送礼。他善审时度势，权衡利弊。1936年，红军长征过丽江，上峰下令阻击，习与县长王凤瑞等采纳和庚吉等人提议，率地方武装退避。1938年，石鼓等地发生"黄军"起义，习参与指挥镇压捕杀，后又募捐钱物，亲赴石鼓等地安抚被杀者家属。1946年，云南大学学生运动领导人遭当局追捕，避匿丽江，县长伙心从欲抓捕，习说："一两个小青年无知，无关大局。"不让其抓捕。1948年冬任丽江县县长。其手下有人主张对中共地下党在境内的活动进行镇压。后中共地下党多次与习接触，争取其脱离国民党，投向共产党。1949年5月，与中共丽江县委合作，成立联防大队，支持中共地下党组织驱逐国民党专员史华。当月被卢汉任命为专员兼县长。接着组建由习出枪、出饷，由中共地下县委选派人员并直接指挥的常备第三中队。1949年7月1日，发表《告各界同胞书》，宣布："将蒋介石政府系统下之县行政权，自即日解除，还政于民。"1950年12月，出席云南省第一届人民代表大会。1951年被逮捕关押，1954年3月12日保外就医，次日去世。1981年，按起义人员恢复名誉。（载于《丽江纳西族自治县志》，第936页）

据当地老人讲，五一社区居委会大院周边一带，1949年前多是习家的宅院。（2014年8月19日 摄）

<u>补白</u>

丽江"四大家族"

民国时期，丽江古城的纳西文人把在地方上较有威信和较有经济实力的"习、王、李、赖"四个人物，冠以丽江"四大家族"之名。习，指的是习自诚（1896-1954年）；王，指的是王筱贞（1888-1945年）；李，指的是李达山（1895-1973年）；赖，指的是赖敬庵（1903-1991年）。习是搞军事政治的，王是搞文化教育的，李是搞商业发家后与官合资或独资搞工商业的，赖是搞商业的。

·8月，李群杰参加怒江州成立庆典，顺道到丽江，但他没有回家看望母亲。

<u>按</u>

"解放后母亲定然很希望能看到我，这对于母亲当是莫大的幸福，这根本是很自然的，而且也有机会。1954年8月，我参加怒江州成立庆典，顺道到丽江，与母亲近在咫尺间。可是那时，我受极'左'思潮影响，思想上存在顾虑，认为父子间、母子间、兄弟间要划清界线，在干部中又有许多清规戒律，我没有去见母亲，没能让她如愿。……谁知这竟成了我们永别的开端。我竟没有满足她不太高的希望，这在我是一生抱憾无穷的事。"
（李群杰：《母亲——无法冷却的悲痛》。载于余嘉华编《李群杰文集》，云南民族出版社，2011年8月版，第449页）

- 是年，木光仍在云南省文化局电影科工作。

- 年底，李群杰参加筹备建立云南省政协工作。（谢本书著：《枫叶如丹——李群杰生平概述》，第366页）

1955年

（乙未）

26岁

- 2月21日，李群杰被选为政协第一届云南省委员会秘书长。本年年底，在"肃反"运动中，被宣布"隔离审查"。

按

2月21日，政协第一届云南省委员会第一次会议在昆明召开，李群杰被选为秘书长。12月8日，在"肃反"运动中，被宣布"隔离审查"，从此蒙冤达20年之久。（谢本书著：《枫叶如丹——李群杰生平概述》，第366页）

- 是年，云南省电影放映学校成立，木光奉调该校任教。（木光：《回顾我的人生历程》）

- 是年，顾彼得著《被遗忘的王国》由英国约翰默里出版社出版。

补白

顾彼得为1941年到1949年在丽江工作的国际援华组织"中国工业合作协会"的成员。顾彼得在丽江的9年里，不仅积极发展丽江的工业合作组织，而且注意搜集、观察、记录丽江的社会实况，为他日后的创作积累了丰富的素材。

《被遗忘的王国》较为翔实地描述了20世纪40年代丽江风情、民族、宗教、节日以及文化艺术等方面无所不包，是一本不可多得、亦可算是较早的丽江风情实录。作者本人宣称，他写这本书是坚定地作为纳西人中的一员来陈述的，可以使读者与他一起步入这块有着"天堂的景色"的乐土，并与各民族兄弟姐妹一道共同赞美曾哺育了一代又一代勤劳、善良和进取向上的人民的这块土地。

- 1955年9月，杨福泉出生，纳西族，丽江古城人。

补白　　　　　杨福泉，文学学士、历史学博士、博士生导师。曾在美国加州大学戴维斯分校从事博士后研究。

1956年

(丙申)　　　27岁

- 是年，木光仍在云南省电影放映学校任教。

1957年

(丁酉)　　　28岁

- 2月14日，白庚胜出生。

补白　　　白庚胜，纳西族，1957年2月14日生于云南丽江的一个农民家庭。毕业于中央民族学院汉语言文学系。后考入中央民族大学研究生院，攻读民族民间文学调查研究、语言文化学专业硕士、博士课程，获硕士、博士学位。主要著作有：《〈黑白战争〉象征意义辨》《东巴神话象征论》《云贵高原文化》等36种，主编《灿烂西部》丛书28种及《金沙万里走波澜》《玉振金声探东巴》等200余部。先后担任中国社会科学院少数民族文学研究所研究员、副所长，国际纳西学学会会长，国际萨满学会副主席，中国少数民族文学学会理事长，中国民间文艺家协会副主席、分党组书记，中国文联主席团成员、书记处书记。中国作家协会党组成员、书记处书记。

- 是年，木光仍在云南省电影放映学校任教。

1958年

(戊戌)　　　29岁

- 是年，云南省委动员省市在职干部下放到边疆民族地区支边。木光主动写申请报名，被批准下放到临沧专区双江农场劳动锻炼。先后又借调到县农具厂和临沧农具厂当技术员。(木光：《回顾我的人生历程》)

1959年

(己亥)

30岁

·6月26日，木琼病逝，享年51岁。

按一

三十三氏考

木琼，世袭土通判。木琼生于1908年，民国十六年毕业于丽江师范学校，因三十二代土通判木标病逝，在民国十九年五月报请省政府龙云批复任命世袭丽江县土通判职。民国二十四年奉龙云主席令赴省拜会龙主席，召见时龙主席征询是否愿任县长职，本人表明才疏学浅无意仕途。在龙主席关照下将其7岁长子送读龙主席捐资兴办的昆明南菁贵族子弟学校。并曾受过龙主席派遣两次云南滇西土司宣慰使慰问的奖状奖章。于1959年6月26日寿终，享年50岁。其胞弟木进，姐灿昭。妻李氏玉棋出身书香家庭，毕业于丽江女子师范，曾在小学任教4年，于1988年11月10日寿终，享年80岁，生有二子一女，长子木光，次子木权，女燕华。（木光编著：《木府风云录》，第34页）

按二

父亲生平淡泊名利，厌与官场交往，大部分的时光是在他的书房阅读诗文和儒学著作度过的。（木光：《回忆家父生平事迹》，载于木光编著：《木府风云录》，第239页）

1959年3月，木光（左二）在北京天坛公园合影。（下左图）

1959年3月，木光在天安门留影。（下右图）

·7月，作为县农具厂唯一的技术员，木光被派到北京参观"大跃进"土法生产技术展。

木府血脉
The Blueblood of MuFu

・是年，木光调到临沧专区电影管理站工作。

・是年，木光调到临沧专区凤庆县电影放映队任队长。崇祯十二年（1639年）八月，徐霞客两到顺宁府（今凤庆县），留下数千字的日记。此时的木光大概不知道自己的先辈木增与徐霞客生死之交的情谊，也不了解他今天行走的某些山间小路，320年前曾留下徐霞客的足迹。

按

徐霞客：《徐霞客游记》（节录）

顺宁者，旧名庆甸，本蒲蛮之地。其直北为永平，西北为永昌，东北为蒙化，西南为镇康，东南为大侯。此其四履之外接者。土官猛姓，即孟获之后。万历四十年，土官猛廷瑞专恣，潜蓄异谋，开府陈用宾讨而诛之。大侯州土官俸贞与之济逆，遂并雉狝之，改为云州，各设流官，而以云州为顺宁属。今迆西流官所莅之境，以腾越为极西，云州为极南焉。

龙泉寺基，即猛廷瑞所居之园也，从西山垂陇东下。寺前有塘一方，颇深而澈，建水月阁于其中。其后面塘为前殿。前殿之右，庭中皆为透水之穴，虽小而所出不一。又西三丈，有井一圆，颇小而浅，水从中溢，东注塘中，淙淙有声，则龙泉之源矣。前殿后为大殿，余之所憩者，其东庑也，皆开郡后所建。

旧城即龙泉寺一带，有居庐而无雉堞。新城在其北，中隔一东下之涧。其脉亦从西山垂陇东下，谓之凤山。府署倚之而东向。余入其堂，欲观所图府境四止，无有也。

顺宁郡城所托之峡，逼不开洋，乃两山中一坞耳。本坞不若右甸之圆拓，旁坞亦不若孟佑村之交错。其坞西北自甸头村，东南至函宗百里，东西阔处不及四里。

顺宁郡之境，北宽而南狭。由郡城而南，则湾甸、大侯两州东西夹之，尖若犁头。由郡城而北，西去绕湾甸之北，而为锡铅，为右甸，为枯柯，而界逾永昌之水；东去入蒙化之腋，而为三台，为阿禄，为牛街，而界逾漾备之流；其直北，则逾澜沧上打麦陇，抵旧炉塘北岭，始与永平分界。俱在二百里外，若扇之展者焉。自以云州隶之，而后西南、东南各抵东、西二江，不为蹙矣。

澜沧江从顺宁西北境穿其腹而东，至苦思路之东，又穿其腹而南，至三台山之南，乃南出为其东界，既与公郎分蒙化，又南过云州东，又与顺江分景东。郡之经流也。

郡境所食所燃皆核桃油。其核桃壳厚而肉嵌，一钱可数枚，捶碎蒸之，箍搞为油，胜芝麻、菜子者多矣。（载于《徐霞客游记》，中华书局，朱惠荣整理，2009年1月版，第635-636页）

1960年

(庚子)
31岁

・是年，木光仍在凤庆县电影放映队任队长。

20世纪60年代木光（左）与同事在一起。（左图）

电影放映员在路上（右图）

1961年

(辛丑)
32岁

・是年，木光结识刚刚从凤庆中学毕业的杨若兰。

1962年

(壬寅)
33岁

・5月1日，木光与杨若兰结婚。杨若兰，汉族，云南凤庆县洛党区鹿鸣乡人，高中毕业。父亲杨庭珍为小学老师，母董如燕。杨若兰有一姐一妹三个弟弟。

木府血脉
The Blueblood of MuFu

1959年3月，木光在北京北海公园留影。（左图）

1958年，年仅16岁的杨若兰在凤庆县中学文工队表演节目。（右图）

杨若兰的父亲杨庭珍（左图）

杨若兰的母亲董如燕（右图）

· 6月27日，龙云因急性心肌梗死在北京逝世，享年77岁。

· 12月5日，《中国西南古纳西王国》的作者，约瑟夫·洛克（1884—1962年）因心脏病突发，在檀香山逝世，享年78岁。（S. B. 萨顿等著《约瑟夫·洛克》，载于〔美〕约瑟夫·洛克著《中国西南古纳西王国》，第8页）

洛克旧居院内场景，图左侧房子二层为洛克工作间及卧室。（2014年8月18日 摄）

洛克使用过的皮箱（上图）

洛克事迹陈列室（右图）

1963年

(癸卯)　　　　　34岁

・2月2日，长子木志平在凤庆出生，生肖兔。

・10月，《木氏宦谱》（文、图谱）所有文字收入《云南纳西族社会历史调查》（内刊）一书中。

按　　　1963年10月，中国科学院民族研究所云南民族调查组、云南省民族研究所将两部《木氏宦谱》的所有文字收入《云南纳西族社会历史调查》（内刊）一书中。尔后，研究学者引用的《木氏宦谱》资料，多出于此书。（张永康：《抄本〈木氏宦谱〉浅识》。载于《木氏宦谱》（影印本），第1页）

・是年，木光从凤庆县电影放映队调到临沧专区电影公司，从事电影设备维修及放映员培训工作。

・是年，木光妻杨若兰到临沧县饮食公司从事会计工作。

・是年，临沧电影院正式投入使用。

木府血脉

The Blueblood of MuFu

临沧电影院1962年始建，1963年投入使用。图为临沧电影院外景。（2013年6月11日 摄 右图）

木光与他的徒弟、现任临沧市电影管理站译制组组长、工会主席田光明在已有50年历史的临沧电影院前。（2013年6月11日 摄 下左图）

电影院前的海报栏。（2013年6月11日 摄 下右图）

· 是年，丽江县图书馆组织印刷《纳西族历史资料》和《光绪丽江府志》。（载于《丽江地区大事记·1949年10月-1996年12月》，第318页）

1964年

（甲辰）

35岁

· 12月21日至1965年1月4日，第三届全国人民代表大会第一次会议在北京召开。方国瑜（纳西族）、刘阿鲁子（彝族）代表丽江专区各族人民出席了会议。（载于《丽江地区大事记·1949年10月-1996年12月》，第38页）

· 是年，木光在临沧专区电影公司负责放映员培训工作，上下年各举办一期，时间为3个月，每班40至50人。另外，全区共有20多台电影放映设备，需要定期养护及修理。

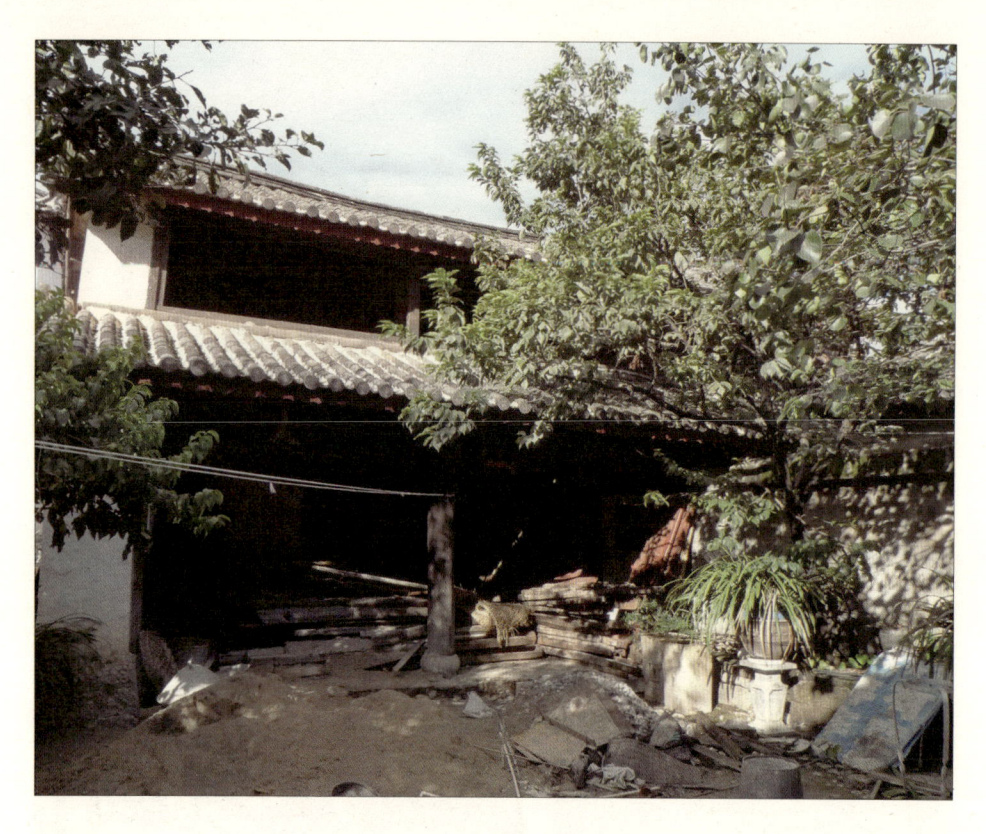

[第四章] 亲历非常生活
勇敢面对困苦

1965—1978年

1966年,
电影工作者木光被派到奶牛场劳动。
修好小道河水库的发电机,
让木光为自己赢得了尊重,
为知识和技术赢得了尊严。

木府血脉
The Blueblood of MuFu

1965年

(乙巳)

36岁

· 木光继续上一年的工作。

· 是年，木府门前"明代建筑'忠义'石牌坊被云南省人民委员会公布为第一批省级重点文物保护单位"。（载于《丽江地区大事记·1949年10月-1996年12月》，第319页）

1966年

(丙午)

37岁

· 8月，木府门前明代建筑物"忠义"石牌坊被毁。

按　"丽江县明代建筑物，省级重点文物忠义石牌坊被一些学生以破'四旧'为由捣毁"。（载于《丽江地区大事记·1949年10月-1996年12月》，第319页）

链接　杨福泉在《寻找丽江之魂——融入纳西古国》一书中写道："自民国以来迄至20世纪70年代，木府所剩无几的院落，曾被用为学校、党校乃至监狱等。至'文化大革命'，木府再遭浩劫，惟一保存完整的大门'石牌坊'，通体全用采自下虎跳金沙江边等处的汉白玉石建成，跨度9米，高约18米，4根石柱撑着牌坊上的碑、椽、檐和坊盖，匾额上镌刻着明神宗手书钦赐木增的'忠义'二字。这个结构宏伟、雕功精湛的石雕建筑远近闻名，民间有'大理三塔寺，丽江石牌坊'之称。当时成为'大破四旧'风暴的首选攻击目标。

我当时11岁，亲眼目睹了那可怕的一幕：一伙造反壮汉携带铁锤钢钎等工具，风风火火来到石牌坊下，他们高喉大嗓地喊着嚷着，挥动大锤大钎，拖曳长绳铁链，一尊尊石狮、一根根巨大的石梁、石檐不断地轰然倒地，烟尘滚滚中，一座巧夺天工的建筑奇观，一日之内便被夷为平地。几百年的艺术杰作就这么四分五裂。在弥漫的烟尘中，一时天也显得昏惨惨的。

……目睹了20世纪发生在这个文明古邦最触目惊心、野蛮愚昧的一幕。这恐惧的一幕，也深刻地印在我幼小的心灵中。（在这次浩劫发生33年之后，在世界银行的支持下，木府已经修复，于1999年2月2日正式举行了竣工典礼。）"（杨福泉著：《寻找丽江之魂——融入纳西古国》，民族出版社，2006年1月版，第155-156页）

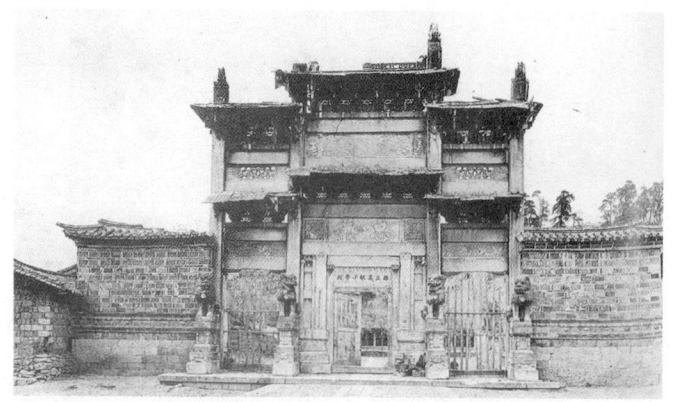

明神宗1620年钦赐木增"忠义"二字后建造的石牌坊，于1966年8月被红卫兵以"破四旧"为由捣毁。图为洛克在20世纪二三十年代拍摄的石坊照片。

· 8月，木光被派往正在建设中的小道河水库旁的奶牛场劳动。某日，水库的工作人员匆匆赶来，说，有一台发电设备突然出现故障，希望帮助修理。木光"手到病除"。水库工地为此写感谢信送到电影公司。（据2013年6月刘瑞升、木光临沧访谈录）

· 9月，木光被调回公司，负责管理电影器材部件等工作。（据2013年6月刘、木临沧访谈录）

· 10月10日，刘永燕出生，汉族，云南腾冲人。

按　　1990年，与木光长子木志平结婚。

1967年

（丁未）　　38岁

· 是年，木光负责管理电影器材的部件，同时负责维修电影设备的工作。

· 是年，次女木志英出生，生肖羊。

1968年

（戊申）　　39岁

· 是年，木光负责管理电影器材部件、维修电影设备的工作，也兼顾放映员的培训工作。

木府血脉
The Blueblood of MuFu

1969年

(己酉)
40岁

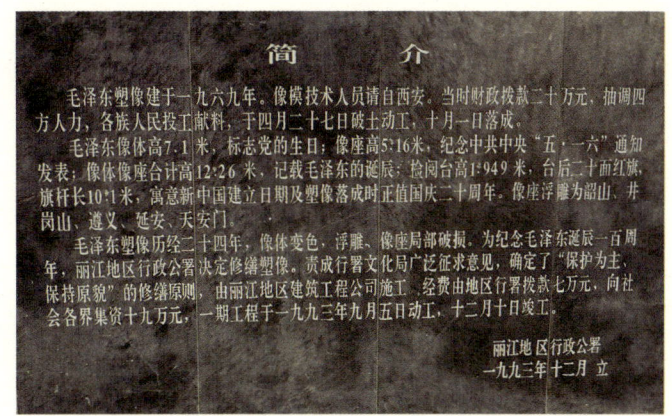

简　介

毛泽东塑像建于一九六九年。像模技术人员请自西安，当时财政拨款二十万元，抽调四方人力，各族人民投工献料，于四月二十七日破土动工，十月一日落成。

毛泽东像体高7.1米，标志党的生日；像座高5.16米，纪念中共中央"五·一六"通知发表；像体像座合计高12.26米，记载毛泽东的诞辰；检阅台高1.949米，台后二十面红旗，旗杆长10.1米，寓意新中国建立日期及塑像落成时正值国庆二十周年。像座浮雕为韶山、井岗山、遵义、延安、天安门。

毛泽东塑像历经二十四年，像体变色、浮雕、像座局部破损。为纪念毛泽东诞辰一百周年，丽江地区行政公署决定修缮塑像，责成行署文化局广泛征求意见，确定了"保护为主，保持原貌"的修缮原则，由丽江地区建筑工程公司施工，经费由地区行署拨款七万元，向社会各界集资十九万元，一期工程于一九九三年九月五日动工，十二月十日竣工。

丽江地区行政公署
一九九三年十二月　立

· 4月27日，丽江兴建毛泽东塑像。

· 是年，木光负责管理电影器材部件、维修电影设备的工作，也兼顾放映员的培训工作。

· 是年，长子木志平就读于临沧城关小学一年级。

1970年

(庚戌)
41岁

· 是年，木光负责管理电影器材部件、维修电影设备的工作，也兼顾放映员的培训工作。

1971年

(辛亥)
42岁

· 1月，丽江专区改称丽江地区。（载于《丽江地区大事记·1949年10月-1996年12月》，第48页）

· 是年，木光负责管理电影器材部件、维修电影设备的工作，也兼顾放映员的培训工作。

1972年

(壬子) 43岁

- 1月，三女木志玲出生，生肖猪。

- 是年，木光负责管理电影器材部件、维修电影设备的工作，也兼顾放映员的培训工作。

- 是年，临沧地区革命委员会经过调查，澄清了木光的历史问题，予以平反。

1973年

(癸丑) 44岁

- 4月，李群杰（时年61岁）在农场工具室保管工具。（谢本书著：《枫叶如丹——李群杰生平概述》，第367页）

- 是年，木光负责管理电影器材部件、维修电影设备的工作，也兼顾放映员的培训工作。

- 是年，次女木志英就读临沧城关小学。

李群杰旧照

1974年

(甲寅) 45岁

1974年8月，临沧县城关小学七十八班毕业合影。图第三排左三为木志平。

- 是年，长子木志平小学毕业，升入临沧一中读书。

・是年，木光负责管理电影器材部件、维修电影设备的工作，也兼顾放映员的培训工作。电影放映员培训工作恢复一年举办2次。木光兼任培训老师。临沧电影院的一楼是培训班的教室。

临沧电影院的一楼，曾经是电影放映员培训班的教室。图为木光在电影院前回忆40年前的往事。（2013年6月11日 摄 上图）

木志平、木志英和木志玲1974年在临沧。（右图）

・是年，鉴于明代建筑福国寺五凤楼多年失修、无人管理的状况，丽江县革命委员会决定拨出专款，将其搬迁至黑龙潭加以保护，同时搬迁了门楼"解脱林"。（载于《丽江地区大事记·1949年10月-1996年12月》，第321页）

1975年

(乙卯)

46岁

・1月13至17日，第四届全国人民代表大会第一次会议在北京召开。方国瑜（纳西族）、和惠均（女、纳西族）、陈克、郭读基偏初（普米族）代表丽江地区各族人民出席了会议。（载于《丽江地区大事记·1949年10月-1996年12月》，第54页）

亲历非常生活
勇敢面对困苦

・是年，木光负责管理电影器材部件、维修电影设备的工作，也兼顾放映员的培训工作。

1975年2月1日，凤庆县电影放映队对上一年工作进行总结评比，图为木光（前第二排左四）和部分人员合影。

・是年，顾彼得（1901–1975年）在新加坡病逝，享年74岁。

按

顾彼得于1941年至1949年作为中国工业合作社委派人员在丽江工作，著有《被遗忘的王国》，记录了他在丽江期间的经历，部分章节介绍了木府状况、木氏土司后人生活情境等。该书于1992年由云南人民出版社出版发行。

链接

戈阿干、和晓丹：《世纪古屋今昔》（节录）

顾先生的丽江工合事务所(全称中国工业合作协会丽江事务所)旧址，就在古城西侧狮子山坡脚的金甲村。这个有百十来户人的纳西村落属大研镇，但村民尚有农田，多数人已变为菜农。旧址是幢坐南朝北的二层楼民居，房头檐口盖的是丽江人称为寿头瓦的老式古瓦，侧旁的木栅栏门正对着一条铺有五花石板的古老走道，这走道连着在"王国"书里称为"红色庙宇"的狮山接风楼，过去是马队和行商进丽江古城的必经孔道。楼上有三扇纸糊的窗户正对着狮子山。那天下午，木门敞开着，但屋里没有主

木府血脉
The Blueblood of MuFu

人。正好对面住户门前端坐着一位叫王坤亚的老人，他虽是位半身不遂者，但挺健谈，说眼前这幢顾彼得先生用过的楼房，原是一个姓陈的纳西人起盖的，后卖给一个姓姚的城里人。姚姓当时在乌古新华街另有住房，便把它租给顾彼得先生，他便挂起了一块很惹眼的招牌在大门上。平时，有老夫妇为他守房子。老两口有个儿子叫杨凤鸣，既是他的看守人，后来也变成事务所职员。顾先生住过的这幢南楼没变化。东边原也是座楼房，西边是堵照壁，此屋是个两面厦，后侧有片花园。那花园后来被地区农机公司占去。50年代初，这房子先变成村公所，尔后村公所迁别处，同时也搬走了东楼和北面的两面厦。剩下的这幢顾彼得住过的二层楼旧居就分给杨凤鸣和另一个叫和正南的穷人。挂"工合"招牌的大门方位没有变，但原来有座也盖有寿头古瓦的小门楼。顾先生在"王国"书中写着："上头这一层是个宽大的房间……可以随意分隔成许多小房间。因为纳西族很少有人喜欢住楼上，所以楼上通常作为粮食和杂物储藏室。"他是1941年住进来的，看来一切又都复原了54年前的格局。不过，也看得出这幢几易其主、饱经世事沧桑的老屋，确实是座极坚固的民居建筑。（戈阿干、和晓丹著：《王国之梦——顾彼得与丽江》，云南教育出版社，2000年12月版，第20-21页）

在赵维钰老人的指认下，本书编者来到顾彼得于1941年到1949年在古城西侧狮子山坡脚的金甲村，创办的丽江工合事务所旧址，即现在的金甲村38号院。（2014年8月17日 摄 上图）

俯瞰丽江工合事务所旧址（2014年8月17日 摄 下图）

街门，是拆？还是修？（上图）

金甲村38号门牌。（上右图）

院内及顾彼得办公用的房子，二层右侧第一间（被树叶遮当）是他的卧室。（右中图）

二层室内现状，地板仅剩龙骨架。（下右图）

图左侧二层没有窗棂的黑洞，就是顾彼得居室的后窗，窗下寂寞且坑洼不平的道路，曾是名噪一时的"茶马古道"。（本页图2014年8月17日 摄 下左图）

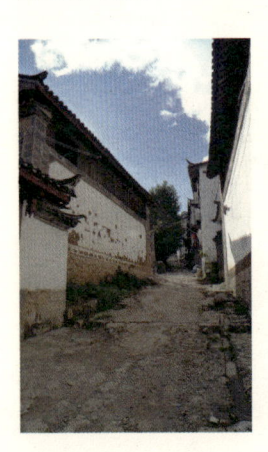

木府血脉

The Blueblood of MuFu

- 是年，长子木志平就读临沧地区中学。

1976年

(丙辰)

47岁

长女木莲生与女婿张田群结婚照。
（1976年9月23日于昆明）

按

- 是年，木光负责管理电影器材部件、维修电影设备的工作，也兼顾放映员的培训工作。

- 9月20日，长女木莲生与张田群结婚。

- 11月，约瑟夫·洛克著《中国西南古纳西王国》（上）和（下）中文铅印本，由云南大学历史研究所民族组刻印发行。

[美]约瑟夫·洛克著：《中国西南古纳西王国》后记(摘录)

《中国西南古纳西王国》（以下简称《王国》）是留居云南丽江27年，始终如一从事纳西族文化和中国西南植物、地理研究的约瑟夫·洛克博士撰写的关于纳西族历史和地理的代表作。作者在这本书中全面论述了滇川地区纳西族的历史、地理和生态环境。作者不仅旁征博引大量的中国历史资料、外文资料和地方口碑传说，而且最难能可贵的是实地考察了几乎滇川地区纳西族所有居住区域的山山水水，获得大量的第一手资料，全书所引证的各种资料浩博宏富。此外，书中还配有255幅作者拍摄的黑白照片，更使得这本书图文并茂，具有说服力、感染力和实证性，照片展现的许多画面早已不可复得，因而更显得珍贵。这本书可以说是将史料和实地考察密切结合而写出的一本实证民族史地杰作，更是一本周详、准确论述西南各民族尤其是纳西民族史地、文化的力作，不仅在国外有很大的影响；同样，在民族学研究高手如林的国内，在民族学研究成果丰厚的云南，也同样得到推崇；值得一提的是，这本书还得到纳西族学人的高度赞誉。

20世纪50年代末，在纳西族学者周汝诚老先生的推荐下，时任云南省委副书记孙雨亭、副省长张冲深刻意识到《王国》一书的学术价值，给予了高度关注，1965年，同意历史所提出的邀请英文水平极高的刘宗岳先生（曾任民国时期云南省省主席龙云的英文秘书）翻译此书，并由刘明珠女士协助翻译（她翻译了原著1–62页）。1976年，历史所在结束《永宁纳西族的阿注婚姻和母系家庭》纪录片拍摄后,为适应当时对纳西族历史、地理、宗教、人文调查研究的需要,历史研究所指派本所民族组的刘达成负责对刘宗岳先生的译稿进行初步审校和文字润色,然后油印,此即1976年11月由云南大学历史研究所民族组首次刊印并广为流传的油印本《中国西南古纳西王国》上、中、下3卷。历史所民族组的周裕栋、孙代兴、蒋申礼等同志为校对油印稿曾付出过辛勤的劳动。

  1998年年初,云南省原省委书记安平生同志从北京托云南省工商联副主席鲁新建同志,把当年刘宗岳先生原译稿转送到云南美术出版社总编辑彭晓、社长周文林手中,并转述了安平生同志希望能公开出版此书的愿望。彭晓、周文林先生以出版家和文化人的敏锐眼光看出这部书的重要学术价值和出版价值,在接到书稿的第二天,便做出购买版权、尽快出版的决策。在购买版权的过程中,纳西族学者、知名人士宣科和郭大烈先生出力甚大,纳西族学人和匠宇给了很大帮助。美国哈佛大学给了最大的优惠条件,在得知云南方面购买著作权的要求后,哈佛大学出版社负责人威廉·西斯勒(William P. Sisler)先生多次致函云南美术出版社和宣科先生,认真商讨此书中文版出版之事,谱写了中美文化交流的一段佳话。

  由于该书涉及的学科领域相当广,在涉及历史、宗教和民族文化、语言等方面,油印本由于当时的条件所限,不可能一一解决方方面面存在的问题。此油印本中存在着较多的失误和遗漏,审校者在尊重原著及刘译稿的基础上,作了大量的订正和补译、重译。(〔美〕约瑟夫·洛克著:《中国西南古纳西王国》,第366—367页）

1976年、1977年油印本《中国西部古纳西王国》(上中下),封面印有"供批判用"字样,署名为云南大学历史研究所民族组。

· 12月3日,李亚东出生。

按

2006年2月6日,李亚东与木光长外孙女张丽娟结婚。

1977年

(丁巳)

48岁

- 1月13日，纳西族著名画家周霖（1902-1977年）在丽江逝世。(载于《丽江地区大事记·1949年10月-1996年12月》，第323页)

- 7月9日，木光长外孙女出生，名张丽娟，生肖蛇。

- 8月，约瑟夫·洛克著《中国西南古纳西王国》（中）中文铅印本，由云南大学历史研究所民族组刻印发行，封面有"供批判用"字样。

- 9月，方国瑜写就《云南史料目录概说》后记，详述百万字之巨的著作写作过程。本年方国瑜已是74岁高龄且眼疾严重。该书在方国瑜逝世后的1984年1月出版发行。

按

方国瑜：《云南史料目录概说》后记（摘录）

此书十卷、八百余目，从前年（1975年——本书编者注）春天起改造旧稿，意在为研究云南历史提出资料、提出问题、提出意见，以供参考，至今可告一段落，誊写清本，即将完成。在两年多的时间，由于视力衰退，有加无已，工作越来越迟钝，但未曾一日因病卧床，坚持伏案工作，写成约一百万字的稿子，得以了此心愿。（方国瑜著：《云南史料目录概说》后记，第1337页）

1978年

(戊午)

49岁

- 2月26-3月5日，第五届全国人民代表大会第一次会议在北京召开。方国瑜（纳西族）、木桂香（纳西族、女）、胡二千（普米族）代表丽江地区各族人民出席了会议。（载于《丽江地区大事记·1949年10月-1996年12月》，第60-61页）

- 是年，《文物》（第十期）载云南省博物馆研究馆员孙太初《徐霞客手书赠鸡足山僧妙行诗稿》。

按

孙太初：《徐霞客手书赠鸡足山僧妙行诗稿》（摘编）

"明徐霞客赠鸡足山（鸡山）僧妙行诗稿真迹一帖，楷书，纸本。系'文化大革命'前云南文物商店收得。诗为七律二首：

华首门高掩薜萝，何人弹指叩岩阿。

经从凤阙传金缕，地傍龙宫展贝多。

明月一帘心般若，慈云四壁影婆娑。

笑中谁是拈华意，会却拈华笑亦多。

玉毫高拥翠芙蓉，碎却虚空独有宗。

钟磬静中云一壑，蒲团悟后月千峰。

拈来腐草机随在，探得衣珠案又重。

是自名山堪结习，天华如意落从容。"

文章说，诗前有小序，款后钤篆书白文二印："字 霞客"、"徐弘祖印"。

文章认为，从《徐霞客游记》中可以考知，霞客两次至鸡山。第二次"应丽江土官知府木增之聘，纂修《鸡山志》"。"霞客和妙行的结识，当在第二次到鸡山之后，赠诗也在此次"。

"霞客于崇祯十二年八月廿二日从丽江重返鸡山修志，陈函辉《徐霞客墓志铭》记：'留修《鸡足山志》，三月而《志》成，丽江太守为饷舆从送归。'钱谦益《徐霞客传》也说：'修《鸡足山志》，三月而毕，丽江木太守，待糇粮、具笋舆以归。'"

文章指出："妙行事迹不见于志乘碑传。从诗序中看，其人潜心内典，所以霞客对他有'清风'、'慧日'之誉。""诗稿书法瘦劲峭峭，有一种萧散秀逸的格调，无丝毫馆阁习气。诗中人物、事实、地点，与《游记》及《鸡山志》吻合，署款'弘'字未避乾隆讳作'宏'；印泥亦为水调。凡此数端，皆足证明此帖为霞客真迹。"

文章谈及万斯年曾见到的《山中逸趣叙》，系近人伪作。

文章作者最后说："据我所知，这帖诗稿，可能是迄今为止国内唯一发现的徐氏手迹了。"（孙太初：《徐霞客手书赠鸡足山僧妙行诗稿》，载于《文物》，1978年第10期）

·是年，由木光担任负责人的电影译制组译制的佤语影片《咱们的退伍兵》、傣语影片《秋天里的春天》获得云南省民委、省文化厅颁发的"优秀译制片"奖。

木光在维修放映设备

· 是年,长子木志平就读临沧地区中学(高中)。

· 是年,三女木志玲就读临沧城关小学。

[第五章] 荣誉来自实干 知识改变生活

1979–1987年

木光参与译制不同语种的影片150余部。
1984年，光荣出席全国少数民族语电影表彰大会，
受到乌兰夫等国家领导人的接见，
十世班禅额尔德尼·确吉坚赞为其颁奖。

木府血脉
The Blueblood of MuFu

1979年

(戊午)

50岁

・6月，方国瑜写就《纳西象形文字谱》弁言，详述自己研究纳西象形文字始末。1936年7月成书，至今已40多年，未如愿付印。其间，从李根源（印泉）谒章炳麟（太炎）先生请教，章炳麟即时命笔写序。1941年书稿和图片被一个叫罗伦士（Martis R.nrrius）的美国学人骗走，且在美国改头换面出版；1958年吴晗曾催出版；1965年交文字改革委员会，列入1966年出版计划，也未能如期完成；1972年致信郭沫若，郭回信责成认真修改，拟出版。

按

方国瑜：《纳西象形文字谱》弁言（摘录）

在公元1932年夏，将卒业于北京大学研究所，所长刘复（半农）先生，鼓励我学习纳西象形文字。他拿法国学人巴克所著《纳西研究》一书给我看，这是著者旅行至丽江时访问社会历史、收集文物资料，编纂记录而成的书，于1913年在巴黎出版。书里收录很多图版，其重要者为纳西象形文字，他认为这是世界上通用的文字中所罕见的，值得研究，就请东巴教徒讲解经书，录出三百多字，逐字记音译义，称作"字典"。

刘先生认为这种文字还有人应用，自有一番学问，能深刻了解纳西族社会生活，精通语言，可以研究得其奥妙，且可用以研究人类原始文字，是很有价值的，鼓励我回本乡学习这种文字，后曾多次谈论这个问题。

《纳西象形文字谱》写成初稿至今逾四十年间，曾经两度修改定稿，寄出付印而未如愿。（方国瑜：《纳西象形文字谱》弁言，载于《方国瑜纳西学论集》，第118-119页）

・是年，为了促进少数民族语言电影的广泛传播，加强少数民族语言电影的译制工作，临沧地区少数民族语言电影译制组建立。木光受电影公司委托前往双江、耿马、沧源三个自治县招收3个语种的译制人员。国家额定16名译制人员编制，学历需初中毕业。最后有13人符合条件（佤族5人，傣族5人，拉祜族3人）。尔后，木光一人担任译制人员的培训教学工作。（据2013年6月刘瑞升、木光临沧访谈录）

・是年，福国寺法云阁搬迁至黑龙潭工程完成。

按　　　丽江县革命委员会于1974年决定,将明代建筑福国寺五凤楼（应为法云阁——本书编者注）搬迁至黑龙潭加以保护,"搬迁工程至1979年完成"。（载于《丽江地区大事记·1949年10月-1996年12月》,第321页）

搬迁到黑龙潭公园内的福国寺五凤楼（法云阁）。（2008年3月16日 摄 右图）

从福国寺搬迁到黑龙潭内的五凤楼于1979年竣工,图为五凤楼及其门楼。（2008年3月16日 摄 下图）

链接　　　徐弘祖：《徐霞客游记》（节录）

解脱林倚白沙坞西界之山……寺当山半,东向,以翠屏为案,乃丽江之首刹……寺门庑阶级皆极整,而中殿不宏,佛像亦不高巨,然崇饰庄严,壁宇清洁,皆他处所无。正殿之后,层台高拱,上建法云阁,八角层甍,极其宏丽,内置万历时所赐藏经焉。（载于《徐霞客游记》,中华书局,朱惠荣整理,第512-513页）

补白　　　光绪《丽江府志》称,福国寺"同治甲子（1864年）正月,毁于兵。光绪壬午（1882年），寺僧重建"。由此看来，现存的法云阁，似是清仿明制重建。

- 是年，次女木志英就读临沧地区中学。

木光（前排左一）与妻子杨若兰（前排右一）及长子木志平、次女木志英（站立者）、三女木志玲（中间坐者）1979年于临沧。

1980年

(庚申)

51岁

- 2月，临沧地区科技大会召开，木光获得先进工作者称号并获译制设备创新奖。

- 3月，时年78岁的方国瑜作《略述治学经历》，阐述求学、教学、治学之道。（方国瑜：《略述治学经历》，载于《方国瑜纳西学论集》，第1页）

荣誉来自实干
知识改变生活

1984年8月，赵银棠著《玉龙旧话新编》书影，云南人民出版社。

· 夏，纳西族女作家赵银棠撰写《木公、木增与杨慎、徐霞客》。文章追述了纳西族的历史，介绍了木氏家族中的木公、木增——两位能文能武的人物。文中详述木公与杨慎、木增与徐霞客的交往。文章最后，赞叹徐霞客详细记录了自己在丽江的经历与观感，全面介绍了解脱林的一切布局和景物。这是了解当时纳西族真实面貌的历史资料。（赵银棠著：《玉龙旧话新编》，云南人民出版社，1984年8月版，第90页）

· 是年，长子木志平在临沧地区交通局工作。

1981年

（辛酉）

52岁

· 1月，李一氓著《一氓题跋》，由生活·读书·新知三联书店出版，书中载有李一氓撰写的《明崇祯本〈雪山始音〉〈玉湖游录〉〈芝山云薖集〉〈啸月函诗选〉》。

按

李一氓《明崇祯本〈雪山始音〉〈玉湖游录〉〈芝山云薖集〉〈啸月函诗选〉》，全文如下：

丽江土知府木氏，原西域人，名"阿得"，明初赐姓木氏，世守云南丽江。其世系自明初迄清末为：

木得—初—土—森—嵚—泰—定—公（明嘉靖间）—高—东—旺—青—增—懿（康熙十三年吴三桂诱囚之于昆明，计7年）—靖—㯞—壵—兴—钟—德—秀（至1911年）

明嘉靖间，木公字恕卿，号雪山，又号万松，与杨升庵、张愈光游，始有文名。著有《雪山始音》《隐园春兴》《玉湖游录》《仙楼琼华》等。杨升庵综上前数集，选其诗佳者114首为《雪山诗选》，入《云南丛书》第二编。

木公之后有木青，字长生，一字乔岳，号松鹤，著有《玉水清音》。

木青之后有木增，字生白，一字长卿，号华岳，著有《云薖淡墨》（四库全书子部杂家类存目）《芝山云薖集》《山中逸趣集》《空翠居录》《啸月函诗选》（徐霞客游滇时，曾客木氏。木增《云薖淡墨》，曾由其审定；所撰《鸡足山志》，即应木增之请而著）。后，霞客病，南返，亦由木增为具行李，送至江阴（应为湖北黄冈——本书编者注）。木氏当时情况，可参阅《徐霞客游记》的《滇游日记》六、七两卷。

1959年收得木公《玉湖游录》，半叶8行，行15字。计五七言绝律70首，有嘉靖乙巳（1546年）（应为1545年——本书编者注）贾文元、张愈光两序。书后有作者自跋，署大雪主人，著年嘉靖甲辰(1544年)。又《雪山始音》两卷，上卷分七言律诗、五言律诗，下卷分七言绝句、五言绝句。13叶残，14叶以下缺叶。但自9叶下半叶起，已为五言绝句，谅所缺叶也不甚多也。半叶8行，行15字，与《玉湖游录》同。有张志淳、顾锡畴、萧士玮三序。张序署年嘉靖二年（1523年）。萧序、顾序未著岁月。萧序中谓"今方伯生白公能传其家学"(方伯任丽江知府，生白公即木增）。顾序称："岁癸未（崇祯十六年，1643年）生白公以其所为诗，并致雪山公之遗文，而乞言于余。"两书盖皆木增所重锓版，故虽有嘉靖序文而实崇祯刻本也。有谓为天启刻本者，非。

1964年又收木增《芝山云薖集》，后附《啸月函诗选》。书半叶8行，行18字。有崇祯九年丙子（1636年）董其昌序，序书口题《芝山次集》。有崇祯丙子陈糜公序，序书口题《芝山诗选》。其实，书卷首题《芝山云薖集》乃是书全名也。第二行署"丽水解脱道人木增生白父著"，并列第三行署"华亭陈继儒眉公父选"。董其昌《容台集》有《芝山集序》，但文与此序不合，未审其故。陈序不知在其集中否？未查。《啸月函诗选》有缺叶，"石床纸帐"以下缺十三题。是书依董序，可定为崇祯刻本也。

上四稿《玉湖游录》《雪山始音》《芝山云薖集》《啸月函诗选》，道光《云南通志》皆著录。

杨升庵谪滇南后，以其状元名声，提倡风雅，对明代云南地方文学活动，影响甚大。惟当时道士风气，流播于士大夫间，加以此类土知府，实属世袭土司，吟风弄月与修真养性交杂为文，故其诗境亦甚低下也。但中原文化，得杨升庵而在西南边陆地区得以加强，其意义亦未可没。明代刻书，以徽州刻、建阳刻为大宗，其次则南京、苏州，眉州刻在宋代有名，在明代已不振。今《雪山始音》与《玉湖游录》皆滇刻本，极为罕见矣。（李一氓著：《一氓题跋》，生活·读书·新知三联书店出版，1981年1月版，第222-223页）

·4月，方国瑜著《纳西象形文字谱》由云南人民出版社出版发行。

按 ········

"我国著名的纳西族历史学家方国瑜教授的《纳西象形文字谱》出版，该书是中外东巴文化研究领域中里程碑式大著。"
（载于《丽江地区大事记·1949年10月-1996年10月》，第327页）

·10月，由木光担任全部课程老师的"临沧地区第一期晶体管电影放映扩音机专业班"结业。学员经过3个月的业务学习，掌握了电工基础、扩音机、放映机原理结构及故障排除等技能。
（据2013年6月刘瑞升、木光临沧访谈录）

1981年10月13日，临沧地区第一期晶体管电影放映扩音机专业班结业合影。（木光前排左三 右图）

1981年12月29日，临沧地区第二期晶体管扩音机专业学习班结业合影。（木光前排右四 下图）

木府血脉
The Blueblood of MuFu

·11月，黄裳《西南访书记》发表。黄裳在文章中回忆1956年的冬天，在昆明翠湖图书馆看到从丽江木家收集来的几种木氏著作，让他非常激动。（文章摘要见本书1985年部分——本书编者注）

1982年

（壬戌）

53岁

·3月，李群杰：《初春记实——1982年日记片段》（摘录）

3月10日 晴 星期三

方国瑜表兄请我吃饭，同桌有丽江来的和万宝、赵净修等同志。

木权来，希望他哥（木光——本书编者注）回家看望其母。看来姐姐的视力是很不行了。

3月20日 晴 星期六

大姐（木光的妈妈——本书编者注）处又寄去20元，尽力帮助她解决一点点生活困难。

4月2日 阴有小雨 星期五

木光来我告诉他，殷切望他改正缺点，加快进步，争取早日解决入党问题。（李群杰：《初春记实——1982年日记片段》，载于余嘉华编《李群杰文集》，第501-505页）

·是年，次女木志英就读临沧地区中学（高中）。

1982年4月，云南省电影师资训练班部分参训人员合影。木光（前排右一）右图

1981年度电影发行放映工作成绩显著奖状。（下图）

荣誉来自实干
知识改变生活

1983年

(癸亥)

54岁

1983年4月，在木光（前排左一）的请求下，在上海民委的协调下，上海电影译制厂同意临沧派13人到厂接受培训。后来，13人均成为临沧电影译制方面的骨干。图为全体受训人员合影。（右图）

1983年7月，获得国家民委、劳动人事部、中国科协的奖励证书。（上图）

方国瑜教授（资料照片）

按

链接

· 1月，"福国寺五凤楼（应为法云阁——本书编者注），由云南省人民政府公布为第二批省级重点文物保护单位"。（载于《丽江地区大事记·1949年10月-1996年12月》，第329页）

· 4月，木光代表云南前往福建、新疆、甘肃、陕西、宁夏等地进行电影放映、译制业务交流，后到达上海译制厂。在上海市民委的协调下，上海译制厂同意临沧地区电影公司派员学习。（据2013年6月刘瑞升、木光临沧访谈录）

· 7月，由于木光在少数民族地区长期从事科技工作，被国家民委、劳动人事部和中国科协授予荣誉证书。

· 12月24日，表叔方国瑜（1903—1983年）逝世。

被誉为"纳西族人民的好儿子"，第三、四、五届全国人民代表大会代表，中国民族研究会副会长，国内外著名的历史学家方国瑜教授在昆明逝世。根据他的遗愿，将其部分遗骨安葬在丽江玉泉公园内。（载于《丽江地区大事记·1949年10月-1996年12月》，第330页）

方国瑜：《〈徐霞客游记·滇游日记〉徐宏祖撰》

徐宏祖江阴人，霞客其号也。生平事迹有吴国华、陈函辉撰《墓志铭》，丁文江撰《年谱》。其游踪北至北京附近之盘山，山西之五台山、恒山，南至福建之武夷山，广东之罗浮山，而最

木府血脉
The Blueblood of MuFu

方国瑜故居外景
（2014年8月17日 摄）

方国瑜故居陈列室

远者则为西南之游。崇祯九年丙子（1636年），霞客年五十一岁，作"万里远征"，于九月十九日与江阴僧静闻泛舟赴浙江，经江西、湖南、广西、贵州至云南，周历滇东、滇南、滇西，其北至丽江，西至腾冲，意欲赴西藏、缅甸未成，而长居洱海之鸡足山。至崇祯十三年庚辰（1640年）六月，始归至江阴。所作《游记》十册，《滇游日记》占六册，凡十三卷。此书自清初编刻以后，翻刻甚多，流传亦甚广。且辑录与此书有关之作，附刻《外编》《补编》，所可得者已完备也。

徐霞客《滇游日记》以崇祯十一年戊寅（1638年）五月九日由贵州普安（今盘县）赴亦资孔，即入滇境。自五月七日至八月六日凡八十七日，所记已缺失，即《滇游日记》第一册。惟从所记事迹，可知入"滇南胜境坊"后，循驿道经曲靖至昆明，又自昆明赴临安，历石屏阿迷、弥勒折广西府城（今泸西）。自八月七日以后所记其行经之地，兹录之，可供翻阅。

　　崇祯十一年戊寅八月七日至十五日，居广西府城，十六日至师宗城，十七日出师宗，宿距罗平四十里之营房，十八日至罗平城，二十三日由罗平行，二十六日宿黄草坝，往探盘江源，九月八日至沾益城（今宣威），考察江源，二十三日折至寻甸府城，二十六日至嵩明州，十月一日至昆明，四日赴晋宁，二十四日出晋宁宿海口，次日宿平定哨，二十六日经安宁宿温泉，十一月一日至昆明西山，备行装，七日宿筇竹寺，十日过富民，十一日至武定府城（十二至三十日记缺），十二月一日在元谋，六日入姚安府境，九日至大姚县城，十三日至姚安府城，行经普淜云南驿清华洞，二十三日抵鸡足山度岁。

　　崇祯十二年己卯（1639年）正月二十二日赴丽江，经中所、松桧、新屯，二十五日至丽江，二月十日赴大理，经木家院、冯密，十二日至鹤庆府城，十四日至剑川州城，经石宝山观音铺，十八日至浪穹城（今洱源），二月九日离浪穹经中所沙坪，十一日至大理，二十日赴永昌，经下关、永平（缺四月一日至九日记，时已在永昌），四月十日出永昌城，经蒲缥西渡怒江，过磨盘石橄榄坡，十三日至腾越城，周览其境，五月十九日归，二十四日至永昌城，游上江各地，至七月二十九日赴顺宁，八月一日至右甸城（今昌宁），七日至顺宁城（今凤庆），八日往云州（今云县），十一日回顺宁，十四日赴蒙化，十七日至蒙化城(今巍山)，二十二日回至鸡足山长住。九月十五日以后无记，至次年正月修《鸡足山志》也。陈函辉撰《徐霞客墓志铭》曰："病足不良于行，留修《鸡足山志》，三月而成。丽江太守饬舆从送归，始得还。"

　　世人论徐霞客为奇人，《徐霞客游记》为奇书，盖其人之毅力非寻常可及，其书之窈实非寻常可比也。潘耒撰《徐霞客游记序》称徐霞客之游曰："途穷不忧，行误不悔，暝则寝树石之间，饥则啖草木之实。不避风雨，不惮虎狼，不计程期，不求伴侣，以性灵游，以躯命游，亘古以来一人而已。"读其所记，登危崖，历绝壁，涉洪流，探深穴，冒风雨，行密林，忍饥耐寒，克服挫折；因所求者，绝非游山玩水，流连忘返，而是考察山川形势，寻脉络，穷源要，耳闻目睹，悉其底蕴。对于知识如此，对于社会生活记所见闻，据实书明，逐日记其考察所得，实难能可贵之著作，多资考究也。（方国瑜：《〈徐霞客游记·滇游日记〉 徐宏祖撰》，载于方国瑜著《云南史料目录概说》，第406-407页）

1984年

(甲子)

55岁

方国瑜著《云南史料目录概说》书影，中华书局，1984年1月1版，2013年11月北京第2次印刷。

•1月，方国瑜著《云南史料目录概说》由中华书局出版发行。此书十卷、八百余目，100多万字，是在方国瑜"视力衰退，有加无已""视网膜血管硬化，脉络变质""胃溃疡病大发作"的状况下写作的。当时他已七十有五。该书收入了与徐霞客有关的文稿有：《〈普名胜（声）事迹〉 徐宏祖撰》（第351页）、《〈徐霞客游记·滇游日记〉 徐宏祖撰》（第406页）、《〈鸡足山志〉徐宏祖修 大错重修》（第443页）。与木氏土司有关的文稿有：《木氏宦谱》（第473页）、《木氏宦谱图象世系考》（第475页）、《皇明恩纶录》（第476页）、《〈丽江府木氏六公传〉 冯时可撰》（第477页）、《石鼓木氏纪功刻辞》（第1201页）及《丽江府儒学》（第1161页）等。

•2月，参加临沧地区电影工作会议。

1984年2月，临沧县电影工作会议代表合影。木光（前二排右三）

•5月，李群杰被选为云南省书法家协会主席。（谢本书著：《枫叶如丹——李群杰生平概述》，第368页）

・7月，李霖灿著《麽些研究论文集》由台北故宫博物院印行。

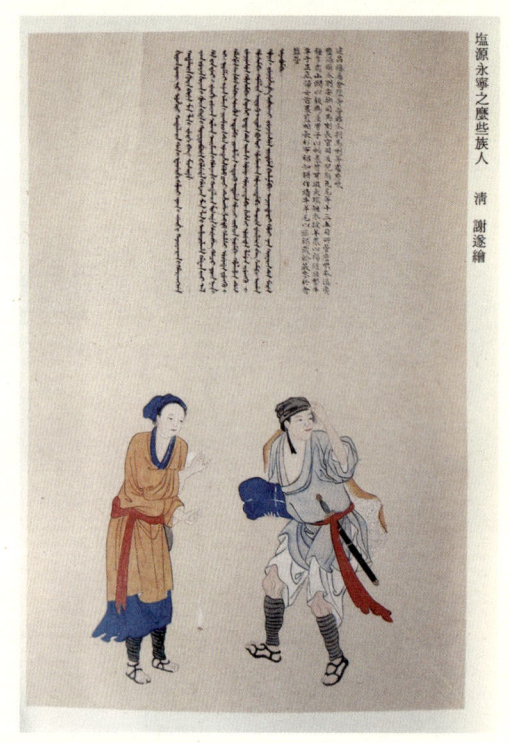

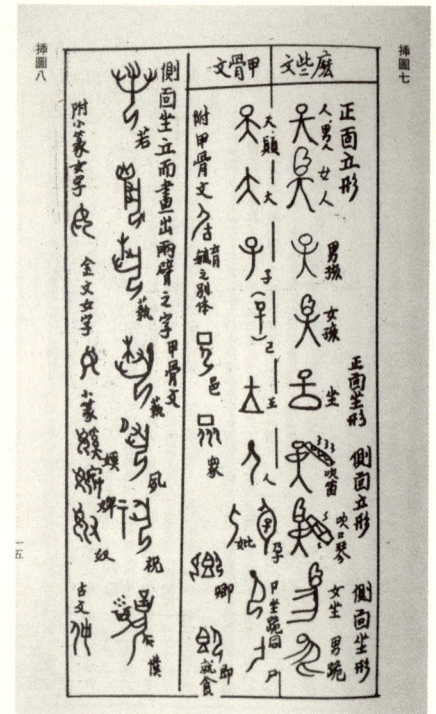

《麽些研究论文集》插页

・10月15日，美籍华人作家江南遇害身亡。江南著《龙云传》于1989年2月由中国友谊出版社出版发行。

・11月19日，龙云诞辰100周年纪念会举行，时任中共中央政治局委员、中央书记处书记习仲勋在会上说："龙云先生是一位著名的民主人士和爱国将领，是中国国民党革命委员会的领导人，他同中国共产党有多年合作的历史，是我们党的一位真诚的朋友，他对人民的事业有过重要的贡献。""他的一生是一个光荣的爱国者的一生。"

・11月，由于长期在临沧边疆民族地区电影行业从事少数民族语影片的译制、发行和放映工作，业绩突出，木光应邀出席国家民委和文化部联合在北京召开的全国少数民族语电影译制、发行和放映表彰大会，受到乌兰夫等国家领导人的接见。十世班禅大师为木光颁奖。佤语译制影片《武林志》获得国家民委、文化部颁发的"优秀译制片"奖。

木府血脉
The Blueblood of MuFu

1984年11月,木光(右二)在北京参加全国少数民族语电影译制、发行和放映表彰大会,受到乌兰夫等国家领导人的接见。图为十世班禅大师(左一)为其颁奖。(右图)

文化部、国家民委颁发的先进集体奖状。(下图)

1984年10月,木光荣获电影发行放映30年奖章。(上图)

1984年10月,木光获得从事电影工作30年荣誉证书。(右图)

· 是年,三女木志玲就读临沧地区中学。

1985年

(乙丑)

56岁

· 2月13日,中共中央总书记胡耀邦到丽江视察。(载于《丽江地区大事记·1949年10月-1996年12月》,第87页)

· 2月,黄裳著《银鱼集》,由生活·读书·新知三联书店

荣誉来自实干
知识改变生活

出版，书中载有其撰写的《西南访书记》，文中记述了他在昆明翠湖图书馆看到从丽江木家收集来的几种木氏著作时，曾非常的激动，他就这些著作一一作了点评。

按

黄裳：《西南访书记》（摘录）

得到一本《一氓题跋》，翻阅一过，看到有两处涉及云南的著作，很感兴趣。牵连想到了1956年的西南之行和一路上访书的种种往事。时间已经过去了25年，当时所见的一些旧书不知今天是否依旧无恙地藏在图书馆里。访书中也曾引起过一些零碎感想，当时没有来得及写下，似乎也还可以补记一点下来。

《一氓题跋》著录了明刻丽江土知府木氏所撰诗四种，确是非常难得的佳本。1956年的冬天，我在昆明翠湖图书馆古色古香的小楼上看到从丽江木家收集来的几种木氏著作时，曾经引起了非常的激动，不只因为这是我在云南看到过的最旧的雕版书，还为它雕印之精美而惊叹。同时也感到这是边疆与中原兄弟民族中间文化往来、融合的实证，是重要的文献资料，远远超过了它本身的文学价值。这些书是：

《雪山诗选》上、中、下三卷，嘉靖写刻本。前有杨慎序，后有杨跋。序撰于嘉靖己酉，共分《雪山始音》《隐园春兴》《庚子稿》《万松吟卷》《玉湖游录》《仙楼琼华》六个部分。8行16字。这是用一种黄粗皮纸印成的最初印本。《云南丛书》所收的《雪山诗选》应该就是根据了此本。卷前有赵藩的印记，估计是较早从丽江木家流出的。

《万松吟卷》，中宪大夫木公撰。嘉靖刻，9行15字。有嘉靖癸卯杨慎序，后有同年自跋。刻印精美与前书全同，也有赵藩印。

《玉湖游录》，丽江木公恕卿著。嘉靖刻，8行15字。有贾文元嘉靖乙巳序，张含序，后有自跋。太和李元阳批点，雕印同前。

《仙楼琼华》，丽江木公著。嘉靖刻，8行15字。杨慎序。

《雪山始音》上、下卷，丽江木公恕卿著。张志淳序（嘉靖二年），嘉靖刻，8行15字。这也是写刻本，但字体古拙而较小。

《隐园春兴》，雪山野人著。嘉靖刻，8行15字。前有嘉靖元年自序，后有嘉靖六年自跋。书前有"隐园春兴班"两页，刻工古朴，文字在似可解似不可解之间，后面还有"子张子译而毕之……"的话，看来似乎原本用的是本民族的文字，是纳西族还是白族或别的什么文字，就不知道了。

木府血脉
The Blueblood of MuFu

《雪山庚子稿》，丽江木公著。嘉靖刻，8行16字。李元阳序，张含志。大字写刻。

《万松吟卷》，中宪大夫木公撰。万历以后宋体字重刻本。8行15字。前序则是原版的后印本。

《芝山云薖集》四卷，"丽水解脱道人木增生白父著"。崇祯刻，8行18字。周延儒序(天启癸亥)，张邦纪序，傅宗龙序。几篇序文的作者署名之前都列有长得吓人的全部官衔，卷前在作者之后写着"华亭董其昌玄宰父改阅批点；毗陵周延儒挹斋父、燕山张邦纪瑞石父参订；昆明傅宗龙括苍父校正"。这是晚明流行的刻书风气，请全国、本省的名人来参与校订。丽江虽然远在滇南，也受到了这种风气的感染，可见木氏家族这时又进一步接受了更深的汉文化。但坦率地承认诗篇曾经过董其昌的"改阅"，倒还是保存了可贵的质朴的。

《明丽江知府木氏雪山端峰文岩玉龙松鹤生白六公传》（卷上），冯时可撰。《云南木大夫生白先生忠孝记》（卷下），蔡毅中撰。崇祯刻，竹纸蓝印。崇祯十三年的"敕谕"则是朱印的。这里记下了木氏的世系和木增的全部作品名目。

《云薖淡墨》存卷三之六，木增辑。崇祯刻，8行18字。这是一个残本。书前还留下了几行题记："书得自丽江木家，不全。存三、四、五、六四本。似明末清初版。不忍留在乱纸堆中，故亦检出。祝又祥十一月十三日。（章）"

这就是我在翠湖的图书馆中看到的全部木氏家集，共11种。这最后一种是类似读书笔记之类的东西，卷三是记花草的，所引书有丘文庄《群书抄方》《养生诀录》《云仙杂记》等。也抄了许多史传中因果报应的故事。卷六则是"释庄义"，是高头讲章式的读本。水平不高，但可以看出木家受到汉族文士的影响之深，他的府第里也应该有着一个相当丰富的图书馆，如果保留到今天，将是不下于天一阁的一座藏书楼。早在正德前后，木家就已经收集汉文书籍了。

按照通常的习惯，这一批木氏家集无疑是要定为明嘉靖至崇祯中云南的丽江刻本的。其中有一两种写手、刀工也确是非常古拙。不过就绝大部分刻本来看，可以毫无疑问地断言，这是出于最纯熟的苏州地区的写样、雕版工人之手的。例如吴曜、黄周贤这样的写手、雕工所刊印的书籍，与木氏家集所显示的正是完全一致的嘉靖中吴开版的典型风格。尤为奇怪的是，木氏家集印刷用纸是一种特制的黄皮纸，这种纸只有正德嘉靖前后苏州地区的出版物偶有使用，如华氏、安氏的铜活字本书就都是用的这类纸，它与典型的云南皮纸则是完全不同的。《一氓题跋》又著录有《张愈光诗文选》，这书的嘉靖刻十卷本用的就是一种典型的云南棉纸，胡应麟《少室山房笔丛》说："惟滇中纸最坚。家君宦滇，得张愈光、杨用修等集，其坚乃与绢素敌。而色理疏慢苍杂，远不如越中。"这里所说的云南产的皮纸的特点是极突出的。它比不上"越中"所产的白皮纸的细净漂亮、颜色雪白，纸色是微黄的，映光看去，没有淘净的楮木碎屑还往往存在，但它的坚实也不是江南的棉纸所能比拟的。这部《张愈光诗文选》是曹倦圃的旧藏书，后归明善堂，8行17字。赵维垣序。这才是典型的滇刻滇印本，与木氏家集诸种完全不同。

  看来，要科学地断定书籍的雕版时代和地域，是还可以借助印刷用纸这样的辅助条件的；有时，辅助条件也可以化为主要条件，如这里的情况就是如此。木家是土司，又世代好客，结交中原文士。他们自然也可以不远万里从江苏请来写手、雕工，运来印刷用纸，在丽江刻印。但我总觉得不大像，还是把文稿寄到苏州刻印来得方便些。云南自然也有刻工的，但比起苏州地区来，就粗率得多。在土知府看来，是不够理想的。木家祖孙的这种心理状态，就与现在有些人的看待"洋货"相类，这是不难理解的。可以作为旁证的是，陈垣《明季滇黔佛教考》木增条下说："又尝于叶榆崇圣寺得《华严忏仪》四十二卷，延僧赍付苏州雕版，置嘉兴楞严寺。"这就说明木家确曾派人到江南刻书，可知所刻必不只佛经一类。

  其实照我看来，明代中吴地区的雕版水平固然已经达到甚高的境地，一些精致的写刻本，确也美妙非常，可以当作书法范本了，但它代表的正是江南的水软山温的那种风调，并不足以压倒、取代滇中刻本雄健恣肆的风格。有一种嘉靖刻的《杨升庵诗》，就是阮元在《天一阁书目》中所说的"书用六行，字俱行草"的那一本，刻工极为朴茂，我怀疑这是用杨慎手写的诗稿上版的。笔画的锋棱转折处依旧保留着刀痕，这似乎不如中吴刻本的细腻圆转，但却极好地传达了行草书的气势、风貌。在明中叶以后的雕版中，这是突出的有代表性的作品。除了少数继承了元刻风气的明初精椠外，正嘉以还已经极难看到这样的刻本了。至于所用的皮纸，正是扯也扯不断的"与绢素敌"的那一种。此外还有一种《高峣十二景诗》，也是杨升庵作，嘉靖滇中刻本，7行15字。全书只有四叶，是近于颜体的写刻本，也刻得极为浑朴。这可能是升庵当时刻了投赠朋友的"诗简"，他也寄给了木公索和，那和诗就保存在《雪山诗选》里，但原倡的五言六句却改为五绝了。

木府血脉

The Blueblood of MuFu

现在转录杨升庵原作第一首《翠岩晚霭》和木公的和诗,也许可以看出这位木知府在大诗人影响之下掌握汉文化所达到的水平。

金碧染峰端,岚沉暮霭宽。趁虚穿翡翠,刻竹坐琅玕。海气如圆鏊,分明入画难。(杨慎:《高峣十二景诗·翠岩晚霭》)

日暮翠屏开,俄看触石来。海光分缥缈,林影共徘徊。(木公:《雪山诗选》。原题是《升老简来,命作高峣十二景诗,续书于后》。杨慎在这第一首诗后的批语是,"此首绝佳,绘出翠岩景也"。)(黄裳:《西南访书记》,载于黄裳著《银鱼集》,生活·读书·新知三联书店,1985年2月版,第195页)

· 是年,继续从事电影译制、培训工作。

· 是年,次女木志英高中毕业后到临沧地区行署乡镇企业局工作。

· 是年,第二期《史志文摘》,载朱惠荣《徐霞客创修〈鸡山志〉》。文章说,徐霞客对云南文化发展的最大贡献是创修《鸡山志》。历时三月,创稿四卷。虽然该书已佚,但《鸡山志目》《鸡山志略一》《鸡山志略二》有幸保存至今。朱惠荣认为,霞客创修的《鸡山志》,作为佛教名山鸡足山的第一部志书,其体例、资料和修志原则,为后来续修的各部《鸡足山志》所承袭,也影响其他志书的编修。

· 是年,周汝诚(1904–1985年)逝世。周汝诚,纳西族,丽江古城区人。1933年与方国瑜到中甸、永宁等地搜集东巴文化资料。1936年,万斯年来丽江,他应聘为翻译,协助万斯年用汉文和音标译注东巴文字。撰写《纳西族史料编年》,翻译整理《崇搬图》《猛厄绪》等东巴经书。

1986年

(丙寅)

57岁

· 8月29日,丽江纳西族自治县第八届人大常委会第十二次会议决定:将每年农历二月八日定为纳西族传统节日——"三朵节"。(载于《丽江地区大事记·1949年10月-1996年10月》,第91页)

・12月28日，国务院国发［1986］104号文件公布第二批国家历史文化名城名单，丽江古城列为38个名城之一。（载于《丽江地区大事记·1949年10月-1996年10月》，第336页）

・是年，继续从事电影译制、培训工作。

1986年8月23日，临沧地区第三部拉祜语影片业余译制组合影。（木光前排右一）

1986年11月，由于在民族语影片译制工作中成绩显著，木光获得云南省民族事务委员会、云南省文化厅的表彰。（左图）

20世纪80年代的木光（右图）

・是年，三女木志玲就读临沧地区中学（高中）。

1987年

（丁卯）

58岁

・是年，继续从事电影译制、培训工作。

・是年，李群杰任云南省文史研究馆名誉馆长；云南省社会科学界联合会顾问、滇云印社名誉社长、《云南词典》编委会顾问。（谢本书著：《枫叶如丹——李群杰生平概述》，第369页）

凤翔镇西大街65号的录音控制室，20世纪80年代木光与他的同事们在这里翻译录制了多部获奖影片。如今这里已经变成了个体户商食品加工店了。（2013年6月11日 摄 上左图）

译制配音人员正在工作。（上右图）

录音室规则（中右上小图）

木光（中）在向学员们讲述放映设备的使用方法。（中右下大图）

木光站在楼前介绍说，一层是工作的录音室，二、三层就是职工的家。（下左图）

木光夫妇在曾经住过多年的地方。（下右图）

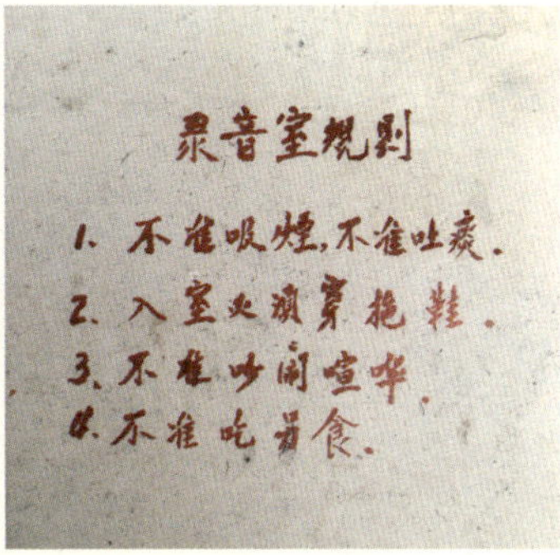

荣誉来自实干
知识改变生活

PART THREE

第三篇

听政者，问政者

政协常委的担当（1988—2002年）

1988年始，
步入花甲的木光开始履行15年的政协云南省委员会委员、
常委之职，他经常深入边远山区的农村实地考察，
撰写提案和调查报告。
积极听政问政、献策建言。
1996年丽江大地震后，
木光被聘为木府重建指挥部顾问，
他撰写木府古建建筑布局规模方面的论文；
将自己数十年收集珍藏的楹联捐献出来。

[第六章] 情系贫困山区 勤于议政建言

1988—1994年

关心少数民族经济、文化、教育发展，
履行政协委员、常委职责，
注重边远山区、高寒山区贫困少数民族的问题，
积极献策建言。

木府血脉
The Blueblood of MuFu

1988年

(戊辰)

59岁

·4月，由于木光长期在边疆从事电影发行工作，业绩突出，以及其是木氏土司后裔等因素，被临沧地区党委推荐为政协云南省第六届委员会委员。

·6月3日，云南省高级人民法院下达刑事判决书，宣布撤销过去的判决，宣告李群杰无罪。此时，李群杰已经76岁。是年，李群杰担任云南中共党史学会会长。（谢本书著：《枫叶如丹——李群杰生平概述》，第369页）

·8月，《丽江志苑》（第二期）出版，该期为丽江木氏土司文献专辑。

·11月10日，母亲李玉棋（1908–1988年）病逝，享年80岁。葬于漾西木家桥木氏墓地。

《丽江志苑》杂志。

按一

木光在《缅怀慈母李玉棋》一文中写道："母亲于1988年8月病危期间，我由临沧赶回丽江看望母亲，服侍半月有余。母亲病情没有好转，单位工作繁忙催我回去，我意识到母亲逝世为期不远，但我只好以工作为重，抱着与母亲诀别的悲痛心情返回临沧。时隔一个月，母亲于1988年11月10日寿终。……当时党的统战政策已在落实阶段，时任丽江地区统战部和光汉部长及地、县政协的领导都送来花圈祭奠。

"我的慈母李玉棋出生在丽江古城李氏书香门第之家，生于光绪三十四年（1908年）。6岁进入古城私塾读书，12岁考入丽江女子师范学校，因毕业成绩优秀，受聘于丽江大研完小任教师。任教三年后（1928年）与父亲结婚。"（木光：《缅怀慈母李玉棋》）

20世纪70年代，木光的弟弟木权。（上图）

20世纪70年代，木光与母亲在丽江家中。（右图）

按二　　我的母亲李玉棋，是书香门第的闺秀，毕业于丽江女子师范学校。婚前担任大研完小的教师，是一位品学兼优的贤母。她聪明好学、处事稳重、善于操持管理家务，是父亲贤内助。她对三个子女的培养教育耗费了大量的精力。（木光编著：《木府风云录》，第236页）

链接一　　木光外祖父李耀三，清末，毕业于云南政法学堂。长于文史科目，曾代理镇雄县知事，永北县（今永胜县）知事，曾任沿江土司宣慰委员等职。木光外曾祖父李怀忠，于光绪十五年（1889年）中举。这次丽江共有4人同时中举，被称为丽江古城"松竹梅兰四举人"分别是和庚吉（字松樵）、王成章（字竹淇）、李怀忠（字梅卿）、周玮（字兰屏）。李怀忠中举后曾担任丽江雪山书院院长。36岁病逝。（据2013年6月刘瑞升、木光临沧访谈录）

链接二　　姊姊李玉琪，成年后嫁给丽江木氏最后一代土司（应是土通判——本书编者注）木琼。因系土司家，生活较为富裕，有钱庄、土地、房子，靠收租吃饭。解放初，民族政策落实还不够，作为末代土司的木琼，被视为"剥削阶级分子""反革命"，弄去打扫街心，不久死去。姊姊活到1991年（有误——本书编者

木府血脉
The Blueblood of MuFu

注）才去世。（谢本书著：《枫叶如丹——李群杰生平概述》，第16-17页）

- 是年，木光继续从事电影译制、培训工作。

- 是年，次女木志英从临沧调到丽江县文化馆工作。

1989年

(己巳)
60岁

- 2月，参加政协云南省六届二次会议。

- 是年，继续从事电影译制、培训工作。

- 是年，三女木志玲高中毕业后到临沧地区影剧院从事出纳工作。

- 是年，次女木志英到云南教育学院进修（中文专业）。

- 是年，李惠铨撰写的《〈山中逸趣序〉作者辨正》在《古籍整理研究》第1期上发表。

1990年

(庚午)
61岁

- 2月，参加政协云南省六届三次会议。

- 是年，次女木志英结婚。

1991年

(辛未)
62岁

- 2月，参加政协云南省六届四次会议。

- 11月，长孙出生，名木瑞，生肖羊。

1992年

(壬申)

63岁

・2月，在云南省政协六届五次会议上，木光的书面发言题目是《加速发展边疆民族地区、贫困山区的文化事业》。

木光在发言中指出："临沧地区是个多民族聚居的边疆地区，与缅甸山水相连，边境线长达290多千米，全区辖8个县，总人口200多万，少数民族占总人口数37%。由于经济基础薄弱，文化相应落后。党的十一届三中全会以来，随着农村经济的不断发展、群众物质生活的逐步改善，各族人民对文化生活的需求越来越迫切。"

木光认为，目前"农民文化生活相当贫乏的状况有所改变，经过几年来反对资产阶级自由化的教育和扫除六害斗争，农村群众文化活动出现了健康发展的局面，全区已基本形成地、县、乡三级的文化网络。图书馆由原来的3个发展到9个，藏书量由10多万册增加到40多万册。全区89个乡镇已有86个乡镇建立了文化站，地县级电影院由4个发展到8个。乡镇影院新建21座，农村电影放映队已发展到396个，录像放映点187个。书店发行门市32个，农村图书销售点187个。全区专业文艺团队5支。初步形成了城乡一体化的文化网络，为建设社会主义精神文明的文化阵地创造了必要的基础条件。"

木光认为，当前要引起各级领导部门重视，必须解决以下问题。

1. 进一步解决领导层的认识问题。
2. 文化经费投入不足。

1990年全区文化事业经费人均只有0.6元，仅占地方财政支出的约0.6%，低于全国和全省的文化事业支出水平。有的县人均只有3分钱，文化经费只能保住人头费；有的县文化局1年开不起一次会；专业文艺团队下不了乡，下乡就保不了工资。农村文化站每站1年1000元的包干经费，除去人头经费，就没有订书报和开展业务活动的费用。有的文化站虽已建立，但由于基本建设经费短缺，无力落实站址。例如临沧县11个乡镇文化站还有9个文化站没有开展业务活动的站址。

3. 要落实部分乡镇文化站专业人员的编制指标。

全区文化站88人中，有临时工25人，这批临时工有的在文化站工作10多年，有的表现优良，但由于他们是临时工，待遇一直低于同行业的其他人员，积极性受到挫伤。要求各级领导给予关注解决。

另外，就体制的问题也谈了自己的想法。（木光著：《参政议政文集》，复印本，2008年5月，第131页）

· 11月，次外孙女出生，名和雪，生肖猴。

1993年

(癸酉) 64岁

· 4月，木光当选为云南省政协七届委员会常务委员，并在七届一次会议上做了题为《我区民族教育面临的实际与亟待解决的问题》的发言。其主要内容如下：

一、我区民族教育事业的成就

新中国成立40多年来，我区（临沧地区——本书编者注）的民族教育事业有了很大的发展，到1992年，已办有民族师范一所，寄宿制民族中小学6所，半寄宿制高小190所，3个初中民族部和5个高中民族部。民族师范学校每年为民族地区输送100多名中师毕业生，民族中小学、半寄宿制高小每年为民族地区培养中小学毕业生1万多名。寄宿制、半寄宿制民族中小学的开办，加快了民族教育事业的发展和教育质量的提高。1992年，全区少数民族适龄儿童入学率已达94.15%，在校民族生达13.18万人，占在校学生数的39%。招收初中毕业生的中专录取的1087名新生中，少数民族学生有401名，占36.9%；招收高中毕业生的中专录取的177名新生中，少数民族学生有60名，占33.8%；大专院校录取的422名新生中，少数民族学生有139名，占32%。

二、我区民族教育事业面临的问题

我区民族教育事业虽然有了较大的发展和进步，但由于历史和现实的种种原因，经济文化较内地有较大差距。各级各类教育事业的发展步履艰难，面临的问题和困难仍然很多，与内地的差距越来越大，边远贫困山区和少数民族地区尤为突出。

1. 校舍及教学设备差，远远不能适应发展的需要。到1992年底，全区中小学还有危房68118平方米，损坏房180369平方米。按国家规定标准不足462596平方米。教学设备缺乏，按云南省义务教育必备办学条件标准衡量，全区没有一所学校达标。理科教学设备达到国家配备标准的，全区18所完全中学仅有4所，82所初中仅有8所，1792所小学仅有5所。中学人均图书要求达20册，我区人均不到3册；小学人均要求达10册，我区人均不到0.3册。音乐、美术、体育器材的配备没有一所学校达标。全区高小、初中布点也不足，有的初中、高小规模较小。目前，每年尚有5000-6000名初小四年级学生升不了高小，有近万名的高小毕业生升不了初中。1992年，我区12—40岁人口中，有文盲半文盲19万人，占同龄人的21.5%；适龄儿童中有1.1万多儿童未入学，有近1.4万名小学生辍学，这2.5万人可能成为新文盲。

2. 师资数量不足，而且不稳定，外流教师不断增加。"七五"期间全区改行外流教师达838人，年平均167人，1990年达224人。内地水平较高的新教师又不愿意来工作。在住房、公费医疗、子女就业、职称评定等方面，也存在许多不稳定因素。在贫困边远山区和民族地区，不仅住房差，还有许多年龄较大的教师忧虑离退休后的归宿问题。许多学校离乡镇医院、卫生所较远，教师有病得不到及时治疗。即使有机会到医院、卫生所看病，有些地方规定一次处方不得超过2-3元，连治疗感冒的药都拿不够，且医疗费又不能按时报销，对这部分教师，公费医疗如同虚设。再加上有时拖欠教师工资，生活水平不断下降。有些50、60年代大专以上学历从事教育工作30年以上的教师，因指标少、加之个别不公现象而没能申报并评聘高级职称。有的青年教师找对象难。

三、为进一步发展我区民族教育事业，按质按量完成本世纪末基本普及九年义务教育和基本扫除青壮年文盲的任务，需要解决以下问题：

1. 提高认识，依法治教。

2. 增加教育投入，继续采取优惠政策。我区属贫困地区，全区8个县，有4个特困县，4个贫困县。多年来，地方财政入不敷出。1992年，全区财政收入10321.3万元，支出36933.9万元，近3/4靠国家补贴。预算内教育经费7453.3万元，占财政收入的72.2%，占财政支出的20.18%。

3. 切实解决教师的后顾之忧，如解决教师住房问题，安排好离退休教师的生活，妥善解决公费医疗和教师职称等问题。

（木光著：《参政议政文集》，复印本，第35页）

· 是年，第5期《四川文物》载葛季芳的文章《徐霞客在云南的墨迹辨》。文章说："从滇游记中不难发现霞客在云南曾留下一些墨迹，如《鸡山志》《鸡山十景》《云薖淡墨叙》与唐泰互赠诗句，手书赠沈莘野、刘北有、俞禹锡等的诗文，遗憾地是没有发现原作。40年代后见到关于徐霞客《山中逸趣叙》和《山中逸趣跋》的发现和文章介绍。笔者60年代又收购到徐霞客赠鸡山妙行僧诗稿，以上实物孰真孰假，有必要进行一下考证。

· 是年，女作家赵银棠逝世，其曾撰写《木公、木增与杨慎、徐霞客》。

补白

赵银棠（1904—1993年），字玉生，纳西族第一位女作家。丽江大研镇人。1939年就着手翻译《创世纪》等东巴神话，是第一个对纳西族民间文学作品进行翻译整理的民间艺术家。先后发表了由她整理的纳西族英雄史诗《东埃术埃》和叙事长诗《鲁般鲁饶》。主要著作：《玉龙旧话》《玉龙旧话新编》和《雪影心声》等。（木基元著：《木基元纳西学论集》，民族出版社，2009年7月版，第96页）

女作家赵银棠（和中孚 摄）

· 是年，佤语译制影片《古墓荒斋》获得云南省民委、省文化厅颁发的"优秀译制片"奖。

· 是年，木光担任临沧地区文化局顾问，兼任政协临沧地区教、文、卫、体、专委会副主任。

1994年

（甲戌）

65岁

· 2月，在云南省政协七届二次会议上，木光提交的书面材料题目是《切实加强社会文化市场管理工作，努力推进社会主义精神文明建设》。就文化市场的现状，木光指出："当前，主要表现在经营和管理秩序混乱；法制不健全；拜金主义严重等方面，以致黄、毒泛滥，严重造成社会效益与经济效益脱节。"

木光认为突出的问题表现有如下诸方面：

1. 内容低级庸俗、或政治上有严重问题的非法出版物时有出现。

2. 音像市场混乱。音像市场部分失控，大量有害无益的音像节目流入市场。有的放映单位甚至非法购入录像带和电影拷贝，公开放映或半公开放映，以此牟取高利。一些单位无视发行放映的有关规定，擅自利用区外省外进带渠道，购进低劣的非法录像制品，自行建立超规定范围的发行网络。

3. 社会文化市场管理失控，无证经营的不正常现象屡禁不止。一些单位和个人，不经过正常的审批程序，擅自开办文化娱乐业。有的基层文化单位越权批办文化娱乐业，无证经营的文化娱乐场所有增无减，造成经营和管理秩序混乱。

4. 各种不健康的文化经营方式时有出现，一些单位和个人，为了招徕顾客，不择手段，甚至以色情和赌博的方式来非法经营。在"无色情不兴，无赌博不富"的错误思想支配下，迎合社会上的一些不健康心理，"制黄""贩黄"搞色情服务或者从事赌博活动，以此牟取暴利。

木光认为，造成这些不正常现象的主要原因是：

其一，法制不健全，管理体制没有理顺，严重影响了对社会文化市场的有效管理。

其二，管理部门力量薄弱，管理工作没有力度。

其三，各种健康有益的文化产品在总量上达不到社会需求。

其四，两种效益的关系没有在文化经营者的头脑中真正处理好。

其五，一些单位和部门不同程度地存在一手硬、一手软的现象。(木光著：《参政议政文集》，复印本，第123页)

·是年，在第一届全国少数民族题材电影评选中，佤语译制影片《禁烟枪手》和拉祜语译制影片《关东大侠》获得国家民委、文化部颁发的"腾龙奖"。

佤语译制影片《禁烟枪手》获奖证书。

1994年6月，木光被丽江县博物馆聘为顾问。

· 是年，滇西艺术节在临沧举办，木光承担了为艺术节集资的任务，经历了8个月的时间，走访了近百个单位，共筹集资金200多万元，为艺术节的成功举办奠定了物质保障。木光受到临沧地委、行署的嘉奖。

· 是年，木光为临沧地区文化系统、部分县政协和公益事业单位奔走呼吁，争取到主管部门的资金支持400余万元，使这些单位的工作条件得到改善。

· 是年，云南省政府在丽江召开"滇西北旅游工作会议"，提出丽江发展旅游的战略，并决定把丽江古城向联合国申报"世界文化遗产"。在组织申报文件中，《徐霞客游记》中的文字记录成为申报材料中最有说服力的内容。

· 是年，三女木志玲就读于云南广播电视大学行政管理专业学习（两年全脱产）。

· 是年，李近春撰写《徐霞客和木增友好交往述论》在《云南社会科学》上发表。

· 是年，和志武（1930-1994年）逝世。和志武，纳西族，丽江市玉龙纳西族自治县人。1952年毕业于中央民族学院干训班。曾任云南省社会科学院民族学研究所研究员。主编《中国原始宗教研究资料丛编·纳西族卷》，撰写《纳西语基础语法》等著述。

和志武（左）与方国瑜（木霁弘供图）

情系贫困山区
勤于议政建言

[第七章] 参与木府重建 无私献计著文

1995—2002年

1996年丽江大地震后,
木光被聘为木府重建指挥部顾问,
为木府重建撰写木府古建研究专文,
将自己收集、珍藏的80余副楹联奉献给丽江文化部门。

木府血脉
The Blueblood of MuFu

1995年

(乙亥)

66岁

· 2月，在云南省政协七届三次会议上木光提交的书面材料题目是《加快临沧公路建设促进边疆民族地区的经济发展》。提案中就临沧地区公路的现状、面临的困难和需要解决的问题，提出了自己的看法。

按

《加快临沧公路建设促进边疆民族地区的经济发展》（节录）

临沧地区地处滇西边境，是一个集边、山、少、穷为一体的贫困地区。澜沧江和怒江两大水系的分割，公路交通十分落后。新中国成立前公路建设为零，1954年214国道（海孟公路）开通，开创了临沧地区公路建设史上的新纪元。经过40多年的努力全区的公路运输状况有了很大改善，到1994年全区各类公路里程已达7470千米。其中：国道、省道1364.3千米，县乡公路2054千米，乡村公路3794.7千米，专用公路257千米，每百平方千米拥有公路31.7千米。全区89个乡镇已全部通车；923个行政村（办事处）已有673个通车，通车率为73%。基本上形成了以临沧县为中心，国道、省道为骨架，干支相连、城乡贯通、辐射全区的公路网络，为边疆经济建设发挥了重要作用。

临沧地区公路拥有量已达7000多千米，区内的交通运输基本上是以公路为主体的单一交通。就公路的现状看，国道、省道技术等级较低，除羊耿公路122千米为标准的三级以外，其余都是四级或级外公路，县乡公路大多属技术标准低、坡陡弯急、通过能力差、抗灾能力弱、晴通雨阻、通路不通车、通车不通货的情况占相当大的比重。临沧地区的交通基础设施在全省仍处于不发达的落后地区。交通问题仍然是制约全区经济发展的重要因素，行路难的情况还未得到根本解决。

1993-1994年共完成经济干线改造项目8个，共37.9千米，其中，二级公路1.3千米，三级路13.5千米，四级路22.4千米，这些工程的实施，使云县、临沧、镇康等县城及南华至清水河、忙卡坝、永和的边境口岸交通状况有了进一步改善，缓解了这些地方的交通矛盾。

全区县乡公路新修改造竣工里程达133.2千米，均为标准四级公路，其中，新建61千米，改造72.2千米，公路改造主要是抓住以工代赈、以粮代赈和大朝山电站上马的机遇，充分发挥县乡两级政府的积极性，发动群众参与把经济发展和公路建设统一结合，做到开发一个项目，改善一条公路，用项目推动公路建设。大朝山水电站项目的开工，为临沧地区赢得了131千米三级油路的修建改造和90多千米县乡公路的改造。永德县在大雪山乡勐旨村新建一座年榨10万吨甘蔗的白糖厂，交通先行，厂房才破土动工，完成19千米公路修建任务。

存在困难和急需解决的问题：

1.由于去年（1994年——本书编者注）暴雨，7条县乡公路受到严重损坏，造成经济损失100多万元，请省给予资助水毁公路修复专项资金。

2.请省有关部门结合大朝山、小湾电站上马，给临沧地区新增两个通道，即：改造临沧至云县鱼塘丫口公路为三级路。经大朝山出景东的一个至昆明通道。改造小湾至凤庆县城、小湾至云县茂兰接214国道K2600处，把三大电站连为一体。

3.在区内重点解决县与县相连的卡脖子段。启动解决羊勐线K14至K30，高炮营至大马卡，永康至德党31千米的改造，和临沧至新和44千米公路改造。

4.为了发展边境贸易，扩大开放，请省有关部门给予安排新修河底岗至枯老河大桥60千米公路的修建。这条路修通后即可缩短昆明至孟定和清水河边境口岸的距离约60多千米。

5.临沧地区经济落后，公路建设基础差，请省政府把临沧地区作为"七七"扶贫攻坚战的重点给予扶持，在公路建设的项目，资金投放给予倾斜，使公路修建、改造和养护质量提高到一个新的台阶，以促进全区经济的快速发展。（木光著：《参政议政文集》，复印本，第115页）

· 6月15-16日，国家文物局在北京召开申报丽江大研古城为世界文化遗产论证会。（载于《丽江地区大事记·1949年10月-1996年12月》，第366页）

· 10月29日，丽江大研纳西古乐会赴英国演出团一行10人载誉回到丽江。应英国亚洲音乐联网的邀请，丽江大研纳西古乐会赴英演出团于10月5日至19日到英国作学术性访问演出和演讲。演出团由地委委员、宣传部长和家修任团长，大研纳西古乐会会长宣科任领队。（载于《丽江地区大事记·1949年10月-1996年12月》，第367页）

纳西古乐被誉为中国民乐活化石。
图为纳西古乐演奏现场。（上图）

演奏纳西古乐。（右图）

舞台上的宣科（下图）

参与木府重建
无私献计著文

・是年，杨时铎发表《徐霞客与木生白》。（载于《无锡教育学院学报》，1995年第1期）

・是年，《云南文献》（合刊）上刊登侯冲的长篇文章《徐霞客〈鸡足山志〉及其影响》。文章说，徐霞客应木增之请，编写了第一部《鸡足山志》，这本志书今已失传，但它是认识和研究徐霞客不可忽略的重要资料。作者从4个方面论述了该志在鸡足山研究和鸡足山修志史上的地位。一是有关徐霞客《鸡足山志》材料、二是徐霞客《鸡足山志》的卷数与内容、三是徐霞客《鸡足山志》的性质、四是徐霞客《鸡足山志》的影响。

1996年

（丙子） 67岁

・2月3日傍晚，丽江发生强烈地震。

按

・2月3日19时14分，丽江发生里氏7.0级强烈地震，震源深度10千米，烈度9度。在地震中伤亡1.65万余人。其中仅丽江县就有294人罹难，3706人重伤，1.1万余人轻伤；房屋受损建筑面积1562万平方米。地震造成直接经济损失50亿元以上，这是云南省几十年间破坏程度最严重的一次特大破坏型地震。（载于《丽江地区大事记·1949年10月-1996年12月》，第154页）

・2月4日，在昆明的李群杰等人，倡议各界人士向家乡人民募捐，帮助灾区同胞重建家园。

按

2月4日，在84岁的纳西族革命老前辈、省书法协会主席李群杰等人的倡议下，由丽江县人民政府驻昆办事处、云南民族学会纳西学研究会牵头，成立了由万和宝、郭大烈、李宝堂等30多人组成的"在昆丽江同胞支援家乡抗震救灾委员会"。在昆丽江同胞支持家乡抗震救灾委员会主要是动员在昆丽江同胞和社会各界向家乡人民募捐，帮助灾区同胞度过难关、重建家园。（载于《丽江地区大事记·1949年10月-1996年12月》，第158页）

・"二·三"丽江大地震后，重建木府被列入特大重点工程。木光被聘为木府重建顾问。他查阅大量历史资料，参与重建立项论证、设计规划及筹集资金等实质性工作。

· 2月和5月，联合国教科文卫组织人士到丽江考察。

按一　　2月16日，联合国教科文卫组织世界遗产中心官员梁敏子（中文名）女士和理查德先生，来到遭受地震劫难的丽江大研古城考察，指出在重建古城时一定要保持古城原貌的真实性，以利于今后世界文化遗产申报工作。（载于《丽江地区大事记·1949年10月-1996年10月》，第369页）

按二　　5月12日至15日，联合国教科文卫组织技术专员瑟尔波德夫人及法国人文科学博士大卫·安派先生到丽江，就丽江古城申报世界文化遗产及丽江古城的修复保护进行了考察。（载于《丽江地区大事记·1949年10月-1996年12月》，第371页）

· 2月，云南省政协七届四次会议召开，木光提交了《加大扶贫攻坚力度 促进边境民族地区的经济发展》大会发言材料（3400字）。其主要内容如下：

一、临沧地区基本概况

临沧地区辖8个县86个乡镇、总人口204万人，与缅甸接壤，国境线长达290多千米，山区面积占97.5%，少数民族人口占37%。是一个集少、边、山、穷于一体的边疆地区。

1995年全区粮食总产达到67万吨，农民人均年有粮318公斤，比1994年增加1公斤。全区农民人均纯收入425元，比1994年人均增加35元。

"八五"初期全区不温饱的农村人口101.5万人，占全区农村人口总数的54.51%。1995年底全区不温饱人口数下降到80万人，其中7个贫困县为77万人。临沧地区的贫困面有所减少，但贫困面大，而且贫困程度较深，扶贫开发任务十分艰巨，是全省扶贫攻坚的主战场之一。

二、扶贫开发采取的主要措施和成效

1992年至1994年地区对7个贫困县就安排7999万元资金，用于扶贫开发项目。

全区甘蔗种植面积1993年是37.6万亩，1994年增到42万亩，1995年又增到56万亩。甘蔗产业的兴起，农民的种蔗收入仅1994年就达到1.2亿元，占农村种植业总收入的48%。

全区民营橡胶1995年总种植面积16.5万亩，产量明显增加，利税3184.4万元。

茶园种植总面积1994年67万亩，产量37.8万吨，茶农的经济收入逐年有所增收。

充分利用我区亚热带优势，因地制宜的规模化种植已在永德、云县、双江等县展开，种植芒果、荔枝、西瓜3000多亩，初步形成了水果基地。

1995年全区乡镇企业达到29862个，从业人员达68000人，营业总收入达70000万元，总产值达67600万元，工业产值达16008万元，占全区工业总产值的16.8%，实交税金4155万元，占全区财政收入的20.7%。乡村人口人均占有乡镇企业收入338.4元。已培育了一批上规模上等级的骨干企业。上千万元产值的企业有云县啤酒厂、凤山茶厂、勐永糖厂。产值百万元的企业，全区已达38个。乡镇企业发展的速度和效益有了同步的增长。

1994年全区共举办各类农村实用科技培训4678期，受训人员达34.6万人次，农业科技联产承包面积逐年增加，参加农业联产承包的各类科技人员达2989人，承包面积达129.2万亩。如以贫困山区为重点的"三五"玉米的科技开发项目得到较好的推广，对提高山区粮食单产、增加产量、解决贫困农户的温饱起到很好作用。推广"三五"玉米项目达20万亩，平均单产230.8公斤，比全区玉米平均单产高83公斤，增产效果十分突出。

三、制约我区扶贫加速开发的几个主要问题

1.临沧地区的经济开发起步晚，基础差，生产力水平低，财力困难扶贫投入的资金不足，农业基础脆弱，抗御自然灾害的能力差，一遇天灾人祸一部分已解决温饱的农户又饱而复饥，暖而复寒，返贫率约占10%。

2.劳动者素质低，扶贫项目的科技含量不足，科技和企业管理人才不足。全区现有各类科技人员23851人，仅占总人口的1.18%，其中大专以上的毕业生5420人，占总人口数的0.27%；中专毕业生16540人，占总人口的0.82%。全区每万人口中初中文化以上仅129人，文盲占总人口的29.9%。劳动者素质不适应扶贫开发的需求。农产品初加工行业生产方式粗放、科学管理不善、经济效益较差，有的开发项目投产后效益不好。

3.税费偏重，企业难以承受。如：凤山茶厂，1993年收购毛茶7150公担，总值457.6万元，纳农特税31.57万元、产品税114.1万元、城市建设和教育附加8.008万元，合计纳税153.678万元，每公担茶叶税费为214.9元。新税制后，1994年收购毛茶4446公担，总值241.31万元，应纳税为：农特税18.58万元（税率7.7%，含附加税10%），农业税税率17.6%（含附加税10%）为42.47万元，城市建设费和教育附加税（7%）为2.924万元（这个数字不确切，待考——本书编者注），应纳农税总额为64.02万元，平均每公担茶为144元，增值税为每公担纳税116.17元。1994年执行新税制每公担为260.17元，增加税赋为45.27元，增加税收约21%。税赋加重，茶农普遍减收。发展茶叶的积极性受到影响，1994年收购价每公担减少95.32元，以全年收购一万担计，茶农减收95万元。（木光著：《参政议政文集》，复印本，第107页）

· 5月13日，中共中央政治局常委、国务院总理李鹏到丽江地震灾区考察工作。（载于《丽江地区大事记·1949年10月-1996年12月》，第169页）

· 6月，经国家建设部、文化部、外交部、国家教委共同审核确认，并经国务院总理签字同意，丽江古城、平遥古城、苏州古典园林等三个项目已正式向联合国教科文卫组织申报世界文化遗产。（载《丽江地区大事记·1949年10月-1996年12月》，第372页）

· 10月，木光于10月16-25日，与驻临沧的部分省政协委员和政协临沧地区工委的委员，对临沧地区的云县县城、临沧县城和耿马县孟定镇治理"脏、乱、差"的情况进行了视察。共实地察看了6条街、8个农贸市场、4所学校（幼儿园）、3个国家机关单位、23个文化娱乐场所、46个饮食摊点和食品加工厂（点）、6个公共厕所，共96个点。而后，他和吴秉诚、李树培3人合写的调研报告，题目是《把治理"脏、乱、差"作为精神文明建设的突破口来抓》。报告详细分析了现状，提出了解决办法。（木光著：《参政议政文集》，复印本，第145页）

· 11月26日，李群杰著《李群杰书法作品选集》举行首发暨义卖仪式。

按　　在黑龙潭公园举行《李群杰书法作品选集》首发暨义卖仪式。李群杰是纳西族第一个中共党员，曾任中共云南省工委书记等职，现为中国书法家协会理事、省书法家协会副主席。（载于《丽江地区大事记·1949年10月-1996年12月》，第374页）

李群杰（上左图）

1996年1月，《李群杰书法作品选集》由云南民族出版社出版发行。（上右图）

《李群杰书法作品选集》印与书法作品。（下图）

- 11月，为木府重建的需要，木光撰写了《关于元、明、清三朝木府古建建筑的布局规模结构的概述》。文章介绍了木府古建建筑的布局、规模及结构。

按

《关于元、明、清三朝木府古建建筑的布局规模结构的概述》（摘录）

一、木府的历史概况

我是木氏世袭土司47代木琼的长子。木氏历代家规实行长子世袭制，因此，我在青少年时代，祖母及父亲按祖传的规矩给我讲授过很多木府历代兴衰的家史，其中包括元、明、清三个朝代木府古建筑群建造的布局、规模和变迁。这些一代代传承下来的史实，已没有文献查考。

木府血脉
The Blueblood of MuFu

我所知晓的口述的家史，虽已事隔数十年，但犹存记忆。木府古老宏伟的建筑群，代表了纳西族吸收汉文化与纳西族传统建筑工艺相融合的历史文化遗产。我愿为家乡的木府修旧复旧，向世界展示丽江古域的历史风貌，提供一份史料以供参考。

元、明、清三朝，从元世祖敕封阿琮阿良为茶罕章管民官至清朝雍正二年，丽江府改土归流，降土知府木钟为土通判职，经历了22代。随木府历史的兴衰和战乱的焚毁，经济实力衰败后的没落重建，木府的建筑规模和辉煌的建筑结构，也已消失无存。现存木府仅留下一座象征木府的历史遗址的标记。

元代木府的建造受当时封闭原始社会发展条件的限制，府署总体建筑规模和结构工艺都比较粗糙简朴。

明洪武十五年，明兵南下，21世祖阿甲阿得率众归顺，蒙赐姓木，奉调征战平叛，建战功。进京朝觐明太祖加封为丽江世袭土知府，据《古今图书集成》载："土官木得建造丽江府署在大研里西隅，黄山东麓，管理夷民，征解钱粮。"

以我家史相传，木府迁居大研里是在木得之前，木得任内对木府的建筑作了修整并扩建了府署两侧。

木府实力的壮大和财源的富足，显示在明成化年代，起于木泰。沿袭至天启年，木增胜任四川省布政司左布政使，进阶太仆寺正御的162年间，是木府势力的鼎盛时期，历代征战吐藩（按方国瑜《石鼓木氏纪功刻辞》，为"番"——本书编者注），守卫边疆，屡建功勋。明王朝皇帝，曾数十次嘉奖封赏，御笔亲书："辑宁边境""西北藩篱""诚心报国""位列九卿"等金牌玉带匾联。利用防藩负重的守疆重臣地位和军事实力，不断地扩展自己的势力范围，到木高任内木府在云南西北管辖的地域已达到全省六分之一。

……

28世祖木公为享其荣华盛世的居室，重新建造了木府华丽宏伟的宫式建筑。沿至木东、木增任内又做过两次修整后，更加富丽壮观。徐霞客游记中写道，木府宫式建筑为："宫室之丽，拟于王者。"

自清顺治四年丁亥（1647年），木府的衰败即已开始。丽江地面，流寇首乱，搜掠木氏历代敕赐的金银、牒物及敕诰俱被罄尽。木府大部分建筑被烧毁。

清顺治十六年，木懿率众归顺清朝，加封为丽江世袭土知府，依旧管辖原属地。恢复修建烧毁的部分房舍。

康熙年间吴三桂以云南王身份统治云南，策划反清，勾结吐藩将木府所辖大片管区划归吐藩。吴三桂将木懿囚禁省城八年之久，木府大伤元气。雍正二年改土归流，木府破产没落。

清同治年间，杜文秀回民起义。两次攻占丽江大肆掠杀，毁民房过半，百姓死者达6000余人，木府建筑全部烧毁，现存木府建筑是在同治年间，43世祖土通判木景重建的。当时的木府土通判仅保留有六品官街，实已无权，经济亦已处于崩溃，在此条件下重建的木府规模结构已相当简陋，实如一般的民房。

我生长于现存的木家院，在我少年时代的木家院仅保留了一座牌式二大门，顶部悬挂一块"丽江木氏世袭分府"的直匾。二大门内是一广场。院门前两侧立着一对座底石鼓。大门内还有屏门，屏门上画狮子滚绣球彩画。屏门两侧有走道，侧壁墙竖立历代碑文，院内有一座假山石景，厅房对面是花园，过花园是两面厦一正房。我还记得幼年时父亲在花厅设公堂，审理庄田民事案件。后两院住家眷，后院正中堂供奉祖宗牌位，左房供护法神，早晚有一个喇嘛念经，家院后面有一座家庙，庙前方有一座木牌坊是家庙的牌门。木家院的整体结构为石基，土基墙，木架瓦房。

二、元代木府建筑布局和结构

元代木府的建筑布局是以一进四套四合院为主体建筑，大门朝东背靠狮山。其建筑结构是石条砌基，土基墙，木屋架，瓦房。主体建筑两侧建有库房、粮仓及属下的起居房舍。二大门为木架牌式门，门对方有照壁；进牌门有一广场为木府阅兵点将之所；进院门两厢开两面厦，室内有彩画天花板、地板、天井；厦子走道铺石板；门窗均为简单格子窗，每院正房为开三间的厅室。房屋内装饰粗糙、单调、古朴。

三、明代宫室建筑群的布局规模和结构

明代木府主体建筑群，引玉泉水为河渠，围绕主建筑群称之为木府玉带河。房向朝东背靠狮山。主体建筑群有两条中心轴线，一条以"忠义坊"正中为府署中心的轴线，另一条是以现存木家院大门为中心，木府生活区的建筑群的轴线，两线的主体建筑形成并列。"忠义坊"对面以及木家二大门前方有两堵大照壁。进府署过玉带河的石凸桥，进忠义坊门后还建有一座雕刻精美木架牌门，进牌门就是一大广场，地面铺石板，是木府出征阅兵点将的场所。牌门两侧有雕花彩画长廊通道，主建筑府署为宫式一进五套四合院，每院水平线为梯形坡度，每院正殿厦前设大理石阶。正殿两厢均为两面厦，正厢两侧有陋角走道相通。四进院和五进院的正房有楼，第四进院楼称万卷楼；第五进院楼称圣旨楼。木府生活区建筑也是一进五套四合院的结构。

府署的中院与生活区的中院设长廊相通，长廊雕绘辉煌，其两侧有亭阁花园。府署主体建筑右侧为部署起居房舍，生活区右侧建筑为仓库、粮仓、内眷侍仆和亲属接待房舍。皈依堂家庙也设于生活区右侧，供内眷祭拜。

建筑群的结构为条石砌基砖墙宫式屋架，盖金黄色彩瓦，外体墙涂土红色料，内装饰为朱红柱，有莲花瓣汉白玉墩柱、梁、穿坊、柱坊、门窗、花窗、天花板，屋顶均有雕绘和彩画，天井地面均用大理石板砌铺，室内装饰富丽辉煌。

狮山脚建有宗祠，宗祠正前方设有宗祠的牌式门楼。大门涂红漆，门板装有凸形的铜质装饰。

据说，木府古建筑群的设计、施工，均在内地重金招聘了一大批建筑施工雕刻绘画的名师。（木光著：《参政议政文集》，复印本，第158页）

1997年的观音柳，挺起高大的身躯，俯视着残垣断壁，一丛嫩枝正在勃发，其近旁的藤萝也染上了绿色。（上左图）

木府复建期间的木家院观音柳已是奄奄一息。（1997年 摄 上右图）

木府建设指挥部指挥长黄乃镇（右一）陪同专家在木氏家院勘查。（1997年 摄 下左图）

经历无数次风风雨雨的观音柳。（2014年8月摄 下右图）

（本页图除下右图外，均由木府提供）

·是年，黄乃镇任丽江木府建设指挥部指挥长。

·是年，三女木志玲，云南广播电视大学行政管理专业（两年全脱产）专科毕业。尔后在丽江旅行社从事旅游工作。

·是年，三女木志玲，经丽江地区统战部推荐，担任丽江地区工委委员。

·是年，第三期《云南师范大学学报》，载段世琳《浅论徐霞客在临沧区境地的考察及其贡献》。文章指出，徐霞客于明崇祯己卯年（1640年）八月初经右甸（昌宁）沿"顺宁道"往顺宁（凤庆）、大侯（云县）进行考察，写下了6600字的考察日记。这些日记成为我们今天认识和研究临沧地区古代地理、历史沿革、民族经济文化等方面不可多得的宝贵资料。作者从6个方面对徐霞客在临沧的考察进行了分析研究：一、徐霞客眼中的奇异景观；二、徐霞客对民族考察的重要发现；三、徐霞客发现了优质大叶茶；四、徐霞客对澜沧江源流的考证；五、徐霞客走着一条古驿道——"顺宁道"；六、徐霞客笔下的"土人"经济文化。

> 按

段世琳：《浅论徐霞客在临沧区境地的考察及其贡献》（节录）
一、徐霞客眼中的奇异景观

其一，锡铅温泉景观。这是徐霞客进入顺宁境地发现的第一个奇景，"……坡尽而锡铅之聚落倚之。此右甸（昌宁县，明清时和民国初为顺宁辖地）东分支南下第三重之尽处也。其前东西二溪交会，有温泉当其交会之北涘（勐佑河），水浅而以木环其四周，无金鸡（保山金鸡村）、永平之房覆，亦无腾越、左所之石盘，然当两流交合之间而独有此，亦一奇也。"（《徐霞客游记》，上海古籍出版社，1980年版，第1076页。下引同一书处，仅在文中括注）

其二，勐璞崖尖山寺奇观。"半里，忽涧北一崖中悬，南向特立，如独秀之状，有僧隐庵结飞阁三重倚之。大路过其下，时驼马已前去，余谓此奇境不可失，乃循回磴披石关而陟之。阁乃新构者，下层之后，有片峰中耸，与后崖夹立，中分一线，而中层即覆之，峰尖透出中层之上，上层又叠中层而起。其后皆就崖为壁，而缀之以铁锁，横系崖孔，其前飞甍叠牖，延吐烟云，实为胜地，恨不留被襆于此，倚崖而卧明月也。"（第1093页）

二、徐霞客对民族考察的重要发现

徐霞客在查阅了云南地方历史文献资料的基础上，采访了当地的土民、僧师、商贾等民众后，对顺宁境地的居民——"土人"的族属族属问题做出了如下结论："顺宁者，旧名庆甸，本蒲蛮之地。……土官猛姓，即孟获之后。"（第1087页）这里，他肯定了顺宁境地的居民原本是"浦蛮"，即今之布朗等佤德语支民族。在这里，徐霞客有一个重要发现："土官猛姓，即孟获之后。"一语道出了"浦蛮"是孟获的后裔，孟获是"浦蛮"民族的先祖首领。这是徐霞客考察顺宁的又一重大成果。以后，《顺宁府志》《顺宁县志》以及最近出版的《凤庆县志》仍持徐霞客的这一观点。

三、徐霞客发现了优质大叶茶

云南是我国大叶茶的原产地。徐霞客进入云南到处都有"瀹茗"（饮茶）的记述（《滇游日记》中），且过了大理往西记述更多。这里值得一提的是徐霞客在顺宁考察中品饮了一种特别舒畅的优质大叶茶——"太华茶"。

查阅徐霞客的《日记》，他品饮"太华茶"第一次是在昆明的筇竹寺"禾木亭"，第二次就在顺宁地的"高简槽"。前者是在寺院内品饮，后者则是在农家品饮。

徐霞客在筇竹寺禾木亭观兰花饮茶："侍者进茶，乃太华之精者，茶冽而兰幽，一时清供，得未曾有。"（第791页）

徐霞客在顺宁高简槽农家饮茶"又下三里，过一村，已昏黑。又下二里，而宿于高简槽。店主老人梅姓，颇能慰客，特煎太华茶饮予。"（第1090页）

显然，"太华茶"是明朝时云南省的名茶，也是云南大叶茶中之佳品。徐霞客用"得未曾有""特煎太华茶"这样的言词给"太华茶"做了如此高的评价就是事实。

高简槽位于澜沧江边一半坡上，正当"顺宁道"至澜沧江渡口中途，今为凤庆县大寺乡马庄村办事处。这里离昆明有千里（华里）之遥，被徐霞客高度称赞的优质"太华茶"产于何地呢？按徐霞客"得未曾有"之说，"太华茶"绝不可能来自云南省外，因为徐霞客已考察过江南各省，都未曾饮过此茶，才会有"得未曾有"的记述。而"太华茶"又只在云南的昆明筇竹寺和顺宁的高简槽两地才品饮到。那么，"太华茶"是从昆明售到顺宁还是由顺宁售到昆明呢？这是云南名茶发展史之谜。但二者必居其一。据有关资料表明，明朝前后的历史资料都无昆明产名茶的记载，而且"太华茶"是一种大叶茶加工而成的精品。大叶茶只产于澜沧江畔的保山、德宏、临沧、思茅、西双版纳等地州的亚热带山区以及缅甸的东北部；已被中外茶叶专家公认的"茶树王"是在旧时的普洱府和顺宁府，即今西双版纳的勐海县和临沧地区的凤庆县境内。

四、徐霞客对澜沧江源流的考证

他于夏历八月十五日（中秋节）即在"高简槽"启程向澜沧江边前进，冒险舟渡了澜沧江险流，登上北岸的三台山高峰，俯瞰了雄伟壮丽的澜沧江两岸风光。从微观和宏观的角度把澜沧江的水势、流向和纵横交错狭峙的哀牢山、无量山脉形态做了认真考察。对云南滇西南和滇西北三大江流之一的澜沧江流做了最后的考察并有了更深入的认识。纠正了《一统志》关于澜沧江云南流向的误说。请看下列记述：

四里,始望见澜沧江流下嵌峡底,自西而东;其隔峡三台山犹为岚雾所笼,咫尺难辨。于是曲折北下者三里,有一二家濒江而居,是为渡口。澜沧至此,又自西东注,其形之阔,止半于潞江,而水势正浊而急。甫闻击汰声,舟适南来,遂受之北渡,……登北岸,即曲折上,……南瞰江流在足底,北眺三台山屏迥岭北,以为由此即层累而升也。(第1090页)

对澜沧江在顺宁府地的流向归纳如下:"澜沧江从顺宁西北境,穿其腹而东,至苦思路之东,又穿其腹而南,至三台山之南,乃南出为其东界,既与公郎分蒙化,又南过云州东,又与顺江分景东,郡之经流也。"(第1088页)这是徐霞客考察顺宁府地澜沧江"经流"的宏观结论。至于澜沧江畔群峰间之流的微观形态也有考察记述:"又二里,遂下至壑底。壑中涧分二道来:一自西北,一自东北,合于三台之麓,而三台则中悬之,其水由西坞而南入澜沧。"(第1090页)"……由其北西北下二里,有小江自西而东,即漾濞之下流也,自合江铺至蒙化境,曲折南下,又合胜备江、九渡、双桥之水,……乃南折而环泮山,入澜沧焉。江水不及澜沧三之一,而浑浊同之,以雨后故也。"(第1092页)

五、徐霞客走着一条古驿道——"顺宁道"

把"顺宁道"做点剖析是有必要而有意义的。因为云南历史文献中,在徐霞客以前少见记载。沿线的具体情况明朝以前的史家更一无所知。这条道路是千古以来至明朝徐霞客第一次公诸于世的。……从《日记》中所反映的,(顺宁道)主要是宗教传播活动,其次就是茶叶交易。

六、徐霞客笔下的"土人"经济文化

其一,居民普遍饮茶的风俗。查《滇游日记十二》,徐霞客多处有在寺院、农家和"茶庵"受到"瀹茗"招待的记述,特别是已有了"太华茶"这种优质茶。临沧区的少数民族有悠久的种茶历史和饮茶习俗,有"无茶不成礼"的传统。

其二,已有一定形态的田园经济。在云州境内,徐霞客看到的农耕情况是:"南壑颇开,庐塍交错,黍禾茂盛,半秀半熟,间有刈者。"(第1082页)反映了临近中秋的云州农耕情况,也表明了当地农民的粮食以"黍禾"为主。

在顺宁境内,徐霞客品尝到的饮食除"瀹茗"外,有饼子、鸡㙡、松子等:"为余瀹茗炙饼,出鸡葼松子相饷。"(第1087页)又有"郡境所食所燃,皆核桃油。"(第1088页)

从农作、饮食、交通设施、寺观建筑以及土特产加工等情况来看,明朝时的顺宁(凤庆县)、云州(云县)居民的生产力水平和生活水平已接近大理水平。这可能是受大理、永昌经济、文化的影响较大，当然应与"顺宁道"的开辟密不可分。（段世琳：《浅论徐霞客在临沧区境地的考察及其贡献》，载于《云南徐学研究文集》，云南出版集团，云南人民出版社，2013年5月版，第435-447页）

补白

段世琳，1939年9月生，云南凤庆县人。云南师范大学历史系本科毕业后，长期在佤族地区教书，近十多年来从事地方志的编纂工作。几十年来教书编志之余，走遍了佤族地区的山山水水，收集资料，调查研究，在各级报纸、杂志上发表学术文章约百万字。编著《佤族历史文化探秘》。

1997年

（丁丑）

68岁

· 1月，木光参加云南省政协七届五次会议。

· 3月14日，木光被丽江纳西族自治县人民政府聘为丽江古城恢复重建专家组成员。

· 6月28日，木府恢复重建工程正式动工。

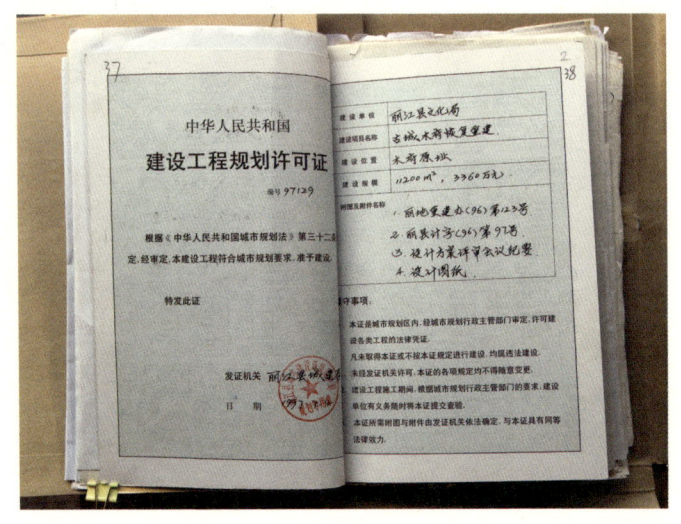

木府复建相关资料档案，现存于丽江古城博物院。（右图）

参与木府重建
无私奉献计著文

·12月4日，丽江古城申报世界文化遗产获得成功。

按

丽江古城位于中国西南部云南省的丽江纳西族自治县，丽江古城又名大研镇，坐落在丽江坝中部，它是中国历史文化名城中唯一没有城墙的古城。古城把经济和战略重地与崎岖的地势巧妙地融合在一起，真实、完美地保存和再现了古朴的风貌。古城的建筑历经无数朝代的洗礼，饱经沧桑，它融会了各个民族的文化特色而声名远扬。丽江还拥有古老的供水系统，这一系统纵横交错、精巧独特，至今仍在有效地发挥着作用。

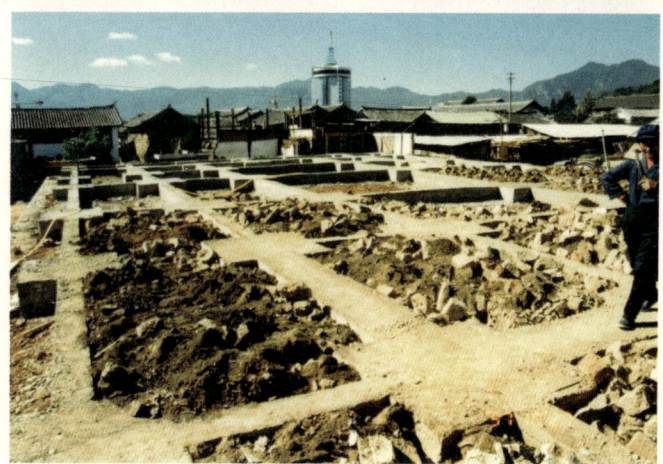

专家在木府勘察。（1997年7月19日 摄 上左图）

专家在现场商讨施工方案。（1997年8月10日 摄 上右图）

木府复建工程现场（中图）
（本页图片为木府提供）

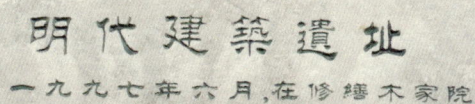

木府重建挖掘出明代建筑遗址说明碑文。

木府血脉
The Blueblood of MuFu

（本页图片为木府提供）

・是年，长子木志平在临沧地区电影公司工作。

・是年，次女木志英调到丽江县图书馆工作，后停薪留职从事珠宝翡翠经营。

1998年

(戊寅)

69岁

・1月6日，木府重要建筑万卷楼举行上梁仪式。

万卷楼上梁仪式（本页图片为木府提供）

施工中的万卷楼（下图）

木府血脉
The Blueblood of MuFu

竣工的万卷楼（2012年12月2日摄）

・1月，木光向云南省政协八届一次会议提交了《抓重点 攻难点 切实加大边疆民族地区扶贫攻坚力度》的调研报告，报告就临沧地区开展扶贫攻坚工作的情况及存在的问题提出了意见和建议。

按　　《抓重点 攻难点 切实加大边疆民族地区扶贫攻坚力度》（摘要）

消灭贫困实现共同富裕是社会主义的本质要求，我省"七七"扶贫攻坚提出的目标是实现第二步战略目标中的重要任务。

我就临沧地区开展扶贫攻坚工作的情况和存在问题谈几点意见和建议：

一、扶贫攻坚工作的现状

当前全区扶贫攻坚工作的现状概括起来主要有以下几个特点。

1.全区干部群众长期在自然经济和计划经济体制下形成的思想观念和行为方式有了新的改变，"等不是办法，干才有希望，发展才是硬道理"的思想观念已在多数贫困地区得到确立。

2.基础设施建设力度加大，五大"基础工程"全面启动，并取得阶段性成绩。但工作进度发展不平衡，到2000年全面完成计划任务仍十分艰巨。据统计到今年（1998年——本书编者注）9月底止，全区累计建成基本农田（地）129.4万亩，到2000年实现人均一亩基本农田（地）还需建设70多万亩；累计通公路村（办）已达到715个，还有未通公路村（办）210个；累计通电村（办）达到763个，还需新架设输电线路162个；累计通话村（办）达870个，还有55个村（办）需要实施通话工程；累计发展经济林果和经济作物180.3万亩，实现人均1.5亩经济林果和经济作物的目标，还需新开发建设121万亩。

3.扶贫资金投入加大，投入机制初步形成，但配套资金落实较差，资金到位迟缓。1997年投入我区扶贫攻坚专项贷款、以工代赈资金和财政扶贫资金合计已超过1.5亿元。但由于地方财政困难，县级配套资金虽然已打入财政年度支出预算，但未能全部按时到位，项目等资金的状况仍然没有得到有效改变。

4.绝对贫困人口逐年减少，群众生产生活水平不断提高。但由于贫困面大，贫困程度深，温饱标准低，扶贫面仍然很大，到1996年底全区农民人均纯收入500元以下的有126.2万人，其中300元以下还有36.6万人；人均口粮250公斤以下的有91.5万人，其中200公斤以下的还有42.2万人。实现人均口粮300公斤以上，人均纯收入500元以上的目标还有很大差距。

二、扶贫攻坚实施的重点

我区贫困人口大多数聚居于集边、山、少、穷于一体的高寒贫瘠山区，或地域偏僻、交通不便、生态失调、教育文化落后、生产生活条件恶劣的半山区或石山区、河谷区，这给实施扶贫攻坚，消除绝对贫困增加了难度。从根本上看，要在2000年基本解决全区70万人的温饱问题，主要出路在于实施农业综合开发，使单一耕地农业向大农业转变，大力发展林果业、畜牧业等能够覆盖千家万户的新的产业群体，不断加大农业综合开发力度，努力提高农业综合生产水平。

三、实现脱贫目标的主要难点问题

1.对扶贫攻坚的重要性、紧迫性及重大意义，在部分地方认识仍未完全到位。

2.有相当部分村、社干部缺乏自力更生、带领群众苦干实干脱贫的志向，对本地区如何实现脱贫思路不清，目标不明。

3.长期受小农经济习惯的影响，不同程度地存在贫困群众满于现状，不富也安，缺乏摆脱贫困的自觉愿望和脱贫致富的志向。

四、值得探讨和需要关注几个问题

1.促进扶贫攻坚过程中务必坚持实事求是，一切从实际出发。

2.必须坚持小规模大群体的起步发展指导方针,推动农业产业业的形成,千家万户都能搞的家庭生产经营,有利于带动群众脱贫。

3.积极探索实施农业产业化的有效模式。

4.坚持以建设人均一亩以上基本农田为中心,为稳定解决贫困群众的温饱问题奠定坚实基础,目前主要应克服重视"三通",而轻视基本农田地建设,特别是忽视和放松了组织群众大干坡改梯的倾向。如果人均一亩以上基本农田地的任务不真正落实,稳定解决温饱将成为一句空话。

5.坚持扶贫到户,实施小额信贷扶贫工程,解决区域扶贫带来的扶贫覆盖面不够广,扶贫效益到户不够理想这一长期困扰的难题。小额信贷扶贫是一种稳定农户家庭收入,促进群众脱贫的好办法,应积极稳步推广实施。(载于《省政协八届一次会议交流材料》之五十二)

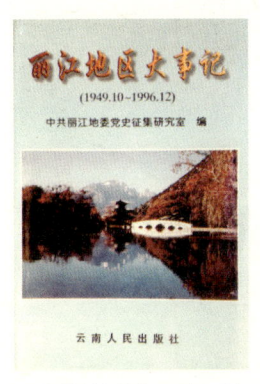

《丽江地区大事记(1949年10月–1996年12月)》书影,云南人民出版社1版。

· 1月,《丽江地区大事记(1949年10月–1996年12月)》,由云南人民出版社出版发行。

· 4月,清明时节,木光从临沧回故乡丽江扫墓祭祖,偶然结识了摄影家张桐胜。

木光夫妇和木志英、木志玲(右)两个女儿在丽江(张桐胜摄)

· 6月,为张桐胜著《丽江古城》摄影画册撰写序言。该书由中日英3种文、以图文并茂的形式、从15个方面介绍了古城丽江的前世今生,其中包括木氏家族的内容有"丽江军民总管府"、

参与木府重建
无私献计著文

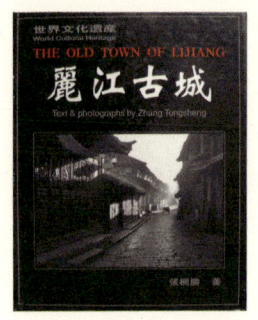

1998年7月，张桐胜著《丽江古城》，中国摄影出版社，本书影为2002年6月第3版第2次印刷。

《丽江木氏宦谱比较表》等。(张桐胜著：《丽江古城》，第10页)

1998年10月23日，木光（右）与黄乃镇（中）在木府建设工地。（上中图）（图片为木府提供）

复建中的木氏家院门楼。（上右图）（图片为木府提供）

竣工后的木氏家院门楼。（2012年12月2日摄 右图）

· 是年，在第二届全国少数民族题材电影评选中，佤语译制影片《缉毒战》和傣语译制影片《新仇旧恨》获得国家民委、国家广电总局、文化部、中国文联颁发的骏马奖。译制组荣获"先进集体"称号，傣语译制演员刀学忠荣获"先进个人"称号。

1999年

(己卯)　　　　70岁

· 1月，云南省政协八届二次会议期间，云南省委省政府邀请政协系统在昆明的少数民族上层人士及其子女座谈。木光作为丽江木氏土司第48代后裔参加并发言。

· 1月，作为云南省政协八届二次会议交流材料的《积极推进边疆民族地区乡镇企业实现新的跨越》一文，是木光经过认真调研后写就的一篇调查报告。文章从3个方面论述了边疆民族地区乡镇企业在新形势下实现跨越式发展的必要性。

按

《积极推进边疆民族地区乡镇企业实现新的跨越》（摘要）
一、临沧地区乡镇企业发展基本情况

改革开放20年来，尽管临沧地区乡镇企业起步晚、起点低、基础差、底子薄，但由于地县乡（镇）三级党政领导高度重视发展乡镇企业，把它作为农村脱贫致富的重要突破口来抓，制定出台了一系列鼓励优惠政策和强化管理措施，充分调动了广大干部群众的积极性，兴办乡镇企业取得了长足的发展。1998年全区乡镇企业营业收入已突破20亿元，比1978年增长130倍，其发展速度超过其他行业，呈现出以下特征：

1.规模壮大、总量增加、实力增强。全区乡镇企业1997年总户数达38370户，比1990年的24965户增加13405户，平均年递增6.3%；营业收入15.7亿元，比1990年2亿元增加13.7亿元，平均年递增34.2%。乡镇企业拥有固定资产原值1997年达10.9亿元，比1990年1.67亿元增加9.23亿元，增长5.5倍。平均年生产能力由1990年的8010元增加40934元，增长4.1倍。

2.经济结构多元化，产业结构进一步优化，多轮驱动、多轨运行，国家、集体、个人一起上的方向发展，一改"纯公"的所有制结构。1997年个体私营企业37276户，从业人员70516人，实现营业收入10.5亿元，占全区乡镇企业总收入的66.9%。在全区乡镇企业中已处于举足轻重的地位。

乡镇企业遍布农村三大产业，其收入构成比例为：第一产业占8.26%，第二产业占45.87%，第三产业占45.87%。

3.产业布局逐步合理化，社会贡献增强。办产业从过去的"村村点火、处处冒烟"，逐步向一乡一业、一村一品方向发展，自然资源得到合理有效的配置。全区乡镇企业共吸纳农村剩余劳动力10.24万人，提供税收9477万元，来自乡镇企业的税收占财政收入比重达23.6%。乡村人口来自乡镇企业的收入人均达117元，乡镇企业已成为农村经济的主要支柱。

4.企业粗放经营逐步向科技进步、向科学管理要效益方向转变，经营体制正向集团化、产业化方向延伸。通过市场引导、深化改革，组建了一批企业集团和股份合作制企业，至今已进行改制的企业75户，组建企业集团6户，组建责任公司9户，资产重组2户，兼并3户。

科技进步对乡镇企业的贡献率逐步增强。如永德县康利食品有限公司，引进台湾的先进技术设备，建成万吨饮料生产线；云县啤酒集团公司引进哈尔滨高级技师，啤酒质量大幅度提高，占领了滇西市场并出口泰国、缅甸，培养和锻炼了一批技术管理人才。乡村集体企业人员中，有高级职称的37人，中级职称的292人，初级职称1238人。

5.面向市场、扩大开放、内引外联取得突破。通过依托国企、科研单位和大专院校，采取人才、技术联合协作方式，增强了企业的生产能力，生产出了一批市场占有率和科技含量高的名特新产品，如勐撒蒸酶茶、乌木龙银竹茶、澜沧江啤酒等，促进了乡镇企业的发展。（木光著：《参政议政文集》，复印本，第99页）

· 1月，郭大烈撰写《重修木府记》。

按 郭大烈：《重修木府记》
丽邑乃滇西北奇奥之区，南下金沙多折环三面，北峙玉龙少障瞰千山。智水仁山，为国家历史名城，跻世界文化遗产。

纳西远祖生息于斯及周边12郡，汉为白狼王，献诗于洛阳。晋称摩沙夷，据盐井之利。唐立越析诏，卧南诏之侧。宋号花马国，制本方文字。元跨革囊济，始置丽江路，以麦良为宣慰使。明赐姓木，世为土府长。世官世民，历经元、明、清三代22世，470年。民间尊为"萨当木天王"。史称其"土地广大，传世最远，富冠诸土郡"，并以"知诗书好礼守义"，著称于当时，遗泽于后世。

木氏府署位于古城西南隅，略备于元，盛于明。靠山临河呈倒斗形，占地百亩。明末木增时，曾迎噶玛巴活佛莅临其府，主持刊佛经大典《甘珠尔》，朱印版供于拉萨大昭寺，为传世之宝。徐霞客下榻古城通事楼，遥望木府"宫室之丽，拟于王者"。清初动乱，部分建筑被毁，雍正元年改土归流，木氏降为通判，府署渐成冷宫。咸丰十年大部焚于兵火，光绪十四年重建其什一，30年代设中学堂，50年代置党校等，60年代石牌坊被毁，邑人悲痛欲绝！

木府建筑乃古城文化象征。恢复旧观，地方人士有志于此久矣。1995年黄乃镇履任县文化局长伊始，时逢承平盛世，征询专家议复木府。翌年，"二·三"大地震，百废待兴。蒙省委省府示爱，建设厅石副长偕世界银行官员考察古城木家院，慧眼识宝，当场对县府长和自兴示意贷巨资重现府观，旋即解毅、和自兴等县首长于指云寺命黄君任总指挥，协同诸君放手主其事。后杨廷仁继任县长，督察有加。于是乎历经坎坷，起死回生，执着不挠，四家设计，七易图纸，博采众长，确立方案。1997年春邀建筑专家顾奇伟一行赴苏浙考察古明宫阙。终审于六朝古都金陵饭店，不亦奇巧乎！

旋即征地迁移半百户，拓地46亩，采牌坊巨石于虎跳峡大具乡，伐楼阁母柱于老君山利苴村，鹤、丽、剑巧匠咸集。纳、白、汉高手献艺。墨线划四区"衙署、花园、宗庙、家院"。庀工分六段：基础、木作、屋面、墙体、雕花、彩绘。化整为零，变难为易，有章可循，井然有序。施工夤夜，备极万苦，并蒙地区领导段增庆和段琪现场指教。颇多传奇，历时两年，大功告成。

欣览木府新姿，古城怀抱，随势布局，白虎青龙，气象万千。殿枕狮山，升阳刚之气，坊迎玉水，具太极之脉。北列万象更新，南引长蛇布阵。自殿至坊，中轴369米，三清、玉音、光碧、护法、万卷、议事诸幢巍然。忠义坊三门四柱六檐，柱皆通天式，高11米，前立狮四，后安鳌二，坊顶向内立望出犰二，愿主人早出门视事，向外立望归犰二，祈主人平安归来。原坊明万历年奉圣旨而建，志称"栋梁斗拱，通体皆石，坚致精工，无与敌者"。坊北系家院、驿馆、四道木牌坊。楼阁厅坊，相互呼应，磅礴恢宏。路桥渠廊，彼此相连，纵横错落。构架穿斗，见尺收分，雀台悬鱼，亦显匠心。起山落脉，屋脊平缓，前檐厦宽，舒展柔和。返璞归真，颇具古明府宅之真谛，线条流畅，兼得中原江南风味，庄严厚重，既与古城融为一体，又具王府气派。仿明又出于明，拟古又胜于古。堪称凝固丽江古乐，当代东巴创世史诗，乃古城之丰碑。40年代古建筑家刘敦桢称丽江建筑犹存唐宋遗风，最为美观而富变化。我国将来之建筑，苟欲其式样结构，尤保存其传统之风格，并使之发皇恢廓，当以丽江为范。今庶几臻其望矣。

由府思城，我同胞历经劫难。饱尝艰辛，连村为镇，街号四方，以为四方八面交易毓英之本营；吸纳先进文化而珍视传统，开放不筑城而固凝聚力，兼容各教派而不笃信神灵，敬三朵庇佑而钟爱人生，祭自然署神而葆生态，谋生计温饱而重文化力。恪守唯谨，自立于西南边陲民族之林两千年。历汉、晋、隋、唐、宋、元、明、清，悠悠岁月，其生命力高昂不败矣；合汉、白、傈、普、藏、彝、苗、纳，欣欣家园，其民族魂博大精深哉！

唐杜牧赋阿房宫叹亡秦者，秦也，非天下也。今观新木府云兴丽者，丽也，非天赐也。倘丽人躬行自尊之，后人尊之而鉴之，则木府复兴，木府复兴则古城复兴，古城复兴则民族复兴，民族复兴则无愧于国家名城、世界遗产之号也。

余研究木氏史乘40年，又忝列古城顾问之职，受黄君之嘱，乐之为记。

中国民族学学会常务理事

郭大烈 撰

云南省社会科学院民族学研究所所长

公元一九九九年一月 岁次戊寅之冬

邑人一峰和石书 时年七十有一

《重修木府记》石刻

· 2月3日，木光应邀参加木府竣工典礼。丽江古城博物院成立。

议事厅大殿

木府血脉

The Blueblood of MuFu

正在修建中的议事厅大殿。（张桐胜 摄 上图）

议事厅大殿前广场。（2012年12月2日 摄 右图）

护法殿（下图）

玉音楼（右图）

复建中的玉音楼（张桐胜 摄 下图）

参与木府重建
无私献计著文

万卷楼（上图）

家院门楼（右图）

家院内景（2012年12月2日 摄 下图）

木府血脉

The Blueblood of MuFu

万卷楼（2011年4月9日 摄 上图）

长廊一角（2011年4月9日 摄 下图）

· 3月23日，中共中央政治局常委、全国政协主席李瑞环视察木府。

· 4月15日，世界银行官员查理·霍尔一行考察木府建设情况。

· 4月，〔美〕约瑟夫·洛克著《中国西南古纳西王国》中文版出版发行，本书是根据哈佛大学出版社1947年版译出的，云南美术出版社，刘宗岳等译，宣科主编。书中有60余页记载《木氏宦谱》，图版收入木氏土司画像30余幅。

1999年4月，约瑟夫·洛克著《中国西南古纳西王国》（中文版）书影，云南美术出版社。（上图）

洛克像（资料照片 右图）

按一

《中国西南古纳西王国》前言（摘录）

约瑟夫·洛克著 杨福泉译

这部现在公诸于众的著作是我研究中国西部的系列著作之一。它叙述的是云南西北部、西康、西藏和四川西南部的纳西人（汉人称之为麽些）所居住的地区。严格地说，已有人对这些地区进行了地理学的探险考察，但这一带的一些区域还包括一些很少为人所知，顶多只有两三个欧洲人(包括笔者在内)考察过的地方，如四川西南部的五所等。

大多数探险者满足于对特定地区做匆匆忙忙的勘察，他们大都想在自己能支配的有限时间内尽可能地对较广的地区进行了解。而笔者则非如此。我花了12年的时间对云南、西康和与此毗连的纳西人居住区域进行了全面考察。最初是作为华盛顿美国农业部的农业勘察员，接着是作为华盛顿美国国家地理协会探险队的成员到这些地区考察；最后当我自己能全力以赴地从事纳西部落以及他们的文献、他们的居住区域的研究时，我进行了个人的独立考察。

在动手写这本书之前，我首先花大部分节约下来的经费进行资料收集工作，首先收集关于中国西部的中国文献，然后收集所有用欧洲语言撰写的有关这些区域的出版物。我收集到各种各样不仅仅包括中国西部省份，而且包括了中国18个省份和附属地区的"通志"，购买到自明代以来迄今中国官方出版的云南、四川、甘肃、西藏所有县、州、厅的地名志书。由于持续几近25年的镇压回民暴动引发的战争，使很多地区收藏在衙门中的木版印刷物和志书版本被烧毁，因此，这些中国西部地区的地名志书已经十分稀少，在各个西部省份已经很难获得。我在中国故宫图书馆和北平图书馆抄录到一些地方志书的孤本；收藏中国地方志书颇丰的上海徐家汇天主堂图书馆也准许我抄录一些稀有珍贵的藏书。因此，我自己的藏书中有很多在亚洲、欧洲和美洲各个图书馆中所没有的孤本图书。

当我住在过去纳西王国的首府丽江之时，我获得了所有重要的碑文拓片，拍摄了纳西首领的家谱和珍贵的手稿，以及可以追溯到唐代和宋代的祖传遗物。此外，我还收集了4000多本纳西象形文手稿(东巴经——译者)。其中的许多手稿具有历史价值，其他不少手稿是纳西人的宗教文献，它们与西藏佛教前的本教有关。

我对汉文的偏爱使我在15岁时就开始学习汉字。继而使我产生了对中国广袤的偏远地区进行探险，身历其境探索它的历史和地理的渴望。我对汉字的爱好也促使我学习古代纳西语言文字，虽然它们现在已不再使用，但保留在象形文文献中，使其秘密终究能披露于世。我曾经步行和骑马，从暹罗(泰国之旧称——译者)起一直行进到蒙古西南部；同时，我也走遍了纳西人的居住地。有了上述种种条件，我开始了探索这个迷人而神奇的古国历史的艰巨工作。

当我在这部书中描述纳西人的领域时，逝去的一切又一幕幕重现在我的眼前：那么多美丽绝伦的自然景观，那么多不可思议的奇妙森林和鲜花，那些友好的部落，那些风雨跋涉的年月和那些伴随我走过漫漫旅途、结下深厚友谊的纳西朋友，都将永远铭记在我一生最幸福的回忆中。

我不仅由衷感激使我的探险考察得以实现的各个机构，而且也深深感激那些真挚诚实的纳西人，他们始终是那样勇敢无畏，真诚可靠。他们是我探险考察得以成功的保障。

这部书中的历史部分基于很多汉文原书，很难一一列举。在书中的注释和所附的引文出处中，读者可以看到本书所引译的汉文史书，也许这难以完全满足读者的愿望，但对那些熟悉中国地理和历史文献的读者来说，要找到这些史书是不难的。当然，书中所引述到的很多地方志书，可能在我的个人藏书中才能找到。

书中的图片是我所拍摄的，这些照片的拍摄主要得到了华盛顿美国国家地理学会的资助，我在这里真诚地感谢该学会允许我在书中使用这些照片；另外一些图片是我在这些地区进行个人考察时拍摄的。

如果此书有失误之处，我祈求读者的宽容，祈求那些会翻阅到拙著的汉学家和我的许多中国朋友的宽容，我不会拒绝任何建设性的批评，而是真心地企盼着这样的批评。这本书是在艰难的环境中产生的，我最早在1934年就着手写作此书，当时做梦也没想到日后会有那么多的干扰，直到12年多之后才得以最后完成。

我曾两次撤离云南。一次是当中国红军进入云南时，我将自己的全部图书搬到了印度支那半岛边境。当日军的轰炸机入侵昆明时，我再次收拾行装撤离，随之而来的就是日本人带来的死亡和破坏。为防止我的图书可能遭到破坏，我迁移到印度支那的大叨（Dalat），在那里住了一年半之后，我又不得不收拾行李，将我的图书搬到夏威夷。这屡次的干扰和日甚一日的忙乱造成工作的延误，是我一生中最不愉快的经历。

我衷心地向哈佛大学燕京学院董事会和院长瑟奇·埃利泽夫（Serge Elisseeff）教授表示感谢，出版此书得到了他的批准；我也向美国军队地图服务社表示感谢，本书所附的地图和地名的印制得到了他们的帮助。

我于1944—1945年作为美军地图服务社的顾问，有机会修正关于中国西部包括西藏东部的航空地图、查核中国边境的地图原本，后者是极不完善的；地图上标志的很多汉字地名与当地所用的名称大相迥异，地形地貌的描述更不可靠，形成这种情况的主要原因是到边地考察的不易，通讯条件的缺乏，部分原因也由于当地一些民众对外国人怀有敌意。

……

1945年夏于［美国］马萨诸塞州坎布里奇

（［美］约瑟夫·洛克著：《中国西南古纳西王国》，第9页）

按二　　洛克著《中国西南古纳西王国》载［图44］木琼（第32代）照片，后排中间者为现任土通判，所抱小孩是他的儿子即第33代，名叫木松奎。木琼是木保的儿子。木琼的右边是他的叔叔，其余3人是他的表兄弟。（［美］约瑟夫·洛克著：《中国西南古纳西王国》，图版第26页）

·4月，夫巴著《千古奇人生命的最后旅程——徐霞客与丽江》，由云南民族出版社出版发行。

·5月2日，中共中央总书记江泽民视察木府。

·5月17日，国务院副总理钱其琛视察木府。

·5月21日，金庸在木府与丽江"文坛奇人"王丕震会晤。王丕震著有长篇小说《徐霞客》。

补白一

王丕震著《徐霞客》被收录在《王丕震全集》第49卷，30余万字，中国文史出版社，2008年3月版。

补白二

《丽江县革命史》书影

王丕震，纳西族，1922年11月出生在丽江古城的一个书香世家，从小在父亲所办私塾上学，打下良好的汉语文史基础。他命运坎坷，曾被划为右派劳改了24年，平反后回丽江。王丕震从62岁开始创作，在18年间，创作了142部、3000多万字的长篇历史小说，书中人物有27位帝王、52位将相、25位才子、17位佳人、5位现代名人，创造了古今中外历史小说创作的奇迹，打破了高龄段创作历史小说部数和数量最多的世界纪录。他的历史小说大陆出版发行12部，台湾出版发行74部，王丕震成为目前为止在台湾出版发行中国历史小说最多的大陆作家。2003年王丕震去世。（文一：《纳西奇才王丕震》，原载《人民日报海外版》，2009年11月6日，第7版）

金庸，1924年3月10日出生，本名查良镛，浙江海宁人，武侠小说作家、新闻学家、企业家、政治评论家、社会活动家，香港最高荣衔"大紫荆勋章"获得者。

· 6月1日，联合国教科文组织亚太司文化部部长理查德视察木府。

· 6月4日，中共中央政治局候补委员、国务委员吴仪视察木府。

· 6月，为纪念人民政协成立50周年，木光撰写了《提高认识，增强合作，再创辉煌》。

· 6月，《丽江县革命史》（新民主主义时期），由云南人民出版社出版发行。

· 7月17日，全国人民代表大会常务委员会副委员长彭佩云、原副委员长王汉斌视察木府。

· 7月，丽江举办"首届中国丽江国际东巴文化艺术节"，木光受聘为组委会副主任兼集资部部长，共筹集资金40余万元。

· 7月29日，全国政协副主席万国权视察木府。

·8月13日，全国政协副主席陈锦华视察木府。

·10月19日，全国人民代表大会常务委员会副委员长铁木尔·达瓦买提视察木府。

·10月21日，香港特别行政区首任行政长官董建华及家人参观木府。

·10月，木光70大寿，举家庆祝。

木光70大寿与夫人合影

·12月，木光撰写了《加快边疆民族贫困地区的脱困步伐》，文章总结了"九五"3年来临沧地区的成效和经验。

按

《加快边疆民族贫困地区的脱困步伐》（摘要）
加大扶贫投入。省、地、县三级共投入各类扶贫资金6.3121亿元，比"八五"期间增1.8421亿元(所反映的数据均截至1999年6月底统计数)。其中小额信资扶贫资金达0.35亿元。
加快基础设施建设。全区共建成基本农田（地）70.41万亩，累计达181.28万亩；已解决31.8747万人和21.1048万头大牲畜饮水困难；建成水田和水浇地5.8346万亩，累计达到110.97万亩；水利化程度由26.72%提高到28.65%。新增通公路村（办）282个，村(办)通公路率由69.5%提高到100%；新增通电村（办）215个，农户通电率由70.9%提高到79.06%；新增通电话村（办）68个，通电话率由92.6%提高到100%。新增村（办）文化室485个，累计达到710个；新增村（办）完小72所，新增"普六"乡（镇）52个和"普九"乡（镇）23个，累计分别达到86个和23个。新建地面卫星接收站328座,电视覆盖率由80.84%提高到85.12%,广播覆盖率由57.7%提高到77.37%。

努力培育支柱产业群。三年多来投入蔗糖企业专项扶贫贷款1.11亿元,新增榨糖日处理能力1.10万吨,新增甘蔗面积29.2万亩,受益贫困农民27.74万人。投入茶叶企业专项贷款0.06亿元,新增年生产能力1.2万担。新增改造茶园面积2.2万亩,受益茶农0.75万人,两年来全区八县以贫困农户为承贷主体,为23603户贫困农户发放小额信资扶贫贷款0.306亿元,引导发展畜牧、商贸、运输、种植及加工业,多渠道开辟经营门路,增加农民收入。

农村经济实现大幅度增长。国民生产总值由31.66亿元增加到41.44亿元,农业产值由16.77亿元增加到26.3亿元,人均纯收入在300元以下的贫困人口由60.17万人减至6.14万人,农民人均纯收入由431元提高到640元,农民人均占有粮食由270公斤提高到302公斤,农村贫困发生率由42.6%下降到22.6%,全区在三年多来共解决45万贫困人口的温饱。

提高劳动者素质。全区农村青壮年文盲率由12.18%下降到5.1%,科技对农业的贡献率逐年提高,广大农户掀起了学科技用科技的高潮。三年多来全区共举办各类科技培训28464期,培训农民达206.7889万人次。

有关困难和问题。临沧地区与全省贫困地区一样,扶贫攻坚进入决战阶段,形势十分严峻,困难和机遇并存。一是时间紧、任务重,要实现基本解决贫困人口温饱目标只有一年的时间,全区预计还有27万贫困人口未解决温饱(不包括约10万人的社会救济对象);二是难度大,剩下的贫困人口大多居住在自然条件较恶劣、基础设施条件较差、劳动者素质较低、经济社会发展较为落后的地区;三是自然灾害频繁、返贫现象突出,受市场因素制约,贫困农民增产增收难,稳定脱贫难度很大。(木光著:《参政议政文集》,复印本,第91页)

· 是年,中国徐霞客研究会副会长、北京大学教授于希贤到丽江,与黄乃镇会谈。于希贤介绍了中国徐霞客研究的发展情况。于教授提出了"没有木府参加的徐霞客研究会只能算是半个徐霞客研究会"的观点。他建议丽江方面不仅要参与全国徐霞客研究,还要成立丽江徐霞客研究会。此后,中国徐霞客研究会与丽江木府不断往来,并邀请丽江有关人士参加江阴徐霞客研讨会等活动。

· 是年,李霖灿逝世。

李霖灿(资料照片)

补白

李霖灿（1913—1999年），国际知名的纳西族文化研究专家、中国美术史专家。河南省辉县人。1938年杭州西湖艺专毕业后，在丽江做了4年的边疆艺术及纳西族象形文字的考察研究。1948年赴台湾，任台北故宫博物院副院长。主要著作：《麽些象形文字字典》《麽些标音文字字典》《麽些经典译着九种》《麽些研究论文集》《玉龙大雪山·霖灿西南游记》等。晚年还剪下一缕头发，请乡亲们代他埋于玉龙山下云杉林中。1992年，丽江县人大常委会授予他荣誉公民称号。（木基元著：《木基元纳西学论集》，第97页）

1999年2月，木府复建工程告竣，石牌坊也按照原样修复，石坊全部采用下虎跳金沙江边的汉白玉石材建造，跨度9米，高约18米。（2012年12月2日摄）

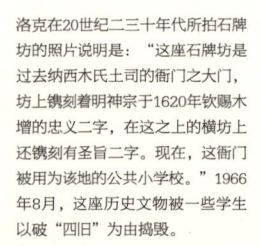

洛克在20世纪二三十年代所拍石牌坊的照片说明是："这座石牌坊是过去纳西木氏土司的衙门之大门，坊上镌刻着明神宗于1620年钦赐木增的忠义二字，在这之上的横枋上还镌刻有圣旨二字。现在，这衙门被用为该地的公共小学校。"1966年8月，这座历史文物被一些学生以破"四旧"为由捣毁。

木府血脉

The Blueblood of MuFu

石坊面对的影壁上，书写着明朝末年（1639年）旅行家徐霞客到达丽江时，对木府的描述："宫室之丽，拟于王者"。（2014年8月19日摄）

2000年

（庚辰）

71岁

·1月，在云南省政协八届三次会议上，木光提交的交流材料题目是：《解放思想 务实求真 开创民族文化事业新局面》。文章从两个方面论述了临沧地区民族文化建设的成绩及发展思路，一是民族文化建设成效及经验，二是文化工作的发展思路和目标。

按

《解放思想 务实求真 开创民族文化事业新局面》（摘要）
一、民族文化建设成效及经验

1. 明确了以县为区域的民族文化特色优势，为今后工作目标和中长期发展奠定了文化理论基础。比如以沧源佤族三千多年历史文化发展轨迹为主要框架的具有鲜明民族性格和山地民族风格的民族文化；以凤庆茶文化和几千年儒商文化历史积淀为特色的旅游文化；以耿马傣族宫廷佛寺文化及以云县彝族澜沧江流域文化带为重点的驿道文化等，从而确立了在建设云南民族文化大省中建设临沧特色文化的根本思路。

2. 以艺术表演团体和电影发行放映系统的管理体制改革为龙头的文化体制改革，积极开展以文补文、多业助文和主副互补活动。在强调社会效益为主的前提下，逐步实现了社会效益与经济效益的统一。

我区（临沧地区——本书编者注）艺术表演团队为适应改革开放及市场经济的需要，自1994年开始逐步实施体制改革，走"制度改革、精品战略、市场开发、人才培养"的新路子。特别

参与木府重建
无私献计著文

是其中"制度改革"中的"五定"(定人员编制、定经费包干、定年创作演出任务、定年创收经费、定领导目标责任制)管理办法,已成为我区文艺表演团体改革的一种成功模式,在全省起着示范作用。地区民族艺术团创作排演的大型舞蹈《阿佤人》、《澜沧江壮歌》《临沧鼓》及小型歌舞《木鼓舞》《彩色的云》《佤山春天》和沧源县文艺表演队创作的《司岗里》等节目多次在国家级、省级演出活动中获奖。文艺表演团体还保持了每年都有一至二支团队走出区门国门宣传临沧,进行广泛的文化交流。

3. 创建文化先进县工作和千里边疆文化长廊建设成绩显着,制定了"2331"文化长廊建设工程计划。即:用两个五年的时间,分别在边境沿线,高寒山区等三种不同地区,建设有文化活动中心、农业科技中心和基础党员教育中心的多功能文化阵地,各自拥有一个以文补文或文化实体。

4. "三馆一站达标"工作跨入全省先进行列。多年来,全区地县乡村四级文化网络采取"几个一点"的筹资办法,逐步改造和增加文化设施。在全国全省的达标工作中,全区9个公共图书馆有6个馆(临沧县、云县、凤庆县、永德县、镇康县、沧源县)均达国家三级图书馆标准,8个县级文化馆,有两个馆(云县、临沧县)达文化馆一级标准,有4个文化馆(耿马县、镇康县、沧源县、凤庆县)达二级标准;90个文化站中,有8个达文化站一级标准,20个文化站达二级标准,10个文化站达三级标准。达标率为41%。

5. 文物保护管理和利用工作得到加强。临沧地区历史悠久,民族众多,历史文物和民族文物较为丰富。1982年的文物普查,全区共发现126个点,共计古遗址、墓葬、古生物化石地点等地下文物67处;古建筑、古桥梁、古城址、摩岩石刻、碑碣、崖画点及纪念性建筑等地面文物54处,登记传世历史文物、革命文物、民族文物114项。经各级人民政府正式审定公布,我区重点文物保护单位共40个。其中:全国重点文物保护单位2个;省级重点文物保护单位3个;地区文物保护单位10个;县级文物保护单位25个。至此,我区具有一定的历史、艺术、科技研究价值的文物古迹得到了法律的保护。许多重要古建筑、纪念性建筑维修开放后,为弘扬临沧民族文化起到了积极的作用。

6. 文化市场管理得到进一步规范。

7. 电影译制工作成绩突出。电影是我区农村特别是高寒民族地区农民主要文化生活之一。尤其是少数民族群众,观看民族语译制电影是接受现代生活知识的重要途径。全区民族语译制工作持续在经费困难条件下,坚持每年译制10部故事片。由于成绩突出,先后于1994年和1998年分别获得由国家民委、广电部、文化部等颁发的第一期和第二期少数民族题材电影"腾龙奖"和"骏马奖"。1998年译制组又获得"译制工作集体奖"。(木光著:《参政议政文集》,复印本,第79页)

· 2月26日,海峡两岸关系协会会长汪道涵视察木府。

· 2月,在临沧地区政协迎春茶话会上,木光以云南省政协常委的身份做了题为《新世纪面临的挑战和机遇》的书面发言。该文是木光经过调查后的研究成果。木光说:"……有些地区缺乏树立现代市场经济意识和把握符合市场经济规范的方法和手段,以宏观的高度调研分析和对项目的科学论证不够慎重;建设资金投向和实施管理上都出现过一些决策上和管理上的失误,造成不应有的浪费损失。"木光举例说:"全省而言,如昆溪铁路、安宁磷化厂、昆禄公路豆腐渣工程造成数十亿元的浪费损失。多年来的重复建设,使相当一部分国企生产能力不能发挥,产品积压增加,有些由于多种原因导致破产。政府行为而言,虽然丢掉了包袱,但造成国有资产的流失。联系我区的实际,如双江纸厂,几个县的茶厂,临沧县糖厂等一批国企都属于发展产业,群体上突出失误的历史教训,值得认真加以反思总结。"

木光列举了一串数据说明现实的严峻性。他说:"不久前《云南日报》登载了国家决心压缩制糖产量,将关闭140多家糖厂,将制糖生产能力由1050万吨,压缩到818万吨。我区甘蔗入榨面积已达100万亩,覆盖全区8县60多万农户,受重复建设和供求关系变化影响,糖价持续低迷,加上企业内部管理不严,机制不活,产糖率和总回收率分别比全省平均数低0.89%和5.84%。到去年(1999年——本书编者注)底止,糖业累计亏损额达4.2亿元,资产负债率将达到98.96%,有一半以上的企业资产负债率将超过100%。企业欠付蔗款打白条的情况严重,影响到蔗农增收和再生产的积极性。鉴于这种情况,调整蔗糖产业结构势在必行,适当减少甘蔗种植面积,增加种蔗科技含量、提高单产、大力开发制糖原料的综合利用,强化企业内部管理措施,大幅度地降低生产成本,希望在决策措施上下点真功夫,扭转糖业继续亏损的局面。"(木光著:《参政议政文集》,复印本,第1页)

· 4月21日,全国政协副主席张思卿视察木府。

· 6月30日，国务院副总理吴邦国视察木府。

· 8月11日，全国妇联副主席、书记处第一书记顾秀莲视察木府。

· 8月14日，93岁的费孝通（北京大学教授、全国人大原副委员长、中国社会学会名誉会长）到木府参观，当得知徐霞客来过丽江，欣然题词。

按

在木府，费老题写了"纳西古城，民族瑰宝"，"木府园林，民族奇葩"的墨宝后，又乘兴写下"纳西古建世称绝，前贤霞客六垂青——2000年8月重访木府导游为述史实书此为念并记乡贤徐老的访实精神有感"的条幅。（和红嫒：《丽江木府恢复重建编年实录1996-2007年》，载于木仕华主编《丽江木氏土司与滇川藏交角区域历史文化研讨会论文集》，第420页）

· 8月22日，全国政协副主席、中央统战部部长王兆国视察木府。

· 9月29日，全国政协副主席、民革中央副主席周铁农视察木府。

· 12月，戈阿干、和晓丹著《王国之梦——顾彼得与丽江》，由云南教育出版社出版发行。

· 是年，木光拟写了《关于边境民族地区几个突出问题的反映》的调查报告。报告中，木光反映了近一段时间边境民族地区一些突出的实际问题，并以较为详实的数据加以说明，表达了自己的担忧和思考。首先，他肯定了近年来边境民族地区的经济和社会发展，取得了长足的进步。木光举例说明："截至1999年6月底，全区农业产值由16.77亿元增加到26.3亿元；农民人均纯收入由431元提高到640元；农民人均粮食由270公斤提高到302公斤。三年来全区共解决45万贫困人口的温饱，扶贫攻坚取得了显著成绩。"

木光分析说："但边境地区少数民族由于历史原因，社会发育程度低，科学教育欠发达，生产方式滞后，商品观念淡薄，贫困面大。据1998年底的统计，耿马、镇康、沧源三县农民人均纯收入500元以下贫困人口有21.2万，经济社会发展速度与内地差距越拉越大。"

木光依调查数据进一步指出："我区边三县与缅甸北部交界，边三县共有30个乡镇247个村办，1139个自然村，其中有11个乡镇的40个村办与缅北山水相连，国境线长290.91千米，三县总人口548180人，少数民族人口303122人，占三县总人口55.3%。"

木光以邻邦缅甸为例分析："缅政府对边境采取了一些特殊政策，注重协调解决中央与边境地区民族之间的关系，在仰光先后成立了'边境地区与民族发展委员会''边境农业开发部'，还在清水河市成立了'特区开发部'，专门负责边境地区少数民族各项优惠政策的制定和调查研究。同时将靠近我区镇康县老街和靠近沧源的南登，以及临近耿马边境的清水河划为开放区和特区，实施开放和优惠政策。"

木光将缅甸政府的具体措施列举如下：

1.投资4亿多美元改善边境地区基础设施建设。发展文教卫生、社会福利事业，为边境民族提供生产、生活等方面的援助。果敢地区修建了一些学校和医院，大多实行免费教育和免费医疗。

2.凡进入特区销售的生产资料和生活用品，免征进口关税。

3.两国边民互市交易只征收卫生费和入境出境费，其他税费免征。

4.凡前来投资办企业的免征所得税，企业利润再投资的亦免征所得税。

受境外政策优惠和资源诱惑的吸引，我国部分边民外迁。如镇康县军赛民族乡中场村自1997年以来，举家外迁的有20多户100多人；沧源县边民到南登特区橡胶园打工的约有2000多人，有的办了临时暂住户口，有的落了户。

在境外办厂、开店、建房的手续简便且税费低等原因，使省内外商人到境外办厂办企业，各行经营的人数有所增加，形成资金外流，产生一些不稳定因素。集中概括就是人心向外、部分边民外迁、资金外流的情况值得引起政府部门关注。

另外，木光对边境毒品泛滥的问题也表示关注："边境地区禁毒缉毒形势严峻，毗邻的佤联邦及果敢特区拥兵自重、以毒养兵、以兵护毒，毒品走私活动猖獗。"

在调研报告的最后，木光提出了几点要求和建议：

1.政策上给予倾斜，主要是恢复《民族区域自治法》中的优惠政策，在扶贫开发中不搞"一刀切"，项目上降低拼盘比例。

2.充分利用边境地区资源优势，在种养加工开发项目上进一步加大投入扶持。

3.加大对边境地区基础设施建设的扶持力度,并增加边境建设事业补助费。

4.对文教卫生增大投入。目前,边境少数民族地区、高寒山区、贫困地区文化生活贫乏。一到晚上除了鸡叫、狗咬、娃娃哭的声音外,没有任何精神文化生活。20世纪50年代至80年代,一年还可以看到六七场电影。现在放映成本上升,广大民族地区观众又没钱看电影,农村电影已基本消亡。广大民族地区、高寒山区成了电影放映空白点。70年代开始,全省每年用于补助民族地区、高寒山区农民看电影经费66万元,现在一直没增加。结合建立云南民族文化大省战略目标的实施,建议省政府每年拨款600万元用于对边境民族地区、高寒山区、贫困地区人民群众看电影的补助(湖南省每年500万元)。另外,民族语电影译制补助费,由现在每年20万元提高为60万元。

5.建立反渗透信息网络,增加缉毒干警编制、经费及改善缉毒监测设备。

6.建议省委派一个调研组对上述问题进行核实。(木光著:《参政议政文集》,复印本,第53页)

· 2000年下半年,云南省政协部分领导到临沧进行工作调研,木光代表地区报告了临沧地区经济社会发展情况。通过木光的报告,可以了解到临沧地区的一些基本情况:临沧地区是1953年至1956年间,先后从大理、保山、思茅专区(地区)的边远县划出组建成立的,地处澜沧江、怒江两大流域之间。全区辖8县、89个乡镇,总面积24469平方千米。1999年底,全区总人口221.16万人,有彝、佤、傣、拉祜、布朗等23个少数民族,少数民族人口81.8万人,占总人口的37%。1999年,全区国民生产总值51.1亿元,比上年增长7.8%;工农业总产值42.52亿元,增长6.3%;粮食总产量74.18万吨,农民人均占有粮食337公斤;农民人均纯收入702元,城镇居民人均可支配收入5760元;财政收入4.92亿元,其中地方财政收入3.51亿元;适龄儿童入学率98.75%,人口自然增长率12.38‰。全区89个乡镇、925个村(办)均通公路;临沧民用机场可望年底建成通航;全长264.17千米的祥云至临沧二级路澜沧江至临沧段建设经国家交通部批准立项,可望年内动工建设;澜沧江航道临沧港正在抓紧争取立项;邮电通讯、能源、城市建设等基础设施有较大改善。(木光著:《参政议政文集》,复印本,第165页)

· 是年，第四期《民族》载木基元《"困"字的启示——明代木氏土司传奇》。

2001年

(辛巳) 72岁

· 2月，云南省政协八届四次会议上，木光作了大会发言，题目是《加强领导、狠抓落实、努力实现贫困人口基本解决温饱目标》。他在认真总结回顾临沧地区"九五"扶贫攻坚取得的成绩和经验后，就目前仍然存在的一些不容忽视的问题做了认真的叙述和分析。

按

《加强领导、狠抓落实、努力实现贫困人口基本解决温饱目标》（摘要）

1.预计到2000年末，临沧地区仍有32.6万贫困人口（含社会救济对象）未解决温饱问题，有15个省定扶贫攻坚乡、3个地定扶贫攻坚乡不能实现解决温饱目标。

2.已基本解决温饱问题人口的标准低，返贫率高（一般在20%左右），稳定解决温饱难。

3.虽然贫困地区的基础设施通过扶贫攻坚有较大改善，但由于投资少，标准仍很低，难以发挥其应有的效益。

4.扶贫攻坚工作发展不平衡，县与县、乡与乡、村与村发展存有很大差异，而且越到后期问题就越突出，任务就越艰巨。

5.随着经济的发展，临沧地区与发达地区的差距不断拉大，与发达地区相比，临沧地区的贫困面很大，贫困程度很深，自我发展能力弱，是需要国家和省继续给予重点扶持的贫困地区之一。（木光著：《参政议政文集》，复印本，第67页）

· 2月，木光就临沧地区的三个直接关系到百姓切身利益的实际问题，专门致函云南省政协八届四次会议，以《有关几个问题的反映》为题，反映基层情况，下面是函件的内容摘要：

1.对贫困县增加科技投入的问题

临沧地区、思茅地区、文山州科技三项费拨款占本级财政预算支出的0.06%，怒江州占0.03%，保山地区占0.04%，迪庆州占0.08%。这与《中共云南省委、云南省人民政府关于贯彻落实

《〈中共中央 国务院关于加速科学技术进步的决定〉的实施意见》中规定："地（州、市）、县（市）财政科技经费拨款，应当以高于财政经常性支出增长的速度逐年增加，其中科技三项费拨款一般应占本级财政预算支出的1%以上，贫困县一般应占0.5%以上"的要求相差甚远，与发达地州科技三项费用投入几百万元、上千万元，有的县级都达到百万元相比差距更远。

以临沧地区为例，地处祖国西南边陲，交通不便，经济、社会、科学文化相对滞后，全区所属8县有5个省级贫困县、40个省级贫困乡和19个地级贫困乡，贫困人口比重大，脱贫任务艰巨。全区自1985年实行财政切块包干以来，县级原有的科技三项费与县级财政统筹使用，从此县财政就很少安排或不安排科技三项费了。情况稍好一点的县能安排2万–3万元，多则4万–5万元就很不错了，个别县十多年来一直未安排过科技三项费。

建议省政府在每年安排的科技事业费和科技三项费中分别切块给贫困县，建议在"十五"期间每年给每县10万元左右定额投入。

2.关于扶贫攻坚问题

临沧地区经过几年的努力，贫困面貌发生了很大变化，贫困群众的生产生活条件有了明显改善，到2000年末已有68万贫困人口解决了贫困问题。目前，全区仍有32.6万贫困人口（含社会救济对象）未能解决温饱问题，有15个省定扶贫攻坚乡、3个地定扶贫攻坚乡不能实现解决温饱目标。这部分人大多分布在高寒山区、深山区、土地贫瘠地区和少数民族聚居区，攻坚难度大，要实现解决温饱目标，任重道远。此外，在已基本解决温饱问题的人口中，也还存在标准低，返贫率高（一般在20%左右）的问题。因此，建议在"十五"期间继续给临沧地区重点扶持。

3.关于计划生育问题

近20年来，坚持开展计划生育工作，临沧地区累计少出生人口25万人，为家庭节省了47.33亿元抚养费，为国家节省抚养费7.39亿元，共节省抚养费54.72亿元，相当于目前全区国内生产总值。

目前存在的主要问题是计生系统人才缺乏。需要利用一切可能的途径，为计划生育科技队伍创造在职学习、培训进修的机会，千方百计提高技术人员的理论水平、技术水平和工作能力。

目前，临沧地委、行署已同意新建地区计划生育中心服务站，计划总投资250万元，现已投入100万元征地4亩，缺口资金120万元。临沧地区财力十分紧张，无力增加大的投入，请在省

长专项资金中重点给予扶持。（木光著：《参政议政文集》，复印本，第47页）

• 是年，第2期《学术探索》，载朱惠荣的文章：《徐霞客与明末鸡足山》。

• 3月，《丽江纳西族自治县志》由云南人民出版社出版发行。

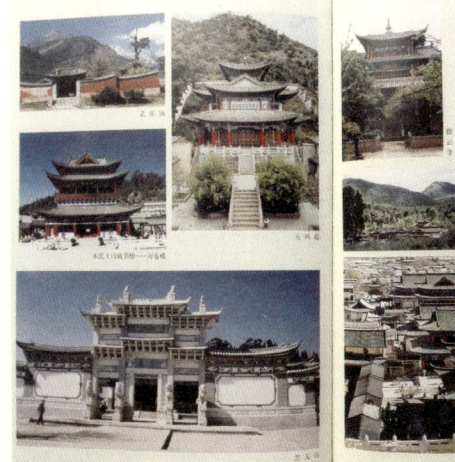

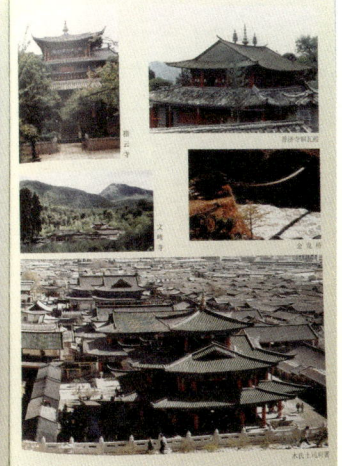

《丽江纳西族自治县志》书影（上图）

《丽江纳西族自治县志》插页（右图）

• 3月，木光参加云南省政协八届四次会议后，在临沧地区政协组织的会议上，向各市县政协负责人做了《关于云南省政协八届四次全会主要精神的汇报》。在汇报材料中，木光首先介绍了自己在会期的主要活动。他说："会议期间，我还应邀参加省委、省政府领导主持召开的民族宗教界部分委员代表参加的座谈会，会后出席了令狐安书记邀请的便宴。令狐安书记一见面就和我握手，说：'昨天《云南日报》登载了你发言的照片，你的表现很活跃，希望继续努力，为云南的发展做贡献。'领导对我的期望和鼓励使我很感动。我受民族大组的委托，出席了省政协八届四次会议举行的云南省'十五'计划纲要报告的协商会，省政府领导李嘉廷、牛绍尧、梁公卿、黄炳生、李汉柏、程映萱、陈勋儒，秘书长邹钢仁及30多位部委厅局领导到会听取了政协委员的发言。两个重要的会议，我都争取到第一个发言，与领导对话，直接反映我区的情况和存在的问题。"

木光说，他反映的主要问题是以下四个方面：

一是对贫困县增加科技投入的问题。

二是关于扶贫攻坚问题。

三是关于计划生育问题。

四是关于建设临沧民族文化强区问题（详细内容见木光《有关几个问题的反映》及《加强领导 狠抓落实 努力实现贫困人口基本解决温饱目标》——本书编者注）。（木光著：《参政议政文集》，复印本，第57页）

· 4月，为了保护与丽江古城相关的文物遗址，白沙乡人民政府向丽江县旅游局递交了《崖脚木家院重建报告》。

按　　《崖脚木家院重建报告》
丽江县旅游局：

白沙是世界文化遗产——丽江古城的重要组成部分，是大研古城的母体与雏形，是丽江木氏土司的发祥地和宋末至明初丽江的政治、经济、军事、文化中心。白沙不仅具有丰富的自然旅游资源，而且具有丰富的人文旅游资源，位于白沙古街西面芝山脚下的崖脚木家院（纳西语称为"崖可丹"），是在丽江历史发展过程中具有极其重要地位的木氏土司最早居住的地方，是木氏"祖宅"。据《木氏宦谱》记载，木氏土司在此世居20多代，达700年之久。公元1639年农历正月二十九日，明代大旅行家徐霞客应木增之邀，在此驻足八日。旅居丽江达27年之久的纳西学之父美籍奥地利学者洛克，在其著述中也多次提及崖脚木家院，并在著作中记载了崖脚木家院的有关情况。由于缺乏保护与管理，木家院文物已几乎全部流失于民间。昔日辉煌、宏大的木家院现仅存遗址。

白沙乡党委、政府为促进白沙旅游业的发展，挖掘、研究、传承和弘扬民族文化，增加白沙景区（点）的文化内涵，响应丽江县委、县政府提出的把丽江建设成为民族文化大县的号召，决定重建白沙崖脚木家院，整个项目计划投资136万元，其中36万元地方自筹，100万元向省政府及相关部门申请。

此报告如无不妥，请予转报。

白沙乡人民政府
二〇〇一年四月二十六日

补白　　白沙民居建筑群位于丽江古城以北8千米处，这里曾是宋元时期（10–14世纪）丽江地区政治、经济、文化的中心。白沙民居建筑群分布在一条南北走向的主轴上，中心为一梯形广场，四条巷道从广场通向四方。白沙民居建筑群的形制，为后来丽江古城的建设，提供了重要的参考依据。

木府血脉
The Blueblood of MuFu

余嘉华编：《李群杰文集》，云南民族出版社，2011年8月版

・6月26日，香港邵氏影业公司董事长邵逸夫、香港特别行政区政务司司长曾荫权等一行50多人参观木府。（和红媛：《丽江木府恢复重建编年实录1996-2007》，载于木仕华主编《丽江木氏土司与滇川藏交角区域历史文化研讨会论文集》，第420页）

・8月，《方国瑜传》出版发行，方福祺著，云南大学出版社。

・8月，《李群杰文集》出版发行，余嘉华编，云南民族出版社。

按一　在《李群杰文集》中，李群杰在《母亲——无法冷却的悲痛》一文中写道："有一天，我的弟弟李群秀及外甥木光突然出现在我的面前，由当时丽江地区专员欧根同志将他们从丽江带到昆明交给我。我不知道这是组织的安排或是母亲的请求，或者两者都有吧。那时候令母亲忧心如焚的是他们俩人在历史风暴中的安危。他们来了，没有带来母亲给我的只言片语，不言而喻，写信及嘱咐怕影响他们及我的前程。……我责无旁贷地把弟弟和外甥收留下来，并帮助他们走上自食其力的道路。"（李群杰：《母亲——无法冷却的悲痛》，载于《李群杰文集》，第449-450页）

按二　在《李群杰文集》中，李群杰记载了木光的母亲、即自己姐姐的点滴情况，如在《母亲——无法冷却的悲痛》一文中他说父亲去世后，母亲"成了孤寡老人，便随同姐姐下放到边远山区去了"。（李群杰：《母亲——无法冷却的悲痛》，载余嘉华编《李群杰文集》，第450页）

・8月，李群杰《李群杰奖学金管理办法》经过充实、完善后重新公布，木光担任奖学金管理委员会委员。

按　　1996年，由云南民族出版社出版发行了《李群杰书法作品选集》，李群杰将全部所得收入捐给故乡，设立了李群杰奖学金。李群杰奖学金于1997年启动，面向丽江籍的学生，鼓励高考成绩特别突出、品学兼优、爱国爱乡、考入重点大学本科的优秀生。据李群杰奖学金办公室统计，到1997年8月28日止，已义卖《李群杰书法作品选集》收款100325元，获存款利息441.63元，丽江农业银行西郊营业所赞助800元，省政协赞助7500元。首次发放奖学金7600元。到2001年，李群杰奖学金已连续颁发5届，有

61位品学兼优的学生获得奖励。到目前为止,由丽江县政府拨出10万元配套基金,原云南省政协主席刘树生捐资2万元,李群杰奖学金总额已增至22万元。(谢本书著:《枫叶如丹——李群杰生平概述》,第340-344页)

·9月,在临沧地区政协举办的中秋佳节座谈会上,木光做了《努力学习和实践"三个代表",开创发展新局面》的书面发言。

·12月4日,时年89岁的李群杰出席云南省政协召开的《李群杰文集》首发式座谈会,并讲话。(谢本书著:《枫叶如丹——李群杰生平概述》,第373页)

·12月,云南省博物馆藏《木氏宦谱》(影印本)由云南美术出版社出版发行。张永康为《木氏宦谱》(影印本)作代序。全文如下:

抄本《木氏宦谱》浅识(代序)

在云南省博物馆库房沉睡近五十载的《木氏宦谱》手抄本,现在终于由云南美术出版社刊印发行了。此谱的公开面世,是云南省博物馆奉献于社会的珍贵文物资料,是我省历史学和民族学研究领域内的一件大事。

丽江木氏,原为丽江纳西(古称麽些)土酋,自元始盛,明洪武十五年(1382年)因归顺明王朝有功,太祖朱元璋赐之木姓,封其为丽江世袭土知府,至清雍正元年(1723年)"改土归流"止,统治丽江地区约五百年之久,在当地政治、经济、文化的发展中,有着举足轻重的地位。因此,木氏之家谱,实则是近古以来丽江乃至滇西北地区的一部编年史。

《木氏宦谱》(影印本),云南美术出版社,2001年12月版

1907年,法国人巴克(M.Jaques Bacot)到丽江,看到了木氏家谱的图谱,将其抄录并请人临摹后,于1913年正式发表在他的《麽些研究》(Les Mo-So)一书中。1931年,美国学者洛克(Joseph F.Rock)也在丽江见到这一图谱(洛克称为《木氏宦谱》乙),同时又在木氏后人处见到一部不带图像的木氏家谱(洛克称为《木氏宦谱》甲)。这两部《木氏宦谱》,洛克于1945年译成英文,在他的《中国西南古纳西王国》一书中做了详细论述。1933年,我省纳西族著名史学家方国瑜先生回到丽江,曾得到《木氏宦谱》文字本的副本。后来,方先生将《木氏宦谱》甲、乙两种本子作了考据,录入他的《云南史料目录

概说》（中华书局，1984年版）第一册中，以之为云南地方史研究的重要史料。1953年，丽江木土司后人将此两部家谱捐献给云南省博物馆收藏。1963年10月，中国科学院民族研究所云南民族调查组、云南省民族研究所将两部《木氏宦谱》的所有文字收入《云南纳西族社会历史调查》（内刊）一书中。尔后，研究学者引用的《木氏宦谱》资料，多出于此书。

此次刊印的《木氏宦谱》，即为木土司后人捐赠予云南省博物馆收藏的这两部家谱抄本，是第一次采用彩色影印、制版成书的方式，真实反映了这两部手抄本的原貌。此举是云南省博物馆李昆声馆长和云南美术出版社周文林社长的创意，并交由我和彭晓总编辑来主持完成。为此，笔者近日在省博物馆库房重新仔细翻阅了馆藏的这两部木氏家谱，确认就是洛克所见到并在其书中详细介绍的那两部。为表达方便，我把无图像的文字本称为《木氏宦谱·文谱》（原省博物馆馆长王立政先生亦有此见）；有图像本称为《木氏宦谱·图谱》。

此分述如下：

一、《木氏宦谱·文谱》（以下简称《文谱》），纸本、楷书，长37.5厘米，宽24.5厘米，约2万字，装裱成册页形式，共88页。正文前的4页，是永昌张志淳于明正德十一年（1516年）为该谱所作之序。正文标题为《玉龙山灵脚阳伯那木氏贤子孙大族宦谱》，开头11句为汉字标纳西语所作的五言创世歌（亦见于《东巴经》），接下来的12行记载纳西族远祖的神话传说；而后说木氏始祖叶古年，前有11代，后传六世至秋阳（前后16代无具名），秋阳传至木钟，凡37代。正文文字占64页。正文以后是木氏世系表，共12页，题为"序系排行之图自大明圣祖高皇帝赐姓木氏始"，故表中排列以木得始，至木德止，凡19代。最后是由清初遗民明鲁王朱桂林所写，鹤庆人梁之杰校订的《木氏宦谱重序》，占8页。

这里要说明几点：①据笔者观察，《文谱》所用纸，是一种印有红色天头地脚线（双线）的绵纸信笺，与我们所见到的清代鹤庆绵纸类似；《文谱》从头到尾的书法系一人所为，虽书写工整，但败笔较多，偶有错字（开头标题中的"宦"字即误写成宜，应为传抄本；世系最晚排至本德，德生于康熙甲午年（1714年），卒于乾隆丁酉年（1777年）。因此《文谱》传抄年代，当在乾隆丁酉以后，应为清中期传抄本。②世系表中，木泰七弟（木吉）之条目有"以庶谋嫡问拟极刑"之语，被用浓墨涂抹；泰之八弟（木沙）、九弟（木禄）、十弟（木他）、十一弟（木见）、十二弟（木乐）、十三弟（木的）及木定之三弟（木榆）

等条目均有类似评语并被涂抹。木垄之四弟（木潢）条目有"诈伪无义"之语，亦用墨涂抹过；五弟（木忠）、六弟（木成）、七弟（木蛟）、十弟（木满），也有类似情况。当时抄录此谱时的字迹是工整清晰的，涂抹则是后来发生之事，大概是木氏后人不愿正视而抹之，兹特意提请研究者注意。③《文谱》虽然是清中期的传抄本，亦为目前所知较早和较完整的抄本。此谱经现代史学家们的考证，其所载从宋末元初的阿良始，记录详备，可信度高，有的史料堪可正史。如《明史》卷340《云南土司传》载《十八年巨津土酋阿奴聪叛》一节，较为简略，而《文谱》对木得统兵征剿阿奴聪一事记载甚详，事件发生年代比《明史》所载晚一年（即洪武十九年），其真实性应更为可靠。又如《文谱》载木得卒于洪武二十三年庚午十月初六日，而《明史》却记为辛未年（洪武二十四年），作为家谱，记载生卒较慎重，不致有误。再如《土官底薄·丽江军民府知府》载："木初故，男木森袭"，《文谱》所载木初后为木土，木土后才是木森，《底薄》所记缺一代。凡例种种，此不冗言。因此，《文谱》中自元以来的记载，有较高的史料价值。即使是传说乃至神话部分，对研究丽江地区史前和中上古时期的文化发展进程，也有一定的参考价值。

二、《木氏宦谱·图谱》（以下简称《图谱》），纸本，长46厘米、宽31厘米（尺寸比《文谱》大），装裱成册，共68页。前5页是杨慎于明嘉靖二十四年（公元1546年）所作《木氏宦谱序》（楷书），序后有清道光时丽江知府陈钊镗"木氏归命永世之图"隶书题签；7至8页为陈钊镗道光二十一年所作《木氏宦谱后序》（楷书），序后有同治四年曹永贤行书跋，9至68页为画像和文字考。《图谱》共30幅画像，以"爷爷"为一世，二世阿琮（阿良父），25世为木德，均一图一考，各占一页，后5幅则有图无考。

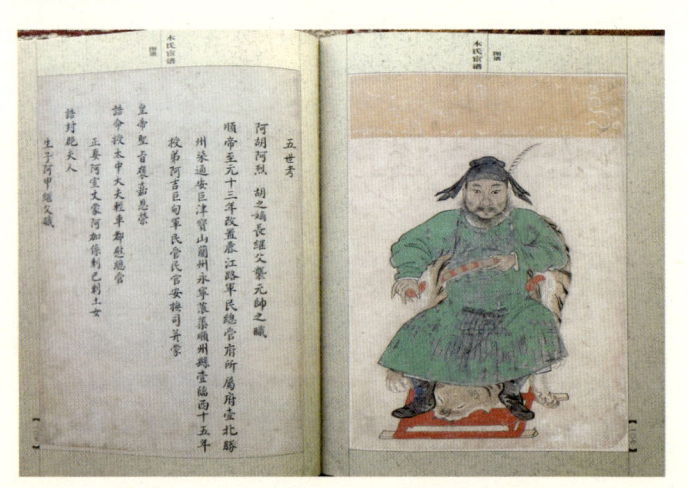

《木氏宦谱》内文

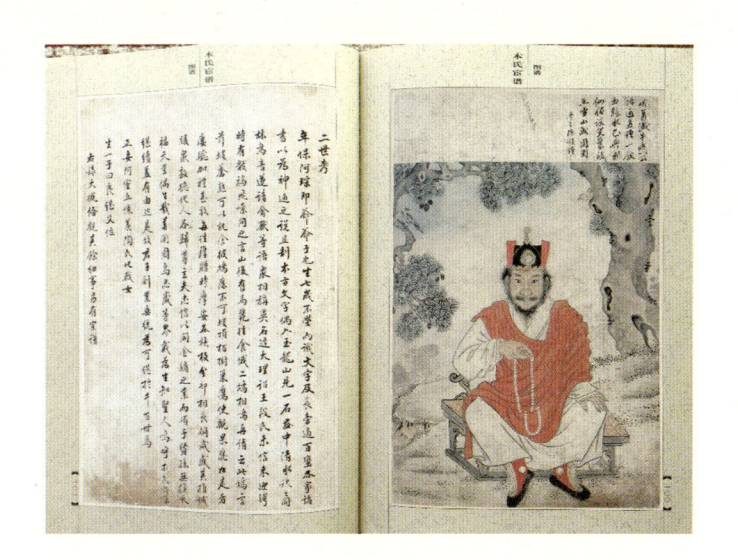

《木氏宦谱》内文

此谱情况，亦需说明几点：①杨慎序中有云："雪山植学揆藻，蛮英士林，于是修其姓氏谱谍，永昌少司徒南园张君序之，邮以示慎，属继序其后。"这里一是说木氏修家谱始于木公（号雪山），二是说杨慎是应张志淳之邀为《木氏宦谱》做后序。而此两部家谱，张序在《文谱》，杨序却在《图序》。综观二序所及木氏世系，均与《文谱》相合，并无"爷爷"之说。另外，《文谱》中朱桂林的重序也提及张、杨二序，故杨序应为《文谱》后序，传抄和装裱者将其分开，误也。②图谱中"一世爷爷蒙古籍"之说，据方国瑜先生考释，乃出于木氏为亲近清廷的附会之说，始于清嘉庆初年（《云南史料目录概说》，第一册）。③《图谱》自阿琮至木德，考释文字虽简，但与《文谱》略同，木德以后5幅画像无考释文字，据洛克先生考证，第28至29幅是同一个人（木汉）早晚不同时期的画像（《中国西南古纳西王国》，云南美术出版社1999年4月版）。如是，从第26幅起，无考的5幅画像顺序应为：木秀、木睿、木汉（早年）、木汉（晚年）、木景。④杨慎传世墨迹不多，笔者曾见其几幅经鉴定为真迹的小品，与《图谱》中杨序之书法有异。序中文字，虽为明清流行之"馆阁体"，但形体华而不实，笔道显得松散，实无文豪之风范；再经仔细辨认，杨、陈二序所用的纸相同，书写体例、行气和行笔起落习惯相似，应为一人所书，故杨序非原作。《图谱》的画像和文字考释，其画风、书体不尽相同，应为多人合作完成。⑤《图谱》序言和跋部分，时代最晚是同治时曹永贤的跋，然其墨迹较他篇鲜亮，非同时而作。另，第28至30图，其纸和墨、彩较之前面显新，应为《图谱》完成后新加之页。查木睿（第27幅画像）卒于道光十四年，故《图谱》除28至30图外，其制于陈钊镗题签之年（道光二十年），当不致有误。

关于木氏家谱的其他资料，尚有现存于丽江县档案馆的晚清《木氏宦谱》抄本，以及收藏于丽江东巴文化博物馆的刻于道光二十二年的《木氏宗谱碑》。

以上浅识，仅供研究者参考。疏漏之处，恳请方家斧正。

二〇〇一年九月七日于省博临石斋

（张永康：《抄本〈木氏宦谱〉浅识》（代序），载于《木氏宦谱》，影印本，第1-3页）

· 是年，木光写作《天雨流芳》。

按

《天雨流芳》

明成化年，丽江土知府木泰为倡导学习中原文化创兴教育，在府衙二大门建一牌坊，坊门正中挂有蓝底金字一匾，写有"天雨流芳"四个大字，纳西语意为"读书去吧"，号召民众学习汉文化。

据史书记载，丽江教育始于元代。到明、清朝代木氏土司把学习汉文化作为一件大事推行。木氏历代土知府自木得始，从中原请来名士执教，带头学习汉文化，以适应与朝廷互通政情的密切交往，运筹执政安民也需要具备高素质的汉文化修养，如果没有学识就不能替袭土官，与此同时也倡导民众学习汉文化。

天雨流芳牌坊（2012年11月28日摄）

元朝在滇设省后，即倡儒学，《元史·选举志》记载：至元十九年（1282年）夏四月，命云南诸路皆建学，以祀先圣。

《元史本纪》载曰：至元二十九年（1392年），设云南诸路学校，其教官以蜀士充之。

明代永乐十六年（1418年）二月，丽江军民府检校庞文郁向朝廷进言：本府宝山、巨津（今巨甸）、通安（今丽江坝）、兰州等四州归化日久，请建学校，从之。

嘉靖六年（1527年），木公袭职后不仅鼓励家族带头学习汉文化，并在辖区有重点地开办学馆推广汉文化的学习。明世宗御赐匾额，"行化边徼"4个字，给予嘉奖肯定（木高承袭后建坊立匾）。

《木氏宦谱》载：康熙三十一年（1694年），木兴捐创文庙，不惜千金设立义馆，延师教育。

至正十四年（1354年）《王升墓志铭》载："大理、永昌、丽江、鹤庆、姚安、威楚，诸路学庠所至庙宇，圣像一新。"这些史料说明，元代丽江已推行汉文化。

康熙四十五年（1708年），土知府木兴捐资设立义学八所。按《古今图书集成》丽江学校考载，义学八所：一在府治西，玉河书院；一设白沙里；一设剌是；一设七河里；一设九河里；一设大研里；一设白马里；一设石鼓里。

康熙四十七年，土知府置义学田，一段计20双。坐落寨后，岁纳租额20石，又劝垦吴烈里荒地10块，办义学。

所谓"木氏土司对外阶层的文化教育严加限制""不许事诗书"等歪曲历史事实的评论是不真实的。

今日丽江，进入世界文化遗产名录，其缘由有深厚的文化底蕴，观国内各民族的文化素质，纳西族站在先进文化的行列之一。从古至今，这些都与本地区历届执政者，倡导学习文化密不可分。（木光编著：《木府风云录》，第201页）

2002年

（壬午）

73岁

· 4月26日，木光受邀参加云南省文化厅举办的"农村电影改革发展会议"。会上，木光做了《心系农民，致力于农村电影事业的发展》的发言，他首先强调指出："农村电影是社会主义文化事业的重要组成部分。新中国成立以来，农村电影一直是活跃农村文化的主力军，广大农村的电影放映普及，对推进农村精神文明建设、增进民族团结、稳定边疆发挥了重要作用。"他说:"云南是个多民族的省份,边境线长达4060千米,16个民族跨境而居。西方敌对势力通过文化渠道在边境对我实施'西化''分化'战略图谋一刻也没有停止……加强社会主义电影的活力,占领农村思想文化阵地的任务,显得越加重要。

我是电影行业的一个老兵,于1990年离休。我在办理离休前两年,在地委关怀重视下于1988年推荐为政协云南省第六届委员,继后连续被选为七届、八届常务委员,在此期间我一直兼任行署文化局顾问。

在履行'政治协商、民主监督、参政议政'的职能中,十多年来我特别关注农村电影的发展变化,做过多次调研和视察。"

接着,木光回顾了近十年来农村电影改革情况。他说,"1993年以来,电影行业机制改革和国家要求政企分开的大趋势,使各级电影公司的管理职能弱化,加上农村电影费的统筹又列入减轻农民负担而被列入取消的项目,边远贫困山区农民交不起电影费。省财政厅补助电影的边补困补专项资金,出现县级过手部门截留,或用于解决县级公司职工吃饭困难的情况,致使政策性边补困补费没有用在解决农民看电影难的事情上。行业不景气、地县公司无力购置16毫米影片等诸多原因,使得农村电影队纷纷停止活动,人员另谋职业。贫困地区的农民几年看不上一场电影,农民群众的呼声越来越高。

在每年政协全会和常委会上,都以提案和调研报告等方式,反映农民看电影难的问题,要求政府关注解决。与此同时,配合省文化厅和临沧行署文化局、电影公司办了几件力所能及的实事:

1.以提案的方式,向省政府反映解决全省民族语影片译制业务经费问题,引起省领导重视,由省财政厅每年划拨省文化厅20万元专项经费。

2.为临沧地区电影公司少数民族语译制组的12个工作人员,解决了列为财政差额拨款事业编制。我多次找专员反映情况,在行署领导的重视下才于1996年列编落实。

3.多年来,我依靠省政协和临沧政协工委领导的支持,向省地两级有关部门反映地县电影公司业务建设的经费困难,先后争取到200多万元专项资金,缓解了地县级公司的实际困难。

4.今年省政协全会期间,我以联合提案方式,要求增加全省电影边补困补数额,将现有每年140万元增至500万元,以启动'2131'工程,解决'2131'工程经费的困难,已引起省政府的重视。"

就"2131"工程情况，木光谈了工作进展和自己的体会。他说，文化部、广电总局于1996年提出"电影工作要心系九亿农民，服从农村大局，在20世纪末和21世纪初，在全国基本消灭农村放映空白点，实现"2131"工程（即21世纪初农民一月一村看一场电影）。

经过多方努力，临沧地区行署以临行发［2002］40号文件批复，共有四个方面的内容：

1. 批准成立地区农村电影业务管理站，定编5人列为全额事业单位。人员由地区电影公司抽调，并要求各县依照执行，从根本上解决了我区"2131"目标实施的主体和业务管理机构。

2. 16毫米片源紧缺问题由地区财政每年划拨10万元购片费。

3. 对贫困山区、民族聚居地区边境一线实行免费放映，各县每场放映补助40元，列入每年财政预算，从根本上解决放映收费难的问题，并保证了放映员的生活保障。

4. 省财政厅每年下拨的放映边补困补由地区财政指导，全额划拨地区农村电影业务管理站，每场凭证补贴10元至20元。

2002年2月，临沧地区农村电影管理站已经组建，并开展工作。前一段时间我受行署、政协工委和行署文化局委托，到8个县督促贯彻行署40号文件精神。总的看来进展顺利，争取年内全区"2131"工程全面启动实施。

最后，木光提出了几点意见和建议：

1. 从发展的需要，建议省文化厅应争取一定职数的事业编制，建立省级农村电影管理机构。木光举例说，1998年，地区政协工委组织省政协委员视察农民看电影难的问题，指出县电影公司经费不足问题。各县很重视，不同程度解决了专项经费补助，投入多的县每年补助8万元，少的也有2万元。但这些经费没能做到"专款专用"，而是解决电影公司职工"吃饭"问题了。看来，只有从根本上解决和落实人员编制问题，才能确保农村电影管理机构正常运行，农村电影放映的机制才会真正落到实处。

2. 民族语影片译制组是农村电影工作的重要组成部分，建议将民族语影片译制组纳入"2131"工程项目，加以统一管理，并建立有效的监督考核机制。

3. 就省文化厅支持各地州实施"2131"工程的各种设备的使用情况，建议省文化厅给予督促检查，使这些设备有效地用于解决农民看电影难的项目中。（木光著：《参政议政文集》，复印本，第13页）

补白

　　临沧市（2004年前称临沧地区——本书编者注）少数民族语电影译制组始建于1979年，经过20多年的艰苦创业，译制片的发行放映面遍及8县（区）的山村各个角落，放映网点达900多个，解决了少数民族群众看电影难的问题，丰富了少数民族地区的文化生活，观众把少数民族语电影亲切地称为"阿佤电影""傣家电影""拉祜电影"。20多年来，译制组共译制影片479部，其中，故事片371部，科教片108部，语种有佤语、傣语、拉祜语、俐僳语。历年共放映译制影片31000多场次，观众达2500多万人次。

· 是年，临沧市农村电影管理站成立。

如今临沧市农村电影管理站，办公条件得到改善、录音设备较为先进。（2013年6月11日摄 上左图）

现在的译制录音棚。（2013年6月11日摄 上右图）

如今译制工作室。（2013年6月11日摄 中左图）

20世纪80年代的译制现场，条件非常简陋。（中右图）

当年使用的译制设备。（下图）

木府血脉
The Blueblood of MuFu

·6月，由木光作序，张桐胜著的《丽江古城》第3版第2次印刷。该书已经印刷4次，累计20000册。

·8月，木光拟写《公民道德建设重在实践》，文章阐明公民道德建设的重要性。他强调以德治国，必须从人自身抓起。能治好自己的人，才是有高尚德行的人，有高尚德行的人，其人生才会在治国中显示出有价值的闪光点。

·9月，介绍李群杰生平的《枫叶如丹——李群杰生平概述》出版发行，谢本书著，云南民族出版社。

2002年，李群杰90华诞暨《枫叶如丹——李群杰生平概述》出版发行活动举行，图为木光夫妇（站立者）与李群杰夫妇合影。

2002年9月，余海波、余嘉华著《木氏土司与丽江》由云南民族出版社出版发行。

·9月，余海波、余嘉华著《木氏土司与丽江》由云南民族出版社出版发行。

·9月，夫巴在《徐霞客研究》（第9辑）发表《徐霞客"丽江之旅"的史实考证》。

·9月10日，云南省文化厅、电影公司等单位联合举办"纪念南京电影放映训练班52周年"活动，木光应邀参加并做了书面发言。他说："回顾云南电影放映开拓的历史，在新中国成立初期，'南京牌'放映工作者，在蒋匪的骚扰和地霸武装叛乱时有发生的艰苦环境下，不顾个人安危，人背马驮放映设备，爬山涉水，转战东西南北，过溜索、蹲火塘、风雨兼程，走遍云南山村边寨，运用电影放映这一形象生动的宣传工具，传播党的方针政策和先进文化，有力地配合党和政府的'清匪反霸、土地改革'等中心任务，使广大城乡和边远山区的人民群众首次看到人民共和国的有声电影，为党的政权建设和推进社会进步，弘扬民族的

参与木府重建
无私献计著文

科学的大众文化、巩固基层思想文化阵地做了有益的贡献。"

木光感叹:"我们这批赴南京学习毕业回省工作的同学共有26人,已先后逝世11人。绝大多数成员都为云南电影事业的发展和繁荣奉献了青春年华。"

在谈到当前电影现状时,木光说,当前我省电影工作的改革进入攻坚推进阶段,城市影院正在实施院线制的改革,在市场经济条件下,培育壮大一批有综合实力的现代影院企业。

木光更加关心农村的电影放映工作,他说:"在广大农村和边境一线正在贯彻落实'2131'工程,即:21世纪初,每村、每月,看到一场电影。""2131"工程的推进,有些地州贯彻落实的步伐很快,如临沧地区由于地委、行署领导较为重视,现在地县两级都已建立了全额事业编制的9个农村电影管理机构,管理人员总编制是29人,全区八县已建立了50多个农村放映单位,已在贫困山区和边境一线巡回开展放映活动。今年放映任务下达了12000场,每场放映补助50元,全区免费场次每年补助50多万元,已列入地县两级财政预算支出(不包括地区财政每年补助10万元购片费)。临沧地区已基本解决农民看电影难的问题。最后,木光希望在座的"南京牌"老电影工作者,发挥余热,贡献力量,身体健康。(木光著:《参政议政文集》,复印本,第153页)

2002年9月10日,纪念南京电影放映训练班52周年座谈会在昆明召开。(木光前排右四)。

·9月,木光撰写《城镇化建设是推动经济社会发展的强大动力》。文章中,木光把云南省与全国其他省份进行比较,找出差距和不足。他说:"我省城镇化水平仅达到24.86%,比全国城镇化水平低12%,全国有668个建制城市,云南只有15个,仅占全国的2.1%,其中20万人口以上的城市只有3个,不及广东的1/10(30个)、山东1/9(28个)、江苏的1/7(23个),云南城镇化发育滞后的主要原因是经济发展迟缓。如成都只有四川省人口总量的1/8，但它所创的GDP占四川省的33%；西安人口只有陕西省人口总量的1/8，而它所创GDP占42%。因此城镇化是综合实力高速增长，带动农民产业化、市场化发展的强劲动力。如果一个国家长期保持70%以上的人口是农民，就很难实现现代化进程。只有使农民从传统的农业生产中解放出来，逐步减少农民占总人口的比重，才可以使赖以生存的土地面积相对集中，农业的集约化、规模化生产，才能更好的实施。可以说城镇化是使我国根本解决'三农'问题实现现代化的必由之路。"文章还以昆明举办世博会为例，谈加速城镇化建设的步伐。

具体谈到临沧，木光介绍说，山城临沧，投资3.88亿元，建设民用机场；修建了18千米的机场二级公路；增建了几千亩的环城开发区；修了6条40米宽的高等级公路；盖起了两片千户花园式住宅区；建造了一个四星级宾馆。木光认为："要切实树立抓城镇建设，就是抓农村经济、抓农业产业结构调整，就是抓农民增收、财政增效的观念。要走以地生财、以财建城（镇）、以城（镇）招商、以商富农的路子。"（木光著：《参政议政文集》，复印本，第73页）

· 10月28日，木光孙女出生，名木萌，生肖马。

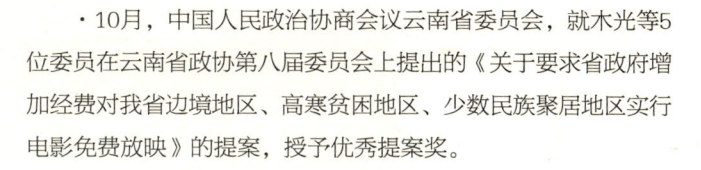

· 10月，中国人民政治协商会议云南省委员会，就木光等5位委员在云南省政协第八届委员会上提出的《关于要求省政府增加经费对我省边境地区、高寒贫困地区、少数民族聚居地区实行电影免费放映》的提案，授予优秀提案奖。

2002年木光等5位委员的提案获优秀提案，图为奖状。

· 12月8日，《阳光之旅》刊载文章：《寻找洛克的世界》。

· 12月26日，国务院批准，撤销丽江地区行政公署，设立地级丽江市，以原丽江地区的行政区域为丽江市的行政区域；撤销丽江纳西族自治县，设立丽江市古城区和玉龙纳西族自治县。2003年秋举行"撤地建市"庆典。

· 是年，木光撰写《木府经历的三次浩劫》。文章记述了木府三次劫难，致使房屋建筑、档案卷宗、古玩字画、金银珠宝损毁倾尽。

按

《木府经历的三次浩劫》

一、清顺治四年（1647年），流寇刘文秀残部逃窜丽江，搜掠木氏历代钦赐金银珠宝牒物，所藏敕诰俱被罄尽，地方焚掠一空，木氏府署勋祠俱被焚毁。

二、清雍正元年流官杨馝到丽江任职，对木氏土司采取严惩措施，没收木氏12里祖宅及所有田庄，清查木氏家人入里为民，毁其档案卷宗及祖遗田契。当杨馝派衙吏向木钟的夫人高氏寿索取古玩珍宝时，她回答说："我从姚安回到丽江仅40余天，仅有我的妆奁，并未见过木氏传留一物。"当衙吏烧毁档案文书时，她将历代敕书诰命及功牌贴，紧藏不交，因此，才有今天承传下来的《皇明恩纶录》及《木氏宦谱》等历史文献（高氏寿为姚安土同知高奣映亲女，自幼受家庭教育，颇识文墨）。

三、清咸丰、同治年间，杜文秀部将率军多次攻占丽江，清军与杜文秀部争夺丽江地盘，形成拉锯战（即称"乱世十八年"），丽江大部房舍烧毁。

木府、万卷楼、光碧楼、木氏勋祠全被烧毁。（木光编著：《木府风云录》，第220页）

木府遗留下的明代建筑构件。
（2011年4月9日 摄）

木府血脉
The Blueblood of MuFu

木府木家院内的观音柳见证了木府的变迁。（2011年4月9日 摄）

·是年，木光撰写《保境安民》。文章指出，综观丽江木氏土司在滇西北统治470年，其势力的发展演变是兴于元，盛于明，衰于清，究其执政年代如此长久的原因之一，是拥有一支能征善战的地方武装。木光从两个方面做了分析，一是"大兵临，则俯首受绋"；二是频繁御敌，保境安民。木光以非常具体的事例做了详细的阐述。

按

《保境安民》

综观丽江木氏土司在滇西北统治470年，其势力的发展演变是兴于元，盛于明，衰于清，究其执政年代如此长久的原因之一，是拥有一支能征善战的地方武装。

明正德《云南志·丽江军民府·风俗》载曰："麽西"义兵性格刚强，"勇于战斗""勇不顾身"，其兵源征集，聚则为兵，散则为民，此制应变灵活，节俭军费。

另一重要原因是历代木氏土司才智渊博，善于把握、顺应历史发展的主流，在紧要关头能维护国家的统一，顾全辖区百姓免遭兵祸之灾。

明代木氏土知府建造了很多防御工事，图为巨甸木瓜山麓残存的碉堡。（资料照片）

一、"大兵临，则俯首受绁"

忽必烈在公元1253年率领中路军远征大理，忽必烈统领的元军用羊皮口袋和木筏渡过金沙江，兵至罗邦（今丽江宝山地域），土酋阿琮阿良迎降。

《木氏宦谱》载曰：宋理宗宝祐元年，蒙古宪宗御弟忽必烈亲征大理，阿良迎兵于剌巴江口，受封茶罕章管民官，赐甚厚。阿良随军攻大理，灭段氏后，功升茶罕章宣慰司。在元王朝的扶持下，破铁桥城、华马国，丽江地面"酋寨星列"的局面得以统辖。

朱元璋建立明朝后，为平定云南梁王，于公元1381年派遣傅友德、蓝玉、沐英率领30万大军征讨云南。丽江通安州知州阿甲阿得，率众归降。朱元璋御赐阿甲阿得木姓，授木得为丽江军民府世袭土知府。

由于木氏土司统辖的地域具有守石门以绝吐蕃、镇铁桥以断吐蕃、滇南藉为屏障的战略地位，得到明王朝的重视，成为明王朝在西南边陲的辅佐力量。

清顺治十六年，清王朝大军临滇，木懿亦顺应形势，争先投诚，授原职。

以上三例说明历代木氏土司统辖的地域，经历470年无兵扰战祸，人民百姓得以安居乐业。归功于三次"大兵临，则俯首受绁"（徐霞客语）的结果。

二、频繁御敌，保境安民

明初以来，历代木氏土司对雄据西北的吐蕃势力的侵犯采取保土反击战略，其主要战场，重点在你那（今维西）、忠甸（今香格里拉）。

从洪武十六年（1383年）明王朝开设丽江府，木得任世袭土知府起至成化三年(1467年）共85年间，木氏所辖临西县被吐蕃逐步侵占，以致正统二年，被迫撤销临西县制（今维西）。从成化四年（1468年）起，直至明末（1644年）共176年的时间里，

木府血脉
The Blueblood of MuFu

木氏十代执政的土司陆续出兵反击，收复被占村寨。

在木嵚、木泰当政年代反击战斗越演越加激烈。

成化二十一年（1485年），蕃兵阿加南八侵犯白甸诸寨。木泰亲领兵讨伐，斩首五级，蕃兵大溃。二十二年蕃兵又聚兵大犯，木泰复出兵战于山哈巴江口，斩首十级，生擒六名。乘势追至琮寨，蕃兵将固守，然攻破之，斩首72级，讯质18名。

自木嵚起至木增，历代木氏土司在这些地区开展反击战，用兵多达34次，其中最大的两次反击战，一次是发生在嘉靖二十七年至二十八年（1548–1549年）间，当时蕃兵大举南犯你那（维西）、巨津（巨甸），气焰十分嚣张，严重危及保境安民。

嘉靖二十七年（1548年），蕃兵出掠临西县地方毛佉各，木公令长子木高率领勇兵殄兵，本年八月九日到利干毛，日不挪影，杀退蕃兵20余万，斩蕃兵首级2800余颗，战如破竹，驱兵抵阿矿祖，方还师……己酉年嘉靖二十八年（1549年）八月，蕃兵又掠巨津州照可巴托界，又令高再领兵抵至巴托寨遂破蕃兵，获首级1000余颗，水死者无数，推兵克至光朵于等处，安静地方。

另一次反击战发生在明万历五年（1577年）。蕃兵犯境你那毛佉各，木东命长男木旺领兵征讨。蕃兵预聚数万，占据那丁恩江口阿西集、直岩寨二处，木氏军队先失机溃阵，后四哨力攻破险寨二处，兵至娘的、果宗、草那、目春、千陶、其尾、阿西、你王、略哨等处地方，悉皆平定。

木氏土司进军临西，一路是从你那（今维西中西部地区一直延伸到滇川边境）沿江而上至佉各（芒康）。另一路从照可（维西东部一直延伸到川滇边境）沿金沙江而上经奔子栏等地到达巴塘、里塘（今理塘——本书编者注）等地。

木氏土司在进军中，凡关隘要冲都修筑了碉堡御敌，其土堡在滇川边界至今还有遗存。吐蕃亦大量构筑土堡以御木氏军事上的拓展。"麽西兵攻之，吐蕃建碉数百座以御，拒守尤固。木氏以巨木作碓，系以击碉，碉悉崩，遂取其各要害地，自奔子栏以北番人慎，皆降。"

至明朝末年，木氏土司统辖的地盘在反击中得到拓展，有了大面积的扩大，其管辖地域已占云南省总面积的六分之一。东北方向，势力范围已达雅砻江流域。北向，则今巴塘、里塘（今理塘——本书编者注）到昌都一线。西部，则达缅甸恩梅开江一带。为明王朝起到了"西北藩篱"稳固边防的作用。（木光编著：《木府风云录》，第184页）

·是年，木光撰写《鸡足山悉檀寺》。本文从木增建造悉檀寺的传说引入，叙述兴建该寺的缘起及明朝皇帝赐名的经过。还回忆了自己童年时前去朝拜的往事，最后，记录了徐霞客、唐泰等文人雅士游宿悉檀寺的旧事。

按

《鸡足山悉檀寺》

鸡足山位于云南宾川县境内，因山色秀美，佛事兴盛而闻名。悉檀寺建在鸡足山满月山下，大龙潭之上，山寺背靠石鼓峰。悉檀寺建筑规模为鸡足山寺庵之冠。

公元1617年丽江土知府木增向明王朝上疏，希望在鸡足山建一寺庙为其年迈的母亲罗恭人祝寿，获得批准，耗白银2万余两，施工两年多的时间建成。

木增建盖悉檀寺有一个神奇传说故事。悉檀寺建在龙潭上，必须将龙潭填平才不影响建寺。有一夜，木增梦见龙王，木增请求撤走龙潭之水。龙王提出说：阁下只要用土石填满龙潭，我就将龙潭地基让给你建寺。于是木增调集民工用大量的土石抛入龙潭，可是龙潭依然原样，木增感到很为难，想不出办法填平龙潭。在这紧要关头，木增又梦见一位神仙给他出主意说：要想填平龙潭，必须用银色纸折的银锭抛入水潭，即可填平龙潭。第二天，木增按照神仙指教的办法，使用银色纸折的银锭抛入水潭，纸折的银色锭漂满龙潭，龙潭真的填平了。悉檀寺始得顺利施工。

悉檀寺建成后，木增捐献附近田庄3000多亩，作为寺产，以供佛事。

明天启四年（1624年）经木增的上疏请求，天启皇帝御赐藏经一部，共678函，供奉于寺内法云阁，明天启皇帝将此寺赐名为祝国悉檀禅寺。

我在童年时代曾跟随家父去过两次悉檀寺敬香朝拜。寺内几个重要建筑还记忆犹新，法云阁建筑雄伟，门窗雕刻工艺精湛，阁顶高耸入云，八角飞檐像五只彩凤展翅飞翔，其构造相似丽江福国寺内的五凤楼。万寿殿为殿宇式建筑，殿顶采用蓝色琉璃瓦，殿宇门窗均为彩雕。圣旨坊建于悉檀寺三门前面，建筑材料均用大理石砌合，坊门三道，两只石狮坐立于石坊的左右，建筑古朴、高雅、气势雄伟。进悉檀寺，过圣旨坊要入一道山门，拾阶而上就到二道山门，其门有三座堡垒似的拱门，古朴雄健。拱门两边是厚拱红墙，入其拱门，过一道三面回廊砖铺的法院，就走进一座空阔的大庭院。正面就是万寿殿，其殿负山而立，大殿两侧有厢房楼阁，殿宇庄严敞阔，匾额精雅，题字亦佳。入殿迎面看到一尊4丈高的藏式"无量寿佛"铜像，铸工精严，佛像涂金。

由廊下山门转进山寺后院，院中花木扶疏，不大而雅，结组有致，檐下龛中塑有一位明代装束的文人箕踞而坐，神采奕奕，这就是木增的塑像。院室壁橱内置有一本《木氏宦谱》，另一谱本置于木府家院。

木府血脉

The Blueblood of MuFu

悉檀寺主体建筑的两侧，南面是接待香客的厢房，北面是僧侣生活区。整体建筑匠心不凡。

寺院建造完工后，木增又捐资悉檀寺铸造了一批铜器，其中大件有八卦钟，重2000多斤，晨夕钟声震响，一山精修之士，藉以警动昏沉，即愚罔之夫亦可震醒聋聩。

寺周森林花卉繁茂，环境优雅，许多名人学士，徐霞客、唐泰等都曾游宿过山寺，题下诗文楹联。

悉檀寺在历代丽江土知府木懿、木靖、木尧等任内曾多次捐资重修。

悉檀寺在民国年代与木府还有密切来往，至解放前每年节庆悉檀寺住持都派僧人送来鸡足山特产，以表敬仰寺主功德。

具有历史文物价值的悉檀寺在20世纪60年代"文化大革命"中被毁。（木光编著：《木府风云录》，第240页）

远眺鸡足山（上图）

鸡足山金顶寺（2008年3月18日 摄 右图）

参与木府重建
无私献计著文

PART FOUR 第四篇

金沙江，扬子江

木氏传人的追慕（2003—2013年）

古稀之年的木光被聘为丽江市徐霞客研究会顾问，
被丽江市文化研究会、纳西文化研究会聘为名誉副会长。
他倾注10年心血编著《木府风云录》；
倡议玉龙纳西族自治县与江阴市缔结友好城市；
促成玉龙纳西族自治县龙蟠完小徐霞客楼的建造；
他奔走于金沙江旁的丽江，
并远赴扬子江边的江阴，
参加学术研讨活动。

[第八章] 研究木氏历史 传播纳西文化

2003—2007年

撰写木氏研究的文章是耄耋之年木光的一大乐事,《改土归流》《丽江白沙岩脚木家院》《历代木氏土司与藏传佛教的亲密交往》等。他的文字,洋溢着对木氏先人的追慕和礼赞。

木府血脉
The Blueblood of MuFu

2003年

(癸未) 74岁

· 1月，木光从云南省政协常委的岗位上退下。是年，木光参加由云南省政协组织的考察活动，考察的城市是深圳、珠海、香港、澳门。木光在《回顾我的人生历程》中写道："作为政协委员，我积极参与政协工委组织的调研活动，不顾年老体衰，经常深入边远山区、农村基层实地考察。参与临沧地区工业、交通、文化、教育、卫生等部门调研。体察民情，了解民意，针对实际情况提出意见建议。十多年来围绕地委、行署各个时期的中心工作及经济建设、改革发展、社会稳定等问题，先后参与和提出100多件提案和省政协全会的交流材料，多数提案受到有关部门的重视和采纳。"在完成本职工作上，木光总结道："先后译制佤语、傣语、拉祜语等故事片120部，科教纪录片30多部。""我在从事民族语电影译制工作期间，先后无偿地为丽江译制了《喜盈门》《武林志》等4部纳西语电影。"（木光：《回顾我的人生历程》）

· 4月12日至15日，"徐霞客与鸡足山旅游文化研讨会"在云南省大理白族自治州宾川县召开。

按 《让世界认识鸡足山，让鸡足山走向世界——"徐霞客与鸡足山旅游文化研讨会"综述》（摘要）

"徐霞客与鸡足山旅游文化研讨会"是由宾川县人民政府、云南大学、国民党革命委员会云南省委和云南省历史学会共同主办，宾川县人民政府承办。会议围绕"鸡足山文化""徐霞客与鸡足山""鸡足山旅游文化"三个主题展开。

徐霞客与鸡足山的关系，是研究鸡足山文化的重要切入点。徐霞客与鸡足山高僧的友谊，徐霞客记录鸡足山的游记、诗文，以及徐霞客修《鸡足山志》等，都是晚明时期云南文化与中原文化联系的缩影和反映，也是晚明科学精神在云南的闪光。

云南大学教授、中国徐霞客研究会副会长朱惠荣先生对这一论题做了系统发言。他认为鸡足山在徐霞客一生的旅游考察事业中占有重要的地位：第一，鸡足山是徐霞客考察时间最长的名山；第二，鸡足山是徐霞客在滇西旅游考察的基地；第三，鸡足山是徐霞客一生旅游考察的终点；第四，在鸡足山，徐霞客著作成果最多，同时他在此开辟了其学术研究的新领域，因为鸡足山是徐霞客唯一为之修志的名山；第五，鸡足山之旅为徐霞客精神注入了新的内容。徐霞客详细记录了鸡足山上寺庙和僧徒的生活，为我们了解明代云南佛教与僧人的生活保存了极为珍贵的史料。正如陈垣先生所说："今欲考滇黔静室及僧徒生活，《徐霞客游记》为最佳史料。"

参加会议的70多位学者主要来自云南、南京、江西、北京、四川、海南、新疆等地。由于"非典"疫情，原定台湾和香港及部分国外的学者未能出席，泰国的两位留学生参加了会议。会议收到论文70余篇。（杨丽娥：《让世界认识鸡足山，让鸡足山走向世界——"徐霞客与鸡足山旅游文化研讨会"综述》，载于《思想战线》，2003年第4期）

·是年，东巴古籍文献入选联合国教科文组织"世界记忆遗产"。《东巴经》是由东巴文字书写而成的。《东巴经》是纳西族的东巴教祭司使用的宗教典籍，世代传承下来的尚存2万余卷。分别收藏于我国的丽江、昆明、北京、南京、台湾，以及美国、德国、西班牙等十多个国家。《东巴经》的内容涉及历史、哲学、社会、宗教、语言文字，以及音乐、美术、舞蹈等许多传统学科，被国内外学术界誉为"古代纳西族的百科全书"。东巴文字有2000多个字符，其源甚古，被称为"唯一活着的象形文字"。

《纳西东巴古籍译注全集》书影

链接一

东巴象形文字

字是用来记录语言的符号，世界上的字有许许多多，然而有一种文字却很特别，这就是现在唯一在丽江存活的象形文字——东巴象形文字。

在丽江纳西语中东巴字被称作"思究鲁究"，"思"指木，"鲁"指石头，"究"指痕迹，全意为写和画在木和石上的痕迹。这说明这种象形兼图画的文字，最初是写在木、石上的字。

国内外许多学者的研究表明，世界上许多民族的图画，大都源于旧石器时代，他们认为象形文字是从图画文字发展起来的。用此方法类推，纳西先民创制图画文字的年代，应是在夏商之际或之前的时期，然后由图画文字走向逐渐规范化的象形文字。由于纳西东巴象形文字历史年代的久远性和文字的象形性，被称为世界上唯一"活"着的象形文字，成为公认的稀世珍宝。

东巴字的写法很特别，东巴们用竹子削成竹笔，用松烟加胶水制成墨书写经书。可以画出线条优美的动物、器物、植物等，如牛马、猎人、虎豹、江河、天空、流云、人物、植物庄稼以及劳作场面。在表现方法上采用大胆、夸张和概括的手法，追求气

势的生动、细节的真实完美。(华模著：《话说名城丽江》，云南民族出版社，2010年11月版，第84-86页）

链接二　　丽江纳西纸

书写东巴象形文字的纸，是一种特殊的纸，有人称为"东巴纸"，也有人称它是"丽江纳西纸"。

东巴纸是专供纳西原始宗教祭司东巴用来书写象形文的纸。这种纸的材料来自玉龙雪山深处的一种灌木，纳西语称"歪旦"。这种灌木剥出的皮纤纹细并有较强的韧性，且还有一定的毒性，因而不易被虫蛀。

东巴纸的制作方法是将从山里采剥来晒干后的树皮在水中浸泡，用刀刮掉黑色粗糙的皮，然后用木棒木槌捣细，砍成小段，加入灶灰后在锅中滚煮，待烂熟之后，捞入清水中把灰水搓洗干净，再把它加入纸药在木臼中舂成纸浆。出浆后，在水槽中放入竹篾编的纸帘作为活动箱底，再把纸浆装入帘箱之中，用手将浆均匀地铺在竹帘上，便提将上来，滤水后，将帘纸翻贴在比纸帘稍大的木板上，待在阳光下晒成半干，用布包裹的光滑圆石将纸压平，晒干后，拍打几下，使纸张脱开木板取出，再用圆石将纸的两面磨光，以便用竹签书写。(华模著：《话说名城丽江》，第87-89页）

雪嵩村的纳西农妇。从左面起的第一、二两个女子是未婚女子。（约20世纪二三十年代，洛克 摄）

直到今天，纳西族妇女仍然穿着传统服装。（2011年4月10日 摄 上左图）

纳西族男子的衣着。这个男子戴着毡帽，穿着羊皮褂。很多男子承担保姆之责，除了耕田，大多农活由妇女承担。图为纳西农夫和他的儿子。（约20世纪二三十年代，洛克摄 上右图）

在丽江古城，穿着本民族服装的纳西族舞者向现代女孩传授纳西族歌舞阿丽哩。（2012年11月30日 摄 右中图）

绘画作品中的纳西族男女服装。（图片来自李霖灿著《麽些研究论文集》右下图）

木府血脉

The Blueblood of MuFu

·是年，第六期《云南民族学院学报》，载朱端强《徐霞客与鸡足山——关于此题的明清史背景片想》。文章指出，徐霞客云游天下的时间大体是万历至崇祯朝。鸡足山虽建寺久远，然惟明季以来更趋人文昌盛。因此，研究徐霞客与鸡足山，有必要进一步结合明清史的相关历史背景加以思考。作者从两个方面进行了论述，其一徐霞客与明清"实学"思潮，其二是鸡足山与晚明士风。（朱端强：《徐霞客与鸡足山——关于此题的明清史背景片想》，载于《云南民族大学学报·哲学社会科学版》，2008年第六期）

·是年，木光撰写《改土归流》。文章详陈"改土归流"的直接引因，以及在"改土归流"后，木氏土司府发生的巨大变化。文章正视历史，认为"改土归流"是清王朝实现高度集权、稳定全局和统治边疆地区的大略方针之一，乃大势所趋、势在必行。

按

改土归流

清王朝统一基业形成后，为实现高度集权和稳定全局，已开始逐步实施削藩、改土归流政策。早在顺治、康熙年间，清王朝就已解除云南文山、华宁、峨山、蒙自等地土司，也改除了鹤庆、剑川的土千户。因此丽江的改土归流已成大势所趋，势在必行，阿知立对木氏土司的控告只是起到推动实施的作用。

康熙五十六年（1717年），新疆伊犁噶尔部蒙古兵突袭拉萨。清朝于次年从青海出兵失利后，命滇川同时出兵西藏平乱，委令木兴亲领土兵500名，沿途帮安台站，把守要渡，护运军粮。再令木兴养子木崇随征游击职衔，率领土兵500名随师进征。在钦差都统伍标营下听遣，以前部先锋，逢山开路，遇水搭桥。

木兴捐运各台军粮，前行至剌普地方，有当地土目巴松在彼耽搁公文，拦截军饷，不能通行。木兴率领土兵为通行开路捉杀了巴松，搜得耽搁文书数十角，当日满汉官兵在藏区军粮运输，皆由巴松阻路。行至阿墩子地方，始知巴松系川督年羹尧心腹人，战兢恐惧之际，又接获云南督部院蒋密谕，将年羹尧诬告木兴的状子抄寄给他一份，木兴惊悸成疾，食不下咽，病情日趋加重，于康熙五十九年（1720年）十月拖着病体回到丽江，于十一月九日病故。而木崇充当开路先锋，卧雪餐霜，复染寒湿后转成浮肿病，回师至家，调治不愈，也于康熙六十一年（1722年）二月三十日病故。

木兴父子相继为国身亡，木氏土司替袭后继无人，族人将远在姚安高土司家为婿的木兴之四弟木钟接回,暂管土府事务,等待委任袭职。木氏处于内外交困的情况下,远族阿知立等向云南当局控告木氏土司,要求改土归流。云贵总督高其倬为附顺年羹尧为巴松报仇之意,写了《丽江府改土归流疏》,高的奏章得到雍正皇帝的批准,木氏由土知府降为土通判。

《木氏宦谱》记载:"木钟从姚安接回丽江任事,仅有四十余日,族人阿知立等见兴崇父子相继病故,印篆封固,乘公尚未题袭,以旧事翻为新题,控告任内头人列款名曰:五虎十四彪。"当时维新公(木兴)父子出兵在外,头人任意指公派私,诚亦有之,乃未经拘提头人讯究,于雍正元年,总督部院高奏曰:"木兴在日,居官贪虐,土人至今控告不已,木钟在地方名声不好,应宜改土归流……然公(木钟)自姚安回丽,日夜奔忙军务,无有停息,管理府事仅四十余日,何以逐见名声不好,屈于覆盆(泼脏水)可知矣。"

改土归流过程中清廷委任杨馝为首任丽江流官知府。他一到任,借木钟办理军务时,有剑川寄庄钱粮四年未纳为名,令木钟前去清查,暗令剑川州衙将木钟软禁。又以亏空之名,把木氏12里祖宅拆为衙署及兵丁营房,木氏田庄尽数归官,家人入里为民。木钟在剑川听闻家产破尽,气昏卧床。家人于雍正三年将木钟接回家后三日病故。其子木德年仅九岁,穷困孤苦。木氏土司在政治上失势,经济上一落千丈。后经上疏争取获得雍正皇帝体谅,于雍正十三年诰封木德为承德郎,六品衔,返还土官庄租150石,令其四季支领。接后,又恢复桥头、剌宝、永胜等田庄,自行征收,始有朝夕之继。(木光编著:《木府风云录》,第218页)

- 是年,木光撰写《历代木氏土司与藏传佛教的亲密交往》。本文以史为据,陈述了从明成化九年(1473年)土知府木钦送七世活佛曲札嘉措厚礼始,木氏土司与藏传佛教的交往一直延续到民国年间。包括至今仍被广为传颂的一些事件,如木增敬邀六世二宝法王却吉旺秋来丽江,历时九年主持编撰、校订、刊刻《甘珠尔》大藏经;木增用54匹骡马运送这套108卷1000多篇文献的佛经大典到西藏大昭寺供存。如今《甘珠尔》大藏经已成为该寺传世之宝。

清末出生于木府的十五世仲巴活佛白玛赤列旺修（丽江十三大寺总管）

按

《历代木氏土司与藏传佛教的亲密交往》（节录）

明成化九年（1473年），土知府木钦给七世活佛曲扎嘉措送去一份厚礼，以表敬仰。成化二十二年（1486年），木泰继任土知府后给七世大宝法王又寄去一封信，邀请他到丽江访问，但因多种原因未能成行。

木定继任土知府后，再次邀请七世活佛访问丽江，然而，此时七世活佛已圆寂。八世活佛弥觉多杰终于在正德十一年（1516年）应邀到了丽江，实现了前辈的夙愿。

在八世活佛动身前，受到明武宗的邀请，武宗皇帝派太监刘允带重礼于当年赶到活佛驻禅之地理塘，但活佛和活佛身边的高僧们以活佛年仅10岁，尚未出痘为由，婉言回绝。实则想去丽江劝说木氏土司皈依佛教，停止对金沙江以北用兵。刘允见迎请不成，盛怒之下，想以武力劫持八世活佛进京，不料企图劫持的阴谋败泄，八世活佛在木氏土司10000余名士兵护卫下秘密来到丽江。

此次会晤的详情，记载于藏文《历辈噶玛巴法王传记总略：如意宝树史》。

八世大宝法王弥觉多杰与木定会晤中提出：丽江东园里蛇山是块风水宝地，可建一高塔，一则能消灾免难，保佑平安。二则可排除水患，以镇水口。木定遵照法王的建议，在明武宗年间，建成东园里白塔，塔高32米，四方形，13级，白色块石砌成。《徐霞客游记》提到徐公进入丽江，路过东园里建有白塔。

万历三十八年（1610年）六世二宝法王却吉旺秋应土知府木增的敬邀来到丽江主持编撰、校订、刊刻《甘珠尔》大藏经，木增花银8000两，历时9年多将这套108卷1000多篇文献的佛经大典《甘珠尔》终于在天启三年（1623年）刻印完成，经卷用檀香木箱装放，每箱装放两卷经书，经卷用黄绸包裹，箱外用金线缠绕，加上银锁，用54匹骡马运送到西藏大昭寺供存。这套珍贵的《甘珠尔》大藏经现已成为该寺传世之宝。

万历四十年（1618年），代表噶玛巴教的藏巴汗政权建立，拥立噶玛巴十世大宝法王为全藏的法王，另一方面对黄教抢夺寺僧采取了高压政策，结果于崇祯十二年（1639年）"西蒙古和硕特部固始汗"在黄教要求下，带兵入藏，推翻了藏巴汗政权，其余部和黑帽十世活佛在南山工布地区反抗遭到镇压，噶玛巴教徒7000多人被处死，十世活佛逃奔丽江避难。

丽江土知府木增承袭后不久，就曾邀请过十世大宝法王访问丽江。此次大宝法王虽逃难而来，却待如贵宾，接待在福国寺。他走转于丽江及中甸寺院之间。后来，他决定到青海寺院讲经，离走时木增赠送盘费500两纹银，不幸在途中遇盗匪洗劫一空，木增闻讯后，派人将他接回丽江。康熙十二年（1673年），吴三桂叛清，他才回到拉萨，次年圆寂。他在丽江前后住了31年。

历代木氏土司信仰藏传佛教，在康藏地区为扩大影响，资助修建了很多藏传佛教寺庙。如黄教首领达赖三世索南嘉措，于明万历八年（1580年）受木东、木旺父子的邀请，到巴塘主持巴塘寺佛典。木旺亲自到里塘（今理塘——本书编者注）发起集会，请达赖三世主持佛殿开光仪式。建寺经费及达赖三世的费用全部由木旺供奉。因此，木氏土司名声远播，在当地产生了较大的社会影响，被康藏僧侣及百姓尊称为"姜洒塘结布"（纳西天王）。

木懿承袭土知府后，热心弘扬噶玛教义，大力捐资建造"绛十三林"，即丽江十三大寺，对丽江府辖地区产生很大传播影响，丽江成了噶举派存留的重要基地。

土通判木晖的长子木原按木氏家规长子承袭制，应袭土通判职，但被大宝法王认定为转世十五世，丽江十三大寺总管大喇嘛，因而，土通判一职由其弟木荫承袭。

丽江十三大寺总管活佛12世前，均转世在青海、西藏、西康，13世出生于后藏札西牧世为四宝法王大弟子，14世降生于维西，迎为丽江白教十三大寺总管，居丽江指云寺。

十五世堪布大喇嘛转世降生于丽江木氏土司家，生于1860年，年14岁迎为大喇嘛后，苦习经文，经术湛深，戒律精严。静坐灵洞，面壁三年，始游康藏，受大法戒。继历青海，代理四宝法王的教权，巴塘扰乱，劝导有功，进号堪布。旋充藏文教员，译歌化俗。自民国成立后，开办蚕林，立佛学研究会，改组织布厂，晋省赞助佛会，担任支部副会长。回丽江后，成立丽、永、中、维佛教四分部，以植其根本。于国则随军宣慰，道取阿敦，驰赴藏区凡察瓦龙一带，以教旨说服叛乱，周围数千里闻风归顺，唐继尧则匾以"热忱爱国"。中央则发给五等勋章，堪布活佛对国尽忠，对教则弘扬教旨，而对木门则为孝子。木大喇嘛在指云寺勤劳经略，振兴佛事，甚功德无量。堪布纳西大喇嘛于民国十三年（1924年），在指云寺静坐圆寂，寿64岁。（木光编著：《木府风云录》，第226页）

· 是年，三女木志玲担任政协丽江市一届委员会委员。

· 是年，三女木志玲在上海外国语大学进修英语。

· 12月26日，国务院批准，撤销临沧地区行政公署，设立地级临沧市，以原临沧地区的行政区域为临沧市的行政区域；撤销临沧县，设立临沧市临翔区。

2004年

(甲申)

75岁

· 2月23日，木光被聘为丽江市徐霞客研究会顾问。

· 2月，文明元在《徐霞客研究》（第11辑）发表《方国瑜先生与〈徐霞客游记〉》。

・9月，长子木志平当选临沧市第一届政协委员。

・10月26—28日，木光出席"徐霞客与丽江"学术研讨会，并就自己生活经历向与会者做了简单的介绍。会上，木光做了《先祖木增与徐霞客的深厚友谊》主题发言。他详细地论述了木徐友谊，并逐日解析了徐霞客在丽江的活动。

江阴市文化局局长曹金千代表江阴市委、市政府特别邀请木光参加2005年在江阴举行的第8届徐霞客文化旅游节，希望木光先生能与徐霞客的后代进行历史性的会见；继承和发扬木增与徐霞客友好交往的精神，加深丽江与江阴的友谊。

"徐霞客与丽江"学术研讨会分别由丽江市古城区政协副主席、丽江博物院院长、丽江徐学研究会会长黄乃镇，中国徐霞客研究会副会长、云南大学朱惠荣教授，中国徐霞客研究会副会长、北京大学于希贤教授主持。研讨会由丽江市委、市政府主办，丽江市徐霞客研究会承办，在木府万卷楼举行。

按一　　中国徐霞客研究会张宏仁会长在开幕式上强调，在丽江召开"徐霞客与丽江"学术研讨会，具有特殊的意义。因为伟大的旅行家、地理学家、游记文学家徐霞客，在他生平最后一次，也是最辉煌的一次远游，来到我们今天聚会的丽江，不仅受到了热情的接待，与丽江人结下了诚挚深厚的友谊，而且在他病重"不良于行"时，丽江木增派专人护送他回到故乡江阴，延续了他的生命，保存了《徐霞客游记》的文稿，为我国和世界留下了珍贵的文化遗产，也为丽江的历史留下了光辉灿烂的篇章，成为300多年后，丽江古城在申报世界文化遗产过程中，不可缺少、也不可替代的历史文献。徐霞客为丽江古城做出了特殊的历史性贡献。徐霞客与丽江的历史情结，更加丰富了徐学研究的内容，拓展了徐学研究的新领域。丽江徐学会的成立，将会促进徐学研究的新发展。

按二　　黄乃镇院长说，我们这次徐学研讨会的主要活动，安排在木府，体现了徐霞客与丽江的历史情结。木府是依据徐霞客"宫室之丽，拟于王者"的形象描绘而修复的，遗憾的是徐霞客当年未能进入木府。今天，我们在这里研讨徐学，也可以说是为徐霞客"还愿"。我们吃木府家宴，用木增当年款待徐霞客的盛宴招待国内外徐学专家、学者们，既是表达我们热情好客的丽江人对徐霞客的崇敬与诚挚深厚的感情，也是为了加深诸位专家学者对徐霞客和丽江的感性认识与理解。

木府大门（2014年8月18日摄 上图）

木府议事厅及广场（2011年4月9日摄 中图）

议事厅内景（2011年4月9日 摄 下图）

研究木氏历史
传播纳西文化

与民居融为一体的木府建筑群。（2011年4月9日 摄 上图）

络绎不绝的参观者。（2012年11月30日 摄 右图）

按三

徐学专家朱惠荣教授在学术研讨会闭幕式上做了总结。他说，本次大会主要收获有以下几个方面：

1. 对"徐霞客与丽江"的主题研讨取得了很大成果。这方面论文最多，《丽江日报》出四版专刊，摘登了20篇论文。特别值得注意的是，不仅有丽江本地老中青专家、学者发挥熟悉本地情况的优势，发表了许多高见，而且外地专家学者也对这个主题倾注了很大的热情，共同探讨了这个主题的各个方面。

2. 对徐学研究领域又有扩大。这次学术研讨会内容丰富，打破了过去徐学研讨主要在地学、文学、旅游、历史等传统领域的局限，又有扩展与创新。如徐霞客的科学发展观，环境文化、人类学、人才观等。有的问题，虽然过去提出来了，但没有深入地进行讨论，有的问题是这次新提出来的。这些问题之所以受到关注，是因为我们国家现代化建设的发展需要，因而徐学研究成果，越来越受到重视，研究领域不断地扩大。

木府血脉
The Blueblood of MuFu

3.对徐霞客的比较研究有新进展。比较研究有助于认识徐霞客的历史地位。这次人物的比较研究,不仅有传统的徐霞客与王士性的比较,还有徐霞客与杨升庵、马可·波罗的比较研究;不仅有人物比较,还有历史文化的比较,如唐汉章的《浅谈东巴、东夷象形文字之演化》,还有专门研究徐霞客与陈函辉等人的关系等。

4.分区研究的成果越来越突出。徐霞客到过的地方,十多年来,多有分区研究,并取得了显著的成就。这次最大、最集中的分区研究是"徐霞客与丽江";也有提出研究"滇游日记",还有关于鸡足山的研究等,这些研究都使徐学的分区研究,年年都有新成果。

5.宣传徐霞客的地域有新亮点。不仅有国内的江阴、云南、北京等地宣传徐霞客做过许多工作,而且国外朋友对宣传徐霞客的热情也很感人。今天参加我们研讨会的韩国高丽大学裴永信博士,她的博士毕业论文是研究徐霞客的。她现在已开始把中文的《徐霞客游记》翻译成韩文。她不久前到新西兰首都发现:在大学图书馆里,有汉语版的中国徐学专家杨文衡等人研究徐霞客及其《游记》的著作,还有英国徐学专家汪踞镰教授用英文出版的《徐霞客游记的写作艺术》。这说明国内外对徐霞客及其《游记》的研究不断出现了新亮点,徐学研究可持续发展,并将会取得更多、更大的成果。

最后,朱教授提议,通过相关职能部门,尽快使解脱林成为丽江市的重点文物保护单位。对刚成立的丽江徐霞客研究会提出了几点期望:丽江徐霞客研究会的成立,应该说是把这一次我们进行的"徐霞客与丽江"的研讨持久化、经常化了,我们现在都说如何可持续发展,丽江徐霞客研究会将会动员、组织丽江大量热爱徐霞客、研究徐霞客的学者、朋友和当地的群众,继续深入扩大对徐霞客与丽江有关情况的研究。我们希望今后还会得到更多、更好、更深的有关徐霞客与丽江的研究成果。(部分内容摘自杨林军著:《徐霞客与丽江》)

木增画像(左图)

徐霞客画像(右图)

研究木氏历史
传播纳西文化

按四

木光发言的题目是《先祖木增与徐霞客的深厚友谊》。木光首先介绍了木增的情况，他说："先祖木增，字长卿，号生白，生于万历十五年（1587年），其祖父木旺、父木青先后出征平乱，致命边疆，世济忠烈。万历帝朱翊钧追念木氏父子的忠烈，亲笔题写'忠义'两个御字，下旨在木氏土知府衙前建树'忠义坊'以抚慰木氏后代。万历二十六年（1598年），年仅11岁的木增已依准恭袭父职为明朝第13代土知府。木增36岁让爵卸政，由长子木懿顶袭。"

在谈到木增与徐霞客的交往时，木光说："木增志嗜诗文，博学多才，广交滇内及中原名士，切磋诗文，广纳海内文墨。明崇祯十年（1637年），木增年过51岁，虽然当时交通及信息条件很差，但获得了省内外友好人士的及时通报，闻知徐霞客已在来滇途中。木增十分敬佩徐霞客名士的文才，致函委托在昆明的诗友杨胜寰，转达邀请徐霞客赴丽相晤的诚意。"

木光介绍说："崇祯十一年（1638年）徐霞客从江阴沿途考察游览，长途跋涉，历尽艰险，于十月初一日到达云南昆明，受到云南著名文人唐泰、杨胜寰诸君的热情接待。杨胜寰向徐霞客转达了丽江土知府木增敬邀徐霞客赴丽江相晤的诚意，徐霞客对木增的盛情邀请感到特别高兴，并当即答应赴约。是年腊月二十二日，到达佛教圣地鸡足山。"

就悉檀寺的情况木光介绍说："鸡足山寺院重叠，但在当时以悉檀寺的建筑规模居首，寺内僧侣达500多人，悉檀寺是木增为其母罗氏夫人求寿，耗白银万两建盖的，为木氏家庙之一。"

木光还详细地描述了徐霞客在丽江一带的行程及相关事件：

悉檀寺的住持弘辨和安仁两位大法师早已得到木增的通知，因此徐霞客来到鸡足山受到悉檀寺众僧的热情款待，居室设于寺内厢房的北楼。

崇祯十二年（1639年）正月，木增命府衙通事持亲笔书柬，到鸡足山迎接徐霞客。于正月二十五日经鹤庆到达丽江，将徐霞客接待在和姓通事家的小楼。

正月二十九日，通事按木增的意思，陪同徐霞客骑马前往坐落在丽江城北20里的芝山解脱林（又称福国寺）。寺院周围古树成林，风光秀美，寺当山半，东向，以翠屏为案，为丽江众寺之首。寺院壁宇整洁，殿阁阶级整齐，虽殿宇不大，佛像也不高，但雕塑工艺精湛，年代古老，庄严肃穆，正殿后面层台高拱，上面建有法云阁，高耸入云，八角飞檐，无论从哪个方向看都似5只彩凤展翅飞翔，宏伟壮丽，故又称"五凤楼"。内藏天启皇帝御赐的佛藏经，极为珍贵。

通事引领徐霞客来到木增的别墅南林净室，文武两位大把事已在门前恭候相迎，木增迎出二门，邀徐霞客进入内室，室内窗明几净，纤尘不染，几案上除有几卷诗书外，别无其他摆设，令人感觉安详宁静。木增重礼谦让请徐霞客坐上方，互道仰慕敬意。徐霞客首先向木增转达了与木增交往甚密的江南名士陈继儒的问候，互相交谈内容涉及：朝政局势，中原文才的情况，对诗词文艺的心得，滇中内外风情民俗等。志趣十分融洽，二人互有相见恨晚之感，茶易三次而交谈不休。徐霞客对木增的人品才华，谦恭重礼，有极好印象。谈话结束，木增将徐霞客送出厅外，令通事引入藏经阁的右厢房住宿。

崇祯十二年（1639年）二月初一日，木增命大把事以家集黑香及白银10两馈赠。下午，邀徐霞客赴宴，宴席设八十佳肴"鹿鸣宴"为徐霞客接风洗尘，席间大把事给徐霞客敬献礼品有：银杯、铜锁、彩缎等物。先祖木增托请徐霞客为自己的诗集《中山逸趣集》作序，徐公应允，当即挥笔完稿。

徐霞客在居室悉心批阅木增的书稿，对错漏之处做了标正，并写了序文。先祖阅后十分满意，挽留徐公在解脱林多住几日，为所撰《云薖淡墨》分门标类，使其更加完善。徐霞客欣然同意，终日在居室伏案校书。木增令大把事招呼好徐霞客的生活起居，大把事时而送白葡萄、龙眼、荔枝等水果，时而送"酥饼油线"，这是一种细若发丝，中缠松子肉为片，松脆可口的食品。而"发糖"是以白糖为丝，细过于发，千条万缕，合揉为一，以糖拌之，甜而不腻，实属奇点。至二月七日深夜，方将《云薖淡墨》书稿分为八类，校正完毕，请大把事转呈木增。

徐霞客居住解脱林整有八日。木增看了徐霞客送来的校稿，更加敬佩徐霞客的文才，并再次托请徐霞客撰修《鸡足山志》，同时恳请徐霞客于二月初十日莅临漾西木家院（又称万德宫，系木高任土知府时所建），为其四子木宿教授作文，并设盛宴为徐霞客饯行。

徐霞客离开丽江时，书写了一幅颂扬木增品德和才华的草书文墨，赠予木增留念。新中国成立前由家父木琼收藏，我曾见过这幅徐霞客的墨宝。徐霞客离开前，木增命大把事馈赠徐霞客四两黄金，以作酬谢。

崇祯十二年（1639年）八月二十二日，徐霞客回到鸡足山，应木增之约在悉檀寺抄录碑铭《藏经》及各种文书中的有关资料，着手开始撰修《鸡足山志》。他久涉瘴地和长期艰辛旅行，严重地损坏了健康，他先是感到双足麻木，几日后每走一步都感到困难，他只好足不出户，每天坐在寺内厢房北楼上伏案撰修

《鸡足山志》。木增十分牵挂徐霞客的病情，时常派人前来探望，并嘱咐弘辨住持，请医生为徐霞客治疗。

崇祯十三年（1640年）正月，徐霞客的身体越来越虚弱，双足已失去行走的能力。木增闻讯后，立即命通事前来照应，派人用滑竿护送徐霞客返乡。护送一行日夜兼程，跋山涉水，历时150多天，到达湖北黄冈，再雇船将徐霞客护送回到江阴家中。

（木光编著：《木府风云录》，第247页）

链接

陈庆江：《"徐霞客与丽江"学术研讨会综述》（摘录）

2004年10月26日至28日，"徐霞客与丽江"学术研讨会在丽江木府举行。来自北京、江苏、浙江、湖北、上海、江西、广西、贵州、云南、香港、台湾和美国、韩国的徐学专家学者及嘉宾共80余人参加了会议。大会共收到论文76篇，30位学者分别在大会上作了交流发言。

研讨会探讨的内容分为四大方面：

一、徐霞客与丽江

这是这次研讨会的核心主题，相关的论文最多，会上的研讨也热烈深入。朱惠荣教授首先发言，深入阐述了他的《徐霞客考察丽江的历史功绩》一文的基本观点。文章考索了元明时期内地官员、被贬谪者、名士等与丽江的关系，指出这一时期与丽江关系密切者不多，并分析了原因，而徐霞客是第一位考察丽江的内地名士；将《徐霞客游记》与同样对丽江有所记载的《云南志略》《滇略》进行了对比，指出《徐霞客游记》对丽江的记载分量最大，字数最多，涉及范围更广，是元明时期外地学者私家著述中记载丽江事迹规模最大、内容最详细的一种；概述了徐霞客考察、研究丽江的范围和内容，共包括山川形势、行政运作、吐蕃状况及丽江与吐蕃关系等十一个方面。

汤家厚的《〈徐霞客游记〉在丽江古城申报世界文化遗产中的特殊价值》一文论述说，丽江古城申遗时脱颖而出的关键原因是历史文化遗存保存较完好，它反映了西南边远地区少数民族的历史文化，其申遗报告提出的六条申报理由，主要内容在《徐霞客游记》里都有生动具体真实的描述，而所描述内容的真实性使得它在丽江古城申遗中具有了特殊的价值，是申遗中无可比拟和不可替代的历史文献。

于希贤做了《文脉传承与徐霞客丽江考察》的发言，阐述了丽江文脉的内涵，认为纳西族是金沙江文化的精英，木增接待徐霞客就是从金沙江文化走向长江文化。

夫巴、木里的《解脱林的布局与徐霞客行踪考》，较系统地考述了解脱林的区位和现状、基本布局、周围的山和水、福国寺的建筑等，梳理了徐霞客在解脱林的行踪，提出了修复重建解脱林的一些设想。

吕锡生的《纳西族光辉的历史文献——徐霞客"丽江游日记"》，概述了徐霞客"丽江游日记"的内容，认为它是反映纳西族历史的重要文献，它所记述的旅游景观，为今天提供了旅游开发的重要人文资源。

文明元《徐霞客笔下的丽江土司地》，根据徐霞客的亲见亲闻，"复原"了明朝末年丽江府的政治统治情形、纳西族的农牧手工及交通商贸城镇的发展状况、民族文化的交流、纳西族的民俗，认为徐霞客的记载描述为纳西民族文化的保存和再现做出了卓越贡献，永远是纳西民族文化研究不可替代的重要史料。

杨杰宏《〈徐霞客游记〉的民俗学价值——以丽江部分为例》认为，《徐霞客游记》中的丽江部分是研究明朝时期丽江民俗的重要切入点，所记民俗事象包括物质民俗、行为民俗和意识民俗，研究这些民俗事象背后的民俗学价值，对于深入认识纳西族的历史文化有着深远的意义。

禹志云的《徐霞客与丽江生态环境保护》，阐述了徐霞客的生态意识，并就其对今日丽江生态保护的意义做了论证。李静生的《〈徐霞客游记〉中几个纳西古地名的考释》一文，对徐霞客当年记载的"冯密""九和""十和""七和"等地名，从纳西语名称、含义、汉语译写等方面做了考释。薛仲良的《江阴丽江情相依》叙述了徐霞客与木增的情缘与友谊。木氏土司第三十四代嫡孙木光的发言介绍了他的家族目前的状况，以及木氏土司的历史渊源。和汉中的发言介绍了他所写的剧本《徐霞客与木增》。围绕这一主题的文章还有牛相奎的《徐霞客与丽江》、李锡龙的《徐霞客游丽江日记中的社会学价值探讨》、牛耕勤的《徐霞客与丽江纳西名食》等。

二、徐霞客与其他地理学家、旅行家的比较研究(略)

三、徐霞客对湖南、云南等省区的考察(略)

四、其他徐学有关问题(略)

这次会议学术氛围浓厚，研讨内容广泛，相关活动富有特色和意义。朱惠荣教授在闭幕会上所作的学术研讨总结发言中，概括了大会的特点和所取得的成果。(陈庆江：《"徐霞客与丽江"学术研讨会综述》，载于《徐霞客研究》第12辑，学苑出版社，2005年4月版，第291页)

· 10月，华林著文《论〈徐霞客游记〉对丽江风貌的文献报道价值》。作者从《徐霞客游记》对丽江山川物产的记录情况、《徐霞客游记》对丽江社会历史的记录情况、《徐霞客游记》对丽江纳西族历史发展和风俗民情的记录情况等三个方面进行了论述。（载于2004年《徐霞客与丽江学术研讨会论文汇编》）

· 10月，周文钟着文《徐霞客笔下的丽江纳西族旅游纪念品》。作者首先摘抄了《徐霞客游记》中记录的有关丽江纳西族物品，包括银杯、铁皮褥、红毡、丽锁等，继而就这些物品的历史沿革、制作工艺、材料选取等做了介绍，以及对今天丽江旅游业发展的作用谈了自己的想法。（载于2004年《徐霞客与丽江学术研讨会论文汇编》）

· 11月，木光被中国管理科学研究院学术委员会聘为特约研究员。

· 是年，第5期《中国社会科学院研究生院学报》，载冯佐哲的文章：《简析徐霞客缘何两上鸡足山》。

· 是年，木光撰写《对各种宗教采取兼收并蓄的政策》。文中介绍了历代木氏土司对东巴教、道教、佛教等宗教的虔诚信奉，对传教者的尊重和理解，偶还赋诗以送等。另外，文章还记录了木氏土司不惜重金兴建寺院等史实。

按

《对各种宗教采取兼收并蓄的政策》（节录）

木氏土司对各种宗教都甚为虔诚信奉。因历史条件不同，各种宗教在丽江兴衰不一。

唐、宋、元朝代，丽江本民族的原始东巴教盛行，对后世的影响较深，木公撰《木氏宦谱》开篇中就有引用东巴经"草古天能古，草俸地能俸"等，援引蛋生神话，承认木氏是天神崇忍利恩的后代。

木高在香格里拉白水台崖刻诗文两首，表述了对东巴教祖师东巴什罗的崇敬及称赞圣地景色的优雅，直至解放前木氏家族都有每年春节请来东巴大师举行祭天仪式的传统。

道教大约在元、明朝代传入丽江，忽必烈曾封丽江土神"三多"为北岳安邦景帝。明代嘉靖年间，明世宗朱厚熜醉心道教，在此风的影响下木氏土司不远千里到武当山迎请真武圣像，将其供奉于白沙崖脚家庙朝拜。还建盖了很多的道教寺观，束河修建了"九顶龙王庙"，七河建了"大玉初神庙"，江东建了"迷剌瓦神庙"、束河大觉寺、玄光寺、玄天阁、中海寒潭寺、白沙真武祠、太极庵，在白沙凤凰山上还建有"大黑天神庙"。

这些道教寺观在丽江分布较广。

明嘉靖年间，道士周月泉携带了一只白鹤到丽江，他自称来自陕西终南山，身穿羽服，头戴黄帽，童颜银须，开口讲丹术，闭口言幻邪。他在丽江住了几年就回去了，木公曾赋诗送别：

艺客遥将访我楼，岭云海鹤共悠悠。

醉余说尽延生诀，袖拂苍髯不肯留。

在这之前有一位蓟羽士也曾来到丽江，每日抄写道教经文《黄庭经》数篇，问其年龄，笑而不答。木公对此人作有诗句：

山阴雨雪归来夜，玉杖霞裙引凤凰。

木氏土司同样崇信佛教，在明代建盖了庞大的汉传佛教寺院殿阁，其中著名的有：福国寺、法云阁、琉璃殿、大定阁、万德宫、皈依堂、雪松寺等。木氏土司数代人在鸡足山捐资建了4个寺院，所建的悉檀禅寺，宏丽精整，为该山寺庵之冠。

1638年，土知府木靖捐建尊胜塔院，"塔院秋月"成为鸡足山著名的八大风景之一。

万历年间木增还在鸡足山捐建"华严阁""碧云山房""一衲轩"等寺宇。

历代木氏土司热衷佛事，捐助功德博远，成为山西五台山、浙江普陀山、四川峨眉山、安徽九华山等寺庙的大施主之一。

总而言之，历代木氏土司对各个宗教都虔诚信奉，各个宗教和谐相处，没有哪个宗教形成主宰一切的权威。（木光编著：《木府风云录》，第221页）

· 是年，木光撰写《徐霞客情系云南人文山川》。该文首先简要概述了徐霞客滇游日记的历史价值，及其在《徐霞客游记》中的重要地位。木光认为，《滇游日记》是对云南历史全方位的真实记录，历史"文献"价值很高，为云南保留了一批珍贵的历史资料。文中如实摘录了徐霞客在云南的言论、诗词等，进一步说明徐霞客对云南人文山川的一往情深。

按

《徐霞客情系云南人文山川》（节录）

徐霞客晚年云南之行，是他一生历时最长（长达一年十个月）、游历地方最多的一次旅行。从《滇游日记》可以看到：他四进昆明，两上鸡足山，滇西是重点考察的地方。他的游踪涉及了37个县市，50余个城镇，文物景点64处，自然景观54处。

《滇游日记》以大量的篇章描述了云南的地理、地质、水文、气候、物产等自然状况，准确地描述了不同地域的自然景观，开辟了地理学上系统地观察自然、描述自然的新方向。徐霞客还对云南的农业、矿藏、工业、吏治、边事、地方史、宗教、民风民俗及少数民族的情况做了详尽记录。

《滇游日记》是徐霞客对云南历史全方位的真实记录，其文献价值很高，为云南保留了一批珍贵的历史资料。他在《江源考》和《盘江考》两文中否定了《禹贡》中"岷山导江"的旧说，指出：金沙江才是长江的真正上源。通过实地踏勘，他在滇东、滇南考察了南北盘江的源头，比较了盘江、怒江、澜沧江的差异，纠正了《明一统志》的某些错误。他对云南地热现象的记录是完备详尽的，他考察了一些重要的温泉群，并记录了各自的水温、水质及特点，还谈到如何利用地热提取琉磺和硝矾的方法。

云南矿藏丰富，冶炼业在明代后期得到迅速发展，《滇游日记》中就记载有"阳桥之矿、亦多挑运就煎炼于南香，有厂亦炉烟勃勃"。古滇石灰岩溶蚀形成的地貌奇观，他形容为"峰石涌起，有若卓锥者、有若夹门者、有若芝挚而为合……是所谓石城也"。他还详细记述了云南的玛瑙、大理石、玉石等众多的矿产。

他在《滇游日记》中展示了云南多姿多彩的山川秀景，他深情地描述了云南优美的生态环境，宁静而清澈的高原湖泊，各具特色而丰厚的民族文化，热情好客、淳朴善良的民风民俗，他对明代云南的景物描述采用了人文地理与自然地理相融合并兼及经济、社会、文化等方面的状况，如对滇池一带景观描述："两岸平畴夹水，十里田尽、萑苇满泽，行舟深绿间，遥望西山绕臂东出、削岩排空。"

记录大理蝴蝶泉："真蝶千万、连须勾足、自树巅倒而悬下、及于泉面、缤纷络绎、五色焕然。"

描述剑川金华山麓："数百步，而桃花千树、深红浅晕，倏入锦绣丛中。"

他感受到的云南山川之美，胜于陶渊明笔下的桃花源，他说："想其蒸霞焕彩时，令人笑武陵，天台为爝火矣!"

他初登鸡足山，看到满山青松翠柏、绿荫蓊郁、充满诗情画意；他看到古朴壮丽的36寺宇、72庵庐，尽皆辉映在万绿丛中，呈现佛教圣地伟严的一派独特风光。他攀登到鸡足山顶，站在楞严塔上，东观日出，西观大理洱海、南观祥云彩云、北观玉龙雪山，诗兴奔涌，书写《绝顶四观》诗五首。

日　观

天门遥与海门通，夜半车轮透影红。

不信下方犹梦寐，反疑忘打五更钟。

提到明代丽江古城，徐霞客就其地理位置及纳西族民居分布有如下记录："历眠山之西南垂，居庐骈集，萦坡带谷，是为丽郡之所矣。"他对古城水系的记载是："象鼻水从桥南而下，合中海之水，而东泄于东桥，象鼻之水土人称为玉河云。""桥"指万字桥，象鼻水就是现在的黑龙潭，从黑龙潭流出的水称玉河。"水萦流而东，水北即象眠山至此南尽"。玉龙雪山的雪是古城的水源，发源于城北象山脚下的玉泉之水，流到玉河桥下，分为西河、中河进入古城，中河是古城水系的主体，形成"家家流水、户户扬柳"的景观，他说玉龙雪山"雪幕其顶，云气郁勃，未睹晶莹"。

丽江古城北面的玉峰寺栽培有数百年火树霞林的万朵茶花，他赞誉为"南中之冠"。徐公对丽江矿业的开发也有记述："且采矿独盛，宜其富冠诸土郡。"木府的富足主要来自金矿、银矿、铜矿、盐矿的开采。（木光编著：《木府风云录》，第242页）

2004年夏，木光夫妇与家人在一起。后排从左至右：木志英、木志平、刘永燕、木志玲，前排男孩木瑞、女孩和雪。

2005年

(乙酉)

76岁

· 是年，第1期《云南民族大学学报·哲学社会科学版》，载文明元《徐霞客笔下的丽江土司地》。作者从政治制度、经济发展水平、民族文化交流与民族关系、社会民俗民风四个方面，系统揭示《徐霞客游记》与丽江纳西族文化研究的紧密关系，进一步展示了徐霞客对云南边疆民族地区的贡献，充分肯定《徐霞客游记》在社会科学领域中的价值和意义。文章认为："早在300多年前，徐霞客以极其宽阔的视野、细致的观察了解，对纳西社会进行了远远超越前人的具体描述，为纳西民族文化的保存、再现做出了卓越贡献。游记中的有关记载，永远是纳西民族文化研究不可替代的重要史料。"

· 4月，在学苑出版社出版的《徐霞客研究》第12辑上，发表了朱惠荣的《徐霞客考察丽江的历史功绩》；汤家厚的《〈徐霞客游记〉在丽江古城申报世界文化遗产中的特殊价值》；和汉中的《试论徐霞客与木增的人格魅力 提升丽江世界文化遗产的文化含量》；木光的《先祖木增与徐霞客的深厚友谊》；薛仲良的《江阴、丽江情相依》；黄实的《杨升庵、徐霞客与丽江——兼刍议丽江文化的保护与发展》；文明元的《徐霞客笔下的丽江土司地》；陈庆江的《〈徐霞客游记〉反映的明末云南政区治所城市》；汤家厚的《印证徐霞客的丽江"富冠诸土郡"》；陈庆江的《"徐霞客与丽江"学术研讨会综述》。

· 7月6日，老挝总理南·沃拉吉参观木府。

· 10月17-19日，"2005中国江阴徐霞客文化旅游节学术研讨会"在江阴长江饭店举行。木光夫妇第一次受邀参加。期间，还参观了徐霞客故居、徐霞客祖居地大宅里，以及无锡太湖鼋头渚等。

徐霞客故居

木府血脉
The Blueblood of MuFu

仰圣园内徐霞客塑像。（上左图）

2005年10月18日，木光接受江阴电视台采访。（上中图）

2005年10月18日，木光在江阴手书"弘扬霞客高贵品德"。（上右图）

2005年10月19日，木光首次前往江阴参加徐学活动。图为木光夫妇与丽江代表合影。（中图）

徐霞客墓（2009年10月21日 摄右图）

· 12月，为纪念中国电影诞生100年，国家广播电影电视总局、中华人民共和国文化部联合向从事电影工作50年以上的老一代电影工作者颁发荣誉证书，木光获此殊荣。

研究木氏历史
传播纳西文化

木增僧服像

按

徐霞客故居

- 是年，杨林军撰写硕士学位论文《徐霞客与丽江地方文化研究》，导师：曹相，专业：中国古代史，云南师范大学。（杨林军：《徐霞客与丽江地方文化研究》，载于木仕华主编《丽江木氏土司与滇川藏交角区域历史文化研讨会论文集》，第434页）

- 是年，木光撰写《木增风雨童年及晚年归宿》。文章记载，木增仅9岁，祖父和父亲相继去世。吐蕃兵临城下，木增按剑说："于先剪灭此贼而后朝食。"顶天立地大丈夫的形象跃然面前。文章将传说、史料有机地相连，使木增成为了一位有血有肉、性格丰满的领袖人物。木增38岁时告退政治，隐入芝山，令后人深思。

《木增风雨童年及晚年归宿》(节录)

木增祖父木旺生于明嘉靖三十年（1551年）九月初一日，于万历二十四年（1596年）五月十三日奉调腾越平叛，战役中不幸壮烈牺牲，年仅46岁。其父木青于本年六月承袭，事隔仅一年，于万历二十五年（1597年）在顺宁大侯州平乱中受箭伤，因伤势过重，抬至家中数日后，于同年十月十五日逝世，年仅29岁。

据《忠孝记》记，生白公生而灵异，初玉龙公为松鹤（木青）祈嗣北岳，隔数日太母罗氏梦一老人，授以丹丸吞而有娠，生则神气逼人，好洁净，少眠食，五六龄即通书史，读书一目十行俱下，初授经学，皆通其大旨，与之谈韬钤之书，八阵六花之法，则如夙习而往用者。其性至孝，九岁玉龙公没，哀毁如成人，未几松鹤公病卒，号天泣血，水浆不之口者三日，几于灭性。时木氏不绝如线，族党无以解慰来者，一旦自悟曰："此何时也！可弗节哀，存吾宗祀乎！"遂起与罗恭人共襄大事。祭葬诚敬，咸尊家礼，待其母问安视膳无不周全。忽尔见背，则哀毁孺慕，倍出寻常。四方来吊者数百千人，至则哭而拜，如不欲生，吊者无不感涕。此时祖父及父亲相隔一年先后双亡，孤临大敌,人心动摇。生白公年仅9岁,处事稳重果毅,乃集宗人戍长,谕以祖宗成规,朝廷法度俱在,敢有不利孺子而思偾败者不贷,词色爽峻,众皇皇股粟。私相谓曰:"幼君英敌不可犯也。"于是各守信地,边堵以宁。时吐蕃赞普乘畔(似"乘衅"为妥,即利用机会,趁空子——本书编者注),以数千骑拦入沧寨,凶焰甚炽。生白公闻变,按剑曰:"于先剪灭此贼而后朝食。"太恭人难之,谓:"吾宗子然汝身,奈何轻而戎事!"生白跪泣曰:"不肖儿托先君之荫,已有封疆之责矣!吾家世以威武安戢边疆,今此贼敢于跳梁,欺藐孤也,儿心目中已无掳也!"遂下令誓师曰:"务同心克敌,弗用命者虽亲必诛。"敌至,军士无不踊跃,生白公亲执桴鼓,鼓声不绝,众奋勇鏖战。贼败退,追逐五十里,斩获甚众。

生白公11岁袭职,在卓著治政的太平岁月追思九龄出师征叛,罗恭人牵裙挽留之爱,感叹至深!

《明史》志载:生白其母系巾帼英雄也,木青妻罗氏兰州知州亲女,夫任丽江军民府知府,罗氏嫁十年夫卧病,罗氏竭力调治,卒不起,方在闵凶,适有番寇,慨然曰:"彼以我新遭丧,子在襁褓,妇人无能为耳!"乃摜甲跃马,先士卒,一鼓克敌,边鄙以安,事姑尽孝,教子以忠勤称。制胜阿丈刺毛事,系出于罗氏之功,而加诸其子木增之上矣。

生白公出征溃敌,是在其罗氏披甲率领下获胜的,故罗氏在危急之时,有率师御敌之谋,是人杰矣!为难之时,生白公的两位叔伯也有辅佐效力之功。

生白公当政,重视农桑兴修水利,亲自抓了丽江古城玉河分流的浩大工程及中海、吉子等湖的水利兴修,福泽子孙万代。

生白公晚年是由官而隐,究其原,客观上是时局动荡,仕途凶险,退隐而以避祸全身。主观上,深受佛道思想的濡染,隐居林下,修身养性,以求超凡脱俗。

他曾诗:

贪爱名利者,奔忙忧戚戚。
笑指白云窝,唤回大梦局。
语我惟心诀,解脱生死梏。
了了本真源,顿超三界欲。

他从退隐到去世20多年间,隐居芝山,目接溪山绣错,耳闻林鸟成韵,或嚼梅以除俗气,或煮雪以清烦襟,加之地僻迎宾少,山深识鸟多,逐渐心平气和,融入大自然中。

生白公在任期间,身在边陲,对国家安危、治乱极为关注。

如他喜宁西大捷，他忧闻辽有警，他庆朝廷释刘直臣。他将自己的心与祖国的脉搏连在一起，捐银献马，为扫除狼烟，贡献白银4万余两。《陈言十事》表达了爱国热忱，表现了很强的内聚力。

他年满38岁（1624年）就告政，隐于芝山纵情山水，在清幽大自然中写下《芝山云蔼集》《云蔼淡墨》《中山逸趣》《竹林野韵》《啸月函空翠居集》《隐居十记》(散文）等作品。有诗、有词、有赋、有散文。以诗为主，今存诗800余首，赋20余篇。存目诗词373首未计。他的文学誉满士林，已成传世之作。（木光编著：《木府风云录》，第210页）

· 是年，木光撰写《万卷楼》。文章简要介绍了万卷楼修建的时间、建筑风格及藏书目录等。

按

《万卷楼》

据"木府"历代传闻：先祖木公承袭后的业绩之一是撰《宦谱》，立勋祠，建盖"万卷楼"。

"万卷楼"建于明代嘉靖九年。木氏勋祠于嘉靖七年建成之后，即开始策划建造"万卷楼"，建楼所用木料石料都颇讲究，石脚基础用条石砌成，木柱粗实，柱脚均为汉白玉莲花底座，其结构为殿宇三层楼，窗梁门的雕绘古朴雅致，色彩鲜艳，是仿造中原殿宇建筑风格，楼房四周均有汉白玉廊杆，整座楼宇高冲云霄，显得富丽雄伟。

一楼为木府子弟学习诗文的书室，其二三层为木府藏书的书库，所设书架高达六层，图书排列有序。

历代木氏均从外地请来一名有学问的书库管理员，专职管理书目、分类、登记上架，并对存书定期进行防蛀、除尘处理工作。及时提供府内读者所需参阅的书籍。万卷楼的藏书量到木增承袭年代已达3万多册。其书籍的来源，大部分为历代木氏土知府派人到中原各地采购回来，另一部分是滇内及中原的诗友及相交熟人赠送的。

木氏土司作家群，除木公、木增有较多诗集文稿存放于"万卷楼"之外，还有木泰、木定、木高、木东、木旺、木青、木懿、木靖、木垔、木兴等土知府，文学素养都较高，都撰有文集存置于"万卷楼"，以传后代。

复建于1998年的万卷楼（2008年3月16日摄）

将"万卷楼"有藏书目略举如下：

论语、孟子、荀子、春秋后语、诗经、庄子、老子、淮南子、抱朴子、列子、郁离子、文中子、尹子、礼记、孝经、大戴礼、五经通义、易经、学经、吕氏春秋、朱子语录、尚书注、商君书、盐铁论、玄纳子、紫崖子。

山海经、水经注、说文解字、尔雅、酉阳杂俎、博物志、白虎通、论衡、世说新语、说苑、东策博议、鹤林玉露、高士春秋、丹铅总录、法苑珠林、梦溪笔谈、神农本草、考工记、搜神记、吕览、物性、七修类稿。

春秋、左传、史记、汉书、三国志、晋书、南齐书、南史（宋、齐、梁、陈）、魏书、续晋书、北齐书、北史（魏、齐、周、隋）、隋书、唐书、五代史、宋史、皇明资治通纪、大明会典、通鉴、方镇编年、天宝逸事、人物志。

诗经注、楚辞、九辩、文选、古乐府以及扬雄、阮籍、嵇康、陶渊明、谢朓、陆机、张华、顾恺之、孙登、薛道衡、王羲之、李白、杜甫、杜牧、李商隐、司空图、白居易、苏东坡、王实甫、米芾、韩熙载等人的诗文书画作品，孙子兵法、列朝兵书。

华严、楞伽、法华、般若、维摩、五灯会元、金刚三昧经、大庄严法门经、善夜经、大乘本生心地观经、度一切诸境界经、文殊师利行经、阿含经、显正论、般若灯论、大智度论、大乘玄论、圆觉疏、弥勒成佛经、显性论、显宗论、道经、神仙传以及善慧大士、黄檗和尚、憨大师、宝志师、古庭师、黄石公、智达禅师、仰山和尚、临济和尚、灵辩和尚、栖云等数十名道士高僧的著作及传记。

拾遗记、襄阳记，广州记、方物记、冥洞记、十州记、述异记、纂异记、福庐陵记、金溪记、真湖潭记、逍遥公南康记、陇

研究木氏历史
传播纳西文化

王记、耕桑偶记、蓬源记、穷幽记、妆楼记、马癖记、长安后记、幽燕记异、豫章记、金陵记、庐山记、蜀鲁记、青州杂记、金銮密记、竹谱、桔谱、荔枝谱、博异志、神异志、怪异录、异物汇苑、异闻实录、常新录、海物异名记、海墨微言、清凉僧海、止戈集、汗漫录、樵夫直说、翻译名义、方言、岭南异物志、天爵堂笔余、霏雪录、容台随笔、岩栖幽事、江汉丛谈、康斋日记、道山清话、太平清话。

从政录、遒循编、遵生笺、真诠、省身集要、裨学录、枢要录、文笔襟喉。

上列书目、篇名虽仅举要，即可知其木氏万卷楼藏书的丰富，经、史、子集各类要籍大体齐备。

木氏历代土司诗文集的刻版亦存藏于万卷楼，以备再版。但在咸丰、同治年间杜文秀义军多次攻占丽江，木府万卷楼及光碧楼、木氏勋祠府署及家院全部烧毁，万卷楼所保存全部书籍及刻版一旦焚毁，可惜几代木氏土司的诗文世著也存留不多，已失传于世。（木光编著：《木府风云录》，第212页）

2006年

(丙戌)

77岁

· 2月6日，木光长外孙女张丽娟结婚，孙女婿名李亚东。

· 是年，木光作《吴三桂迫害木懿》。木懿不畏吴三桂的威逼利诱，不改忠诚中央政府的初衷，在文章中表达得淋漓尽致。

按

《吴三桂迫害木懿》

木懿为木增长子，生于明万历戊申年五月望日。公自幼敏灵，博稽群集，通达世务，夙具胆识，忠诚孝顺，其父甚珍爱之。明天启四年，木增告政谢职，静摄芝山，是年木懿保勘承袭。每鸡鸣必先栉沐，侍门问安，次请裁决政务，然后退食，见诸行事。

崇祯九年六月，番兵必哩率兵犯境，抢杀边民，蹂躏边陲，气焰猖獗。公敬承严命，率义军渡江西北，师至瓦普瓦，义军勇猛歼敌。必哩溃败，追至番境回师安民。崇祯十二年，颁给红字十六号诰命一道，授封中宪大夫、云南布政使司右参政职衔，敕赐"益笃忠贞"四字。

木氏二十一世 木懿画像。

清顺治十六年，清王朝派大军征进云南。木懿率众争先投诚，授原职。

平西王吴三桂镇守云南后，已有谋反之意，欲勾结吐蕃以作外援。吴逆了解丽江所辖的地方防御严密，素知木懿忠义，设策试探，谕令木懿集结土兵1000名待调。公识破吴逆心怀不轨，推故不从。吴逆怀恨，派员将元朝所赐木氏历代掌管镇边金印一颗、三台银印一颗一并拿去，又将木氏所辖江外照可、你那香罗、鼠罗、忠甸等五大地方割送吐蕃。而这五大地方割让后的钱粮累公赔纳，威逼木懿服从。当时滇省各地土司以媚吴逆，重新受封，争换扎符，表示愿为吴逆叛乱效劳。独有木懿坚持清白，宁死不交扎符，以彰忠义。吴逆更加怀恨，诬木懿勾结吐蕃不轨之罪，令木懿卸职，将木懿押赴省城囚禁。丽江府事暂由公之长子木靖代职，与此同时，又将丽江辖区之宗刺普划归吐蕃管辖，而钱粮仍由累公赔纳。

木懿在省城囚禁期间，吴逆多次派遣心腹说服木懿投靠吴逆，并授木懿为复明反清征讨副元帅之职，公为维护国家统一，反对叛乱，宁死不从，险遭吴逆杀害。公在省城囚禁7年之久，吴逆叛乱失败后，公旋加省释，仍袭原职。至康熙三十三年，始蒙云贵总督部院具题豁免割让吐蕃六大地方的钱粮负担。其著功绩，虽未蒙议嘉奖，但地方百姓无不赞誉口碑。

公于70岁告老致仕，其职由木靖替袭。公晚年享四代同堂之福，享年82岁。（木光编著：《木府风云录》，第217页）

·3月，木光历时10载编著的《木府风云录》一书由云南民族出版社出版发行，该书30万字。《木府风云录》以《木氏宦谱》为主线，概括了木府历史的方方面面，包括历代木氏土司历经兴衰演变的史实和治政业绩。

2006年3月，木光编著《木府风云录》由云南民族出版社出版发行。（上图）

2006年5月12日，木光编著《木府风云录》在丽江木府举行首发仪式，图为木光在仪式上发言。（右图）

· 5月12日，木光编著的《木府风云录》首发式在丽江木府举行。木光在首发式上作了题为《木氏土司的辉煌业绩》的书面发言。他说："历代木氏土司能承传千年而不衰，并非仅靠权势，而是与祖辈的励志勤学、有较广博的知识，又能在治政实践中积累才干、明智决策分不开。木氏土司在漫长的历史长河中铸造了一个光辉民族的灵魂，也创造了一个民族的灿烂文化。木氏历代传承自鼻祖叶古年始，至雍正元年改土归流，有一千三百多年的宦历。查阅隋唐以来历代王朝的统治年代，最长也仅为三百多年。何因使木氏土司在滇西北执政会如此长久？我认为这是研究和评价木氏历史的关键所在。"

木光分析说："一些纳西族著名学者评价木氏土司执政最大的特点是：维护国家的统一和保境安民，使百姓千年来不受兵祸之患，这是全国许多土司所做不到。'政治联姻''文化亲和'，不断吸纳省内及中原先进生产力和多元文化，积极实施对外开放政策，引进发展生产力所需求的能工巧匠，及各个行业的专家名师，富有创意建设本地的农业、水利、矿产业、建筑、绘画、教育、加工业、医学等，与中原和青藏地区开展商品贸易，使丽江最终成为茶马古道重镇。

在文化上广交省内及中原名士、交流诗文，木氏土司作家群给我们后人留下十多集有传世价值的著作，使纳西族文化自立于中华民族文化之林。"

木光最后说："我能在有生之年，编著这样一本木府的历史资料，是尽木氏后裔义不容辞的责任。"

木光还借首发式的机会，建议有关部门恢复重建白沙芝山的福国寺、漾西万德宫，以及白沙岩脚的木家院。（木光：《木氏土司的辉煌业绩》）

· 5月13日，白庚胜为纳西学丛书作代序。

按_____

白庚胜：《致力于纳西学的崛起》（节录）

两年前，中国社会科学院民族研究所的一位朋友在看到我的小文《纳西学发凡》后，决定将它投稿于该所一本相关专业杂志发表。谁知该杂志的一位"权威"竟说什么"纳西学何有之？"听到这一信息反馈，我心怅然，既忿然于这位权威的傲慢，同时也感慨纳西学学科建设的迟滞。

感愤之余，我并没有停止思考与行动。在从中国社会科学院调任中国民间文艺家协会常务副主席及分党组书记后，我利用工作之余穿行于首都北京与全国各地，尤其是昆明、丽江、迪庆等地纳西学学者及纳西族官员、实业家之间，决定组织一套纳西学丛书。在我的设计中，这套丛书包括30部国内外较有影响的纳西学学者的学术专集。

正如广大读者将从这套丛书中了解到的那样，纳西学的发展历程艰难备至。它的起步一般可以锁定在19世纪60年代至20世纪30年代初。那时的纳西学以西方学者、传教士、军事人员游历纳西族地区，并收藏东巴经典，翻译有关文献片段，发表有关介绍文章为主要特点；从20世纪30年代至40年代末，纳西学粗具规模，刘半农、董卓宾、李霖灿、陶云逵、罗常培等内地学者开始关注纳西族历史、语言、文字研究，纳西族学者杨仲鸿、方国瑜、赵银棠亦接踵于后进行多领域的探索，无论是其田野调查、文物收藏，还是专题性的研究都成果迭出。在国外学者中，被誉为"西方纳西学之父"的洛克以独居纳西族地区28年的传奇经历，以丰富的纳西文物收藏与传播，以深刻而全面的纳西文化诠释在纳西学领域渐入佳境；从新中国成立到20世纪60年代中期，洛克在国际纳西学界独领风骚，并影响育成了欧、美、日等国的一批纳西学新秀。这一时期，与之失去联系的我国纳西学界仍在踽踽前行，和志武、周汝诚、和发源等先生成为传递薪火的骨干力量；60年代至70年代末，尽管仍有雅纳特、杰克逊等活跃于学界，但一代宗师洛克的去世使西方纳西学跌入低谷，国内的纳西学更是遭受浩劫，纳西文化生态遭受全面破坏，这是纳西学的全球性低迷时期；从80年代初至21世纪初年，纳西学进入全面复兴时期，《纳西东巴古籍译注全集》的翻译出版、国际纳西学学会的成立、国际东巴文化艺术学术研讨会的举办等盛事都集中出现于这一时期。

对纳西学究竟是一个什么样的学问这一问题，我已在《纳西学发凡》一文中做过这样的表述："纳西学，就是以纳西族为研究对象的学科。在时间上，它贯穿古今；在空间上，它横跨东西。它既包括对纳西族的本体性研究，也包含这种研究本身。就前者而言，有关纳西族的生存环境、存在历史、生活方式、精神信仰、组织制度、艺术创造、技术成就等都无不纳入其视野之中；就后者而言，有关纳西族研究的理论与方法、学者与成果、历史与活动、机构与组织都囊括于其内。"对于这一判断，我至今认为比较科学、正确，它同时也被学术界所接受。因此，编纂这套纳西学丛书的冲动之一，就是为了进一步为纳西学立名、正名，并全面、系统展示纳西学的内涵。当然，这只是就至今为止的情况而言，继续丰富、发展它的使命已经历史地落在后来学者的肩上。（白庚胜：《致力于纳西学的崛起》代序，载于《方国瑜纳西学论集》，第1-2页）

· 是年，临沧市少数民族电影译制组获得云南省民族语文工作先进集体荣誉称号，受到了省民委的表彰。

· 是年，木光写作《丽江白沙岩脚木家院》。岩脚木家院是木氏兴家之地，其承载着木氏家族历史的信息。木光曾在不同场合建议恢复重建白沙岩脚木家院。鉴于木家院湮没久远，故此，文章据史料细陈木家院的本来面目。

按

《丽江白沙岩脚木家院》（节录）

　　唐武宗二年，木氏鼻祖叶古年自定筰县（盐源县）率领一支纳西先民来到三赕（丽江坝），选址白沙岩脚建三甸总管府。元顺帝十三年，阿胡替袭后将府署由白沙岩脚迁到大研里狮山脚下。白沙岩脚府署改称木家院，为木氏土知府继承人学习汉文化及土知府退职后休闲或接待名人学士的园林别墅。

　　木公于承袭前在岩脚院建五亩园，植桃百株称"丹霞坞"，种竹万竿称"翠竹亭"，凿池建屋称"一镜堂"，公倾慕松之坚贞，建"万松堂"，环堂植松万株，自号万松。闲散于桃花烂熳。竹笋渐深时，"抱子时相戏，挥毫日更吟"。或在众鸟归巢，云萦孤岫之时，以"逸耕南圃外，五亩足农心"自慰。

　　木高告老后，闲居岩脚院，好读大理侍御李元阳所赠诗稿20篇，读之不寝，次韵为答。木高所写的诗词，风格神采，韵味感人，但其诗文均散失。

　　木东承袭前，常居岩脚院，筑亭堂于北隅，四周养鹤成群，湖中蓄鱼，观赏自娱，招其邻郡学者与研穷哲理，赏景皓月，朝夕好学不知倦意。在西园厅堂题挂一联：

　　翠柏参天秀，丹葵向日倾。

　　以表达忠诚爱国爱乡的情怀。

　　在岩脚院接待过的文人学士有：永昌著名文人张愈光，受木公之邀在岩脚院居16日，朝夕与木公论古道今，作诗吟词，泛舟南湖，对歌赏景，结为亲密诗友。愈光返乡后，木公触景生情，怀念故人。写下：

　　　　忆禺翁游湖有感
　　　　十年曾此共君乐，今日忆君何自愁。
　　　　新制一双青雀舫，花时同载可能否？

愈光返乡后经常回忆与木公相晤的情景,写下充满情意的诗句:

忆旧游怀木雪山太守

忆昨同船泛玉湖,夜筵歌酒属狂人。
摩霄野树凝霜露,叠浪遥山蹙画图。
雪照铁桥秋气动,月笼沙浦雁声呼。
防边兵甲驱龙剑,奕世关河控虎符。

明万历二十五年冬,姚安同知高守藩来到丽江避难,木青将高氏接待在岩脚院。据《姚安高氏源流总派图》载:木青次妹阿相嫁姚安州同知高守藩,藩与其二叔争世袭,势薄,逃奔丽江,接待于岩脚院,天启二年始归姚安袭职。

高守藩的诗文誉满滇中,为滇中一代文学名家。

清康熙十八年滇中著名学者唐泰(当担和尚)与剑川学子杨栋受木懿邀请居岩脚院,观赏过木氏承传千年稀世珍宝微型佛雕,杨栋观后写下一首《粒佛歌》至今留存。

《丽江府志篇》载:"当担爱丽水清奇,来往无时,土官雅重之,结庐于雪山西南以待。"

岩脚院西园麦琮梵文摩岩旁木公木高撰刻有两首诗文:

木氏渊源越汉来,先王百代祖为魁。
金江不断流千古,玉岳尊崇接上台。
官拜五朝扶圣主,世居三甸守规恢。
扫苔梵墨分明见,七岁能文非等才。

嘉靖十三年龙集甲午春三月十二日应袭木高熏沐谨题

西园述事

西园北畔石溪连,四顾林峦霭暮烟。
千古不磨崖上字,一时因写醉中篇。
风摇凤尾猗猗竹,水接仙源活活泉。
百代子孙文义合,天成妙语述其间。

大明嘉靖十五年龙集丙申孟春木公熏沐谨述

木公的岩刻晚于木高两年,诗意歌颂先祖麦琮的智慧才能,笔力遒劲,一丝不苟,体现出汉文化艺术的濡染。

随着木氏经济实力的不断增强,崖脚院园林到明代中期已形成一座规模宏伟的园林建筑群。其主体建筑坐西朝东,纵向相联接一进四院殿宇建筑,其两侧,左有西园,右有南湖。亭堂雕刻绘画彩丽辉煌,殿宇栏杆为精雕汉白玉砌合。跨过天生桥树有一座高大彩雕的木牌坊,坊门两侧立有一对石狮,坊顶悬有一匾,楷书金字题有"诚心报国"四个字。过了牌坊就是进院的大门，院门两侧为八字墙，墙的两边靠立一对荷花底座的大石鼓。

正房为一进四院三间开殿宇建筑结构，两边是厢房，屋顶均为琉璃瓦，殿宇雕绘精致古朴。整个建筑群被葱绿的森林所包围，在西园旧址至今还保存有一棵树龄有千年的无名树，腰粗叶茂，每年春季盛开白花。

园内楼台亭阁，屹立于树木花卉之中，亭阁之间设有彩绘长廊通道。园内小桥流水，垂柳飘然，石山添景，景色秀丽。

主建筑的南侧建有"南湖"，湖中筑亭，湖的四周植有翠竹万株，湖堤建有汉白玉护栏，湖畔花卉繁茂景色迷人。

主建筑背靠凤凰山，山上古柏成林，高冲云霄。山的左侧建有"大黑天神庙"，右侧有"玄天阁"，正中建有"迎仙楼"，登楼可纵观四周山川及玉龙高耸的景色。

我国的生态园林建筑，兴于明，盛于清。考其岩脚院园林建筑要比中原著名园林超前数百年，如苏州园林始于明代，北京圆明园、颐和园、承德避暑山庄均为清代建筑。代表纳西族历史的岩脚园林，毁于战火。（木光编著：《木府风云录》，第230页）

· 9月，木光撰写的《徐霞客与悉檀寺的深厚情缘》在《徐霞客研究》上发表。

按

《徐霞客与悉檀寺的深厚情缘》（摘要）

明崇祯九年（1636年）九月十九日，年满五十一岁的徐霞客从家乡江阴出发，以鸡足山为主要目的地，开始了他一生中最后一次，也是历时最长、行程最远的壮游。

崇祯十一年（1638年）至崇祯十二年（1639年）徐霞客曾先后两次到鸡足山，借宿在悉檀寺半年之久，这在他的经历中，是绝无仅有的。

徐霞客以悉檀寺为基地，在悉檀寺弘辨等四大长老的分别陪同下，以悉檀寺僧人为向导，游览了鸡足山36寺和72庵的庙宇殿堂和全山的胜景。徐霞客正因为有了悉檀寺的帮助，才实现了丽江、大理、保山、腾冲、顺宁一带的探险考察。

他在悉檀寺众僧的关照下对鸡足山的一切如数家珍。第一部《鸡足山志》由他撰写而成。鸡足山悉檀寺是他人生旅途的最后一站，他与悉檀寺结下了难忘的深厚情缘。

鸡足山静闻墓塔。(2008年3月18日摄)

　　鸡足山是我国著名五大佛教圣地之一。位于云南宾川县境内，因山色秀美、佛事兴盛而闻名。悉檀寺建在鸡足山满月山下，大龙潭之上，山寺背靠石鼓峰。悉檀寺建筑规模为鸡足山寺庵之冠。公元1617年，先祖木增向明王朝上疏，希望在鸡足山建一寺庙，为其年迈的母亲罗恭人祝寿。获得朝廷批准，耗白银二万余两，施工两年多的时间建成。悉檀寺建成后，先祖木增捐献附近的田庄3000多亩，作为寺产，以供佛事。
　　……
　　明天启四年（1624年），经先祖木增上疏请求，天启皇帝御赐藏经一部，共678函，供奉于寺内法云阁。天启皇帝还将此寺赐名为"祝国悉檀禅寺"。
　　我在童年时代曾随家父去过两次悉檀寺敬香朝拜。寺内几个重要建筑和悉檀寺慧海方丈讲述的徐公与悉檀寺的亲密情缘还记忆犹新。

在悉檀寺万寿殿显眼的厢房正中挂有一块徐公撰写的黑底金字匾额，上书"佛光普照"四字，落款为：江阴弘祖顿首敬题。在后院法堂厢房阁楼上供有一块"明布衣徐霞客先生禄位牌"，这块徐公牌位供奉年代已久远。

拜见徐公牌位，就可领悟到悉檀寺的历代僧侣，对徐公才学人品的崇敬及情缘的深厚。

我随家父在悉檀寺敬香朝拜逗留闲谈中，慧海方丈给我们讲述了徐公与悉檀寺深厚情缘的几个主要内容：

1. 崇祯十一年（1638年）徐公从昆明沿途游览考察，于腊月二十二日到达鸡足山悉檀寺，受到悉檀寺弘辨、安仁等四大长老及众僧的热情款待，住宿在厢房北楼，起居生活全由执事僧人照应。

徐公这次云南之行与江阴迎福寺的静闻和尚结伴而行，静闻志将用血刺写的《法华经》供献于鸡足山，不幸在中途圆寂。徐公遵其志，收其遗骨及经书来到悉檀寺。在悉檀寺弘辨等长老热忱协助下，按静闻和尚生前要求，在寺东南二里，回龙环顾间，将静闻骨灰葬于悉檀寺高僧墓塔之旁，并为静闻建了墓塔。静闻用血刺写的《法华经》，徐公转交弘辨方丈供奉于悉檀寺经堂。

2. 崇祯十二年（1639年），徐公考察滇西部分地区后，受先祖木增撰修《鸡足山志》之约，于八月二十二日二上鸡足山，在悉檀寺抄录碑铭、《藏经》及各种文书中的有关资料。悉檀寺众僧也为徐公跑遍鸡足山所有寺庵和胜景，热心协助徐公搜集撰修《鸡足山志》的史料，为徐公提供修志的条件。

徐霞客在悉檀寺期间，编撰完成了《鸡足山志目》《鸡足山志略·一、二》《鸡足山十景》《丽江纪略》《法王缘起》等著作。这些著作体例新颖，文笔生动，撰录资料真实。徐霞客撰写的《鸡足山志》，是一部云南最杰出的山川志，他富有创意地提出了"由天而人"的编目方法。

鸡足山（2008年3月18日摄）

木府血脉
The Blueblood of MuFu

3. 徐公在悉檀寺的半年时间里，除考察鸡足山寺庵和胜景，撰写论著之外，朝夕与众僧畅谈中原文化，切磋诗词写作，圆满完成了一位中原文化使者的任务。

　　4. 徐公久涉瘴地和长期的艰辛旅行，严重地损害了健康，他先是感到双足麻木，渐渐地每走一步都感困难，他只好足不出户，每天坐在悉檀寺北楼上，伏案撰修《鸡足山志》。先祖木增时常派人前来送药和探望，并委托弘辨方丈派人到宾川及大理请名医为徐公治病。

　　崇祯十三年（1640年）正月，徐公身体越来越虚弱，双足已失去行走的能力。根据医生建议，弘辨方丈派出上百名僧人到鸡足山深山老林寻找名贵草药。经数日寻找，挖到一棵有数十年成长期的"孩儿参"，此参颇具人形，为山中珍贵药材，重约两斤左右，每日将它切片用冰糖水煮给徐公服用，病情有所好转。因徐公久病，有思乡之意，先祖木增闻讯，立即命通事前来，派八个纳西壮汉用滑竿送徐公返乡。徐公向悉檀寺长老及众僧告别离寺时，全寺众僧在山门前列队相送，挥泪告别，表达了与徐公的深厚情缘。

　　徐公乘坐滑竿日夜兼程，跋山涉水，历时150天，到达湖北黄冈，尔后转水路坐船回到江阴家中。

　　伟大的"千古奇人"徐霞客谢世以后，悉檀寺的众僧缅怀与徐公朝夕相处的情缘，敬仰徐公才学品德，立下徐公牌位。每临徐公忌日，全寺僧人都为徐公诵经超度。

　　非常遗憾的是，历史上与徐霞客有深厚情缘的悉檀寺，在20世纪60年代被毁。（木光：《徐霞客与悉檀寺的深厚情缘》，载于《徐霞客研究》第14辑，学苑出版社，2006年9月第1版，第140页）

2007年

（丁亥）

78岁

・4月，杨林军著《徐霞客与丽江》由云南出版集团公司、云南美术出版社出版发行。杨林军，1972年生于云南省丽江市，纳西族。2005年获史学硕士学位。朱惠荣在该书序中说："他以徐霞客研究为硕士学位论文选题，基础厚，起点高，勤于钻研，善于思索。"

・4月，白朗著《月亮是丽江的夜莺》由重庆出版集团出版发行。

按一

白朗：《金粉世纪的丽江》（代序）

一首纳西古歌说："树木和石头使岁月流失。"

法国人弗朗索瓦·巴德尚于1906年2月17日带着一只猴子到过丽江古城。在此之前他像海生动物一样趴在被气体充满的羊皮革囊上渡过了金沙江，泅水护送他的是两名屁股上缠着白布条的纳西艄公。在丽江古城，巴德尚看到落日华丽地映照着玉龙大雪山的白雪，四方街飘荡着一股鱼腥味和香火味的混合气味，马匹在光滑的石板路上滑倒，一只鹤在附近的水田里引吭高歌，鸟群在古塔上窃窃私语，竹笛清幽的曲声贴着鸳墙黛瓦流淌下来……

近一个世纪过去了，缀满傩面的时光已用崭新的涂料抹去了旧时代的印痕，2006年清秋，当我再次回到丽江，昔日遥远的边城已在高歌猛进中成为一座旅游业的冠冕之城，除了落日和白雪，巴德尚所描述的一切已消逝得无影无踪。被钢筋和水泥裹在夹缝中的丽江古城已处于一个全新的摩登时代，到处是搔首弄姿的游客、莺歌燕舞的假纳西、花里胡哨的古董，以及故作风雅的猩红灯笼。在古城转悠上半天，居然碰不到几个穿着纳西服饰的土著居民。作为纳西人，我有一种"生活在别处"的感觉。昔日的纳西古城成为一座"伪纳西古城"的可能性在不断增加，传统在一点点死去。"每一种死，都带走我的一部分"，让我感到骨头被烈火烧伤的疼痛。

我看到一个被金钱的巨指叩响的丽江，一个金粉世纪的丽江，亦是朱大可在《人类学镜像和花腰彝歌舞》中所描述的丽江：

"被金钱仔细打磨过的小街，那些光线黯淡的店铺，在清式两层民居底部依次浮现，刺绣、扎染、银饰、木雕、铜器，各种工艺和物件层出不穷；草药铺里堆叠着各种气味幽淡的汉药，它们名叫田七、天麻、黄连、虫草、当归和灵芝；远眺那些酒幌高悬的饭庄，窗户幽开，仕女巧笑，她们的影像织成了精巧的窗花；小厮和丫鬟们在店堂里嬉笑和打闹，到处弥漫着云南咖啡的香气，游客坐在露天餐桌旁，慢慢品尝着这种被高原土壤改造过的西方饮品，气定神闲，仿佛走进了风和日丽的宋朝。而在夜晚，成串的灯笼定义着建筑的幽暗轮廓，纳西古乐回旋在石板路上，仿佛是一些古老的声音碎片，越过被冻结了的时间，跌落在高原皮肤的褶皱里。在被联合国列为'世界文化遗产'名单之后，云南丽江正在朝着商业主义一路狂奔，它虽然充满了喧闹和文化虚伪,却足以满足游客的民族想象。古老而又时尚、异端而又典雅、自由而又严谨、浪漫而又理性……所有这些对立性元素都已具备,而且呈现为一个彼此妥协的容貌。巨大的水车构成了一个时间的隐喻,它要向我们暗示它对岁月的征服。而事实上,它只是一个被商业主义抽空了灵魂的空壳,不倦地旋转在众多游客的猎奇镜头里。"

极目伤秋,花萎枝寂,我久久站在映雪桥头仰望半空中那白雪苍凉的玉龙大雪山,如今,这座纳西人的圣山已处在旅游热潮的十面埋伏中。想到约瑟夫·洛克在1923年说的:"我们也许可以把大雪山视为重振这个正在逐渐衰落的部落雄风的摇篮。"不禁格外伤感。记得1988年1月,从江南返回丽江,那是上大学期间第一次回家。经过近4000公里的长途奔波后,坐上了一辆从大理开往丽江的客车,客车像甲壳虫在红土绿林间绕来绕去,爬过铁甲山时,无边的青天中突然现出玉龙大雪山那庞大的雪峰来,峰顶飘动着大片神明的白光,一种来自上界的圣性覆盖了我的灵魂。深情地望着自己民族的圣山,我的热泪不断淌下来,想止也止不住,在那一刻,我知道自己找回了人生的根脉。

这件事情让我坚信,作为自古以来就顺从于大地的种族,在未来,纳西人的拯救只能来自于大地——正如印第安酋长西雅图于1851年所说:大地并不属于人,人,属于大地,万物相互效力。然而,我亦深知,在这猛烈的时代,对于许多已丧失传统信仰的纳西人来说,黄昏的幕帘已经强劲地升起,无尽的冥光正用它华彩的大手扼住古老母族的脖子。

在《追忆》中,宇文所安说:"大自然变成了百衲衣,连缀在一起的每一块碎片,都是古人为了让后人回忆自己而划去的地盘。"啊,追忆,也许我应该用孤独的笔头记下点什么。(白朗著:《月亮是丽江的夜莺》,重庆出版集团,2007年4月第1版,第14页)

按二

白朗:《动荡不安的"乔木"》(节录)

17世纪下半叶,纳西人并未幸免于席卷整个中国的大动荡。对显赫的木氏土司来说,黄钟毁弃梁木崩坏,他们碰上了危险的时势。清顺治三年(1646年)木增去世前的40年间,木氏尚使纳西人处于唐贞元十年(794年)铁桥之役后最强盛的时期,统辖着滇、川、藏交汇处广袤的土地,但接踵而来的却是一连串因王朝更迭带来的剧烈阵痛。

木氏这段衰落史的见证人,是明代最后一任土司,同时也是清代第一任土司木懿,他生于1608年,殁于1692年,漫长的一生几乎贯穿了风云激荡的17世纪。顺治十六年(1659年），木懿怀着黍离之苦率领他的部族归顺了进入云南的清军，这是当时唯一明智的选择。清帝国由此轻而易举地把纳西族地区收入到自己的锦囊中。许多木氏家族的子弟雀跃不已地认为，像归顺元朝的远祖麦良和归顺明朝的远祖木得那样，他们将在彩云之南继续保有钟鸣鼎食之家的宏伟基业。但是，历史的时光没有重现，木氏很快就丧失了在金沙江以北的所有地盘。不久后，吴三桂运筹帷幄开始了反叛清帝国的准备工作，整个云南的大小官吏都加入了竞相献媚的行列，只有木懿一人不为所动，仍然保持着自己的清白之身。这使得曾经冲冠一怒为红颜的吴三桂又一次怒发冲冠，他于康熙八年(1669年）把木懿囚禁在省城的牢狱中，一直关了7年，几乎把这个固执的土酋折磨得死去。木懿被放出来时，已经是68岁的人了，他憔悴不堪地撑着一把硬骨头回到了丽江，从此，像父亲木增一样过着退隐生活。木懿的曾孙、末代土知府木钟出生时，木懿的身体仍然很硬朗，并一直活到了84岁高龄。

归顺清帝国的木氏显然未讨得新主子的欢心，政治上的不祥之气不断袭来，使得他们想要顺天承运的想法落空了。木懿的继任者中，木靖襟怀坦荡，木尧素以仁德著称，木兴的才情甚至让云贵总督蒋陈锡赞叹不已，木钟文雅温和，但也不是"扶不起的阿斗"。几代人小心翼翼地摆出各种效忠朝廷的姿态，举步维艰地经营着山高水长的金沙玉龙故地。然而时运不济，劫数已经难以摆脱了。

雍正元年(1723年），这是中国田亩制度史上的好年头，刚刚登基的新皇帝向他的帝国颁布了著名的"摊丁入亩"制，中国两千年来按人头征收土地税的做法，从此改为按田亩征收。但这一年却不是木氏的好年头，他们锦衣玉食的好日子到头了，朝廷正式下达了委派流官前往管辖丽江的命令，木氏世袭土知府的乌纱帽被降为土通判。此后的190年中，一共有75位流官来到被古代典籍称作"金生丽水"的丽江担任知府一职。改土归流的准确日期是雍正元年四月二十七日(1723年5月31日），这时，末代土知府木钟上任仅仅四十多天。与木氏颇为亲近的云贵总督蒋陈锡在此之前就遭到了革职，向朝廷奏上《丽江府改设流官疏》的新总督是高其倬。

首任流官知府杨馝骑着翩翩袭马从曲靖来到了雪山之麓。这位正黄旗的八旗子弟干了三年，把地头蛇木氏收拾得虎威尽失，然后迁升为湖南省粮食部门的长官。杨馝一到丽江就给木氏来了个下马威，他在税收方面大做文章，先是让垂头丧气的木钟去剑川清理拖欠朝廷多年的陈年老账，然后用强硬的手段迫使群龙无首的木氏交出所有的公款、公粮、公共财产，并没收了木氏的12处豪宅及巨额财物。木钟在剑川被杨祕的人囚禁了起来，他得到家产被没收殆尽的坏消息，终日捶胸顿足，以泪洗面，患了严重的呕吐病。从土知府贬为土通判的两年间，这位儒雅温良的公子噤若寒蝉，像一位无辜的受难者被万朵寒花所包围。雍正三年（1725年）初秋，不幸的木钟被送回丽江，3天后就在无限的悲愤中死去。

繁华落尽，明代衣冠成古丘。木氏土通判的小官袍传到了木钟之子木德身上，最后一直勉强维持到了1949年。1947年的一天，丽江名士周善甫在县衙门的财政科碰到前来领取土司年金的"末代木老爷"木松奎。见领到的"金圆券"年金连买一包香烟都不够，周就问道："这么一点点钱，何苦费事来领？"已经没有了任何权力的木老爷苦笑道："再少，也是国家发给木氏的体面钱，例规总不好丢啊！"联想起木氏当初"宫室之丽，拟于王者"的荣华生涯，周不禁怃然。（白朗著：《月亮是丽江的夜莺》，第149-153页）

方国瑜故居（2014年8月17日 摄）

· 5月，方国瑜故居在丽江古城开馆。故居是一座具有百年历史的民居，占地近2亩，共约70余间房。故居匾额由著名哲学家、原国家图书馆馆长任继愈题写。庭院内悬挂着季羡林、李根源等现代文化名人当年赠送给方国瑜的楹联匾额。整个故居有八个展厅，分求学之路、困而好学斋、方氏家族、故居建筑、学术成果、社会活动、吊唁缅怀、方氏家塾等。

· 8月1日，木光重外孙出生，名李金叡，生肖猪。

2008年6月,木光夫妇与妹妹木燕华(左一)、弟弟木权(左二)在长外孙女张丽娟家,木光怀抱的是重外孙李金叡。(左图)

2008年6月,长外孙女全家合影(右图)

2007年8月,顾彼得著《被遗忘的王国》中英文版同时出版发行。图为2012年1月第5次印刷中文版书影。

・8月,顾彼得著《被遗忘的王国》中文版出版,该书由云南出版集团公司和云南人民出版社出版。译者李茂春。全书共19章20多万字。该书1955年在英国出版。顾彼得于1941—1949年作为中国工业合作社委派人员在丽江工作,期间,他把在丽江的见闻、经历、民情、节庆、婚俗、民族等记录下来。书中多次提到作者与木氏家族人员的交往。木府及木氏家族的一些人和事,也出现在他的笔下。

・11月2—5日,木光参加在丽江木府举办的"丽江木氏土司与滇川藏交角区域历史文化研讨会"。会上,木光做了《木氏土司文治武功的主要业绩》的发言。本次会议由中国社会科学院民族学与人类学研究所、丽江古城博物院(木府)联合主办。参加会议的代表有来自社会科学院民族学与人类学研究所、吉林大学、四川省甘孜自治州、云南大学、云南社会科学院、省文联、四川省木里县政府、兰州大学、云南日报社、云南出版集团和丽江本土学者,共70余名代表。

2007年11月,参加"丽江木氏土司与滇川藏交角区域历史文化研讨会"的代表合影(局部),坐者左四为木光。

木府血脉

The Blueblood of MuFu

木光在发言中评述了丽江木氏土司400余年间的历史业绩，并逐一回顾了木氏土司时期纳西族与周边民族之间亦战亦和的历史关系。认为文治与武功是辩证的统一体，两者相辅相成、互为促进。文治与武功的协力发展促成了木氏土司时期纳西族政治、经济、文化各方面的兴盛，也为后世丽江纳西族地区的发展奠定了重要基础。木氏能兴盛起来的原因有：位于战略要地；历代木氏土司重汉学，研读兵书，消除占领区的策略，处理好当地民族关系；重视军队建设，注重训练；藏区派系林立，内耗严重而给木氏提供了机会；积极与藏传佛教首领处理好关系。

按

木光：《木氏土司文治武功的主要业绩》

木氏土司的整个发展历史可归结为兴于元，盛于明，衰于清，共传承22代，至清朝雍正元年改土归流，末代土知府木钟降为六品土通判，其执政年限长达470年之久。

元代以前纳西族地区处于"依江附险、酋寨星列、不相统摄"的状况。

元代木氏土司最显要的业绩是阿良高瞻远瞩，顺应历史形势的发展，当元世祖忽必烈亲征大理，率军到达丽江，阿良迎降于剌巴江口，受封茶罕章管民官。功拔各大寨，同克大理，擒获段兴智，功升茶罕章宣慰司，金紫光禄大夫统军司等职，从而统一整合了滇西北地区，为纳西族的发展进步奠定了基础。

明洪武十五年（1382年），明太祖朱元璋派总兵官南征将军傅友德率师攻克大理，元朝宣抚司副使阿得为维护国家统一，使百姓免遭战乱，率众首先归附，征战有功。明太祖朱元璋嘉其伟绩，御赐阿得木姓，任丽江世袭土知府，并赏给"诚心报国"金花带一束。为后辈替袭土司开创鼎盛发展环境，提供了施展才智的条件。

丽江纳西族地区，处于西藏、四川、云南三省边缘，北面有势力强大的吐蕃，南有领域宽广、富足的大理地方政权，纳西族地区处于两股强大民族势力的挟持之下。

明初以来，历代木氏土司对吐蕃入侵采取保土安民的反击战略，其主要战场重点在你那（维西）、中甸（香格里拉）、巨津（巨甸）地域。

明洪武十六年（1383年），从木得执政开始至成化三年（1467年）共85年间，木氏土司管辖的临西县（维西县）被吐蕃逐步攻占。到正统二年，临西县几乎全被吐蕃势力控制，被迫撤销临西县制。从成化四年（1468年）起至明代末期（1644年）

共176年的时间里,木氏世袭土知府更替了十代,经陆续反击,收复被占领土(包括进军川藏)征战达34次之多,其中有规模最激烈的四次反击战的具体历史记载是:

第一次战争发生在明嘉靖二十七年至二十八年(1548—1549年),吐蕃挥师大举南下,侵占你那(维西)、巨津(巨甸)、形势危急,土知府木公紧急集兵,命长男木高率军出征,于本年八月九日到达利干毛、日不那影,与蕃军展开激战。由于主帅指挥得力,义军勇猛、战如破竹,杀退蕃兵20余万,斩蕃兵首级2800余颗。木高驱兵追杀至阿矿祖,安抚百姓后返师。

第二次战争发生在嘉靖二十八年(1549年)八月,蕃兵再次侵犯巨津州照可、巴托,木公再令木高出师到巴托寨与蕃兵激战,蕃兵溃败,获首级1000余颗。蕃兵溃逃中跳江水死者无数,追杀至光朵寨等处胜利返师。

木高为纪念两次出征破敌的胜利,令石匠打磨了一个大石鼓(此说不妥。按:乾隆《丽江府志·古迹志》曰:"石鼓在城西七十里金沙江边,相传武侯南征立,以镇吐番。鼓面原无文字,明嘉靖辛酉(四十)年,土府木高平吐番,刻《凯歌》于其上,今存。"见《石鼓木氏纪功刻辞》,载于方国瑜著《云南史料目录概说》,第1201页——本书编者注),在石鼓上撰写了一篇名为《大功大胜克捷记》的记事文章(此石鼓现存玉龙县石鼓镇的石鼓亭)。

第三次战争发生在明万历五年(1577年)。蕃兵侵占你那毛怯各,土知府木东令长男木旺率军出征御敌,吐蕃拥其数万兵力,占领那丁恩江阿西集、直岩寨两处险要阵地,以守为攻,企图一举歼灭木氏义军,木氏军队力攻险阵,不克溃败。后经木旺设策突破蕃军西哨险寨二处,蕃兵在木氏义军的勇猛攻击下散乱逃窜,木旺推兵追杀至娘的、果宗、草那、目春、干陶、其尾、阿西、你那、略哨等地,歼敌2000余人获胜返师。

第四次战争是在万历二十五年(1597年)。时逢土知府木旺、木青父子奉调出征腾越和顺宁大侯州(云县)平乱中,相隔一年先后为国捐躯。木府为难之时,土酋阿丈剌毛乘机勾结吐蕃,组成联军侵犯木氏沿江地域,当时生白公年仅9岁。其母罗恭人披甲跃马,身先士卒,冲锋战斗,最后取得胜利。罗恭人系兰州知州的亲女,自幼学习兵法、习武,有才干。在危急之时有率师御敌的胆略和智谋,征战中生白公的两叔伯也有效力之功。

随着木氏土司军事实力的强大,开始了进兵川藏,向北拓展势力的行动,其目的首先是为了巩固自己的领域,达到以进为守；其次是为增加税收和扩大对地域资源的拥有(包括矿产、牲畜、皮革、药材等）。特别是鼠罗（今四川省木里藏族自治县）的金矿分布较为集中，金矿含量高，因此与吐蕃争夺金矿的战斗相当激烈。最终木氏土司拥有了鼠罗地区的金矿，财力更加雄厚。

木氏土司在进兵川藏的战斗中也遭遇到吐蕃碉堡战术的抗拒。吐蕃构筑数百座土夯的碉堡，步步为营，用弓箭射杀木氏进攻的兵士。善战的木氏义军以铜器作碓，系于巨木击堡，堡即崩塌。顺势夺取要害地，蕃兵惧怕，皆降服。

木氏土司进军川藏的路线有三条：一路是从临西中西部一直沿澜沧江而上，经德钦到毛佉各（藏区的芒康）直至昌都；另一路从照可（维西东部）沿金沙江而上，经奔子栏到达巴塘、理塘；第三条是由宁蒗沿小金河进至木里。

木氏土司面对周边两股强大民族势力的挟持，其领地和政权不但没有削弱和消亡，相反，其势力范围扩展到川藏的大片地域，到明末生白公当政年代，拥有的领土和财富达到鼎盛。其领土范围，北及巴塘、理塘及藏区的昌都地区，西面直抵缅甸的恩梅开江流域，东北已达雅砻江流域，南面与剑川、鹤庆相连，拥有今云南省约六分之一的领土面积。

木氏土司因何能在弱势生存条件下发展壮大？其主要原因有以下几个方面：

一、木氏土司管辖的地理位置具有"守石门以绝西域，镇铁桥以断吐蕃，滇南藉为屏障"的战略位置，成为明王朝制藩的一道稳固防线。因而对木氏土司进兵西藏，明王朝也就乐于静观其变。

二、历代木氏土司严师好学、熟读兵书、治军严格，善于鼓舞士气，形成合力，用兵战略灵活，征战中应用了当年诸葛亮南征平蛮的攻心战术，进军沿途严禁烧杀抢掠，给贫困百姓散发粮食、种子，传授纳西族地区的开渠引水、挖梯田等耕作技能，使当地百姓发展农业生产，因而消除了占领区僧俗百姓对木氏土司势力的恐惧和敌视，称赞木氏军队为做好事的"义军"。

木氏土司在进军沿途留守少量士兵，充当村寨的伙头、管事，以稳固拥兵自重的局面。四川巴塘、理塘和西藏盐井、芒康等地区的部分村民中，至今还保留着纳西族的风俗，还会讲纳西话，自称是当年木氏土司进军吐蕃时留下来的纳西后代。

三、纳西族人勇于战斗也是御敌制胜原因之一。明正德《云南志·丽江军民府·风俗》载曰：麽西（纳西族）义兵性格刚强勇于战斗、勇不顾身。其兵源征集，聚则为兵，散则为民。此制应变灵活，节俭军费……

其实木氏府衙及所辖州县平时也留守一定数量的骨干兵力，并在农闲季节军训壮丁，以备出征调集。

四、木氏土司在纳西族地区实施的文治决策，促进了生产力的快速发展，军事实力相应增强。冶炼、加工业的兴起，纳西族地区已能生产制造坚甲利器，提高了战斗力。

五、明代中后期，吐蕃早已失去唐代松赞干布时代的雄风，内部教派首领割据一方，互不相容，闹得派系林立、你争我夺、民不聊生，其内部存在的消极因素，也给木氏土司创造了攻而破之的有利战机。

六、明代中期，藏传佛教在川藏影响力扩大，西藏实施政教合一的政治体制，藏传佛教首领的地位显耀。由于战略扩展的需要，木氏土司积极主动地与藏传佛教的各派首领亲密交往，扩大木氏土司在川藏的政治影响。木钦和木泰父子曾多次邀请噶举派黑帽七世活佛曲札嘉措到丽江访问，但因多种原因未能成行。木定继任土知府后，再次邀请七世活佛访问丽江，此时七世活佛已圆寂，八世活佛弥觉多吉于正德十一年（1516年）在木氏土司一万军力的迎护下应邀到了丽江，留住七日。木氏土司对八世活佛盛情接待，场面宏大，并赠送了许多厚礼。

历代木氏土司为加强川藏地区藏传佛教首领的亲善关系，顺应川藏僧侣和信教百姓的期盼，在川藏地区修建了许多藏传佛教寺庙，从而扩大了木氏土司的政治影响。万历八年（1580年），格鲁派首领三世达赖喇嘛索南嘉措受土知府木东、木旺父子的邀请，到巴塘寺主持建寺落成庆典，木旺亲自到理塘发起集会，请三世达赖喇嘛主持开光典礼。

万历三十八年（1610年），六世二宝法王却吉旺秋应土知府木增的邀请，来到丽江主持编撰、校订、刊刻《甘珠尔》大藏经，历时九年，终于在天启三年（1623年）将这套108卷1000多篇文献的佛经大典刻印完成，用檀香木箱包装，锁以银锁，历时三个多月，用54匹骡马运送到西藏大昭寺供奉。这部经典现已成为纳西族与藏族亲密友谊的历史见证。

在上述多种原因的影响下，木氏土司在川藏地区的威望提高，被川藏僧侣及百姓称为"姜萨当杰布"（丽江木天王），获得了川藏地区民心的倾向。

文治方面的主要措施和成果有以下几个方面：

一、能明智地处理内部及周边的民族关系，使其执政领域的百姓安居乐业，不受外来兵患之祸。

二、实施政治联姻，与周边各地的土司势力结成亲密的政治联盟。据《木氏宦谱》记载，从明初到清代改土归流止，木府先后娶鹤庆高知府亲女2人，邓川阿知州亲女1人，武定凤知府亲女2人，蒙化左知府亲女1人，北胜州高知州亲女2人，兰州罗知州亲女2人，顺宁猛知府亲女1人，姚安州高同知府亲女3人，景东陶知府亲女1人，宁州禄知州亲女1人，共计16人。

木府先后嫁女到周边土知府、土知州，土千户、土同知、土酋家，共计51人，通过政治联姻与周边各民族和谐相处，避免了周边各民族对纳西族地区的侵犯，在策略上起到保土安民的效果。

三、实施全方位的开放政策，吸纳中原和周边地区的先进生产力，引进能工巧匠和各行业的专家名师，发展本地的农业、水利、矿产、建筑、加工、教育、医学、绘画等，使纳西族地区的生产力有了快速的发展。

丽江古城列入世界文化遗产名录，其主要内涵体现在水系、桥梁、建筑三个方面。生白公当政重视桑农，兴修水利，亲自负责古城玉河分流的浩大工程，以及中海、吉子等湖的水利兴修。并遗留下数十座具有民族特色、风格各异的桥梁，和许多具有浓厚民族风格的建筑，为今天丽江建设全国旅游强市奠定了基础。

四、对宗教采取兼收包容、和谐共存的政策。文化方面在吸收各地的先进文化的同时，保留承传本民族的传统文化（包括纳西族语言及象形文字等）。

五、重视汉文化的学习和传播。明成化年间，丽江土知府木泰倡导学习中原文化，办教育，在府衙二大门建一牌坊，坊正中挂有一匾，写有"天雨流芳"四个大字，纳西语意为"读书去吧"，号召民众学习汉文化。

木氏历代土司不仅鼓励家族带头学习汉文化，并在辖区有重点地开办学馆，推广汉文化的学习。明世宗朱厚熜为此御赐"行化边徼"匾额，给予奖励肯定。观国内各民族的文化素质，纳西族站在先进文化的行列，这些与木氏土司倡导学习汉文化密不可分。

文治与武功是辩证的统一体，两者相辅相成、互为促进，如果没有文治的成就也就不会有军力的强大，两者缺一都难以稳固政权。木氏土司在历史发展进程中做到了文治武功的兼容，从而开创了纳西族地区安定、和谐、繁荣的兴盛局面，没有木氏土司卓越的历史贡献，就没有今天丽江辉煌发展的基础。（木光：《木氏土司文治武功的主要业绩》，载于木仕华主编《丽江木氏土司与滇川藏交角区域历史文化研讨会论文集》，第16-19页）

· 12月，木光应邀参加四川省藏学研究会、四川藏学研究院第五届理事会暨研讨会。

2007年12月20日，在成都参加四川藏学研究会第五届理事会暨研讨会，木光夫妇与杨岭多吉（右）会长在一起。（上左图）

2007年12月17日，在成都参加四川藏学研究会第五届理事会暨研讨会，图为木光向会议赠送礼品。右一为杨岭多吉会长。（上右图）

2007年12月，应四川省藏学研究会、四川藏学研究书院邀请到成都，参加第五届理事会暨研讨会，前排左一为木光。（右图）

补白

木光：《光荣的使命 丰厚的收获》（摘编）

到达成都后，多吉会长邀我们夫妇到他家里做客。多吉会长原任西藏自治区政协主席，之后调四川省政协任常务副主席（党组副书记），退休后享受正部级待遇。多吉会长热情地以藏族的礼节向我们夫妇献了哈达并拍照留念，我们也向多吉会长赠送了礼品。交谈中，多吉会长说，历史上，纳西族的首领"木天王"在四川藏区做了很多有益的贡献，至今四川藏区的百姓还非常敬仰他。这次我们邀请到"木天王"的后裔参加藏学研讨会，增添了会议的亮点。多吉会长说："我虽然没有去过丽江，但出于历史交往融合的感情，我很向往到丽江走访。"我代表丽江纳西文化研究会杨国清会长，邀请多吉会长在方便的时候光临丽江。

开幕式庄严有序，120多位会员和代表出席会议。我被安排在贵宾席就坐。开幕式上第三项议程，安排我代表纳西族向会议敬献《东巴画卷》并作画卷含义的汉文翻译。

木府血脉

The Blueblood of MuFu

在闭幕晚宴上，我们夫妇向多吉会长祝酒告别，多吉会长请我向丽江纳西族文化研究会的领导转达两点希望：一是希望四川省藏族与纳西族建立长远的学术文化信息交流机制；二是在新的一年，希望丽江纳西族文化研究会主持召开一次四川省藏族与纳西族历史文化研讨会。（木光：《光荣的使命 丰厚的收获》，载于木光编著《木府风云录》，第230页）

· 12月，木光被丽江市文化研究会、纳西文化研究会聘为名誉副会长。

· 是年，第1期《云南师范大学学报》，载禹志云、李现武《徐霞客的文化生态观与丽江生态环境保护》。

[第九章] 三赴江阴考察 续写徐木友谊

2008—2013年

在徐霞客故居与徐霞客第九世嫡孙徐挺生会面，
撰写《先祖木增与徐霞客的深厚友谊》《徐霞客丽江之行的思考》等论文。
促成玉龙纳西族自治县龙蟠完小徐霞客楼的建造，
续写徐霞客与木增友谊新篇章。

木府血脉
The Blueblood of MuFu

2008年

(戊子) 79岁

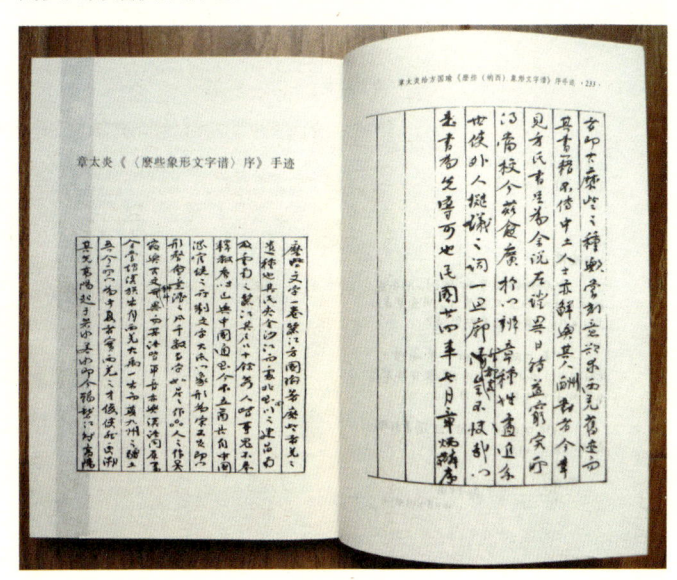

《方国瑜纳西学论集》书影，民族出版社，2008年1月版。（上图）

章太炎为方国瑜《麽些象形文字谱》作序的手迹（载《方国瑜纳西学论集》，民族出版社，2008年1月版，第232页）（右图）

· 1月，方国瑜著《方国瑜纳西学论集》出版发行。方国瑜的女儿方福祺作后记。

章太炎《〈麽些象形文字谱〉序》手迹

按

方福祺：《方国瑜纳西学论集》后记（节录）

白庚胜先生要编辑一套纳西学丛书，约我将方国瑜先生的相关论著辑录成册。

白庚胜先生编辑出版的这套纳西学丛书，把相关纳西学的文章汇集在一起，既给予深入进行这方面研究的学者提供帮助，又能让更多的人对纳西族这个古老民族有更全面深入的了解，是一件很有意义的事情。记得二十三年前我父亲去世时，第一个给他老人家献花圈的就是白庚胜先生。当时，父亲刚刚去世，遗体还停放在医院的太平间里。除我们家属以外，知道他老人家过世的人并不多。可当我们第二天去探望父亲的遗体时，竟有一个花圈摆放在那里，"白庚胜敬挽"五个字顿时映入眼帘，它同时也印在了我们的心中。后来才得知，白先生是丽江同乡，在北京工作，因来昆明来参加《纳西族文学史》编写工作会议又不能停留，只能献花圈后离去。直到现在，我们连白先生的面也未曾见过。今天，如果父亲九泉下有知，也会为白庚胜先生主编纳西学丛书的盛举感到高兴的。（载于方国瑜著《方国瑜纳西学论集》，第235-236页）

・2月，丽江徐学会新春茶话会上，木光就2007年赴成都参加四川省藏学研讨会的情况，向与会者进行了书面报告，报告的题目是《光荣的使命 丰厚的收获》。

・3月，杨一奔著《在路上——一个纳西女人的环球游记》，由现代出版社出版发行，该书是2006年8月文汇出版社出版的《地球》的姊妹篇。

补白　　杨一奔，纳西族，第十届、十一届全国政协委员，丽江市人民政府副市长。曾经参加"潘德明（中国）环球足迹考察寻访团"驾车环绕地球一周。出版和发表各类体裁文艺作品、论文百余万字。

・4月1日，木光应邀出席纳藏文化交流座谈会，会议在丽江宾馆举行。丽江文化研究会、纳西文化研究会、四川藏学研究会及来自全国的学者、专家共30余人参加座谈会。会上，木光回忆了2007年12月参加在四川成都召开的藏学会议的情景，他感谢四川藏学研究会会长杨岭多吉对自己的热情款待。木光在发言中，简述了历史上木氏土司与藏传佛教的历史渊源。他认为，将纳藏亲如兄弟的关系继承下去，既是我们共同的心愿，也是我们共同努力的方向。

按　　丽江文化研究会、纳西文化研究会会长杨国清在讲话中指出，此次纳藏文化交流座谈的召开，必将对纳西文化的对外交流带来好的机遇，进一步促进丽江文化的大繁荣和大发展。市政协常务副主席、统战部部长奚丽宏介绍了丽江市的基本情况。

西藏自治区政协原主席、四川藏学研究会会长杨岭多吉形象地说，第一次踏上丽江的土地，丽江的同志送上了代表纳西族最高规格礼遇的金钥匙，这既是一把打开丽江大门的钥匙，也是打开丽江、纳西知识圣殿的钥匙。杨岭多吉认为，纳藏历史文化关系源远流长，而且与丽江（原丽江专区）相接壤的藏区的革命史也与丽江的革命史有着重要的关系，这一段历史也应引起重视。杨岭多吉希望，丽江、四川两个地方的研究会要多多合作，为纳藏关系的发展、交流做出更大的贡献。

著名藏族学者得荣·泽仁邓珠回顾了2007年11月参加丽江木氏土司与滇川藏交角区域历史文化研讨会的情景。他说，这是第二次到丽江，总的感受是回到家的感觉。得荣·泽仁邓珠简述了自己对纳藏历史关系研究的心得体会，认为纳西族和藏族是同根同源的分流关系，是兄弟之间的关系，历史上虽然有过战争和冲突，但就像是两弟兄早上吵架，中午还得一起吃饭一样。最后他提出了三个方面建议：一是丽江与四川的研究机构要加强联系、合作，二是藏学的苯教研究要注重对东巴文化的研究。三是，东巴文化的研究也与藏学结合，尤其在藏文的历史文献方面需要深入。

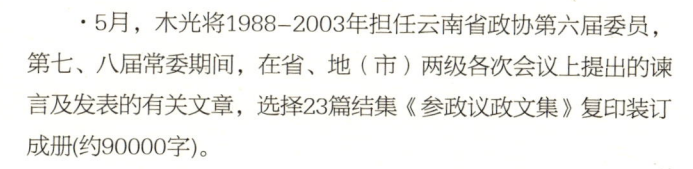

2008年5月，复印结集《参政议政文集》。

·5月，木光将1988-2003年担任云南省政协第六届委员，第七、八届常委期间，在省、地（市）两级各次会议上提出的谏言及发表的有关文章，选择23篇结集《参政议政文集》复印装订成册(约90000字)。

·5月，木光将2006年《木府风云录》出版之后撰写的13篇文章复印结集，书名为《木府风云录·增补文集》(约37000字)。

·5月30日，李群杰逝世。中国共产党新闻网上转发了《云南日报》的讣告，全文如下：

中国共产党优秀党员，政协云南省第一届委员会秘书长、常委，政协云南省第四、五届委员会专职常委李群杰同志因病医治无效，于2008年5月30日14时45分在昆明逝世，享年96岁。

李群杰同志1912年10月出生于云南丽江纳西族家庭。1937年5月加入中国共产党。历任中共昆明支部书记、中共云南省特别委员会书记、中共云南省工作委员会书记，昆阳、邓川县长，云南省临时军政委员会文教处处长。新中国成立后，历任昆明市军管会文教接管部副主任、第一届云南省人民政府委员会委

员、云南省文教厅副厅长、云南省民族事务委员会副主任、政协云南省第一届委员会秘书长。1958年被错处，中共十一届三中全会后平反。恢复工作后，历任政协云南省第四、五届委员会专职常委、云南省政协文史资料委员会副主任，云南省文史馆名誉馆长、云南省中共党史学会会长、云南省书法家协会主席。1985年离休，1992年享受副省级单项待遇。

・9月，木仕华主编《丽江木氏土司与滇川藏交角区域历史文化研讨会论文集》由中国藏学出版社出版发行。

木仕华主编：《丽江木氏土司与滇川藏交角区域历史文化研讨会论文集》，中国藏学出版社出版，2008年9月版。

・10月4日，木光从临沧赴丽江，参加"李群杰魂归故里骨灰安撒暨追思仪式"。

・10月5日，遵照李群杰遗嘱，骨灰撒于玉龙雪山"玉柱擎天"处。
附：
送李群杰先生魂归玉龙雪山
杨福泉

中国著名书法家、老革命者、纳西人的好儿子李群杰先生有遗嘱，撒骨灰于玉龙雪山"玉柱擎天"处。今日我们和李老的亲属一起来到雪山下，举行撒骨灰之举。

纳西好儿子，今日回故土。
乡亲翘首望，白鹤伴归途。
不愿立华碑，雪山是归处。
化身为尘泥，玉柱伴君骨。[1]
魂返故园去，身栖白雪竹。
清风送鸟音，秋菊为诗赋。
乡友歌且吟，浩歌为君祝。
一曲白云歌，泪滴原上土。[2]

2008年10月5日 于丽江

[1] 李群杰老人留遗嘱，将骨灰洒在玉龙雪山山脚的"玉柱擎天"附近，"玉柱"也指玉龙雪山。

[2] 李老骨灰撒在雪山草甸中，参与撒骨灰仪式的乡亲们唱起了民歌《美丽的白云》和清代丽江诗人马子云的《玉龙白雪歌》等，以送李老之魂皈依玉龙雪山。

・11月21日，木光将自己数十年收集、珍藏的80余副楹联奉献给丽江市古城管理局及丽江市文学艺术界联合会，其中与木府有关的占一半。下面是部分楹联：

一、木府历史传承的春节门第楹联

1. 木泰书写于明代成化年间的门第楹联

凤诏每来红日近，鹤书不到白云闲。

横联：乔木世家

方国瑜教授在1982年赠杨福泉的李霖灿最重要的纳西学著作《麽些象形文字字典》（民国年间石印版）

2. 木公写于嘉靖年间的两联门第楹联

越自汉唐缙笏簪缨世胄，肇兴元宋衣冠文物人家。

横联：乔木世家

汉唐宋元世宦历岂须夸，腰系黄金重诚心报国家。

横联：乔木世家

二、木公于嘉靖年间书写的其他楹联

1. 一片垂慈花马国，千秋永镇玉龙山。
2. 云漏斜晖影，山藏古雪阴。

（此联散传至剑川石宝山）

3. 鸟度千山林，云飞孤岫岭；逸耕南圃外，五亩足农心。

（此联在明代挂于白沙岩脚院西园）

4. 郡北无双岳，滇南第一峰。

（此联明代题于北岳庙）

5. 玉湖影动玉山浮，四顾寒光逐水流。

（此联明代题于玉湖别墅）

6. 花落苔径曲，流水荜门深。

（明嘉靖年间题于岩脚院西园）

7. 江上层云合，风雨苇花深。

（明嘉靖年间题于岩脚院西园花厅）

8. 断猿哀晓月，穷雁泪秋空。

（明嘉靖年间题于岩脚院西园花厅）

9. 家住玉龙山上山，翠岩丹壁耸云间。

（明嘉靖年间题挂于玉湖别墅）

10. 雾浓山吐墨，雨急水跳珠。

（此联挂于木府花厅，为木府家传之作）

11. 寒威千里望，玉立雪山崇。

（作于西园，原收藏于木府万卷楼）

12. 玉龙势倚苍霞外，黔国威称第一山。

（作于岩脚院西园）

13. 政遐西行花马国，铁桥南渡石门关。

（作于北巡途中）

14. 忧国不忘驽马志，赤心千古照山河。

（题挂于木府中堂）

15. 避暑林泉寂，孤亭逸兴多。

（游景之作）

三、木高于明嘉靖年间题写的楹联

云霄雨露兴乔木，竿国山河镇世家。

横联：乔木世家

（此联散传中把"云霄"误改为"云霞"）

峻岭崇山何斯足，清风明月不时来。

（此联为作者朝鸡足山途中所作）

四、木东在明嘉靖年间所作楹联

翠柏参天秀，丹葵向日倾。

（此联作于明万历年间，题挂岩脚院西园）

五、木青于明万历年间所作楹联

养和身自在，习静境相忘。

六、木增于明万历年间所题楹联：

1. 谈空客喜花含笑，说法僧闻鸟乱啼。

（原挂于木府生活区中堂）

2. 僧在竹房半帘月，鹤栖松径满楼台。

3. 禅心寂静千峰雪，道信空明万里天。

（此联原收藏于木府）

4. 花鸟乃多情好友，诗酒真无量福缘。

（作者手稿原存于木府）

5. 泉过仄径清如洗，松满悬岩翠似流。

（此联今存石宝山宝相寺）

6. 玉岳祥开龟献瑞，文峰霭庆笔生花。

（此联原存木府万卷楼）

7. 无色无声不着六尘云飞远岫，非取非舍常在三映月朗晴空。

（此联原存木府万卷楼）

8. 日暮翠屏开，林影共徘徊。

（此联原收藏于木府万卷楼）

9. 西风动容愁，薄暮依高楼。

（作于福国寺别墅）

10. 我爱山幽逸，不与世沉浮。

（作于福国寺，原收藏于木府）

11. 峭壁无人影，林深鸟语多。

（作于芝山）

12. 谁点秋山翠，攒空列画屏。

（原存木府）

13. 鸡足名山宇内闻，龙潭结胜更超群。

（此联原存鸡足山悉檀寺木氏家庙）

14. 怀香礼鸡足，天鉴实孔昭。

（原存鸡足山悉檀寺）

15. 生平酷爱佳山水，水曲山隈每坐吟。

（原存木府）

16. 诗夺梅花骨，歌传白雪心。

（原存木府）

七、木靖于清代康熙年间原题挂于木府的楹联

玉垒千年存古雪，金沙万里走波澜。

八、木兴题于清代康熙年间的楹联

几番事业成功后，一片葵心好向阳。

九、木光20世纪90年代末题于父母墓碑的碑联

观音柳枯而复茂，享盛世国旺家兴。

横联：乔木世家

·12月，白庚胜著《白庚胜纳西学论集》由民族出版社出版发行。

《白庚胜纳西论文集》，民族出版社2008年12月版。

·是年，三女木志玲担任政协丽江市第二届委员会委员。

·是年，三女木志玲开始从事珠宝翡翠经营。

·是年，第十一期《西南民族大学学报》，载木基元《从联姻政治看木氏土司的发展》。

2009年

（己丑） 80岁

·2月，"临沧市丽江文化研究会"在临沧成立。木光被聘为顾问。研究会会员160余人。

补白

临沧市丽江文化研究会领导人员名单

会长：和汝军

常务副会长：和江

副会长：木志平、肖国琪、杨绍珊、赵亦江

秘书长：郭李

副秘书长：李浩、赵瑛、杨泽龙

顾问：张泽军、杨永华、杨廷义、杨鹏飞、木光、杨光雄、周壮生、李爱军

2009年2月18日，木光应邀出席临沧市丽江文化研究会成立大会。图为全体代表合影（局部），前排右二为木光。

- 3月，长子木志平当选临沧市第二届政协委员。

- 4月21日至22日，丽江文化旅游研讨会在丽江召开。

按

由丽江市委、市政府主办，丽江（纳西）文化研究会承办的丽江文化旅游研讨会在丽江召开。来自全国各地上百位文化、旅游等领域的专家、学者围绕丽江如何更好地发挥丽江文化的特色优势，面对新形势、针对新挑战、寻求新突破、再创新业绩的会议主题畅所欲言，积极建言献策。与会者为丽江文化旅游发展提出了不少具有操作性和建设性的思路和观点，为丽江文化旅游发展提供了新的思路和新的视野。

链接一

木光发言的题目是《剖析木氏土司历史文化的丰厚价值》。木光指出，民族文化的发展能推动一个民族综合生产力的发展，民族文化的繁荣能促进一个民族的社会繁荣，民族文化体现了一个民族的信仰和核心价值观。民族文化是旅游业的基石，没有多姿多彩的民族文化，旅游资源就成为无源之水、无本之木，旅游业也就无从持续发展。我们不能忘记纳西族发展进步的历史渊源，回顾木氏土司文化的形成和发展过程，它就是根植于纳西族历史文化土壤之中，又反作用于纳西族的历史发展进程。木氏土司作为一种社会政治力量，对纳西族的历史社会发展起到过重要作用，也为纳西族优秀文化的发展进步做出了贡献。

2009年4月21日，木光应邀出席丽江文化旅游研讨会，图为全体代表合影（局部），前排右三为木光。

木府血脉
The Blueblood of MuFu

链接二　　2009丽江文化旅游研讨会，入选大会论文106篇。作者紧紧围绕"回顾和总结30年来丽江文化旅游发展的经验，巩固和提升丽江文化旅游品牌，促进丽江文化旅游可持续发展"主题，从文化与旅游关系、文化保护传承与旅游深度开发、文化旅游品牌提升与传播、开发文化旅游项目和产业发展等各个方面，多角度研讨丽江文化旅游发展状况。提出了不少真知灼见，有不少对丽江旅游可持续发展有益的建议。这些建议和意见，既是对30年来丽江文化旅游的一次理论总结，也是继往开来、承前启后的学术探讨。

链接三　　无锡市徐霞客研究会秘书长张炳德在《徐霞客文化与丽江旅游》一文中指出，370年前，徐霞客与木增结下友谊，进行汉文化与纳西族文化的交流，成为丽江发展文化旅游的重要资源。两位先贤留下的这笔财富，为今天打造"霞客旅游文化"品牌，促进丽江文化旅游业的发展，起到了巨大的作用。作者建议，在丽江古城树立徐霞客和木增的塑像；在木府附近建徐霞客纪念馆；丽江市旅游局加强对以无锡为中心的江南地区旅游宣传力度，打出"重走霞客路"旅游品牌线；在无锡"中国徐霞客旅游博览苑"内树立木增塑像，建造纳西族民族建筑，使更多的江南人了解徐霞客与木增的友谊，使更多东部和中部的游客能到丽江来体验丽江风光、纳西族热情好客的风情。

江阴市徐霞客研究会副会长唐汉章在《两江联手 共创佳绩》的论文中提出："首先由两地政府进行互访，建立包括旅游在内的多方合作；其次是由旅游部门就旅游业的开拓进行具体策划。全国性的旅游组织徐霞客旅游联盟已于2007年在江阴徐霞客故里召开缔结大会，亦为两地互通有无建立了基础；第三是两地旅行社、公司先行动起来。丽江可以把徐霞客当年考察过的地方作为重点向江阴游客推荐的项目，"徐霞客游踪考察"逐渐作为一项固定的旅游内容。而到江阴旅游的丽江游客把凭吊、瞻仰徐霞客故里作为考察的重要内容。"

· 6月，木光父亲逝世50周年，木光撰写了悼念文章《回忆家父生平事迹》。

按　　　木光：《回忆家父生平事迹》（摘编）
　　　　父亲名琼，字佩明。生于光绪三十四年（1908年），他幼年时期在私塾攻读儒学。自小诚实憨厚。民国十六年毕业于丽江师范学校，学习成绩名列全班前茅。祖父对父亲的德行及儒学的培养教育倾注了心血，经常给父亲讲授历代先祖的品德风范和勤学成才的事迹，鼓励父亲刻苦学习，为先祖争光。父亲对木氏历史知识积累较为丰富，经常给我讲述历代先祖文治武功的辉煌业绩。（木光：《回忆家父生平事迹》，载于木光编著《木府风云录》，第237页）

· 9月24日，舅母舒自秀逝世，享年93岁。

按　　　舅母舒自秀，满族，1917年生，云南鹤庆县人，1936年考入云南大学数学物理系。后来，熊庆来校长将数学、物理分成两个系，舅母遂成为数学系的高才生。舅母与亲舅婚后，受到亲舅进步思想影响，于1938年加入中共组织，从事掩护李群杰革命斗争的工作，任中共云南地下党交通员，新中国成立后一直在云南省民委负责财会工作。（木光编著：《木府风云录》，第261页）

· 10月，木光赴江阴参加2009年中国江阴徐霞客国际学术研讨会。

按　　　10月19日，木光夫妇与丽江徐霞客研究会、丽江文化研究会、纳西文化研究会代表共13人，前往江苏省江阴市参加2009年中国江阴徐霞客国际学术研讨会，丽江代表团是本次会议最大的一个团队，受到会议主办方的热情接待，称丽江代表团为"世交兄弟"。20日上午8点30分，在江阴市国土局会议厅举行隆重开幕式，与会代表有来自全国12个省市，还有新加坡、美国等徐霞客研究会的代表。会上，丽江代表团向大会赠送了"天雨流芳"木匾和丽江文化研究成果的图书。

丽江徐霞客研究会向江阴徐霞客研究会赠送"天雨流芳"匾。（2009年10月20日 摄）

木府血脉

The Blueblood of MuFu

链接一

研讨会开幕式上,木光应邀在主席台就坐并讲话。他讲话的题目是《学习和弘扬徐霞客精神 让木徐友谊世代相传》。木光感慨地说,先祖木增慕贤若渴、敬才如师,在明崇祯十二年(1639年)正月,他把徐公敬邀到丽江留居16天,以纳西族传统的最高礼仪接待徐公,两人在解脱林木氏别墅南林净室亲切交谈,"纵论天下大事,点评古今人物,交流文艺心得",茶三易而话不止,互有相见恨晚的感受。

木光说:"先祖木增提请徐公为自己的诗集《山中逸趣集》作序,徐公欣然应允,挑灯挥笔当晚就完成了序稿。先祖十分满意,又提请徐公为所辑录的《云薖淡墨集》校稿,徐公连续两天日以继夜尽力校稿,还用篆书为《山中逸趣集》写跋(其手迹现珍藏于云南省图书馆)。先祖大为感动,请求徐公到漾西木家院指点其四子木宿作文并给予精改细批。最后徐公应先祖之请,创修《鸡足山志》。徐公为此历时三个月,撰稿四卷。"

木光认为:"徐公丽江之行的最大贡献,是他充当了一位中原文化的传播者,并在历史上对木氏土司及丽江纳西族的文化发展产生了深远的影响。徐公在《丽江游记》中,为丽江留下了珍贵的历史文献资料,在后来的众多史籍中无不谈及。"

木光赞许徐学研究评论中有的学者提出的"假如没有《徐霞客游记》,在今天我们后辈就不会知道370年前丽江纳西族地区和木氏土司的历史盛况"的说法。木光也同意有学者的评论,即:"假如徐公在鸡足山悉檀寺,病危思乡之时,木增土知府不派纳西族壮汉用滑竿护送徐公返乡,徐公可能客死他乡,《徐霞客游记》书稿必将遗失,我们后辈可能永远看不到这部'千古奇书'——《徐霞客游记》。这些都是历史机缘的安排,也属天意流芳。"(木光:《学习和弘扬徐霞客精神 让木徐友谊世代相传》,载于《徐霞客研究》,第19辑,地质出版社,2009年12月版,第9页)

徐挺生

木光和徐挺生与贵州盘县徐霞客研究会的代表在一起。(右)
(本页图片2009年10月21日 摄)

三赴江阴考察
续写徐木友谊

2009年10月21日，徐霞客的第9代后人、93岁高龄的徐挺生（右二）和丽江木氏土司木增的第16代嫡长、80岁的木光（右三）相见时互赠书法作品。（2009年10月21日摄）

链接二

杨国清会长做了发言，他说："丽江与江阴关系非常深厚，并非一时一事所成。早在372年前，一代游圣徐霞客就不远万里，长途跋涉，冒着生命危险来到丽江，受到了木增的热情接待，两人促膝长谈，交流文书，纵论天下事。他们的会晤具有4个重要意义：1.木增与徐霞客的交往是纳西族与汉族关系和谐的典范，也是少数民族与汉族关系的典范；2.木氏对《徐霞客游记》的形成所起的作用和贡献突出，地位显著；3.徐霞客到丽江与木氏的交往是徐霞客最辉煌的篇章之一；4.研究木氏与徐霞客的关系，对加强民族团结与国家安定具有重要的意义。"杨会长还说，纳西族在56个民族中虽然人数不多，只有30.88万人，但他是一个顽强拼搏的民族，是一个不断进取的民族。纳西语和汉语是相通的，"天雨流芳"，纳西语的意思是"读书去吧"。早在明代中期就题写在丽江古城门牌坊上，是一张鼓励丽江民众勤奋读书，号召丽江学子不断进取的告示。20世纪20年代，江阴著名的语言学家刘半农与中国历史学、民族学、教育家方国瑜结为师生，方国瑜是丽江古城长大的纳西族文化名人，受到了刘半农的关照和指点，写成了东巴文化研究大成之作《纳西象形文字谱》。今天我们来到江阴，拜访丽江老朋友徐霞客的故乡。祝愿丽江与江阴携起手来，共同前进。

木光和徐挺生在徐霞客故居与中国徐学会的部分代表合影。

木府血脉
The Blueblood of MuFu

链接三　　丽江代表团提交学术论文5篇，分别是杨国清的《徐木之交是民族团结的典范》、夫巴的《关于丽江徐霞客纪念馆的设想》、杨林军的《从历史人类学视角评价〈徐霞客游记〉中的田野调查方法》、木仕华的《〈徐霞客游记〉涉藏史实考信录》、和红媛的《徐霞客与丽江生态旅游》。

链接四　　会议期间，丽江代表团参观徐霞客故居。徐霞客故居在江阴马镇南岐村（为纪念伟人，2003年马镇等三镇合并命名为霞客镇，2007年霞客镇更名为徐霞客镇），故居保存较好，为全国重点文物保护单位，原有十三进，每进九间，共一百七十间房屋的大宅院，经历数百年的风雨，仅剩下主体建筑。1985年，江阴政府拨款大修。现为三进，十七间正房，两间厢房。徐霞客的第9代后人、93岁高龄的徐挺生和木增的第16代嫡长、80岁的木光在徐霞客故居亲切会面，并合影留念。丽江代表团还瞻仰了徐霞客墓，参观了徐霞客游记碑廊、晴山堂石刻、胜水桥，游览了建成不久的中国徐霞客旅游博览园。

木光和徐挺生与台湾徐霞客研究会的代表在一起。

木光和徐挺生与新加坡徐霞客学会的代表在一起。

木光和徐挺生与徐霞客故居文保所主任张伟平（左图）、昆明徐霞客纪念馆馆长吴祥（右图）在一起（2009年10月21日摄 上图）

木光和徐挺生与丽江徐霞客研究会的代表在一起。（右图）

· 10月，木光撰写的《回顾历史无愧于政协委员的光荣》，在"纪念中国人民政治协商会议成立60周年"征文活动中获二等奖。

2010年

（庚寅）

81岁

· 3月29日，徐霞客铜像揭幕暨海峡两岸朝圣公祭典礼在江阴中国徐霞客旅游博览园举行，丽江徐学会会长黄乃镇率团参加。

丽江徐霞客研究会会长黄乃镇（左四）率团参加江阴徐学活动，图为丽江部分代表合影。（2010年3月29日摄）

· 7月5日上午，木光与丽江文化研究会、丽江徐霞客研究会负责人，陪同江苏省徐学界人士到福国寺遗址考察。

福国寺入口残存的石阶。（2011年4月9日 摄 上图）

1639年木氏土司木增把徐霞客请到自己的别墅"解脱林"（福国寺），两棵柏树应该见证了这段历史。图为别墅遗址。（2011年4月9日 摄）（上右图）

洛克是这样描绘福国寺的："这座寺庙很有气派地坐落在解脱林山，图前面的这些树主要是云南松。"（20世纪二三十年代，洛克 摄）（右图）

按

　　7月4日，江苏省徐霞客研究会、无锡市徐霞客研究会、江阴市徐霞客研究会一行25人抵达丽江，参加由丽江市政府主办，丽江文化研究会、纳西文化研究会承办的茶马古道会议。

·7月6—8日，中国茶马古道文化研讨会在丽江举行。研讨会上，木光做了大会发言，发言的题目是《明代木氏土司开拓和繁荣滇川藏茶马古道所作的历史贡献》。

·10月12日，纳西族学者木仕华、杨林军赴南京，参加由江苏省徐霞客研究会主办的"徐霞客与人地和谐研讨会暨中国地学创始人塑像揭幕仪式"。

按

　　木仕华、杨林军分别提交了《徐霞客、王士性与丽江木氏土司家族的关系比较研究》《述略徐霞客丽江之行的影响》论文。

三赴江阴考察
续写徐木友谊

链接一　　木仕华：《徐霞客、王士性与丽江木氏土司家族的关系比较研究》（摘编）

文章说："徐霞客与王士性同为明末出生于吴越地方的伟大地理学家，徐霞客为布衣高士，王士性为高级官员，却都执着于地理学的调查研究，二人均在人文地理学和自然地理学、旅游学、文学、地质学研究等诸多领域做出了卓越的贡献，历来为后人所景仰。

"徐霞客游滇期间与丽江纳西族木氏土司家族的执掌者木增（生白）结下了深厚的友谊，《徐霞客游记》得以传世通行，也与木增的义举分不开。同样地，《徐霞客游记》真实记录的明代丽江地方的政治经济、历史文化、建筑、山川形胜、民情风俗、民族关系堪称为纳西族的历史文化留下了弥足珍贵的历史记忆，徐霞客的生平事迹在纳西族中亦流传至今，妇孺皆知，堪为人地和谐的典型案例。

"王士性为明朝高级官员，曾经在云南为官，而且就在今丽江市所属的永胜县为官。其代表着《广志绎》亦正真实记录了明代云贵桂等地的人文地理和历史风貌，王士性因在云南为官，自然地域时为丽江土司的木氏家族发生了关系，却以互相交恶而终，此种情势深值得后人思考分析个中因由，本文以《徐霞客游记》和《广志绎》的记载为依据，将徐霞客、王士性二人与木氏家族的历史恩怨作梳理和比较，通过探讨徐霞客、王士性与木氏家族的历史关系，晓明恩怨因缘的历史背景，消除误读误解，还历史的本真，进一步阐明徐霞客、王士性这两位伟大的地理学家在人（社会）、地（环境）、和谐方面做出的重大贡献。学习徐霞客、王士性的科学思想以及和谐理念，为当下所用。"

文章从4个方面进行论述：一、王士性生平事迹与著述；二、王士性对云南地理及少数民族的考察描述；三、王士性、徐霞客丽江木氏土司家族的关系比较；四、结语。

在第三部分中，文章指出："王士性与云南籍丽江木氏土司关系的缘起始于明万历十八年（1590年）44岁时，由广西参议转任云南臬副使；万历十九年在云南臬副使任上。与儿子立毂同游鸡足山等云南名胜。万历二十年在澜沧任职两年，知悉此地弊端，把情况反映给抚州官衙，没有得到回应。万历二十一年王士性升迁大理寺卿。

"木氏土司即明丽江军民府，是明初在滇西所设的统治机构，主要是由丽江纳西族木氏土司家族土司世袭管理。在1723年改土归流之前，主要由土司管辖，没有内地的流官。而王士性在任按察司副使兵备云南澜沧卫时曾经来过这里，不过由于木氏土司与王士性之间并没有故旧之交情和文人及其他社会贤达的引介，彼此间并无直接的来往，而且王士性也只是赴任途中在丽江土司的辖境路过，所以在《广志绎》中对丽江的真实情况记载的并不是很多，所知也非常有限。但王士性的简单的记述也为后人了解在《徐霞客游记》出现之前的丽江纳西族地方历史文化的简要情形。

"王士性与徐霞客两人相差不过四十余年，但所看到的滇西却是两种不同的景象。王士性眼中的滇西虽然是一个乐土，但却认为当地的封闭和割据土司的存在使国家的有效统治被削弱了，不利于中央的管理。而徐霞客眼中的滇西则是他旅行生涯中最重要的一个地方，在那里他看到了少数民族的友好和好客。在他的笔中民族的友好和和谐是永远的主题。可以说，两人不同的社会背景，使得他们在看待问题的时候有着不同截然不同的结果。"

在结语中，文章认为："徐王贡献各有千秋，实为互补关系，而非对立或好差的关系。王士性是我国明代一位杰出的地理学家、充满人文关怀的大旅行家，同时他又是一位学者和循吏，他在地理学方面的杰出贡献与晚他40年出生的徐霞客相比在伯仲之间。只不过徐霞客的主要贡献是在自然地理方面，而王士性的主要贡献是在人文地理方面。徐霞客与王士性，是我国历史上地理学界的杰出代表。其见闻都如《广志绎》序言的末尾提及'皆身所见闻也，不则宁缺焉'。这种实学精神对明末清初学者的观念育成有着至深的影响。"（载于《江苏省徐霞客研究会会讯》，2010年10月，第14-23页）

链接二　杨林军：《述略徐霞客丽江之行的影响》（摘编）

文章认为："徐霞客丽江之行，与其说他是旅行者、地理考察者，不如说他是传播文化的使者，他对木氏土司及丽江产生了深远的影响。"作者从4个方面进行了阐述：

一、徐霞客是传扬丽江古城第一人

丽江古城的发展无法离开木氏土司470年来的统治策略。在"改土归流"以前，木氏土司绝对不允许外来人员进入丽江的，即使是圣旨，也在坵塘关或三生桥就截住了，以防暴露自己的"僭制"。因此，能踏进丽江的人物凤毛麟角，屈指可数。清代以前大体上有如下三类人到过丽江：

第一类是省级或行省派出的官员：如元代李京，又如明代的谢肇淛。第二种是名宦：明代的敖毓元。第三类是名士：像张含。

杨慎（1488—1559年），曾在嘉靖二十二年（1543年）为木公写《万松吟卷序》。木公也有《次蓝关记怀升庵韵二首》等，他们互相唱和，情深意浓。嘉靖二十四年（1545年）杨慎为《木氏宦谱》写序，系统而简明地梳理了木氏世官的业绩，是内地学者研究丽江历史不可多得的成果。但终未能亲履丽江，也就没有游记这一类的文章，更谈不上描写丽江古城的状况。

崇祯十二年（1639年）徐霞客踏入丽江，以地理学家、旅游家的眼光审视了丽江古城，并发现了与众不同之处。水是丽江古城的一大特点："云幕其顶，云气郁勃"的玉龙雪山是丽江的水库，使整个坝子有着非常丰富的水资源。"象鼻水从桥南下，合中海之水而东泄于东桥，象鼻之水，土人名为玉河云。""桥"指万子桥，象鼻即为今天的象山，象鼻水就是今天的黑龙潭了。徐霞客通过考察，已很清晰地看到丽江古城的水系构成。这是纳西族先民利用独特的地势。

徐霞客对丽江古城的地理位置和建筑情况也有不少的介绍。丽江古城"后倚"雪山，"前拱"文笔（山），东北处有象眠山，山前又有"独小"的"黄蜂"，就是今天的狮子山了。在木府的周围，建有不少的瓦房，一户挨着一户，远远望去，成"萦坡带谷"之景象。这说明了当时丽江古城已发展到一定规模。而就木府，徐霞客做了这样的评述："宫室之丽，拟于王者"，诚然他所说的不是对单个建筑的评价，而是对一个规模不小、建造水平又很高的建筑群的评价。徐霞客又说："闻其内楼阁极盛，多僭制，故不于此见客云。"因此说，徐霞客是发现和传扬丽江古城第一人。

二、《徐霞客游记》在丽江申报世界文化遗产中的特殊贡献

丽江古城列入《世界遗产名录》看似与《徐霞客游记》没有多少的联系，但从申报遗产的资料来，其功绩不言而喻。在《中国丽江古城》一书中有两次提到《徐霞客游记》，一次是描写壮丽雄伟的木府时，在"丽江军民府复原鸟瞰示意图"上引用了"宫室之丽，拟于王者"的八字惜墨如金的感言。另外一处在文献目录一览中列有《徐霞客游记》。在丽江古城申报世界遗产的报告中，提出了六大加入《世界文化遗产名录》的理由，其中最后一项、也是最有分量的一项是：丽江古城的真实性。"丽江古城从城镇的整体布局到居民的形式，以及建筑用材料、艺术装饰、施工工艺、环境等方面，均完好地保存古代风貌，首先是道路和水系维持原状，五花石路面、石拱桥、木板桥、四方街商贸广场一直得到保留。"

徐霞客在丽江写下了辉煌的篇章，成为丽江古城申报世界文化遗产中不可缺少、不可替代的重要历史文献，为丽江古城申报世界遗产做出了特殊的贡献。

三、《徐霞客游记》在丽江木府重建中的指导作用

四、《徐霞客游记》在福国寺保护与开发中的现实意义（载于《江苏省徐霞客研究会会讯》，2010年10月，第39-43页）

2011年

(辛卯) 82岁

· 年初，木光将2004年9月写就的《〈木氏宦谱〉考证》重新撰写，更名为《丽江〈木氏宦谱〉考证》。（木光编著：《木府风云录》，第179-183页）

· 10月21日凌晨，著名旅美纳西族太阳能专家方宝贤在美国波士顿家中去世。方宝贤1922年8月18日出生于丽江古城。1941年，为战后云南建设造就人才，时任云南省主席龙云，决定从云南选送40人去美国留学。经过严格考试，纳西族有3人考取，他们是方宝贤、杨凤、和惠祯。可谓丽江教育史上的一件大事。

· 是年，纳西族白沙细乐入选第三批国家级非物质文化遗产名录。

按

纳西古乐是广为流传在纳西族民间的一种古典音乐，被称为"中国音乐的活化石"。20世纪40年代，旅居丽江的俄国人顾彼得，在其撰写的《被遗忘的王国》一书里，绘声绘色地描述了他聆听古乐的感受。

纳西古乐演奏会（2011年4月11日摄）

三赴江阴考察
续写徐木友谊

20世纪40年代，顾彼得在其著作《被遗忘的王国》中写道"老乐师们全部正规地穿着长衫和马褂，不慌不忙地入座，抚摸着长长的花白胡须……"五六十年后的今天，这一古老遗风犹存。图为一位银须飘逸的纳西古乐演奏者。（2011年4月11日 摄）

链接一

顾彼得：《被遗忘的王国》（摘录）

老乐师们全部正规地穿着长衫和马褂，不慌不忙地入座，抚摸着长长的花白胡须。其中一人充当指挥。他们凝视乐谱，一支长笛呼啸而起，其他乐器一件件地加入。虽然我热爱音乐，但是很可惜我不是个乐师，不能用术语描绘随之而来的音乐。这音乐雄伟庄严，动人心弦，调子抑扬顿挫。然后大锣一敲，音乐达到高潮。在中国，我从来没有听到过这样深沉洪亮的锣声：整所房子似乎在圆润的声波中震动。接着老先生们站起来，用自然的声音唱上一首庄严的颂歌，充满崇敬和感情。然后交响乐继续演奏下去，调子难以想象的甜美，声音像高山流水般从玉片上落下去，然后就让位于一阵彩色铜铃的洪亮响声。大琴的弦音犹如钻

木府血脉
The Blueblood of MuFu

石滴落，形成优美的曲调，由一个终止和音来增强。从来没有不谐和音从和声中退出去的。

一个西方人听这音乐可能感到有些单调，但是实际上没有任何重复。主题在有旋律的声波中展开，新的主题不断引出。当主题宏伟壮观地展开时，那是一曲宇宙生活的颂歌，不为渺小的人类生活中不协调的悲号声和冲突所玷污。这音乐是经典的、永恒的。它是众神之乐，是一个安详、永久和平和和谐的国度的音乐。对于不能领会的人们显得单调的话，那是因为他们的心情还没有达到应有的平静和安宁。他们只懂得反映他们自己斗争和冲突的音乐。他们想听的是一时胜利的欢呼声，失败的惨叫声，垂死的呼叫声和狂欢节那种不协调的尖锐刺耳的叫喊声。宇宙的雄伟旋律没有打动他们。他们本性爱好混乱，甚至在音乐里他们也想听到爆炸声。古代的圣人真正是自然的宠儿，无比接近神灵。他们更能领会自然的旋律和和谐。对他们来说，音乐是与苍天交流情感和克服人类兽性最有用的方法之一。让我们祝福丽江的音乐瑰宝能得到保护，免遭当今时代的毁坏。（顾彼得著：《被遗忘的王国》，第274-275页）

链接二

顾彼得：《被遗忘的王国》（摘录）

当今汉族的假声唱腔和不协调而肤浅的音乐，不再是中国古典音乐的代表。某些神秘的道观里保存了古典音乐的一些片断，在举行道教仪式和舞蹈时，他们进行演奏。但是他们使用的乐器和乐谱远不如纳西人保存的那些纯真。（顾彼得著：《被遗忘的王国》，第273-274页）

· 是年，木光撰写《姚安高氏家族与木氏土司的姻亲渊源》。本文通过三个方面介绍了姚安高氏家族与木氏土司的姻亲渊源，三个方面分别是：姚安高氏家族崛起和发展，高氏家族与木氏土司的姻亲渊源，历代丽江木氏土司与姚安高氏在文化进取上趋向一致。（木光编著：《木府风云录》，第214-216页）

· 3月4日，丽江市徐霞客研究会在白沙北岳庙举行2011年年会。研究会顾问木光参加并做了发言。

· 3月25-27日，木光应江苏省徐霞客研究会邀请到南京考察，丽江市徐霞客研究会副会长杨林军等4人同往。在南京期间，木光等与江苏省徐霞客研究会张永康会长、詹庚申秘书长、

江苏省徐霞客研究会会长张永康（左一）向木光赠送纪念品。

王林棣副秘书长等进行了交流。木光等还参观了南京地质博物馆、南京博物院等地。

·3月28日上午，木光参加2011年中国·江阴徐霞客学术研讨会开幕式。开幕式上，木光将先祖木增的书法墨宝（高仿真品）赠与江阴市。

按

370多年前，徐霞客在丽江时，与纳西族首领木增结下了深厚情谊。木光手捧书法作品即席感慨说："'谈空客喜花含笑，说法僧闻鸟乱啼'，这段话表达了徐霞客与木增的深厚情谊。"木光还说："徐公'遐征西南'，完全超脱了贪图仕途名利的束缚，志在探真求实。与木增的心态交融，让两人铸成了金石之交的友谊。"木光在开幕式讲话的题目是《徐霞客丽江之行的思考》。

木光将先祖木增手书的书法条幅（高仿真）赠送给江阴市徐霞客研究会。（2011年3月28日 摄）

徐霞客画像（左图）

木增画像（右图）

木府血脉
The Blueblood of MuFu

链接

《徐霞客丽江之行的思考》（节录）

第一，关于徐公为什么没有进木府？

木府是丽江木氏土司府的简称，被誉为"小紫禁城"。木府的确修得气势雄伟、金碧辉煌，被徐公赞誉为"宫室之丽，拟于王者"。木府修建得如此华丽，为何徐公没有能进木府？其因是木府"多僭制"，就是说木府的建筑超越了明王朝的等级规定，按现在语词说就是超标了。怕进入木府的外人传扬出去，招来朝廷问罪，即使明王朝下达圣旨的官员和省城三院派遣的官员来到丽江，木氏土司也只安排在坵塘关内的官驿接待。这些奉命而来、下达公务的官员既没有见过木府，更没有进过木府。

木增先祖求贤若渴、敬才如师，经陈继儒的推荐，将徐公请到丽江热情款待，而当时木增已退职十多年，在解脱林修身养性、著书立说，邀请徐公到丽江，完全是个人行为，而与官府公务无关，就没有必要请徐公进木府接待。诸如云南几位著名诗人学者张愈光、唐泰、高守藩等受木增的先后邀请，来到丽江交流诗文，按惯例都安排在白沙崖脚院和解脱林接待。而当时徐公也清楚自己没有必要进木府公务场所。这就是徐公不进木府的原由。

第二，关于木增为何阻拦徐公远行古岗？

古岗胜景，是徐公在解脱林时听说的，徐公并不知道路程遥远和路途艰难。古岗是蛮荒之地，当地民族对外来人有敌视情绪；加上明末社会危机四伏，沿途匪徒抢杀事件时有发生。木增深知前往古岗的艰险，万一徐公出了意外，先祖如何向徐公家属交代？向社会交代？不让徐公古岗之行成行，先祖完全出于徐公的安全考虑。

2011年江阴徐霞客学术研讨会开幕式，木光在主席台就坐。

2011年3月29日木光夫妇与徐挺生（右二）在一起。（左图）

江阴徐霞客故居仰圣园。（右图）

第三，关于徐公为什么没有去石鼓？

江源考是徐公"遐征"西南的目的地之一。有的学者认为，徐公未能目睹长江第一湾，完全是木氏土司阻挠的结果。这一说法很不确切。在《徐霞客游记》中，始终没有提到石鼓这一地名。其实徐公到元谋就确定了长江源头就是金沙江的论断。后来徐公撰写的《江源考》一文中就提及了金沙江源头，涉及的地名中"石门关"已经远离石鼓，可见徐公没有到石鼓，已经不影响他对长江源头的判断。当时的石鼓虽在木氏土司统治辖区，但又靠近吐蕃交接区，时有战争冲突，存在不安全的因素。

在徐公丽江行内容上也没有提出过要去石鼓的意向，所谓阻挠徐公石鼓行的说法也是没有根据的。

第四，徐公在鸡足山悉檀寺病危返乡的情况。

据历代祖辈口传：徐公受先祖木增的委托在鸡足山悉檀寺撰写《鸡足山志》，此时与徐公形影相伴的顾仆一反常态，盗走了徐公的全部财物逃窜，使徐公在精神上受到打击。徐公在修志期间，风湿病症日渐加重，四肢麻木瘫痪，先祖木增闻讯后派了通事到鸡足山聘请名医为徐公治病。在徐公病情有所好转的情况下，有了思乡之念，先祖木增选派了8名纳西壮汉，赠送徐公丰厚的路费和必需生活用品，用滑竿将徐公护送返乡。行程150多天到黄冈，后由水路坐船安抵江阴。

假若没有先祖木增派人护送徐公返乡，其结局徐公则病死他乡，《徐霞客游记》原稿必然散失，今天我们也不可能拜读完整的《徐霞客游记》。

最后，建议在徐公故居开辟一个"木徐友谊"展室，以弘扬木徐深厚友谊。（木光编著：《木府风云录》，第252-253页）

・3月29日，木光在江阴市徐霞客故居仰圣园，参加"第六届中国徐霞客国际旅游节"开幕式。

木府血脉
The Blueblood of MuFu

·3月29日，木光在江阴市徐霞客故居仰圣园，参加"海峡两岸纪念徐霞客逝世370周年公祭典礼"。

·4月，木光参加玉龙纳西族自治县成立50周年纪念活动。期间，他撰写的《旅游，文化扬帆好起航》获奖。

木光（右五）陪同中国徐霞客研究会会长张宏仁（右三）、江阴市副市长张济建（前排左二）、江阴市徐霞客研究会会长陈捷元（右四）等人参观木府（2011年4月9日摄）

4月10日晚，在丽江大港旺宝大酒店举行"玉龙纳西族自治县—江阴市缔结友好城市座谈会"，图为玉龙县政府代表木志英副县长、江阴市政府代表张济健副市长分别在框架协议上签字并互换了文本。（2011年4月10日摄）

·4月8日中午时分，木光及夫人、丽江徐霞客研究会副会长陈桂云在丽江机场，迎接中国徐霞客研究会会长张宏仁、副秘书长王京隆及《徐霞客研究》编委刘瑞升一行。3人是应丽江徐霞客研究会之邀，专程参加丽江市玉龙纳西族自治县成立50周年纪念活动。在机场贵宾室，木光先生以纳西族最高礼仪给每人献上丽江古城金钥匙。金光闪闪象征纯洁友谊的金钥匙，镌刻着纹饰和东巴文字，黄色的绶带上绣着纳西族特有的星星月亮图案，体现了纳西族人民的纯朴和友谊。

期间，木光陪同一行人参加玉龙纳西族自治县成立50周年庆祝大会，观看大型广场文艺演出。参加玉龙纳西族自治县与江阴市缔结友好城市签订框架协议的仪式。还参观考察了黑龙潭、福国寺、玉水寨。

· 4月9日下午，"丽江2011年徐学研究座谈会"在木府家院的丽江徐霞客研究会会议室举行。参加会议的有中国徐霞客研究会、江苏省徐霞客研究会、无锡市徐霞客研究会、江阴市人民政府、江阴市徐霞客研究会、丽江文化研究会、纳西文化研究会、丽江市徐霞客研究会、玉龙县政府代表等30余人。木光参加并即席发言。座谈会由丽江市徐霞客研究会会长黄乃镇主持。

江阴市副市长张济建。（上左图）

丽江市徐霞客研究会会长黄乃镇。（上中图）

丽江文化研究会会长杨国清。（上右图）

木光。（下左图）

中国徐霞客研究会会长张宏仁。（下中图）

2011年4月9日下午，丽江2011年徐学研究座谈会在木府举行，图为会场。（下右图）

（本页图片2011年4月9日 摄）

· 4月10日晚，木光在丽江大港旺宝大酒店出席玉龙纳西族自治县—江阴市缔结友好城市座谈会。参会的有：中国徐霞客研究会会长张宏仁，中国徐霞客研究会副秘书长、中国国土资源部宣教处处长王京隆，《徐霞客研究》编委、中国知识产权报社通联记者部主任刘瑞升，江阴市人民政府副市长张济建，江阴市徐霞客研究会会长陈捷元，副会长陈楠、唐汉章、徐伟忠，玉龙县人民政府副县长木志英，丽江文化研究会会长杨国清，丽江市徐霞客研究会副会长张万星、杨林军，中国社科院副研究员木仕华等人士。

木府血脉
The Blueblood of MuFu

・4月11日，木光及丽江徐霞客研究会有关人员陪同张宏仁会长、张济建副市长等前往白沙古镇，参观著名的白沙壁画，是日还考察了福国寺及玉水寨。

按

白沙壁画绘制的时间从明初到清初，先后延续了300多年。明末清初，是丽江壁画繁荣鼎盛时期，距今已有约400年历史。明朝时期，丽江木氏土司正值鼎盛之时，政局稳定，经济繁荣，为显其富有，木氏土司大建宫室，现存的白沙琉璃殿、大宝积宫和大定阁等庙宇均为该时期所建。其中所藏的明代壁画，是极为珍贵的文物，属国家级重点文物保护单位。大宝积宫现存壁画558幅，是丽江壁画收藏最多的地方。壁画融汉、藏、纳西文化一体，众教合一，展示了藏传佛教和儒、道等生活故事。

福国寺是徐霞客到丽江后居住时间最长的地方，也是与木增促膝长谈的地方。目前福国寺正处于修复重建中，五凤楼已修葺一新；而当年木增用大肴八十品接待徐霞客的院落一片残破，大家担心被修复者推倒重建，纷纷提出要通过民间和政府来干预加以保护。

面临被拆的福国寺老房子，远方是玉龙雪山。（2011年4月9日 摄 右上图）

福国寺大门遗址（2011年4月9日摄 右下图）

山门被弃之一旁（2012年11月29日摄 左下图）

·5月16日，上海电视台拍摄的8集电视纪录片《霞客行》在江阴举行首发式。中国徐霞客研究会会长张宏仁、该片导演汪伟及江阴部分徐霞客研究者参加了仪式。

·6月，木光在江阴徐霞客研究会主办的《徐学研究》上发表《释"谈空客喜花含笑，说法僧闻鸟乱啼"》。文章说，"谈空客喜花含笑，说法僧闻鸟乱啼"，表达了徐霞客在丽江与木增交谈时的一种情境。谈空的"空"是佛教哲学的基本概念和核心。其含义是木增与徐公的谈话达到了心理上的交融相通，"花含笑"拟指交流双方的心态融合，似乎台阶前的花朵都在微笑助兴。下句阐释了木增晚年专心于"禅房养心"，与自然融为一体，与花鸟为伴，达到自然和谐境界。而徐公"遐征西南"的壮举，完全超脱了贪图仕途名利的束缚，志在探真求实。两人心态的融合达到了血脉相通的境况，铸成了"金石之交"的友谊。
（木光：《释"谈空客喜花含笑，说法僧闻鸟乱啼"》，载于江阴《徐学研究》，2011年6月号，第59页）

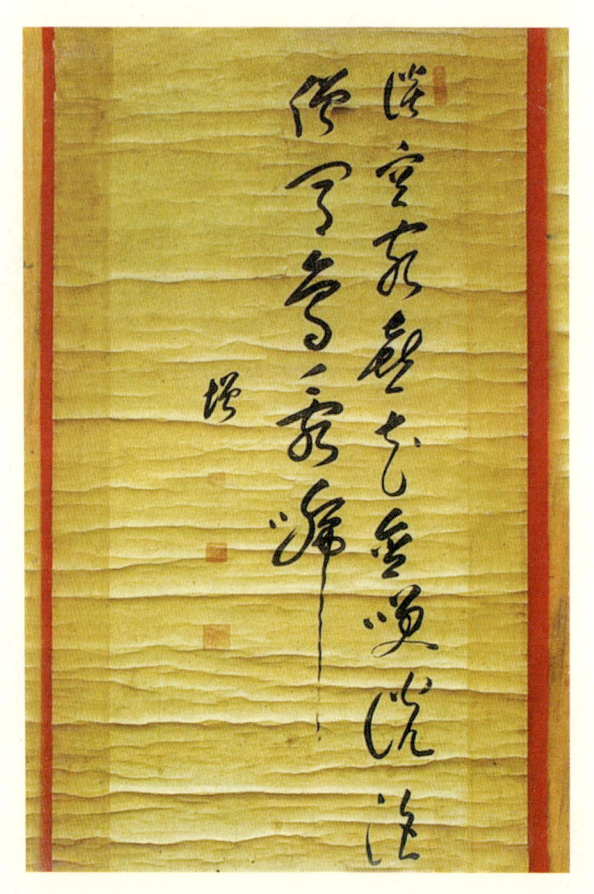

木增手书墨宝："谈空客喜花含笑，说法僧闻鸟乱啼"

木府血脉
The Blueblood of MuFu

·8月，木光写作《缅怀亲舅李群杰》（载木光编著：《木府风云录》，第261-262页）

·是年，木光撰写《木公生平及其作品的思想倾向》。（木光编著：《木府风云录》，第206-209页）

按　　12月，木光编著的《木府风云录》再版。《木府风云录》于2006年3月由云南民族出版社出版发行。本次再版做了一些修订，并增加了数篇木光撰写的论文。

链接一　　木桢：《传承历史文化，不能忘记木氏土司》序文（摘编）

序文从三个方面展开。

首先，木氏土司经历元、明、清三朝，22代，统治丽江470年。而明代木氏土司，承前启后，是其极盛时期，在云南诸土司中，以其"土地广大""传世最远""富冠诸土郡"，并以"知诗书，好礼守义"而著称于当时，影响于后世，对纳西地区经济文化的发展和各民族文化交流曾起过不可磨灭的作用。

今天，丽江古城是世界文化遗产、三江并流地区是世界自然遗产、纳西东巴古籍列为世界记忆遗产名录。每年有400多万游客慕名而来，此时也不能不想起木氏土司的历史贡献。

第二，木氏土司的贡献，不仅仅是今天看见的古城、寺庙、壁画这些物质文化遗产，还有许多贡献：

（一）统一、整合了纳西族，为纳西族发展奠定了基础。

元以前，纳西族各部落处于"酋寨星列，不相统摄"状态，自从阿琮阿良被忽必烈任命为茶罕章管民官以后，相继统一了纳西族地区，形成了统一整体。

（二）发展经济，特别是金、银、铜等采矿业获得较大的发展。

明代木氏土司多次向王朝贡银，修桥建寺刻经，有较雄厚的经济基础，史称"丽江府产金尤多"，徐霞客也称"采矿业独盛"。

（三）宗教上采取包容政策，文化上采取一方面吸收先进文化，同时又不丢掉自己民族文化传统。

由云南北传的汉传佛教，到丽江为止，由西藏南传的藏传佛教也到丽江为止。丽江包容了道教和藏传佛教各教派。

文化上木氏土司十分重视吸收汉、藏、白等民族先进文化，同时实行"四郡齐民一姓和"的政策，就是所属四州百姓以及

"流离入籍者必改姓和"，使其认同于纳西文化，延续民族传统文化。直到新中国成立前，古城里的纳西话是主要交际语言，客观上保护了纳西文化的传承。

（四）巧妙利用风水宝地，修建了丽江古城。

丽江海拔达2400米，风大，但古城北有象山、金虹山，西有狮子山，挡住了玉龙雪山寒风。同时利用玉泉水自然河道，布局街巷，使古城不同于内地，坐北朝南，中规中矩十字街。此外还有"宫室之丽，拟于王者"的木氏土司府。今天看来，不能不惊叹木氏土司独具匠心，为我们留下了一座世界文化遗产。

（五）木氏土司善于处理同中央王朝和周边民族关系，为丽江赢得了近500年和平发展历史空间。

木氏土司对元、明、清王朝采取俯顺和依靠政策，正如徐霞客所说"大军来则俯首受绁，师返则夜郎自雄"。这也是一个弱小民族无奈的保存自己的哲学。同时，木氏土司积极参与中央王朝在当地的各种军事活动，接受封赏28次。

木氏土司还通过政治联姻同周边各民族头人搞好关系，从明初到清雍正年间先后有51个女儿或孙女嫁与各土司、土官，同时也娶进周边土司女儿。

木氏土司时期，也有许多征伐，但友好是主流，在周边有修桥、建寺、开矿等许多史实，各民族共同开发了滇西北。

第三，本书编者木光先生是木氏土司直系后裔。1947年毕业于西南中山高级工校，1949年在丽江参加民主青年同盟，进行革命活动。1950年到文化部电影技术学校学习，回省后在文化厅电影处工作，1958年到临沧地区电影公司工作，先后译制各少数民族语影片173部，从事电影的放映和发行工作。先后担任第六届省政协委员，第七、八届省政协常委等职。

木先生虽在他乡，但心系丽江，曾帮助译制纳西语电影《喜盈门》《武林志》等故事片4部，任省政协委员后，为保护民族文化奔走呼号。积极参与木府恢复重建工作，并致力于收集、整理、研究工作，终于有《木府风云录》及修订再版奉献于世。

该书收集了《木氏宦谱》和有关传记、评论诗文和他自己研究文章20多篇，对研究木氏土司提供了较为丰富的资料，也是对丽江文化建设一个重要贡献。（木桢：《传承历史文化，不能忘记木氏土司》，载于木光编著《木府风云录》，第1-2页）

链接二　　余嘉华的序文：《用文化引领民族精神和风尚》。（载于木光编著《木府风云录》，第3-5页）

链接三　　东宝·仲巴仁波切活佛为《木府风云录》再版作跋。（载于木光编著《木府风云录》，第264-265页）

链接四　　木光在《木府风云录》编著后记中说："《木府风云录》以文集的形式收录了不同时期出版的木府历史汇集资料，其中也有我撰写的有关木氏历史篇章，还收录了先祖的部分诗文，尤其对木公、木增的诗词，侧重收录。诗篇较多，以供读者赏阅。

《木府风云录》概括了木府历史的方方面面，包容了木氏千年历经兴衰演变的史实和治政业绩，它与研究丽江纳西族的发展历史紧密相联。

我能在有生之年，编著这样一本木府历史资料，是尽其后代的责任，感到十分欣慰。

……再版《木府风云录》突出了以下两个特点：1.在文章内容上，局部做了删选和修改，并充实了我的十多篇散论文章。2.增补部分图片，以达到图文并茂的效果。

我编著《木府风云录》也借鉴了许多纳西族作家对木氏土司的论述和评价，我作为木氏土司的后裔，对诸位学者表示深切的敬意和感谢。在《木府风云录》再版过程中，省民委木桢副主任、丽江市副市长杨一奔、云南省文史研究馆馆员余嘉华教授、原丽江县政协专职常委胞弟木权、云南临沧日报社编辑郭李先生给予热忱帮助和支持，我表示深切的感谢。（载于木光编著《木府风云录》，第266-267页）

2012年

(壬辰)

83岁

· 2月26日，木光参加在临沧举办的"纳西族三多节暨临沧市丽江文化研究会三周年"庆典，并致欢迎词。在欢迎词中木光介绍了临沧的自然、社会及文化等方面的情况。

· 6月1日，玉龙纳西族自治县龙蟠完小师生宿舍楼——"徐霞客楼"奠基仪式举行。这是木光与江阴市徐霞客研究会经过多次协商的一个成果。江阴全顺汽贸公司捐资50万元。丽江市玉龙纳西族自治县龙蟠中心完小坐落在玉龙雪山脚下、金沙江畔，距离县城80多公里，全校师生共160多人。许多纳西族学生需步行两小时来上学，但学校碍于经济条件无法满足他们的住宿需求。命名为"徐霞客楼"，以此纪念徐霞客与木增之间的友谊，象征江阴人民与纳西人民的友谊世代传承。玉龙县委常委、常务副县长木志英在仪式上发言说，此举将大大改善学校的办学条件，对加快玉龙纳西族自治县的农村教育，起到积极的推动作用。

不久，木光将讲话整理为《徐霞客在丽江的汉文化传播》专文，发表在江阴《徐学研究》上。他在文章中系统地阐述了徐霞客在丽江短暂的时间内做出的贡献。

按

《徐霞客在丽江的汉文化传播》（摘要）

《徐霞客游记》中的"丽江日记"在徐学研究中占有重要地位，他晚年"遐征"西南，丽江不仅是考察的最终目的地之一，也是考察成果最丰硕的地方，同时又是撰写反映明末社会生活、历史沿革、社会变迁、山川形势、江河源流等文献的创作之地。到丽江前后，他完成了《溯江纪源》《丽江纪略》等专文和首部《鸡足山志》，具有很高的学术价值，也是《游记》中的华彩篇章。在丽江他留下了中原文化与少数民族交流的印迹。滇西游归时双足俱废，55岁的他已无力返回故土，在此情况下，先祖丽江土知府木增派人将他护送回家，演绎了一段汉、纳民族间情同手足般的真诚友谊。

"一代游圣"徐霞客于崇祯十二年（1639年）正月二十五日踏入丽江，二月十日离开，在丽江驻足了16天。徐霞客在丽江的文化考察和文化传播，集中表现在与土司木增的交往上。当徐霞客会见木增时，木增以最重礼节招待这位贵宾，并非常谦恭地求教。15天的时间里，他们进行了以下文化方面的交流：

一、为《山中逸趣》作跋

徐霞客到解脱林的第三天下午，"大把事来，求作所辑《云薖淡墨》序。初三日余以叙稿送进，复令大把事来谢。

初四日有鸡足僧以省中录就《云薖淡墨》，缴纳木公……其所书洪武体，虽甚整而讹字极多……"

《山中逸趣》是木增的一部诗赋集刊，收录有赋2篇，诗194首，是木增的得意之作。崇祯十年（1637年）唐泰为此书作序，后来章台鼎、梁之翰、徐霞客等也分别为之作序或跋。徐霞客所作的《山中逸趣》跋，共有546字，用篆体书写，从风格和行文上与章氏截然不同。

徐霞客所作的《山中逸趣》跋，不是一般意义上的跋，而是一篇借题发挥，阐述天地变迁、人情世故的精华篇章。徐霞客不愧为地理学家，用地学眼光和思想观察山川变迁，承认地壳运动是地表凸凹不平的原因。"重者为地，重之极而山出焉。以镇定之体，奠鳌极而命方岳""彼夫逃形灭影，墢坯湮谷，曾是以为逸乎，夃（是）直与山为构也"。随着人类不断参与地表形状改变，因而就有了"自有虞以后，山川之劳人亦久矣"。

接着他借题发挥，抒发了自己游历山川30年来所积累起来的深邃的哲理思考。运用运动与静止的观点，"见其静秀有常而已，未有能授之逸者。""孰知其体静而神自逸，其迹定而天自逸。"这就是说，"体""迹"决定"神""天"，讲到人世间的和谐问题。"以奠鳌极而命方岳也"，从表述自然变化规律转入人世间，"进而求之，伊尹逸于耕，太公逸于钓，谢傅逸于奕，陶侃逸于鬲"。至此，他道出了自然界与人类一样也是需要保持一种和谐，方能找到"逸"，即平衡。一旦失去平衡，人类只好改造和防御一些自然变化，"神禹以之胼手胝足，秦人因之驱石范铁，焉睹所谓逸。"大禹治水，三过家门而不入，常年困于水患，手脚掌都长出一层厚厚的老茧；秦国人垒起石头，再铸上铁水以防水患。这些怎么能说是"逸"呢！

笔锋一转，他谈起木增的生活情趣来。"夙有山中逸趣者何？"徐霞客结合木增戎马半生的经历，说明木增并非逃离人间世事而避居山林，"非天下皆劳，而我独逸，天下俱悲，而我欲趣。即以天下之劳攘还天下，而我不与之构；以我之镇定还之我，而天下阴受其庇。"袁宏道在《叙陈正甫会心集》中言："人所难得者唯趣。趣如山上之色，水中之味，花中之光，女中之态，虽善说者不能一语，唯会心者知之。"木增也好，徐霞客本人也好，祖国大好河山并非为某人所独占，而是"是山非天下之山，乃我之能镇能定之山也；多山非我一方之山，乃天下之山，而为镇为定之山也。"道出了徐霞客同木增共同情趣和爱好，知己难求！木增也曾作诗曰："我爱芝山景最佳，屡经甲子不思家。此中饮食殊人世，辟谷常吞日月华。"

在自然界和人世间有众多和谐的情况。"文章而觕石者，逸为出岫之卷舒，雪影而飞絮者，逸为天半之璚玉；泉静而滥觞者，逸为左右之逢源；志情而宫商之音，逸为太始赋形；而金石之宣，逸为均天。"也就是说，"各美其美"，方能找到事物存在的合理之处。木增的大作《山中逸趣》所表现出了"卷纶藏密者，与莘渭各异而镇意念之心，故悠然迹外。"这么好的文章可与天高地渊做比较，它本身就具备了这样的内容和精神。"然必系之山中者，所以奠鳌极而命方岳也。"道出了只有有心人才能知道这些自然变化。最后,徐霞客很委婉地道出了一生行世的准则和心灵深处的向往,"弘祖遍觅山于天下,而亦乃得逸于山中,故喜极而为之序。"

此跋道出了徐霞客在半身游历中的深刻感悟。因此,此文不如说是徐霞客对自然、人类活动规律做一次"表白"。对明末社会动荡不安,民不聊生做了暗示,并指出了处理办法:"千古帝皇,莫不以舜为兢业,自乃鼓琴被袗,其得力于深山者固趣。"体现了一位看似不闻政事的游客,实则是关心民事,奔走相告,呼吁社会和谐的社会活动家。

能有如此深刻、富有深邃哲理的跋,确实体现了徐霞客与木增都是好山水逸趣之人,有着共同的情趣。因而从一个侧面道出了徐霞客不虚此行的感慨溢于言表。纳西族首领木增在边远之地能有如此的感悟,深为徐霞客所动容,故而做此文以示后人。

对木增和丽江山水,感情至深才使徐霞客灵感冲动,写出情理并茂的文章。文中做出辩证的判断,哲理性很强。此文与其说是窥视木增的内心世界时感言,还不如说是徐霞客在进一步阐述自己的哲理观点。因此,对于研究徐、木两人的思想颇有价值。

二、校订《云薖淡墨》

徐霞客到解脱林的第五天,木增又送来另一稿本《云薖淡墨》,请求他提出修改意见。徐霞客细读后,发现该书"讹字极多,既舛落无序,而重叠颠倒者亦甚"。他向木增提出修改意见。木增进一步请求徐霞客做详细校正。他用了两天一夜的时间对全书进行了梳理,边校勘边分类,逐一修订错讹和重复颠倒之处,使之条理清楚,段落分明。

《云薖淡墨》是木增的一部读书摘记,其内容有三教嘉语,草木鸟兽、天文地理、医学占卜、音韵典故、诸子典籍、先秦至明的历史等,内容丰富,间或有自己的叙述或评语,共六卷(又说八卷)。此书有杨汝成、闪仲俨、杨方盛、傅宗龙做的序和自己的"小引"。在其"小引"中说:"命其篇曰淡墨。盖谚语:广记之不如淡墨也。"而"云薖"者,乃是一地名,所以取此为书名。其中《释庄义》为木增对典故、文字的释疑,具有学术性研究的专篇。明末清初的收藏家、出版家毛晋对木增的《释庄义》篇做过序。

此书内容丰富,涉及方方面面,当然就可能在编订时出现混乱的情况。徐霞客在解脱林经两天一夜的辛劳,日以继夜地完成校勘,使之完善。到崇祯十六年刊刻该书时,错讹较少,在清乾隆时编定的《四库全书》"子部杂家"和《四库全书提要》中对此书有所介绍，而后来的《四库全书存目丛书》和续修《四库全书》则全册收入。当然这与徐霞客的功劳分不开。

三、指导木宿作文

木增还请求徐霞客指教其四子木宿写文章。并十分恳切地说，四子至今没有名师点拨，今有名师驾到，趁机窥视中原文脉，以知"法程"。初十日到木家院，徐霞客在西厢前坐定，大把事就从袖口里拿出一封信交给他。徐霞客打开一看，原来是木增请求做一篇文章，题为"雅颂各得其所"，并一定要对四子的文章斧正。到下午两人都写好了，徐霞客阅读了他的文章，感觉到"颇清亮"，便频频点头。把事上前说："主命求细为批阅。"徐霞客正准备提笔要修改，二把事上前请他赏花就餐。吃完饭时已近黄昏，"二把事领余文去，以四君文畀余，曰：'灯下乞求细为削抹，明晨欲早呈主人也。'"徐霞客便答应，辞别四子。当晚徐霞客挑灯修改木宿的习文。第二天便由把事送回。

徐霞客进入丽江之时，丽江还没有开设学校，木增只好把四子送到鹤庆读书。木增非常重视下一代的教育，为了让四子有机会接触中原名流，便安排一天的时间请徐霞客来点拨，此乃木宿之幸运。年代久远此文已遗失。

四、介绍中原名流

当木增与徐霞客谈及中原名流时，木增问现在是否有超过陈继儒和董其昌的饱学之士？徐霞客回答说有一人，就是黄道周。他的"字画为馆阁第一，文章为同朝第一，人品为海内第一，其学问直接周、孔为古今第一"。木增深为感动，便立即请求徐霞客写"叙文"加以引见。但徐霞客说，此人不易接近，也不易拜见。除以上三人外，在徐霞客眼里还真的没有发现，但即便是有，木增也远隔万里不易拜见。徐霞客便推荐了在昆明的同乡吴方生，此人"天子不能杀，死生不能动，有文有武，学行俱备，此亦不可失者"。木增又求徐霞客写信引见。

以上的交流，可以看出木增和徐霞客有着共同的志向。对徐霞客而言，在这样边远的地方还能有如此的一番文化交流，这样的人士就属于他所喜好的朋友，所以非常愿意帮木增举荐名流。对于木增而言，在这样交通闭塞的地方，能听到中原名士的一番对文化人的评说，加上徐霞客不吝推荐，甚感荣幸。木增求贤若渴之情跃于纸上。

五、撰写《鸡足山志》

作为鸡足山最大的施主，木增还请求徐霞客为鸡足山修志。

为此徐霞客再登鸡足山，又住了4个月，遍览全山壮美景观，最终修成《鸡足山志》。

《鸡足山志》是徐霞客平生唯一修过的一部山川志，也是鸡足山的第一部志书。此书的大部分于康熙年间因战火烧毁，只保留有"鸡足山志目"。现存的"鸡足山志目"有：一卷真形统汇；二卷名胜分标；三、四、五卷化宇随支；六卷神迹原始；七卷宰法护法；八卷艺苑集成等。还注有徐霞客划分篇目的理由，"兹帙首真形，次名胜，次化宇，渐由天而人；次古德，次护法……此编次之大意也"。接着是鸡足山志略一：灵光十则，绝顶四观，华首重门，太子玄关，罗汉绝壁等12个目；鸡足山志略二：诸寺原始有21个寺室，各刹碑记有8个等。残本约有3000字，还可比较清楚地看出《鸡足山志》的本来面目。

该志以山为纲，先叙全山大势，由山及景，由景及寺，由寺及僧，由僧及官，由人及事，由事及文，编次合理，对后世编修山志有着宝贵的参考价值，堪称范文。《鸡足山志》是徐霞客一生中写作时间最长、工作量最大、充分展示文学功底的一部著作，是著名的山水文化专著之一。

此志书的问世是鸡足山的一件大事，增添了名山的光环。但我们更应该看到木增所付出的辛劳和宽广的眼界。徐霞客准备离开丽江时，木增专门修书提出修"鸡足山志"一事。徐霞客从滇西南归来时，木增又致书要求修"志书"。在木增反复的要求下，徐霞客再次游览鸡足山，考察与撰写相结合，4个月乃修成。毕竟鸡足山是中国名山圣地，他还是曾顾虑过自己能否有这样的学力，但看到木增视鸡足山为圣地，不仅要捐资，还要邀请名士为其修志，就动笔撰写了。这些体现了徐霞客与木增在心灵上达成的共识，从文化交流提升到为天下人造福祉。此举开了修鸡足山志之风，为进一步传承和弘扬鸡足山佛法做出了贡献。

· 6月20日，由木光担任顾问的40集电视剧《木府风云》在中央电视台八套首播。

按

电视剧《木府风云》讲述了明朝末年云南纳西木氏土司在当地统治时期发生的事件，以木氏家族风云变幻的事件为题材，展现了年轻的木增继承土司之位后，和爱妻阿勒邱在家乡带领族人过上幸福生活的故事，歌颂了木府开放亲和、诚厚谨慎和勇敢善战的民族精神。电视剧以木府为背景，充分展现丽江的优美风光、历史及丰富多彩的民族文化。剧中还有徐霞客在丽江活动的内容。该剧由云南润视荣光影业制作有限公司出品，主要演员：秋瓷炫、于荣光、吕良伟、潘虹、朱晓渔、宋运成。导演：于荣光。

电视连续剧《木府风云》剧照（资料照片）

链接

在谈到这部电视剧时，木光明确表示："虽然聘我担任《木府风云》的顾问，但我不发表任何意见，不接受任何采访。"（见2013年6月刘瑞升、木光临沧访谈录）

· 7月2日，《都市时报》刊登记者李国豪专访余嘉华的文章《丽江木府的五百年风云》。余先生是多年潜心研究木氏土司的专家，著有《木氏土司与丽江》。（载于《都市时报》，记者李国豪，2012年7月2日B14版）

· 10月7日，徐霞客第九世嫡孙徐挺生（1917–2012年）因病逝世，享年95岁。他曾于2009年及2011年在江阴与木光会面。

2009年10月，徐霞客的第9代后人、93岁高龄的徐挺生（右）和丽江木氏土司木增的第16代嫡长、80岁的木光相见，二人为续写徐木友谊谱写新的乐章。（2009年10月21日摄）

·12月，云南徐霞客研究会副会长文明元在《徐霞客研究》第25辑发表《探索徐霞客在云南的足迹》。

按　　2008年，中央电视台拍摄《霞客滇游记》，文明元受云南省徐霞客研究会委托，作为随行学术顾问，参加了25天拍摄。2010年，上海电视台和东方卫视拍摄《霞客行》，她参与云南全程28天的拍摄。文明元在文章中多角度地介绍了徐霞客在云南留下的众多足迹拍摄过程，其中回顾了摄制组一行人在丽江坵塘关、福国寺等徐霞客遗迹拍摄情况，以及近年来作为电视媒体拍摄的与徐霞客有关的电视片。

坵塘关是当年进入丽江的必经哨卡，如今这里仍然遗存着关隘的残砖碎瓦及一只身首分离的石狮子。（2008年3月17日 摄 上左图）

年已80岁的退休教师和述文（左）介绍坵塘关的变迁，他说，自古以来这里是进入丽江的必经之地，一夫当关万人莫开。国道及高速公路的开通，坵塘关少有人迹了。（2008年3月17日 摄 上右图）

复建中的福国寺，外国学生参加义务劳动。（2012年11月29日 摄 中图）

福国寺五凤楼前的儿童（2012年11月29日 摄 下图）

木府血脉
The Blueblood of MuFu

2013年

(癸巳)　　　　　　　　84岁

2013年3月，云南大学为纪念方国瑜教授诞辰110周年印制的图册。

· 3月，云南大学举办"纪念方国瑜教授诞辰110周年"活动。

· 4月29日–5月10日，木光身体不适入院治疗。

· 5月19日，第10届中国江阴徐霞客国际学术研讨会在徐霞客故里召开。木光因身体欠佳没能成行。他把准备在会上的书面发言寄来，请江阴徐学会的同志代为宣读。木光文章的题目是《传承千古友谊 共叙未来发展》。木光就江阴《徐学研究》第25期刊载的《徐霞客上峨眉探析》一文中说徐公到过峨眉山，谈了自己不同的观点。木光说指出，据史料记载，崇祯十二年八月二十三日，徐公受先祖木增之托重返鸡足山悉檀寺修《鸡足山志》，随之顾姓仆人盗走徐公所有财物叛逃，离乡几载一主一仆形影相依，一旦弃主叛逃何其忍也！顾仆的行为对徐公心灵刺激是沉重的。不久徐公因久涉瘴地，染疾，双足不能行走，之后病情加重。一个旅行家丧失了旅游的能力和条件，精神上的沉重打击和疾病的折磨，使徐公心力交瘁。

崇祯十三年（1640年）正月，先祖木增派一名通事沿途负责徐公的医疗与生活，另有8名纳西族壮汉轮流抬滑竿护送徐公返程，辗转150天，"至楚江困甚"，经湖北黄冈乘船回到家乡。"既归，不能肃客，惟置从旅游考察中带回的怪石于榻前，摩挲相对，回顾往事，不问家事"。一年后，徐公与世长辞，享年54岁。一个身处异乡的游子，又只能靠滑竿抬行，用"归心似箭"来形容当时徐公的心情是再确切不过了。试想一下在这种情形之下，他还有心情上峨眉山，游览长江三峡吗？著有《徐霞客游记校注》一书的云南大学教授、著名的徐学研究者朱惠荣先生也明确否定徐公到达四川。我认为在当时的情形之下，徐公悲壮东归路线大体上是走原路，即从鸡足山至昆明，从曲靖向东至贵阳，经广西、湖南、湖北，然后到达黄冈，走水路回到江阴。徐公东归路线，最重要一条依据是据家史相传，徐公东归之时先祖木增曾吩咐护送徐公的通事说："中原医术比边陲云南要先进得多，要日夜兼程原路而返，以便徐公早日到家，精心治疗"。

在这篇讲稿中，木光还提出6点建议和意见。一是江阴市和丽江玉龙纳西族自治县具有很强的互补性，两地的合作也有着重要的政治意义；二是要把徐学的研究和宣传作为两地交流合作的一个基础；三是"徐霞客与少数民族"应成为徐学研究中的一大主

三赴江阴考察
续写徐木友谊

题，要引起各方面的高度重视；四是要继续推动江阴市与玉龙纳西族自治县结为友好城市；五是要在丽江尽早建成象征徐公和先祖木增千古友谊的雕塑；六是建议在徐霞客动画片的制作过程中，将徐公在云南的比重加大，重点放在丽江与鸡足山，剧情至少有10集以上。

江阴旅游届徐学界纪念徐霞客朝圣公祭典礼暨宣誓仪式在仰圣园举行。左二为丽江徐霞客研究会会长黄乃镇。（2013年5月19日 摄）

· 5月，《云南徐学研究文集》由云南人民出版社出版发行。

· 6月8日—12日，本书编著者专程前往临沧，采访木光先生，收集相关资料。

2013年5月，王文成、李安民主编的《云南徐学研究文集》由云南人民出版社出版发行，该书四分之一的文章涉及徐霞客与丽江、木氏土司、鸡足山等。

2013年6月9日，木光夫妇与孙女木萌（左一）、外孙女和雪（右一）在自家院子里。

木府血脉

The Bluebood of MuFu

木光在临沧（2013年6月12日 摄 上图）

凤翔镇西大街上的临沧市电影公司。从前是窄窄的西大街，如今变成了一条大马路，但仍然熙熙攘攘、人车嘈杂。木光说，他在这条街上走了几十年。老电影院、老电影录音室、住了几十年的家都在这条街上。（2013年6月11日 摄 上右图）

西大街上布满了各种摊档。（2013年6月11日 摄 右下图）

按

· 6月12日，木光前往昆明，入医院全面体检。

· 10月19日，纪念方国瑜先生诞辰110周年学术研讨会在丽江古城保护管理局召开，木光应邀参加并做书面发言。研讨会是由云南大学、丽江文化研究会、纳西文化研究会及丽江古城管理局共同主办的。方国瑜的女儿方福祺教授出席研讨会。来自云南大学历史系、上海师范大学历史系、西南林学院等单位及云南省多名专家学者参加了会议。

木光在《缅怀方国瑜表叔》一文中说："方老是我舅舅李群杰的表亲，我称方老为表叔。我父亲十分敬仰方老的人品和才华，让我刚满3岁的胞弟拜方老为干爹，取名方宝书。遗憾的是我胞弟在7岁那年因病去世。由于双重的至亲关系，20世纪40年代，我在昆明求学期间与方老的交往较多，特别在就读高级工校期间，学校离方老住所较近，方老经常邀约我到他家做客。方老非常关心我的学习和进步，经常给予鼓励和教诲。""方老在云南大学执教47年，撰写了《云南史料目录概说》《中国西南历史地理考释》《方国瑜文集》《〈木氏宦谱〉（甲）概说》《〈丽江府木氏六公传〉概说》《〈皇明恩纶录〉概说》等大量传世之作。"

· 10月30日，木光在木府博物院参加大昭寺藏明代丽江版藏文《甘珠尔》大藏经复制版回归故里仪式。

按　　　　明万历末年至天启年间，丽江土知府木增主持刻印了藏文《甘珠尔》大藏经，并将手版的一套经书赠送给拉萨大昭寺。历经近400年风雨而完整保存下来，成为稀世珍品，是大昭寺的珍贵文物之一。《甘珠尔》大藏经见证了纳西族与藏族友谊的历史，是丽江多元文化的重要见证，也是滇西北地区与西藏地区文化交流的瑰宝。2012年6月，丽江和拉萨两市人民政府签订了《关于复制拉萨大昭寺藏丽江版〈甘珠尔〉大藏经合作协议》。经过双方的共同努力，大昭寺藏丽江版《甘珠尔》大藏经复制工作圆满完成，标志着拉萨市与丽江市在文化交流合作领域迈出了重要一步。

《甘珠尔》大藏经复制本进入木府。（杨林军 供图）

链接一　　木光在仪式上发表了题为《喜迎〈甘珠尔〉大藏经荣归木府》的讲话。木光首先回顾了明代木氏土司与藏传佛教的历史渊源。他介绍说，木定土司"在正德十一年（1516年）邀请藏传佛教噶举派八世大宝法王弥尔多吉访问丽江"。木氏土司"在康藏地区弘扬佛理，施行功德，修建了数十座藏传佛教寺庙。如黄教首领三世达赖索南嘉措，于万历八年（1580年）受木东、木旺父子的邀请，到巴塘、理塘主持佛殿开光仪式"。在讲到《甘珠尔》大藏经刊印情况时，木光说："万历四十二年（1614年）六世二宝法王却吉旺秋应土知府木增邀请来到丽江，主持编撰、校订、刊刻大藏经《甘珠尔》，历时9年多，终于在天启三年

（1623年）刻印完成。这套大藏经共108卷，收录了1000多篇佛经大典，载有先祖木增撰写的序言，每只香樟木箱装放两卷经书，用黄绸包裹，加上银锁，由54匹骡马驮运，行程3个多月到达拉萨。这套大藏经供存于大昭寺。"

迎接《甘珠尔》大藏经回归故里的有关人士，（前排从左至右）丽江古城区委宣传部长李润兰、副区长张爱珍、古城博物院副院长陈桂云，（后排从左至右）古城区政协主席和光云、木光夫人杨若兰、木光胞弟木权、木光、丽江市政协副主席杨一奔、古城博物院院长黄乃镇、藏族朋友央吉拉姆。

链接二

丽江版《甘珠尔》

《大藏经》简称《藏经》，指佛教典籍汇编而成的总集。以经、律、论为主，并包括若干印度、中国等国其他佛教撰述在内。有巴利文的《南传大藏经》、汉译《大藏经》、满文《大藏经》、蒙文《大藏经》、藏文《大藏经》等。藏文大藏经指藏文佛教经论的总集，分为两个部分：甘珠尔(Bkav-vgyur)和丹珠尔(Bstan-vgyur)，甘珠尔一般译为佛语部，即释迦牟尼本人的语录译文；丹珠尔译为论疏部，是佛家弟子对释迦牟尼教义所作的论述及注疏的译文。藏文《大藏经》规模宏大，其中除了佛教的经论（包括义理、仪轨、静修、咒语等）之外，还包括涉及天文、历法、工艺、逻辑等多种学科的论著，对藏族文化的发展产生了巨大的影响。

丽江版《甘珠尔》大藏经是纳西木氏土司和藏传佛教噶玛噶举教派首领人物密切合作的成果，是滇西北以纳西族为主的各族人民与西藏人民之间文化交流与传播的历史见证。藏族学者也认为丽江版《大藏经》的刊印，是滇藏政教关系史上空前绝后的创举。

明代丽江版《大藏经》不仅仅珍藏于大昭寺，而且还流散到了国外。藏族学者东嘎·洛桑赤烈着文说："在藏族地区首先印制《甘珠尔》，是在第十饶迥土鸡年(1609年)，(噶玛噶举)第六世红帽系活佛却吉旺秋住在杂日措噶时，接受了丽江土司索南热丹(这是藏人对纳西土司木增的尊称)提出的刻印一套《甘珠尔》并由西藏提供一个可靠底本的要求，先将前第悉帕莫竹巴的阐化王扎巴迥乃时期多次校订过并存放在琼结秦达瓦孜的一套《甘珠尔》送给了丽江土司，以此为底本刻印了一套《甘珠尔》(起止用了15年)。在考察这部《甘珠尔》的目录是谁编制的时候，我恰逢参加西德召开的藏学讨论会，看到了印度达兰姆萨拉图书馆负责人扎西才让编纂的大藏经抄编刻版历史，其中写道：他自己为了进行藏文图书方面的研究，去过噶伦堡、达吉岭、岗拖等地方；1976年在锡金王巴涅可丁的私人图书馆里看到有50页藏文草体古旧抄本短经，质量很好，题目为《丽江土司所造存于理塘大寺的佛经甘珠尔目录》，此目录是第六世红帽系活佛却吉旺秋编制的。这套《甘珠尔》有108函。以前，拉萨大昭寺楼上南面甘珠尔佛殿里存有理塘朱印本《甘珠尔》108函，每函都有绸缎的书包，每两包放在一个木箱里。据说这是丽江土司索南热丹献给大昭寺的开印样本。把丽江土司刻制的《甘珠尔》印版称为理塘朱印版的原因是：固始汗去世后，他的侄子坎卓洛桑丹迥担任巴塘、理塘、中甸等地的总管时，发动了反对当时西藏地区政权的战乱。蒙藏军队平息了叛乱后，将丽江的《甘珠尔》印版迎请到理塘寺，因此，通常称之为理塘朱印版。"(杨福泉：《明代丽江版〈大藏经〉述略》，载于白郎著《月亮是丽江的夜莺》，第146-147页)

· 9月，木光到宣科家拜访。

2013年9月22日，木光在宣科(左)家。(杨林军 供图)

木府血脉

The Blueblood of MuFu

2013年10月22日，木光夫妇与外孙女和雪在临沧。

· 11月，方国瑜著《云南史料目录概说》（全三册，1018千字），第二次印刷（3801-4600册）。

APPENDIXES 附录

一、丽江木氏嫡长四十五世至五十世世系简表
二、木氏谱系表
三、《木氏宦谱》（图、文谱）

一、丽江木氏嫡长
四十五世至五十世世系简表

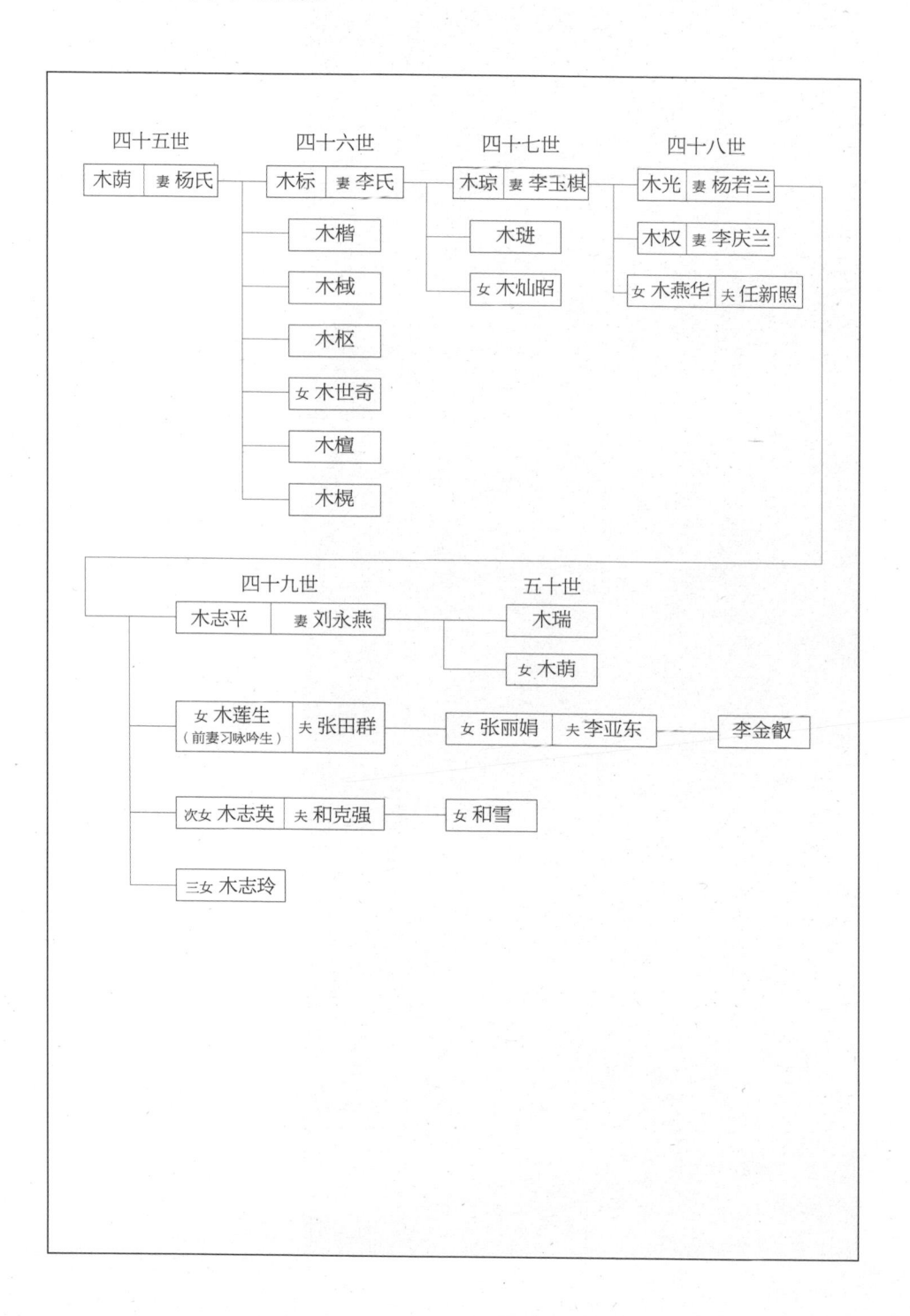

四十五世	四十六世	四十七世	四十八世
木荫 ｜ 妻 杨氏	木标 ｜ 妻 李氏	木琼 ｜ 妻 李玉棋	木光 ｜ 妻 杨若兰
	木楷	木琎	木权 ｜ 妻 李庆兰
	木械	女 木灿昭	女 木燕华 ｜ 夫 任新照
	木枢		
	女 木世奇		
	木檀		
	木榥		

四十九世	五十世
木志平 ｜ 妻 刘永燕	木瑞
	女 木萌
女 木莲生（前妻习咏吟生）｜ 夫 张田群	女 张丽娟 ｜ 夫 李亚东 — 李金叡
次女 木志英 ｜ 夫 和克强	女 和雪
三女 木志玲	

二、木氏谱系表

代数	名讳	年考及简历
	叶古年	传至唐高祖武德时，凡十七世（618–626年），任昆明总军官。
1	秋阳	唐高宗上元（674–676年），为三甸总管。
2	阳音都谷	唐玄宗天宝（742–756年），授总督元帅。
3	都谷剌具	唐玄宗天宝十载（751年）继父职。
4	剌具普蒙	唐德宗贞元元年（785年）为丽水节度使。
5	普蒙普王	唐德宗贞元十年（794年）为武勋公。
6	普王剌完	继父职为武勋公。
7	剌完西内	唐宪宗元和（806–820年）改越析军民总管，继武勋公。
8	西内西可	唐文宗太内和（827–835年）称越析诏军民总管。
9	西可剌土	唐懿宗咸通四年（863年）封越析诏武勋公。
10	剌土俄均	唐昭宗天复二年（902年）继父职。
11	俄均牟具	继武勋公。
12	牟具牟西	宋贞（真）宗干兴元年（1022年）改为武英侯。
13	牟西牟磋	宋仁宗至和（1054–1056年）更立摩娑诏大酋长。
14	牟磋牟乐	宋徽宗政和（1111–1118年）继大酋长。
15	牟乐牟保	称大将军。
16	牟保阿琮	七岁不学而识文字，旁通百蛮各家诸书。
17	阿琮阿良	宋末丽江坝纳西族首领。宋理宗宝祐元年（1253年）元世祖忽必烈率蒙古军经县境征大理，良迎兵于剌巴江口。蒙古中统四年（1263年）授职为茶罕章宣管民官，后功升茶罕章宣慰司、副元帅、金紫光禄大夫统军司等职。
18	阿良阿胡	良之嫡长，继父袭元帅之职，元世祖至元九年（1272年）为茶罕章管民官而袭元帅职，元成宗元贞元年（1295年）授正奉大夫护军宣慰司。
19	阿胡阿烈	阿胡之长子，袭父职，至元十三年（1276年）改置丽江路军民总管府。
20	阿烈阿甲	烈之嫡长，继父职，至元二十二年（1285年）罢府置宣抚司，寻改为通安州知州，授朝请大夫、骑都慰（古同"尉"——本书编者注）、上州尹知州，加正三品。
21	阿甲阿得（木得）	阿甲之长子，元武宗至大四年（1311年）出生，元末任通安州知州，后复升改丽江宣抚司副使，明洪武十五年（1382年）归附明军，明太祖钦赐以木姓，明洪武十六年（1383年），受封为世袭土官知府，洪武二十三年（1390年）去世。

续表

22	阿得阿初（木初）	木得之嫡长，元至正五年（1345年）出生，明洪武二十四年（1391年）袭知府职，二十五年（1392年）二月授中顺大夫，世袭土官知府。永乐十七年（1419年）卸任，洪熙元年（1425年）去世。
23	阿初阿土（木土）	元至正二十四年（1364年）出生，明永乐十八年（1420年）袭知府职，二十一年（1423年）封为中顺大夫，世袭知府，宣德八年（1433年）去世。
24	阿土阿地（木森）	木土之嫡长，明建文三年（1401年）出生（《宦谱》记作洪武三十四年，实际洪武仅至三十一年，疑为当时忌称建文年号——本书编者注），宣德九年（1434年）袭知府职，正统五年（1440年）授太中大夫资治少尹、云南布政使司参政职事，正统六年（1441年）去世。
25	阿地阿习（木钦）	森之嫡长，明宣德四年（1429年）出生，正统七年（1442年）保勘袭职，天顺五年（1461年）授太中大夫，世袭土官知府，成化二十一年（1485年）去世。
26	阿习阿牙（木泰）	钦之嫡长，明景泰六年（1455年）出生，成化二十二年（1486年）保勘袭职，弘治十年（1497年）授太中大夫，世袭土官知府，弘治十五年（1502年）去世。
27	阿牙阿秋（木定）	泰之嫡长，成化十二年（1476年）出生，弘治十六年（1503年）保勘袭职，正德五年（1510年）授中宪大夫，世袭知府职事，嘉靖五年（1526年）去世。
28	阿秋阿公（木公）	定之嫡长，弘治七年（1494年）出生，嘉靖六年（1527年）保勘袭职，十五年（1536年）授中宪大夫，世袭知府，钦锡玉音"辑宁边境"，嘉靖三十二年（1553年）去世。
29	阿公阿目（木高）	公之嫡长，正德十年（1515年）出生，嘉靖三十三年（1554年）保勘袭职，四十年（1561年）八月授亚中大夫。其褒辞略云："诚心报国，割股奉亲，化行边徼，威镇北番，以德其名，忠孝两尽，因才而誉，文武兼全；兹特升尔官居三品，位列九卿，永为乔木世家。"敕锡玉音"乔木世家"四字，准建坊牌一座，隆庆二年（1568年）去世。
30	阿目阿都（木东）	高之嫡长，嘉靖十三年（1534年）出生，隆庆三年（1569年）保勘袭知府，万历三年（1575年）授中宪大夫，敕赐"西北藩篱"四字，准建坊牌，万历七年（1579年）去世。
31	阿都阿胜（木旺）	东之嫡长，嘉靖三十年（1551年）出生，万历八年（1580年）保勘袭知府，十六年（1588年）授中宪大夫，万历二十四年（1596年）去世。

续表

32	阿胜阿宅（木青）	旺之嫡长，隆庆三年（1569年）出生，万历二十四年（1596年）保勘袭职管事，万历二十五年（1597年）去世。
33	阿宅阿寺（木增）	宅之嫡长，万历十五年（1587年）出生，万历二十六年（1598年）保勘袭职，四十八年（1620年）钦锡"忠义"，天启四年（1624年）让位于长子木懿后，隐居芝山。天启五年（1625年）授中（似脱"宪"字——本书编者注）大夫、云南布政使司右参政，清顺治三年（1646年）去世。
34	阿寺阿春(木懿)	增之嫡长，万历三十六年（1608年）出生，天启四年（1624年），父(木增——本书编者注)静摄芝山，公于是年保勘承袭。崇祯十二年（1639年），授封中宪大夫、云南布政使司右参政职衔。清顺治十六年（1659年），公争先投诚鸣诉，仍袭土知府之职，康熙八年（1669年），因拒绝参与吴三桂分裂叛乱，被吴强令卸职，康熙三十一年（1692年）去世。
35	阿春阿俗(木靖)	春之嫡长，天启七年（1627年）出生，清康熙八年（1669年）袭知府职，适乏嗣，抱养血侄木尧。尚未及请封诰，于康熙十年（1671年）七月暴故。
	木櫨	木靖之胞弟。木靖无子，抱养木櫨之子木尧为养子，木靖去世，木尧当袭知府职，木尧让位于生父木櫨。木櫨于康熙十一年（1672年）袭兄职任知府，康熙十七年（1678年）卸职。
36	阿俗阿胃(木尧)	木櫨之长子，顺治四年（1647年）出生，康熙十七年（1678年）袭知府职，康熙三十年（1691年）卸职，康熙四十七年（1708年）去世。
37	阿胃阿挥(木兴)	胃之次子，康熙六年（1667年）出生，康熙三十一年（1692年）袭知府职，康熙五十九年（1720年）任上去世。
38	阿挥阿住(木钟)	木兴之四弟，康熙二十六年（1687年）出生，雍正元年（1723年）改土归流，降为土通判。
39	木德	木钟之子，乾隆间任土通判。
40	木秀	木德之子，乾隆四十一年（1776年）袭父职，乾隆五十年（1785年）受封六品土官，嘉庆二十一年（1816年）去世。
41	木睿	木秀之子，袭父职，道光十四年（1834年）去世。
42	木汉	木睿之子，道光二十年（1840年）袭父职，咸丰八年（1858年）去世。
43	木曒	木汉次子，咸丰九年（1859年）袭父职。
44	木晖	同治十三年（1874年）袭父职，光绪十年（1884年）去世。
45	木荫	光绪十三年（1887年）继父职，民国元年(1911年)委充西纪军局长。妻杨氏，育六男二女，长男木标。

续表

46	木标	光绪十一年（1885年）出生，民国九年（1920年）10月10日奉云南省长任命，发公文电令木标祗领任职，任滇军宣慰委员，并任滇西土司抚慰委员，1929年1月病逝于丽江。妻李氏，育二男一女，长男木琼，次男木进，女木灿昭。
47	木琼	光绪三十四年（1908年）出生，字佩明，民国十八年（1929年）云南省政府主席龙云签批木琼承袭丽江土通判职，民国二十年（1931年）奉命履行滇西北地区土司宣慰委员任务，后赴省述职并拜会龙云，受到抚慰。1952年入丽江监狱，1957年出狱，1959年6月病逝于丽江。妻李玉棋，育二男一女，长男木光，次男木权，女木燕华。
48	木光	民国十八年十月初七（1929年11月7日）出生于丽江木家院，大专文化。就读于昆明南菁小学部、丽江完小学、丽江县初中班、昆明私立五华中学及西南中山高级工业职业学校。1947年受聘于丽江古城大研完小担任教师，1950年1月在昆明文庙图书馆担任管理员，8月参加中央电影局在南京举办的电影放映训练班，后到云南省电影发行放映大队工作，1953年调入云南省文化局电影科工作，1955年调云南省电影放映学校任教，1958年被批准到临沧专区双江农场工作。1959年调临沧专区电影管理站工作，自此在临沧地区（现临沧市）从事电影技术工作，评聘为电影专业高级技术职称，1984年出席国家民委和文化部召开的全国民族语影片译制、发行、放映先进集体和先进个人表彰大会，1988年任云南省第六届政协委员，1993年及1998年连任政协云南省第七、八届委员会常委，撰写数十篇提案或调研报告。2003年离休后一直从事先祖木增与徐霞客交往研究，以及木氏土司历史文化研究，编著出版《木府风云录》。前妻习咏吟，纳西族，丽江县人，生有一女，名木莲生。妻杨若兰，汉族，凤庆县人，1942年生，高中文化，从事商业财会工作。生有一男二女，男木志平，女木志英及木志玲。
49	木志平	1963年2月生于临沧地区（现临沧市），高中毕业，先后在临沧地区交通局及地区电影公司工作。1995年退职后从事建筑工程，被评聘为建筑工程师，任临沧新筑总公司项目经理。2004年被协商推荐为临沧市政协第一届委员会委员。2009年当选临沧市政协第二届委员会委员。妻刘永燕，1966年生于临沧，原籍腾冲县，大学本科毕业，中共党员，在临沧市政府接待处任科长，生有一男一女，男木瑞，女木萌。
50	木瑞	1991年11月生于临沧市，2011年就读于兰州大学法学院。

说明：本表是依据以下著作整理而成：

1. 《木氏宦谱》（影印本），云南美术出版社，2001年12月版。
2. 方国瑜著《云南史料目录概说》，中华书局，2013年11月北京第2次印刷。
3. 《丽江纳西族自治县志》，云南人民出版社，2001年3月版。
4. 木光编著《木府风云录》，云南民族出版社，2011年12月第2次印刷。

三、《木氏宦谱》（图、文谱）

重要说明

　　本书刊印的《木氏宦谱》图文照片来源于鸡足山悉檀寺木氏家庙藏本，现该谱藏于宾川县县志办公室。本谱二十五世之前文字以《云南纳西族社会历史调查》（中国科学院民族研究所云南民族调查组和云南省民族研究所编，1963年10月）为底本，括号内考证文字系参照《木氏宦谱》（影印本，云南省博物馆供稿，云南美术出版社，2001年12月版）。本谱二十六世至三十六世内容摘编自木光编著《木府风云录》（云南民族出版社，2006年3月第一版，2011年12月第二次印刷）。本谱二十五世木德之前均一图一考，据本书编者所及文献书目，未发现有异议者。对后五幅有图无考的考证，洛克考证（见其著作《中国西南古纳西王国》）及戈阿干等著《王国之梦——顾彼得与丽江》的记载与木光考证相左。本书自二十五世木德之后共收录11幅图像，其前5幅即所说"有图无考"，目前，均已配上考证文字，系引自木光编著《木府风云录》。从木荫至最后一幅木瑞的文字说明由木光先生提供。

——本书编著者

木府血脉
The Blueblood of MuFu

一世考

　　肇基始祖,名曰爷爷,宋徽宗年间到雪山,原西域蒙古人也。初于昆仑山中,结一龛于岩穴,好东典佛教,终日跌(跌——本书编者考)坐禅定。忽起一蛟,雷雨交兴之际,乘一大香树,浮入金沙(沙——影印本无此字)江流至北浪沧,夷人望而异之,率众远迎,遂登岸上。时有白沙羡陶阿古为野人长,见其容貌,苍古离奇,骏(验——影印本是此字)其举止,安详镇静,心甚异之,遂以女配焉。俗兴祭宾,另择一地而祀,于从俗之中,便寓离俗之意。是时村长分有五支:一曰千(千——影印本是此字)罗睦督,二曰甸起选,三曰阿娘挥,四曰剌宛,五曰瓦均阿乃,愿崇爷爷为五家之长。时牟乐年(牟——影印本是此字,为民国卅四年王云九考证后在原件上改之)保自称为大将军,爷爷生有一子,名曰阿琮,生而奇颖过人,牟乐年(牟——影印本是此字,为民国卅四年王云九考证后在原件上改之)保见而异之,抚以为嗣,袭大将军之职。噫,根深木茂,源远流长,古今世族,每考肇基,定多奇迹,于此可见矣。

　　正妻阿氏,生一子曰琮。

　　右录大概备观,其余细事,另有宗谱。

二世考

年（年——据王云九考）保阿琮，即爷爷之子也。生七岁，不学而识文字。及长，旁通百蛮各家诸书，以为神通之说。且制本方文字。偶入玉龙山，见一石盎中清水饮之，闻林鸟音，遂识（谙——影印本是此字）禽兽等语，众相称异，名达大理。诏王段氏未信，来迎聘。时有数鸦飞噪，问之，言山后有马毙往食。俄二鸠相鸣，再请曰，此鸠言前坡荞熟，可以就食，彼鸠应不可，坡顶柏树巢鹰。使观果应。如是者屡验，加礼甚敬，每往厚赠。时摩娑各族枝分部相长嗣，咸感其推诚服众，敦德化人，各归尊主。夫忠信以开金铺之业，而顺子贤孙无疆永福，天岂偶生哉。善阐国、乌斯藏等界，戴为生知圣人。呜呼，木氏渊源继续，盖有由然。是故君子创业垂统，为可继于千百世矣。

正妻阿室系羡陶化戟女生子一，曰良，继父位。

三世考

> 三世攷
>
> 阿琮阿良宋理宗寶佑元年蒙古憲宗命御弟元世祖忽必烈親征大理迎兵於剌巴江口錫賚甚厚寵渥優禮將授職為茶罕章管民官賜地名曰麗江郡後遂破巨津州生擒叛賊功陞茶罕章宣慰司尋而攻拔大理各寨又同尅大理擒獲段興智功列蒙古將兀良合台之右陞授副元帥錫節鉞虎符金牌一面兀良合台還鎮大理琮良還鎮摩娑詔乃錫命稱之云添睦貞吉後又破鐵橋城華馬國世祖至元中加授銀印重肆拾捌兩壹顆為提調諸路統軍司其所屬者越析郡柏興府永寧府北勝府蒗蕖州羅羅斯白狼槃木夷獠等處地方無不官束至元拾壹年疊蒙
>
> 皇帝頒給
>
> 龍章恩榮
>
> 誥命授金紫光祿大夫統軍司進開府儀同三司　正妻阿寶于先係干羅木土
>
> 誥封國夫人　生三子長男阿胡繼父職

阿琮阿良，宋理宗宝佑（祐——据《现代汉语词典》，商务印书馆，2012年6月版，第1772页）元年，蒙古御帝元世祖忽必烈亲征大理，良迎兵于刺巴江口，锡赍甚厚，宠涯（渥——影印本是此字）优礼，将授职为茶罕章管民官，赐地名曰丽江郡。后遂破巨津州，生擒叛贼，功升茶罕章宣慰司。寻而攻拔大理各寨，又同克大理，擒获段兴智，功列蒙古将兀良合台之右，升授副元帅，锡节钺虎符，金牌一面。兀良合台还镇大理，琮良还镇摩娑诏，乃锡命称之（云——影印本是此字）添睦贞吉。后又破铁桥城华马国。世祖至元中，加授银印，重四十八两一颗，为提调诸路统军司。其所属者：越析郡、柏（伯、柏——影印本两字均有）兴府、永宁府、北胜府、蒗蕖州、罗罗斯、白狼、盘木、夷僚（獠——影印本是此字）等处地方，无不管束。至元十一年，叠蒙皇帝颁给龙章恩荣诰命，授金紫光禄大夫统军司，进开府仪同（同——影印本是此字）三司。

正妻阿宝干（于——影印本是此字）先系干罗木土女（影印本无"女"字），诰封国夫人，生三子，长子（男——影印本是此字）阿胡继父职。

四世考

阿良阿胡，良之嫡长子，继父袭元帅之职。至元九年，为茶罕章管民官而袭元帅。成宗元贞元年，蒙皇帝圣旨褒嘉，给龙章恩荣诰命，授正奉大夫，护军宣慰司。

正妻阿室刺母系羡陶氏和挥女，诰封郡夫人，生子三（影印本为"三子"），长男阿烈，继父职。

五世考

阿胡阿烈，胡之嫡长子，继父袭元帅之职。顺帝至元十三年，改置丽江路军民总管府。所属府一，北胜，（。——本书编者考）州七、（，——本书编者考）通安、巨津、宝山、兰州、永宁、蒗蕖、顺州。县一，临西。十五年授弟阿吉巨甸军民（管民——影印本有此二字）官安抚司。蒙皇帝圣旨襃嘉恩荣诰命，授太中大夫，轻车都尉总管。

正妻阿室丈蒙阿加系剌巴剌土女，诰封郡夫人，生子阿甲，继父职。

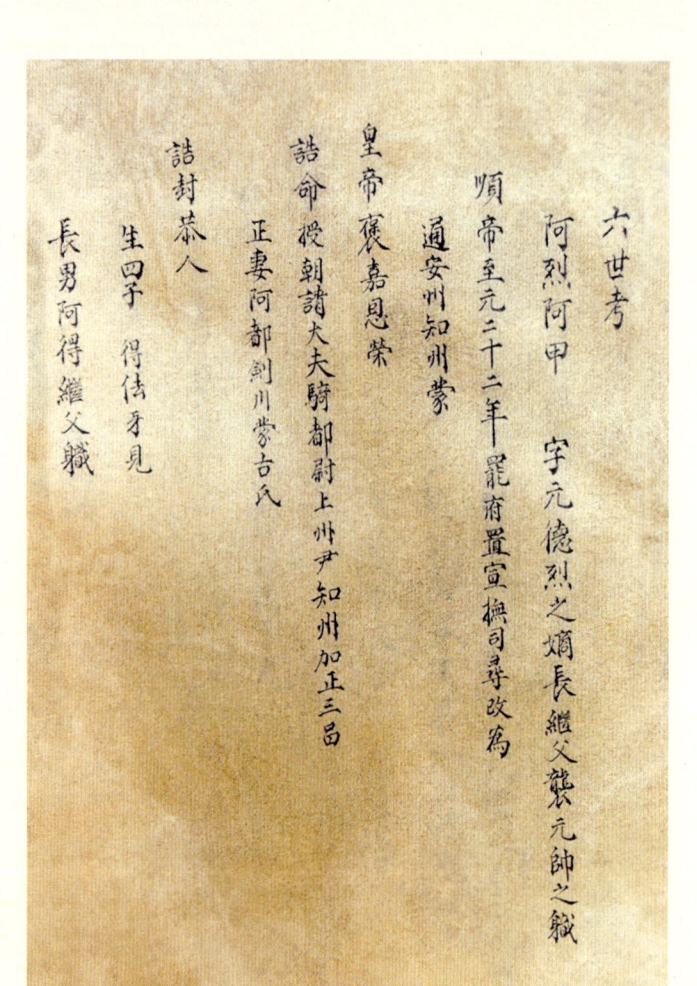

六世考

六世考
阿烈阿甲 字元德 烈之壻長繼父襲元帥之職
順帝至元二十二年罷府置宣撫司尋改爲
通安州知州蒙
皇帝褒嘉恩榮
誥命授朝請大夫騎都尉上州尹知州加正三品
正妻阿都劍川蒙古氏
誥封恭人
生四子 得倖牙見
長男阿得繼父職

阿烈阿甲,字元德,顺帝至元二十二年罢府置宣抚司,寻改为通安州知州。蒙皇帝褒嘉恩荣诰命,授朝请(诸——影印本是此字)大夫,骑都尉,上州尹知州,加正三品。

正妻阿都,剑川蒙古氏,诰封恭人,生四子,长男阿得继父职。

七世考

知府阿甲阿得，官讳木得，字自然，号恒忠，元末任通安州知州，复升改丽江宣抚司副使。大明洪武十五年，率众归顺，蒙征南将军奏闻，蒙钦赐木姓。后随总兵官征南将军太子太师颖国公傅友德克佛光寨，元右丞普颜笃自焚。又西番大酋卜劫将领贼众，侵占北浪沧地面，令长男阿初功退讫。随攻北胜府擒高大惠之裔，土酋伪平章高生寻为夷杀献，后改州四，又领兵跟随傅国公攻破石门关铁锁城等处有功，朝觐太祖，嘉其伟绩，授诰命一道，升改世袭土官知府职事，中顺大夫，防固石门，镇御土番（蕃——影印本是此字），锡匾额四字云诚心报国。洪武二十三年庚午十月卒。公于元武宗至大四年辛亥生。

正妻阿室社，系照磨所三（三——影印本有此字）必村和略可女，诰封恭人，生三子，长男阿初继父职。

八世考

知府木初，字启元，号始春，洪武十六年末袭。（巳——影印本有此字）有伟绩，授千夫长，兼试百户职事。继各处征伐，生擒众贼，五次有功，于二十四年承袭父职。本年赴京觐，钦赐诰命一道，授中顺大夫，世袭土官知府。随都督冯城征进永宁府（州——影印本是此字）攻破薤蕖接境白交等叛贼。又同都督宁远侯何福接应官军，征服盐井卫左所等处叛贼有功。又同大理卫李指挥征进革石阿恼等寨，生擒叛贼有功，随改置丽江军民府，颁给印信一颗，拟议敕命裨扬塘镇节制西番（蕃——影印本是此字），礼祭机变从宜，（擅——影印本有此字）相体统行事，以彰国威。即令长男阿土赴京朝贺，蒙钦赐甚厚。永乐四年赐督镇敕书一道。叙巨津、临西等处功事，升授中宪大夫。其叠次建功赉予，繁难以尽述，俱载宗谱。公生于元至元（正——影印本是此字）五年乙酉，于洪熙元年乙巳（巳——应为此字，本书编者考）十二月卒。

正妻阿室阿木相，官名阿室撒，系通安州土千户阿木女，诰封恭人，生七子，长男木土，继父职。

九世考

知府木土,字养民,号培元。永乐十七年,自备马匹方物,随例进贡,蒙钦准替职,赐钞锭彩缎表里(礼——影印本是此字)及文凭一(乙——影印本是此字)道,为议处舆情,蒙钦颁敕一(乙——影印本是此字)道,令宣不令调。蒙诰命特封为中顺大夫世袭知府。宣德三年,先石门关阿亏仗肆劫不悛,公领兵攻捕,随开所(新——影印本是此字)道,收服夷众。后八年,又集兵肆掠,仍领兵攻捕,遂倾心归服。又永宁番(蕃——影印本是此字)贼掳宝山(州——影印本有此字)知州,公亲领兵设策取讫。公生于元至正甲辰,于宣德八年癸丑卒。

正妻阿室甫,系鹤庆(府——影印本有此字)土知府高仲女,官名高氏护。正统五年以子军功,蒙赐诰命一(乙——影印本是此字)道,赠太中大夫参政职衔。

正妻高氏赠封淑人,生七子,长男木森继父职。

十世考

知府木森,字升荣,号大林,宣德九年保勘袭职上任。领兵从总兵官定远王沐忠敬晟征进(征进——影印本是此二字)麓川缅寇,当时各处军马逃散,惟丽江奋勇,先锋(降——影印本是此字)过江烧营栅七处,生擒贼首,获象二支(只——影印本是此字),又复斩首无数。蒙犒赏银碗、花牌、缎匹等项。复蒙诰命一(乙——影印本是此字)道,给授太中大夫、资治少尹、云南布政使司参政职事,赠封二代,于省上任讫。巡抚云南都御史丁复提(题——影印本是此字)疏,举扬奖励。总制靖远侯王忠毅公征麓川,遣兵随克,前后俘馘无数,又获象一支(只——影印本是此字),攻破思(恩——影印本是此字)任发栅寨有功。公生于洪武三十四年辛己(巳——本书编者考),于正统六年卒。

正妻阿室里系木保巡检阿俗女,诰封淑人,生三子,长男木嵌袭父职。

十一世考

知府木嶔，字惟高，号峻乔。正统七年，保勘袭职上任。景泰二年，番（蕃——影印本是此字）寇阿札侵攘巨津州，三年兰州知州被贼杀（谋——影印本是此字）害，奉文亲领兵追击，获贼无数。又六年，宝山州白的等处，被番（蕃——影印本是此字）贼劫掠，奉文率兵征讨，生擒贼首。又天顺六年，得胜刺宝鲁普瓦寨、鼠罗休罗占普瓦寨。八年，得胜鲁（鼠——影印本是此字）罗刺罗岩那瓦寨、里俸见能瓦寨、里俸梅失（矢——影印本是此字）瓦寨。成化四年，得胜你那母来各寨、当瓦寨、木都瓦（寨——影印本有此字）、岩缅（甸——影印本是此字）寨。六年得胜为习，上（下——影印本是此字）接具加瓦寨、相必瓦寨、刺木瓦寨、刺何场寨。十八年得胜照可、其宗、刺普、均里场、其立佉丁。十九年，得胜中（忠——影印本是此字）甸早瓦寨。二十年得胜中（忠——影印本是此字）甸，攒罗投降，随例差人赴京进贡，叙功蒙赐诰命给授太中大夫，世袭知府。公生于宣德己酉年，于成化二十一年乙巳（已——应为此字，本书编者考）卒。正妻阿室顺，系鹤庆高知府女，诰封淑人，生十三子，长男木泰，袭父职。

十世考

知府木森,字升荣,号大林,宣德九年保勘袭职上任。领兵从总兵官定远王沐忠敬晟进征(征进——影印本是此二字)麓川缅寇,当时各处军马逃散,惟丽江奋勇,先锋(降——影印本是此字)过江烧营栅七处,生擒贼首,获象二支(只——影印本是此字),又复斩首无数。蒙犒赏银碗、花牌、缎匹等项。复蒙诰命一(乙——影印本是此字)道,给授太中大夫、资治少尹、云南布政使司参政职事,赠封二代,于省上任讫。巡抚云南都御史丁复提(题——影印本是此字)疏,举扬奖励。总制靖远侯王忠毅公征麓川,遣兵随克,前后俘馘无数,又获象一支(只——影印本是此字),攻破思(恩——影印本是此字)任发栅寨有功。公生于洪武三十四年辛己(巳——本书编者考),于正统六年卒。

正妻阿室里系木保巡检阿俗女,诰封淑人,生三子,长男木嵚袭父职。

十一世考

知府木嵚，字惟高，号峻乔。正统七年，保勘袭职上任。景泰二年，番（蕃——影印本是此字）寇阿札侵攘巨津州，三年兰州知州被贼杀（谋——影印本是此字）害，奉文亲领兵追击，获贼无数。又六年，宝山州白的等处，被番（蕃——影印本是此字）贼劫掠，奉文率兵征讨，生擒贼首。又天顺六年，得胜刺宝鲁普瓦寨、鼠罗休罗占普瓦寨。八年，得胜鲁（鼠——影印本是此字）罗刺罗岩那瓦寨、里俸见能瓦寨、里俸梅失（矢——影印本是此字）瓦寨。成化四年，得胜你那母来各寨、当瓦寨、木都瓦（寨——影印本有此字）、岩缅（甸——影印本是此字）寨。六年得胜为习，上（下——影印本是此字）接具加瓦寨、相必瓦寨、刺木瓦寨、刺何场寨。十八年得胜照可、其宗、刺普、均里场、其立佉丁。十九年，得胜中（忠——影印本是此字）甸旱瓦寨。二十年得胜中（忠——影印本是此字）甸，攒罗投降，随例差人进贡，叙功蒙赐诰命给授太中大夫，世袭知府。公生于宣德己酉年，于成化二十一年乙己（巳——应为此字，本书编者考）卒。正妻阿室顺，系鹤庆高知府女，诰封淑人，生十三子，长男木泰，袭父职。

十二世考

知府木泰，字本安，号介圣。成化二十一年承袭任事。蕃寇阿加南八犯（侵犯——影印本是此二字）北（白——影印本）甸诸寨，亲领兵追击，得胜鼠罗苴公寨、可琮（崇——影印本是此字）寨、吾牙寨、鼠罗于杨寨、别甸寨、照可加日寨。二十三年蕃寇阿加那立等众，大掠巨津州村寨，亲领兵征战三次，生擒八十九名，落江死者无数。又得胜你那巴罗岩瓦寨，中甸托散佉玉寨、均集玉寨、空立玉寨、见沙各寨，又鼠罗托其罗寨。又四川接境野蕃酿祸，先机为乱，领兵征剿，蒙总兵官征南将军太师黔国公沐武绍（傛——影印本是此字）公琮题奏，给赐该州沙阑村田置佃，名曰奉地庄，传世子孙。本年蕃寇作乱，征剿，得胜中（忠——影印本是此字）甸加（伽——影印本是此字）攒西里佉寨、大当香各寨、年玉寨，又建立岩那瓦寨，又得胜瓦日瓦寨、西里瓦寨、剌甲瓦寨、大年玉瓦寨、你那香各瓦寨、鲁瓦寨、古普瓦以上乎（手——影印本是此字）卜瓦寨、岩瓦寨、木傛瓦寨、（迷剌岩岩瓦寨、佉那瓦寨——影印本）古普瓦寨、立尧各寨、玉剌寨、挥佉寨、剌红瓦寨、手立瓦寨、托普寨、平立瓦寨、托普瓦寨。随奉诰命一道，授太中大夫，世袭土官知府。公生景泰六年，于宏（弘——本书编者考）治十五年壬戌卒。正妻阿宝（室——影印本是此字）卷，系邓川州阿知州女。长男木定继父职。

十三世考

知府木定，字静之，号永明，宏（弘——本书编者考）治十六年袭职。正德三年得胜你那从仲寨、天龙寨、阿陶酋等处，又陶目以下夷众归服，并索立大香甸，又得胜那古牙烈瓦，鼠罗鲁弥寨，并罗瓦失瓦寨、节落梅失瓦寨，光失伴甸投降。得胜中甸干（千——影印本是此字）那瓦寨、你那各娘剌红瓦寨、鼠罗长安寨、你那阿陶等处。又得胜中甸亏甸干（千——影印本是此字）普瓦寨，永宁麻瓦寨、鼠（罗——影印本有此字）香各瓦寨、鼠罗瓦托处可瓦寨、永宁木棒（俸——影印本是此字）瓦寨。又攻破你那陶索寨、处罗也音寨、木胜寨。又救护邻封永宁有功，镇院会题，纪录奖牌表里。又得胜你那欠保王（五——影印本是此字）村刺加失村以下。又得胜熙（照——影印本是此字）可罗那村以上立西以下。又得胜你那必鲁各寨，盐井那胜寨。随奉诰命一道，授中宪大夫世袭土官知府。公生成化二十年，于嘉靖五年丙戌卒。正妻继宝（阿室——影印本继宝是"阿室"二字）香，官名高氏延寿抄（妙——影印本是此字）香，系北胜州高知州女，诰封恭人，生二子，长男木公继父职。

十四世考

知府木公，字恕卿，号雪山，又万松。嘉靖六年袭职。本年得胜你那必鲁各寨、盐井那胜寨、陶（索——影印本有此字）西原寨、欠甸寨。本年寻甸安凤作叛，七年内犯围省，调府兵，有功赏，蒙总兵官征南将军太师黔国公沐敏靖公绍勋征录奏闻。八年得胜建立永宁大海寨、海螺寨、当琮天胜寨小寨、鼠罗光世寨、中（忠——影印本是此字）甸无（年——影印本是此字）各羊脑寨。十五年安抚那胜天柱寨、鼠罗铁柱寨、香押寨、平处天保寨、金柱寨、里托等处、中甸高胜寨。九年安南叛乱，坐调府兵，集选待征，蒙兵部尚书毛题称分定哨道，命赏白金。又得胜香水胜新寨、天保寨、胜保寨、你那天高寨、长胜寨。命长男阿目领兵得胜毛佉各矿粗当来鲁古以下，又安抚中甸干陶各伴以下，立中甸天生寨。随奉诰命一道，授中宪大夫世袭知府，嘉赐玉旨（音——影印本是此字）辑宁边境四字。公生宏（弘——本书编者考）治七年，于嘉靖三十二年九月卒。正妻阿宝（室——影印本是此字）蒙，官名凤氏睦，系武定府凤知府女，生一子曰高继父职，诰封恭人，嘉靖四十年，以子追赐诰命一道，授中宪大夫，正妻凤氏为淑人。

十五世考

知府木高，字守贵，号端峰，又九江。嘉靖三十三年建立你那天接黄金桥，四年袭知丽江军民府，本年得胜，建立鼠罗那水（天——影印本是此字）掌寨，立各以下归服。八年有孤蒲贼众来围中（忠——影印本是此字）甸，命长男领兵救援，杀贼有功，蒙授三品文职熙（照——影印本是此字）例差人赴京进贡，三台允给廪粮十分、马十匹，诰命一道，授亚中大夫。其褒辞略云：诚心报国，割股奉亲，化行边徼，威镇北蕃，以德其名，忠孝两尽，因才而誉，文武兼全；兹特升尔官居三品位列九卿，永为乔木世家。云云。浩封正妻为乔木世家，随夫授职三品淑人。敕赐玉音乔木世家四字，准建坊，并赏彩缎表礼宝钞六百锭。四十三年，今（令——影印本是此字）长男阿都救援胜宝寨，前进鼠罗，安抚磋各立厌地寨；又遣长男征讨巴托各立等处叛贼，孤蒲悉皆平讫。公生正德十年乙亥，于隆庆二年戊辰卒。正妻阿宝（室——影印本是此字）毛，官名左氏淑人，蒙化左知府女，生三子，长男木东继父职。

十六世考

知府木东，字震阳，号文嵩，又郁（爵——影印本是此字）华。隆庆三年保勘袭知府世职。本年建立你那天喜寨。六年你那剌（利——影印本是此字）千（千——影印本是此字）毛相刀胡目自身叩头，悔赎前愆，又建立香水雷胜寨。敕赐西北藩篱四字，准建坊及赏彩缎表礼宝钞六百锭。本年亲征剌秋光，命长男阿胜统兵前进那其音你保等处，斩叛贼甚多。五年，蕃贼犯界你那毛佉各，命长男阿胜领兵征讨，贼将预聚数万，占据刀那丁思江口、阿西集苴岩寨二处，扎营拒敌，后力攻破，斩贼首从，直捣巢穴，兵至娘的果宗草那木春干陶其尾阿西、你王略哨等处，荒服地方悉皆平服。七年，建立香水胜烈寨，又立俸场（扬——影印本是此字）（寨——影印本有此字）。随例赴京进贡，奉诰命一道，升授中宪大夫。正妻高氏封为恭人，生三子。公生嘉靖十三年甲午，于万历七年己卯卒。正妻阿妻（室——影印本是此字）鲁，官名高氏娴，系北胜州高知州女。长男木旺继父职。

十七世考

知府木旺，字万春，号玉龙，又号神岗。万历八年保勘袭职。本年建立照可立习各天灵寨。十年永宁会五所兵毁伤鼠罗村寨二十七处，亲领兵杀退。本年八月又亲领大兵，分军前至鼠罗刀立，左所约领众兵围营，杀溃解围。十一年西寇叛乱助饷数千。又亲领兵杀进永宁，攻克阿罗光（立——影印本有此字）寨，又建立天佑寨。本年征缅，再助饷银。又建立香柱寨，随至剌他，抚得香水戟买罗相丈明原等一概地方。又建立卜瓦宝之寨。本年剌他西番暗结五所来围香柱寨，亲领援急得胜。本年蒙巡抚萧具奏，给诰命一道，授中宪大夫，正妻罗氏宁封为恭人。本年建立照可均鲁瓦寨，又建立你那三巴丁佉铁索桥，又修你那昭苍（城——影印本有此字），又建立巴托卜习城。缅寇围困永腾，亲领兵前往（去——影印本有此字）救援，遂终于阵。奉皇帝诏曰（语云——影印本是此两字）：木旺性生忠孝，才裕武文，竭力御蕃，苦心守郡，适值王师西讨，不辞赤氏，频供当事，叠旌中朝予诰，因志存乎靖乱，（遂——影印本有此字）身毙于临戎，九原增辉，知陟降之在天，百世其昌，卜诒（贻——影印本是此字）谋之长世等语。崇祯四年，以孙追赠二品，给诰命一道，授封通奉大夫布政司（使职——影印本无"司"，是"使职"两字）衔。公生嘉靖三十年，于万历二十四年丙申卒。正妻阿宝（室——影印本是此字）能，官名罗氏宁，系兰州罗知州女，追封为夫人，生三子，长子木青继父职。

十八世考

知府木青,字长生,号乔岳,又号鹤松。未袭职之先,万历二十年,云龙州力苏抢(劫——影印本是此字)五井司提举皇盐作耗,奉征南将军黔国公及两台明文,亲领兵随征有功,蒙奖花牌表礼,二十四年袭职管事("蒙奖花牌表礼二十四,袭职管事。"——原稿如是,明显句读有误。本书编者注)。二十五年,顺宁大候(侯——影印本是此字)州逆叛,报助饷银四千,随例进贡,蒙给诰命一道,授中宪大夫,正妻罗氏春封为恭人。随奉文亲领土兵进征大候(侯——影印本是此字)州,遂卒于军。后以子追封给诰命,封通政大夫布政(使——影印本有此字)司职衔。皇帝诰曰(云——影印本是此字):有贾勇率师捐躯赴义者,尤庙堂之所亟予也;尔乃土官木增之父,不能(得——影印本是此字)于身,即(则——影印本是此字)得于子,而身损(殒——影印本是此字)则名益彰,灵与实式承之,服此休光,贲乎泉壤等语。公生隆庆三年己巳(巳——本书编者考),于万历二十五年丁酉卒。正妻阿宝(室——影印本是此字)加,官名罗氏春,系兰州罗知州女,诰封夫人,生一子木增,继父职。

十九世考

知府木增,字长卿,号华岳,又生白。万历二十六年保勘袭职。本年香水阿丈剌毛叛,攻剿得胜。次年又平香水好克(尧——影印本是此字)叛。本司代奏,钦依准袭祖职。本年亲领兵到忠甸,平服干普瓦把把(托——影印本是此字),孤蒲等率部投降。又剿熙(照——影印本是此字)可巴托杀贼得胜,迎(通——影印本是此字)详三台题叙,随例进贡,恭庆圣寿,钦赐及妻绫(纻——影印本是此字)丝彩缎靴袜纱罗等项,并给镇边敕一道。继以(因——影印本是此字)辽阳大警,饷银一万解京,户部移咨兵部会题,蒙钦(加——影印本有此字)三品服色。又遣(差——影印本是此字)人赴阙陈言十事,朝廷褒以忠荩,钦赐忠义牌坊。吏部后(覆——影印本是此字)题,钦升云南布政使司右参政。天启四年告政致事,又给诰命一道,并追封祖父母。本年又助大功(工——影印本是此字),随差奏为母节。七年,钦准建坊,表扬节烈。崇祯元年,奉文领兵捕云龙叛贼。又助京及黔饷,蒙总督朱题请,钦升广西布政使司右布政。七年,鹤庆捐修文庙,于乡饮酒礼学道,敦请后人(影印本无"人"字)入乡贤。十年,恢复照可扬立。吏部复(覆——影印本是此字)题,钦升四川布政(使——影印本有此字)司左布政,敕谕一道,着于省城建坊,以风励诸省土司。十六年,剑川百户李永镇弟兄啸聚弑知州,本府奉文擒获无遗余(影印本无"余"字)。(解——影印本有此字)院损(捐——影印本是此字)坊工用急充京饷在南都,蒙钦加太仆寺正卿晋阶(影印本无"晋阶"两字),(随奉圣旨准太仆寺正卿晋阶——影印本有此段文字),寻蒙合族优加,移司照会。

公生于万历丁亥年八月十七日,卒于隆武丙戌(戍——影印本是此字)年八月朔日。

正妻阿宝(室——影印本是此字)于,官名禄氏繫,系宁州知州女。生子四(四子——影印本是此两字),长男木懿继父职。

二十世考

知府木懿,字昆仑,号台美。自幼颖悟(异——影印本是此字),爱敬浑全,凤具胆识。父静摄芝山,公承袭。崇祯九年,番蛮必哩猖獗,公承严命征服。后滇蕢(浪渠——影印本是此两字)阿永年争职仇杀,公奉两院檄亲征平复,奉旨将滇蕢(浪渠——影印本是此两字)州属丽江。随授诰命一道,封中宪大夫、云南布政(使——影印本是此字)司右参政职衔,颁赐绫(纻——影印本是此字)丝表礼钞锭,随赐匾额益笃忠贞四字,着于省城建坊。十六年,巡抚吴兆元具题历来忠顺,不侵不诈缘由,奉圣旨准封父太仆寺少(正——影印本是此字)卿晋阶,赐位列九卿四字建坊。至丁亥年,流寇久乱,搜掠历代敕诰滕物,焚掠一空。幸云开见日,适逢大清顺治十六年,大师临滇,公争先投诚,于十七年奉吏部颁给札付一道,丽江府印一颗,公迎焚香百拜。到任后,吴逆至滇,心怀不轨,欲结吐蕃以为外援,见地方防御严密,着传(备——影印本是此字)土兵,公秉正不从,吴逆怀恨,将元朝所赐镇边金印一颗,三台银印一颗,一并追去,又将原管江外照可等处五大地方割送(给——影印本是此字)吐蕃,以为和好之计,钱粮累公赔纳。至康熙八年,始蒙抚院部李具题豁免。彼时滇省土司尽授伪职,争换札付,以媚吴逆,独公宁死不缴,留与子孙,以彰忠义。吴(逆——影印本是此字)恨甚,拿往(赴云南——影印本是此3字)省城,囚禁七载,又将丽割(辖——影印本是此字)去(影印本无"去"字)江内之其宗刺普归并吐蕃,钱粮仍累公赔纳。至云贵总督范任内具题豁免,亦(所——影印本是此字)著功绩,虽未蒙议叙,当时后世,无不载在口碑。至寿愈耋耄,四世一堂,更非寻常比也。公生于万历戊申年五月望日,康熙壬申年正月晦日卒。正妻禄氏琯,系武定府世宦女,追封二品淑人,生四子,长子木靖继父职。

二十一世考

知府木㰅，字君章，号（治安——影印本有此两字）靖之,胞弟㚃之生父也，（字君章，号治安，靖之胞弟㚃之生父也——此处文字及句读似如此，参见影印本），因靖抚养㚃为应袭，公素性沉静，唯（惟——影印本是此字）知诵经拜佛，世务人情度外置之而已。康熙十一年靖故，公应袭职，不忍令父独无恩荣，援兄终弟及之例，详巡抚云南都察院李具题顶袭，蒙准所请，于本年承袭。公虽受职地方，内外事体皆在㚃办理，在任六载，地方宁静，公得安其淡漠之（天——影印本有此字）至。康熙十九年因患痰湿，告替还㚃致仕。公生于崇祯元年正月十五日子时，卒于（影印本无此两字）康熙甲申年七月十五日亥时（辛——影印本有此字）。率（影印本无此字）后于康熙二十七年十月二十三日咨遇覃恩，子㚃具文详请追封，（随——影印本有此字）颁得诰命一道，授中宪大夫、世袭丽江府知府。（母——影印本有此字，显然有误）妻（影印本无此字，显然有误）罗氏庆，系兰州土舍亲女，诰封恭人，生十子，长曰木㚃，顶袭父职。

二十二世考

知府木堯,字中嵩,号华岳。公秉性忠孝,刚毅多才,及至承袭,不忍令父独无恩荣,具文申详,援兄终弟及之例,让文(父——影印本是此字)邀荣,具题准袭,褒加大义,荣膺六载,随请告休,时吴逆虎据(踞——影印本是此字)滇省,公不从叛,查明移(伙——影印本是此字)党,密遣头人入蜀,赴勇略将军赵军前投诚,蒙给密谕优赏奖励。公遵谕即调夷众于圫塘关,砌墙堵御。康熙十九年,又奉镇守建昌总镇王将军标下付(副——影印本是此字)总府王密谕公速调土兵二千,共图进取,又奉勇略将军云贵总督赵谕,已知忠义,再图首倡,自当议叙;又蒙钦命定远平逆大将军固山贝子温谕,旌奖赉赏,随于康熙二十年内,题请优叙,颁给印信,给牌一张,令其料机务,仍着小心防御。后复奉谕云,该府启称,足见怀忠抱义,为国效力之心,今大兵前往楚雄进剿,该府即点部兵共同(相——影印本有此字)协力擒杀。适有逆党胡国柱等七人,统兵万余,奔溃至丽,欲潜渡江,勾引吐蕃,复出为患。公着人诈指路途,密谕野人埋伏江外,亲身领众捕杀。国柱等见兵马俱毙,计穷自尽。所获器械,报明固山贝子温(王——影印本有此字)讫。随奉总督部院蔡具题承袭。于康熙二十三年四月内,吏部颁给丽江府世袭土知府号纸一(乙——影印本是此字)道,因患痰湿,告替与嫡男木兴。其功虽未蒙议叙,而名扬四方,忠孝已伸,临终将各宪印信文凭(一——影印本有此字)束交长子,以为子孙信(倡——影印本是此字)义。公于顺治丁亥年六月初六日辰时生,于康熙戊子年八月二十八日戌时卒。诰授中宪大夫、世袭丽江府土知府。正妻高氏宁,系姚安土同知亲女,诰封正四品恭人,生子八人,次子木兴袭父职。

二十三世考

知府木兴,字维新,号雪城。公生而颖悟,博稽群书。及长,通达政务,尤工于诗字。时云贵制军蒋见其诗字,屡命以吟题,赐(锡——影印本是此字)予往来,甚蒙优渥。于康熙三十一年,吏部颁给扎付一道,顶袭父职上任。捐创文庙,设立义馆。康熙五十九年,师出西藏,公克(承——影印本有此字)忠义,报效心殷,详请挑选土兵(二千——影印本有此两字),随征进讨。奉(两——影印本有此字)院宪牌先备调一千,委办总理军务。亲领五百名帮安台站,搭造船桥,侦探乡导,护理粮饷,再给应袭木崇随征游击职衔扎付一道,领土兵五百名随师进征,另在钦差大人伍标下听遣,以作先锋,搭桥开路,奋勇直果(前——影印本是此字)。公至剌普地方,摆台人巴松阻路,土兵(擒——影印本有此字)杀之,搜获所耽搁公文,行至阿墩子地方,始知摆台巴松系川督年心腹人,惊惶之时,又接获云贵部院蒋密谕,抄发川督(年——影印本有此字)捏词具奏一案,惊悸得疾,渐加沉重,拮据到家病故。子木崇在边餐雪宿露,亦染寒湿,遂成浮肿之症,及至回师,不可医治,父子相继为国身亡。(军——影印本有此字)兴效命以来,抱赤怀忠之诚,承办呼应之苦,虽未蒙议叙,至今啧啧人口。古曰鞠躬尽瘁,死而后已。公父子其殆庶几乎。公生于康熙丁未年三月十三日子时,康熙庚子年十一月初九日辰时卒。先于二十四年恭遇覃恩,得颁(领——影印本是此字)诰命一轴,授中宪大夫,世袭丽江府(土——影印本有此字)知府。正妻陆氏隆,系武定府(府——影印本有此字)陆氏宦女,无嗣(影印谱无此字)出,抚养血侄木崇。木崇妻高氏成玉,系鹤庆土司高女,亦乏嗣。

二十四世考

原任知府木钟,字云林,号永茂,壴之嫡四子也,继兄职。公自幼纯雅,赋性友爱。于康熙五十九年(军——影印本有此字)兴师(影印谱无此字)西藏,胞兄血侄勤劳效死,相继物故,合(阖——影印本是此字)府舍目耆民等公保继袭,接办军务,竭力报效,随奉云贵总督部院属(张——影印本有此字)准委管理土府事务。仅四十余日,远支族人阿知立等,因兴崇继亡,心(生觊觎,首众为谋,捏控胞兄任内五虎十四彪头人指公摊派事案,诓云贵总督高与川督年公——影印本有此段文字)有旧受嘱复把(巴——影印本是此字)松之恨,因此具题改设归流,以土府易流府,流通判换土通判,委初任丽江府杨盘查视事,反以首从唆讼等人用作六房约воздух,复将公遣发至剑办纳钱粮,軟困禁比,复着掌案追去巴松前耽搁公文数束,并祖遗田册凭据卷宗等项,尽行焚毁。幸正配高氏颇识翰墨,虽(曾——影印本是此字)将敕书诰封(命——影印本是此字)及各宪功牌谕帖谨慎藏匿,夫卷宗已毁,报出兴、崇任内军需亏空万有余金等语,竟将祖宅田产变卖填补。公在剑阳闻知家产破散,饮食不进,竟成痞疾,甫迎到家病故。计公委任数日之中,危疑忧患,内外交攻,(以至——影印本有此二字)朝夕扼腕,竟含泪而赴九泉矣。公于康熙丁卯年七月十七日(亥时——影印本有此二字)生,雍正乙巳年七月三十日亥时卒。后十三年九月初三日,恭逢覃恩诰命一道,追封为特授正六品承德郎。正妻高氏寿,系姚安高同知女,封为安人,生三子,(长子——影印本有此二字)木德继父职。

二十五世考

木公讳德，字芳盛，号念祖，云林公之长子也。云林公袭府职，值远族阿知立捏控案，随蒙改设，勒将产业变卖抵项，（前代——影印本有此二字）世积搜求一空，云林公遂至无家，署理府事四十余日，尚未任通判新职，抱恨而没，时芳盛公甫九岁，遭家变故，茕茕孤苦，继袭通判新职，室如悬磬，贫乏不（难——影印本是此字）堪，幸而聪颖天成（授——影印本是此字），英哲性成，授业于石屏进士万（公讳——影印本有此两字）咸燕者，勤读诗书，洞浙（晰——影印本是此字）讲义，依嫡母高氏珍藏案宗事由，查考旧籍，（那——影印本有此字）借资斧，先恢复些微产业，以供衣食。及长，胆识兼优，通禀各宪中，诉改设苦情，省城往返数次，劳心竭力，不避艰险，尽瘁感格，幸蒙督宪题请部议，准给还土官庄租米京石一百五十（壹佰伍拾——影印本是此四字）石，令赴府仓四季配（支——影印本是此字）领，始有以供朝夕；继又恢复永北桥头、剌巴（宝——影印本是此字）等庄，自行征收，办纳钱粮，而不失末秩体统，凡此皆沾上宪之深画（惠——影印本是此字）而荷圣（盛——影印本是此字）朝之隆恩也。继又（则——影印本是此字）捐修玉音楼以为朝贺公所，以昭忠也；葺家堂复勋祠之旧，以敦孝也；将祖遗铜器变价，以助士子乡会之路费，以重维桑而兴文教也；重修堂构，竹苞松茂，匠心经营，百废俱举，是起衰振靡之杰也。公为人根基朴茂，器量宏深，克勤克俭，有忍有容，不言人短，不矜己长，谦和可抱，持重不佻，且勤学好问，于经史易象诸书，殚心研究，傍通星评相术地理各家。自卜茔地，叶吉牛眠，晚年恒以琴书自娱，优游颐养，享清闲之福，寿跻六十四岁。公生于康熙甲午年四月初四日午时，终于乾隆丁酉年六月初七日辰时。诰命承德郎世袭丽江府通判。正妻（室——影印本是此字）高氏顺英，系姚安世守高原（厚——影印本是此字），（敕——影印本有此字）封安人，生二子，次名秀顶袭父职，长子名坤在庠，年二十病故。

二十六世考

木秀，乾隆四十一年，木德老病告退，长子，坤在庠，年二十病故。由府详报木秀顶袭父职，于乾隆四十二年奉发号纸一道顶领土通判任事，嘉庆二十一年因老病告退。

二十七世考

木睿，嘉庆二十二年十二月初四日，奉发号纸一道，木睿顶领任职，于道光十四年四月十七日病故。

二十八世考

木汉，道光二十二年长子木汉顶袭世职，任职间，修制《木氏宦谱》乙种家谱，图文在册，留后世长存，于咸丰八年八月二十九日病故。

二十九世考

木景，系二十八世木汉正妻刘氏亲生次子，因长子木煜未袭病故，合族舍目援兄终弟袭之例，承袭父职，未岁，地方变乱……木氏府衙、玉音楼，均被烧毁，土通判木景随军办理军务献功，蒙云贵总督部堂潘保准给四品顶带；赏蓝翎，又于同治五年八月，举前云南总部院岑，札文以丽江府土通判木汉早经病故，该世职由嫡生子木景例照承袭。因军务未清，欠稔详办，查木景历年捐资带练，在本籍办理防剿，颇着勤劳，现大功告成，报应优加奖叙。

据详报土通判木景于同治十一月六日初病故。

催其嫡长承袭世职。

三十世考

木晖，抚部院岑会奏，遵保节次克复丽江、永北、鹤庆、剑川等府县城，文武官员，准给赏戴花翎，嗣于同治十三年军务肃清，木世合族舍目，具结申报三十世木晖承袭父职，于光绪四年十月十一日奉发号纸一道，木晖祗领任事，旋于光绪十年闰月初五日病故。

三十一世考

木荫，光绪十三年三月十五日奉发号纸一道，木荫祗领任事，十六年委充阿墩白汉洛教案委员，十九年发办东竹林、来远寺互动干戈一案，二十四年委办中甸洛吉互争山场动戈一案，二十九年重办阿墩德钦寺霸田殴差一案，三十年奉委监修照办府属中学堂，后委中学堂提调，三十一年维西僧蛮叛乱，募编武学子营扼守要口，奉令救援，丽团建成西营，屡立大捷，汇案保将以花翎，知府衔通判补用。三十二年举为滇蜀腾越铁路代表，三十二年委充照属教练所所长，三十四年委办团练，辛亥年又奉办团、保卫地方。民国元年委充西征军局长，是年十月，蒙云南督军唐赐以"热诚爱国、勤道有户"匾额。七年中旬乡匪作乱，奉令带团往救，有功，蒙保一等金色奖章。是年十月奉令探剿菠萝匪穴。一生极尽公务，积劳成疾，民国九年九月二十五日，在永北内因公病故。妻杨氏为乡里孝廉方正亲女，生六子二女，长男标承袭。

三十二世考

木标，民国九年十月十日奉云南省长任命，发公文电令木标祗领任职。木标随父木荫为公出力，防堵维西蛮匪，并办理运粮公务，得以详请奖励。自光复奉西征军司令官殷将委西征滇军宣慰委员，于民国三年七月十七日蒙前云南都督蔡保准给予七等文虎章座。民国六年八月七日，奉西征司令殷将委滇军宣慰委员，业经竭力遵办，民国三年七月十三日蒙云南督军唐将委四川川南各土司及云南永宁、菠萝土司宣抚委员，当将安抚情形呈报在案，经准承袭任职，办理地方公益，并兼任纳西洞经会长。一生不辞劳苦瘁心尽力，报效国家公务。于民国十八年一月二十一日在家病故，享年44岁。妻李氏系大研里李提台侄女，生二子一女，长男琼，次男进，女木灿昭。

三十三世考

木琼,世袭土通判,木琼生于1908年,民国十六年毕业于丽江师范学校,因三十二代土通判木标病逝,在民国十九年五月报请省政府龙云批复任命世袭丽江县土通判职。民国二十四年奉龙云主席令赴省拜会龙主席,召见时龙主席征询是否愿任县长职,本人表明才疏学浅无意仕途。在龙主席关照下将其7岁长子送读龙主席捐资兴办的昆明南菁贵族子弟学校。并曾受过龙主席派遣两次云南滇西土司宣慰使慰问的奖状奖章。于1959年6月26日寿终,享年50岁。妻李氏玉棋出身书香家庭,毕业于丽江女子师范,曾在小学任教4年,于1988年11月10日寿终,享年80岁,生有二子一女,长子木光,次子木权,女燕华。

三十四世

木光,民国十八年十月初七（1929年11月7日）出生于丽江木家院,大专文化。就读于昆明南菁小学部、丽江完小学、丽江县初中班、昆明私立五华中学及西南中山高级工业职业学校。1947年受聘于丽江古城大研完小担任教师,1950年1月在昆明文庙图书馆担任管理员,8月参加中央电影局在南京举办的电影放映训练班,后到云南省电影发行放映大队工作,1953年调入云南省文化局电影科,1955年调云南省电影放映学校任教,1958年响应云南省委关于省市在职干部下放到边疆民族地区支边的决定,申请报名后被批准下放到临沧专区双江农场劳动锻炼。1959年调临沧专区电影管理站工作,自此在临沧地区（现临沧市）从事电影技术工作,评聘为电影专业高级技术职称,1984年出席国家民委和文化部召开的全国民族语影片译制、发行、放映先进集体和先进个人表彰大会,1988年任云南省第六届政协委员,1993年及1998年连任政协云南省第七、八届委员会常委,撰写数十篇提案或调研报告。2003年离休后一直从事先祖木增与徐霞客交往研究,以及木氏土司历史文化研究,编著出版《木府风云录》。前妻习咏吟,纳西族,丽江县人,生有一女,名木莲生。妻杨若兰,汉族,凤庆县人,1942年生,高中文化,从事商业财会工作。生有一男二女,男木志平,女木志英及木志玲。

三十五世

木志平,1963年2月生于临沧地区（现临沧市）,高中毕业,先后在临沧地区交通局及地区电影公司工作。1995年退职后从事建筑工程,被评聘为建筑工程师,任临沧新筑总公司项目经理。2004年被协商推荐为临沧市政协第一届委员会委员。2009年当选临沧市政协第二届委员会委员。妻刘永燕,1966年生于临沧,原籍腾冲县,大学本科毕业,中共党员,在临沧市政府接待处任科长,生有一男一女,男木瑞,女木萌。

三十六世

木瑞，1991年11月生于临沧市，2011年就读于兰州大学法学院。

一、江阴和丽江，情涌一江水

缘起

瑞升约我为他的大作《木府血脉》写些文字，实不敢当。从徐学研究的资历到驾驭文字的能力，在徐学界和纳西文化研究领域资深学者多矣。但瑞升认为我与木光先生交往较多，在江阴或丽江举办的活动，我多参加并较为了解情况。最后他用和缓的口吻以"一言以蔽之，非您莫属"的坚定，结束了我们的交谈。

放下电话，我的心却怎么也放不下，脑海中浮现出2004年10月，瑞升自驾车重走霞客路到达江阴的情景，他从怀里掏出一个题词本，首页手书"弘扬霞客精神，循霞客行踪继续前进"，盖着中国徐霞客研究会的印章。瑞升说，他在徐学圈里"举目无亲"，这是研究会曲兴元秘书长开的"路条"。瑞升说他计划用五年的时间重走霞客路。这着实让我吃惊不小，靠一己之力，还要不耽误本职工作，能行吗？我为之感动。

记得当时江阴市博物馆新馆正在紧张建设中，身为馆长的我忙得不可开交，但我还是拿出两天时间，陪同瑞升重走霞客家乡的路线，访南旸岐霞客故居、胜水桥、晴山堂，祝塘镇霞客祖居大宅里；参观长泾镇廉珉图书馆、新桥镇海澜集团及华士镇"社会主义新农村"华西村。

期间，我才知道瑞升曾于1999年单骑走中国，实施"中华知识产权世纪行"时拜谒过霞客故居，也就是那次江阴之行，萌发了他今天的重走霞客路。

瑞升说，之所以请霞客老乡的我作文，还有一个因素是他和木光先生是在江阴结识的。这让我想起2005年10月，瑞升和木光先生都是第一次来江阴参加徐霞客学术研讨会。是江阴，让一位来自北京的徐霞客"铁杆粉丝"和一位来自云南的木氏文化研究者，以徐霞客的名义相聚，这本身就是一个很有意思的巧合中的"组合"。

我倒是以为，瑞升给了我一个机会，让我梳理了木光先生的事迹，为了徐霞客与木增的友谊薪火相传，木光先生做出了不懈的努力，取得了卓有成效的业绩。

回顾

明崇祯十二年（1639年）正月二十五日，做西南"万里遐征"的徐霞客，应丽江知府木生白（即木增）的邀请，踏上了丽江这方神秘土地，是年正月二十九日抵解脱林。在丽江的日子里，受到木知府以青松针叶铺地、八十道大肴"鹿鸣宴"纳西族最高礼仪的款待。他俩相见恨晚，促膝长谈，纵论天下大事，点评古今人物，交流文艺心得。茶三易而话不止。木增求贤若渴，而徐霞客不负重托，先后为木增所著《山中逸趣》作序；为木公所作《云薖淡墨》诗集校准错讹、分门编类；指导木公子读书、撰文、作诗。虽然未能如愿考察其"神往而思一至"的中甸、泸沽湖，观所铸三丈一铜像，游供寿台、狮子崖、古冈之胜，甚至连"宫室之丽，拟于王者"的木府大门都未能进，留下诸多遗憾。但他完成了一个中原文化使者的光荣任务。

从小就知道自己的先祖木增与江阴名士徐霞客传奇故事的木光先生，年轻时忙于求学和工作，无暇进行研究。退休以后，他撰写了不少颇具见地的学术论文。由其编著的《木府风云录》便是呈献给丽江纳西族人民的一份厚礼。

1995年云南省徐霞客研究会成立，其间，与会代表赴丽江考察。2004年2月，丽江徐霞客研究会诞生，木光先生被聘为顾问。是年10月底，国内外徐学界人士云集丽江，出席"徐霞客与丽江"学术研讨会。其间，江阴市文化局局长曹金千紧紧握住木光先生的手，诚邀他出席转年在江阴举办的第八届徐霞客国际旅游节暨第六届徐霞客国际学术研讨会，木光先生欣然接受邀请。

事迹（上）

让木光先生难以忘怀的2005年10月16日，这一天，76岁的木光先生携夫人杨若兰女士，终于来到长江下游的江南古城、来到他日思夜想的徐霞客的故乡——江阴。霞客家乡的人民，不忘木氏先祖为自己的老乡徐霞客千里滑竿、百五十余日的救命恩德。江阴市委市政府非常尊重这位续写300多年前徐、木友谊的使者，以贵宾之礼仪安排他的行程，请他在国际旅游节开幕式主席台就座，邀其为徐学国际学术研讨会主席台嘉宾。一时间，江阴民众通过电视、报纸等新闻媒体一睹这位来自西南边疆的纳西族长者的风采。

与木光握手，我感到很亲切，老人是文化口的同行和前辈，他一辈子从事电影工作，而我多年在博物馆服务，都为精神文明建设尽心尽力。

在学术研讨会开幕式上，木光先生发表《学习和弘扬徐霞客精神，让木徐友谊世代相传》的讲话，他衷心希望丽江与江阴的兄弟情缘像长江之水，远源流长，永不中断。木光先生表示，没有想到，在自己76岁高龄的时候，竟然完成了先祖未能到徐公故里拜访的夙愿。

转眼到了2009年10月，木光先生与夫人再次踏上了前往徐霞客故乡的旅程，应邀出席中国江阴徐霞客国际学术研讨会。其间，一个历史性的瞬间定格在摄影师的底片上、摄像机的镜头中。10月21日下午，木光先生与徐霞客第九代孙、93岁高龄的徐挺生老人来到徐霞客故居，在崇礼堂前，在宏祖手植罗汉松下，完成了一次370年时空的跨越。"木徐友情，民族楷模，世代相传。"——木光先生的祝愿；"游圣归去久，木府情意长"——徐挺生老人的心声。两幅装裱精致的墨宝，成为了见证，见证了徐、木友谊薪火相传的重要时刻。

木光先生，为了续写徐、木友谊之华章，表示还要第三次、第四次拜访江阴，朝圣徐公故居。徐挺生老人，曾花了近十年时间，克服年老眼疾，将先祖徐霞客的60余万字的《游记》誊抄了两遍。

时光荏苒，冬去春来，2011年3月27日，木光先生三到江阴。他将先祖木增手书的、对徐霞客充满敬意的"谈空客喜花含笑，说法僧闻鸟乱啼"书法墨迹（高仿真品）赠送江阴市。他还表达了丽江与江阴建立友好城市的愿望。他建议在徐霞客故居开辟一个"木徐友谊"展室，以弘扬两位先贤的深厚友谊。

当时间进入到2013年5月，木光先生欲出席第十届中国江阴徐霞客国际学术研讨会时，却因腿疾未能成行，这使他十分遗憾。他把撰写的文章发给江阴市徐霞客研究会秘书处。《传承千古友谊，共叙未来发展》的论文，阐述了新观点，提出了新建议。

事迹（下）

近年来，自小在心中种下徐霞客情结的木光先生，终于有一种春风化雨正当时的感觉。他的研究不断结出成果，先后发表的研究文章有：《先祖木增与徐霞客的深厚友谊》《徐霞客与悉檀寺的深厚情缘》《徐霞客丽江之行的思考》《学习和弘扬徐霞客精神，让木徐友谊代代相传》《释"谈空客喜花含笑，说法僧闻鸟乱啼"》《徐霞客在丽江的汉文化传播》《传承千古友谊 共叙未来发展》及《徐霞客情系云南人文山川》等。

在春风徐来的2011年4月，以丽江市玉龙纳西族自治县建县50周年为契机，木光先生促成江阴市人民政府派出由副市长张济建为团长，江阴市徐霞客研究会会长陈捷元及副会长陈楠、徐伟忠、唐汉章为成员的代表团，参加庆典活动。其间，在中国徐霞客研究会会长张宏仁，丽江文化研究会会长杨国清等见证下，江阴市副市长张济建和玉龙县副县长木志英签订了缔结友好城市框架协议。

又是一个值得记住的日子到来了，2012年6月1日，在玉龙纳西族自治县龙蟠乡的龙蟠小学，孩子们穿着节日的盛装，参加一个隆重的奠基仪式。这是在木光先生和江阴市徐霞客研究会的共同努力下,江阴全顺汽车贸易公司捐资50万元兴建的"徐霞客楼"开工仪式。木光先生说,在这里建"徐霞客楼"不仅仅考虑到学校的需要,还有一个原因是,这里位于长江正源金沙江畔,徐公一辈子为探索长江源头,历尽千辛万苦。今天我们纪念他,在这里兴建这样一座标志性建筑,意义非同寻常。

转年"六一"儿童节这天,天朗气清,风和日丽。象征着江阴人民与纳西族人民友谊的师生宿舍"徐霞客楼",屹立在龙蟠小学内。学生们以自编自演的舞蹈,向远道而来的客人表达真诚谢意。全校160余名师生,告别了多少年来每日奔波于山间小路上下学的辛苦。全顺汽贸公司还向学校捐赠了电脑、图书,并捐资10万元设立"助教奖学金"。

谱说

江阴有一个谱牒文化协会,我与之时有交往。看了瑞升著述的《木府血脉》,发现其与传统的年谱编写方式有明显不同。他在继承传统年谱写作的基础上,有所创新。首先,把丽江木府近百年的历史变迁涵盖其中,把徐霞客与木增的友谊及其后人的研究成果当作重要内容纳入,把影响谱主人生的几个人物,也以简洁的笔墨记录其重要的人生节点,这些人物包括曾经统治云南16年、签批木光父亲木琼袭承丽江土通判、新中国成立后担任中央人民政府要职的"云南王"龙云;有历史学家的表叔方国瑜;有20世纪30年代加入中共、新中国成立之初担任政协云南省委员会秘书长、后含冤入狱20年、获释后继续在云南省担任重要职务的亲舅李群杰;还有美籍学者约瑟夫·洛克,他在木家院翻拍《木氏宦谱》图片,著有《中国西南古纳西王国》;还有俄国人顾彼得,其著有记述丽江生活的《被遗忘的王国》一书,书中记录了木府状况,以及木氏土司后人的一些生活细节、生存状态等。这种以年谱为经脉的记史之法,具有独到之处,是一种大胆的尝试。

瑞升把有些看似与谱主没有直接关系的人和事收入书中,其实,这些间接的材料,与谱主的身世有着内在的、千丝万缕的关系,是不可或缺的史料,这些内容使本书翔实、立体、全面及多视角。

瑞升将谱主放在时代的大背景下,把重要的历史事件、史料、数据——特别是国内的一些重要信息按年录入,以"时代背景"的形式述之,使读者有高屋建瓴的从容。而"丽江记事"则再现了一隅西南的丽江,其小社会风云变幻的历史实况。

在编辑体例上,瑞升针对不同的材料,或重或轻、或多或少的需要,直接引用和间接引用相结合,有些是全文收入,有些则采用摘编、摘录、摘要的方式,表现形式的多样,让阅读不觉枯燥。据瑞升讲，本书的装帧，也会突破常规年谱的"学术"设计模式，采用较为活泼的版式设计，让内容与形式达到较为完美的统一。

缀言

　　从第一次与瑞升在老的江阴市博物馆门前握手，转瞬间十年过去了。行动力极强的瑞升，为自己留下了一串足迹，也为江阴的徐学研究留下了墨痕。从他的《上道就好》到《徐霞客 丁文江研究文稿》再到《跟着徐霞客去旅行1》，都浓墨重彩描绘了江阴、记录了徐霞客、记述了他自己在霞客故里的感受。凭着对霞客的热爱，激情浩荡12年，于去年胜利完成重走霞客路的计划。时间远远超出了当年的设想，可见这中间的艰辛，但其初衷不改的恒心，让他赢得了更大的收益。正当我为他12个春秋累计出行234天，行程达69253公里，相当于围着赤道绕了一圈半还要多的功绩高兴的时候，这部40多万字的《木府血脉》书稿摆在了我的案头。

　　此时此刻，我庆幸得到这个千载难逢的机会。仔细回忆，刘、木的五次见面，除最后一次是瑞升到临沧木光先生家中访谈，之前的四次相聚我都在场，我感到高兴，高兴我成为他们相见、相识、相知的见证人；我为瑞升高兴，如此重要的选题被他慧眼识珠，功在后世；我为木光先生高兴，在他安享幸福晚年生活的时候，一笔宝贵的人生遗产得以记录、得到传承，功莫大焉！

　　我清楚地记得，十年前，我在瑞升的题词本，恭恭敬敬书写上徐霞客的诗句：

　　　　春随香草千年艳，

　　　　人与梅花一样清。

　　此时此刻，我对诗意又有了一层新的理解。

唐汉章

2014年5月19日完稿于江阴

恰逢第4个中国旅游日

唐汉章
江阴徐霞客研究会副会长兼秘书长，
曾担任江阴市博物馆馆长。

二、在神奇的大地深耕厚植

年谱之例，肇始于赵宋一朝，故今有年谱存世者无早于宋者，有清一代登峰造极，达到鼎盛。年谱系纪传和编年二体史书之另类演变与发展格式，至今存世的各种年谱中以清代年谱居多。

年谱是按照年、月、日，专门记载一个人生平事迹之传记体裁例，是一种以年岁为纲之传记作品。年谱之记事有时会精细到以日为单位，又称为日谱。亦有人自定日谱，作为省身记功过，以为策励习行之工具，犹如今之日记。

按年为谱，用编年体裁记载个人生平事迹之著作，缀辑事迹以为书者，被谱述的人物，称为"谱主"，多为世间名贤魁士。年谱以谱主为核心，以年月为经纬，将一切有关活动均以介绍。可供研究谱主人生世变、坎坷曲折、悲欢离合、生平遭际之夷险隆污做参考。年谱大多是后人就其著述及史籍所载事实考订编次而成，非有谱以精考其年月次第，无由得悉其详实。

于是编年之例通于纪传，年经月纬，始末昭然，盖一生从事于何种事业，论撰之间，其道德文章、思想智慧，既与年俱进，又各随所遇而不同，篇幅长短各异，宋元明清及至民国，年谱之作，代有佳作问世。举以近世而言，1929年无锡钱穆撰《刘向歆父子年谱》（1930年《燕京学报》第七期），经苏州顾颉刚先生不吝推荐，刊行于世，蜚声史界，一时暴得大名，跻身大师之列，后人效仿，自在情理中。

刘瑞升先生所撰《木府血脉》已远远突破了一般年谱著录格式，先叙该谱著录情况及谱主生平大略，记述谱主之生活阅历、交游与名衔，其记事视有无内容而定，逐年胪列，都有明确记述，其便参考。与此同时，文中链接了诸多国际国内大事记、与谱主有关联的人物事迹及相关论著摘引，并即以人物搜集连带资料，着意论列；次叙年谱所叙细节，并间有编者评论附着，构成刘著颇富价值之看点，以木光先生与所涉人物间之关联串起了八十余年间西南中国云南地方史，此种举措，体例上属于创新，抑或失范，有待读者和专家考虑、验证。

远明之季，江阴梧塍徐弘祖先生远游，有幸与丽江木府生白公因缘际会，相见恨晚，把臂畅叙，纵论天下英雄名士，居则饱览居庐骈集、萦坡带谷、满城春色之丽江纳西古城；食则品赏纳西礼宾盛宴八十大肴，辞别闲暇挑灯夜战为修皙清俊、宛若江南士子之木氏子弟评阅作文，品题雅颂各得其所。徐公滇游未果，身处贫病困苦中，几近身残，生白公推阐纳西民族待客礼宾朋道，义薄云天，遣八位纳西大汉历时半年，以笋舆抬徐公至黄鹤楼，堪称空前绝后之壮举，徐公方得仰赖驻鄂乡党游宦关照，得以顺水推舟，在暮年得以终老乡梓父母之邦，完成今日大名垂宇宙之《徐霞客游记》撰著和修订刊行前诸多事宜。可以毫不夸张地断言宣称：没有纳西族，今日世间哪有《徐霞客游记》存世？这理当是今日国际徐学研究中对丽江木氏及纳西族伟大贡献之准确定位认知。

我与刘瑞升先生结缘于徐学研究事业途程，注定有缘。近年我对丽江木氏历史文化多所瞩目，自然也十分重视对徐霞客与木氏家族间深厚情意与历史缘分及相关史实细节做考求探究，对徐学研究也略有旁涉，更有幸在丽江和江阴、无锡、南京、上海等地与一大批瑞升先生同道，当代徐霞客群体和徐学研究者结识。他们执迷于山水烟霞，登临世间奇伟瑰丽之山岳，涉足清碧透彻之濯濯清流，结识民间有真知灼见之高士韵人，僧道仕宦，乡野村夫童妪，识见非凡，明证道在江湖，高人在民间。

举凡徐霞客足迹舟车所至处，瑞升先生均亲历观览访问，秉持读万卷书，行万里路，阅无数人，悲悯苍生，求知天下之理念为标的，成为芸芸众生中独绝另类，特立独行，对于目下声色犬马，几近兽行，物欲横流，唯官是从，腐化堕落，无耻盲从之时风而言，刘先生无疑是难得的清醒者。

人生在世，称意与否亦不过数十寒暑之交替，除去日常的生存生计之累，有余力和志趣者理当壮行天下，饱览祖国大好河山乃至寰球胜景。毛泽东主席曾有"我想学徐霞客"的构想。可知徐霞客壮游天下的心志和行状，无论在当时还是现今，乃至后世，只要人行天地间，注定还会有新生徐霞客传扬不绝。

瑞升先生壮行以来，游踪遍及大江南北，钟情于彩云之南，回味春城金马碧鸡绝代风华，追寻银苍玉洱之间南诏大理故国，奔走金江玉岳深处之古纳西王国，探访鸡足山佛国妙境、腾越澜沧奥区秘境，云之南无限斑斓风光让他心驰神往，流连忘返。尤其对吾乡丽江，更是觉着冥冥中与他存有前世缘分，有着心灵感应，不断畅叙心语，物我相证，人生哲理，不言自明。

瑞升先生由徐学研究而接近丽江、纳西族，接近木氏家族，感悟了人世情缘，他十分敏锐地注意到纳西民族神奇、美丽、丰富之文化和精神文化气质独异之纳西人，迷醉于丽郡美绝人寰之自然风景和人文遗迹、历史传统。多年深耕厚植，或许他领悟了"以人为本"的大同思想之妙谛，开始思索木氏家族的史乘中每一辈土司和先人，品读其诗文，领悟其心志和情趣，惊异于木氏家族自唐朝武德年间以降，绳绳相继，文武之道，一张一弛，绝妙应对之策和跌宕起伏之历史进程；继而用心理悟纳西民族身处汉藏之间，心止佛乘，神游三界六道之宇宙观；尤其对"一座土司府，半部民族史"这一有着一语成谶式破题联语有彻悟理会。

木氏家族历经唐、五代、宋、元、明、清、民国传扬至今，人才辈出，名流纷呈，为公为侯、为将为帅者不绝于代，持续盛景不以朝廷易代而止息；吟诵成风，文风浩荡，不绝如缕。雪山（木公）振始音于前，生白（木增）绍家风于后，文脉世代流传，富贵声名远播，金声玉振诗书传家，高风名节载诸青史。

以"忠义"立信，享元之世，蒙古可汗以茶罕章管民官，授予世袭罔替之土司职位。朱明定鼎金陵，木氏先祖诚款内附，太祖爷洪武高皇帝钦赐姓木氏，锡袍笏金带，极一时之盛。清承明制，顺康雍三朝天下鼎沸，木氏识天命有在，为国干城，周旋于吴逆、伟大的五世达赖喇嘛、清廷皇帝及蒙古和硕特部之间，与平西王吴逆势不两立，恪守忠心，严守法统道统正道，宁死不屈，殊为难得，其迹昭典。

木公诗"忧国不忘驽马志，赤心千古壮山河"。木靖诗"金沙万里走波澜，舆图虽尽天犹广"足以标明木氏天下观之浩大，虽身处边地，而忧朝堂；位虽卑渺，却未敢忘国恩。木氏家族千余年的历史世系承绪传扬，谱牒承接，文治武功，有功于地方、民族、国家。《明史·土司传》从国史层面赞云："云南诸土司，知诗书，好礼守义者，以丽江木氏为首。"堪为尊重史实，客观允当之论，当然也是史家超凡之史识。

谱主木光先生为木府第48代嫡长，生于革故鼎新之际，幼时承家学，历经世变，命悬一线，八十余年人生途程，曲折起伏，历经磨难，却吉星高照，有幸在其舅父纳西族革命者、著名书法家李群杰先生精心照拂下，得以避开丽江地方极左思潮下凶悍恶行之冲击，于澜沧江畔之临沧地方，默默生存，以放映电影、译制民族语电影、修理电影器材等造福各民族群众。靠吃文化饭、干技术活而赢得了边地各民族群众广泛敬重。得失冷暖自知，谨守人格尊严，荣誉与声名鹊起，荣任数届省政协常委等职衔，参政议政，功归国家。作为木氏后人，木光先生坚守行不更名、坐不改姓之古训，无论身居何地，面对任何福祸，泰然处之，决然应对。木光先生晚年以弘扬木氏家族历史文化、无愧于英伟先祖为己任，致力于整理收存木氏家族历史文献、探究历史真相，志在千里，虽已是人生暮年，却精神抖擞，倔强刚劲，慷慨激昂，身体力行，实属难能可贵，祈愿康健平安。

古语谓"一叶知秋""每一滴水珠都反射太阳七彩光辉"。"大风过处，摇曳者不只是招风的大树，同样吹拂着地面小草"。个人历史自然也是大历史有机组成部分，同样反映着时代剧烈变迁转型。本著中所记载之内容，以谱主木光先生为核心，旁涉国内外、省内外，古今中外熔于一炉，实属不易。文中对细节考叙详备，则充分体现瑞升先生为人为文、实事求是、认真负责之高风，这在当下确属难得严谨之举！

瑞升先生与我相识已近十年，此前已拜读过先生著述数种，图文并茂，文笔清雅流畅，文如其人。此番瑞升先生能够聚焦木府嫡长木光先生生平事迹，家事国事天下事，事事关心，编撰年谱，收集材料，拜访专家，远行万里，感悟人生，撰成此著，可喜可贺，我辈理当额手称庆。鉴于书前已有位高权重、名尊誉隆者高头大章宣示要旨深意，拙文权充狗尾续貂，诚愿不污瑞升先生大名及尊著。

人生世间，无论万物过我，或我过万物，惜缘、知恩理当为首要之义。

如是我闻！谨为跋。

丽江 木仕华谨识
2014年大雪节气于京郊畏兀儿村

木仕华
纳西族，
中国社会科学院民族学与人类学研究所研究员。

三、点亮真诚心灯，轻叩木府文脉

一

有人曾经问我，为何给木光做年谱？是因其祖上是丽江的"父母官"——统治丽江400多年、皇帝老儿曾为其立石坊题"忠义"的木氏土司？还是因为他曾被推举为云南省政协委员？贡献大、成就巨的人士多矣，怎么会轮上木光呢？

一友直言道："莫非瑞升兄受雇于木家，得到足够的银两后愿意充当'枪手'？"

我笑答："雇佣不够格，'枪手'不敢当。主动请缨为其'树碑立传'倒是事实。"听者愕然。

我一本正经地说："写作年谱是我自愿干的，就像我'重走霞客路'一样，全部自费。比如，前往临沧采访木光的机票、为写作购买五六十部相关书籍、几十万字素材的打字费等，都是自掏腰包。"听者不敢相信自己的耳朵。

我坦言："木光之女曾希望我不要写，写作势必要打扰其父亲。她说她的家人仅想让老人家安度晚年。"当然，最后我说服了木光的家人。

我以为，这是一件与利益无关的事，这是一件我愿意做的事，且不接受任何干扰的事。

二

认识木光缘于徐霞客。

2005年10月，我第一次参加在江阴市举办的纪念徐霞客的活动，开幕式上见到了木光夫妇。才知道，这位76岁的老人是徐霞客的生死之交、丽江木氏土司木增的后人。对于一个徐霞客研究者来说，不啻是一个重要线索。木光是第一次到江阴，开幕式后，会议组织者就安排丽江客人参观去了。我没能与他有什么交流。

4年后的2009年10月，80岁的木光和徐霞客的第九代后人、93高龄的徐挺生在徐霞客故居互赠墨宝。我用镜头记录了这个珍贵瞬间。

转而到了2011年3月，我第三次在江阴见到木光。其实，上述的三次见面，仅是礼节上的寒暄，并无过多的交流。

2011年4月，我陪同中国徐霞客研究会会长张宏仁，前往云南省玉龙纳西族自治县，参加该县成立50周年纪念活动。在丽江机场贵宾室，木光先生以纳西族最高礼仪送给我们每人一把丽江古城金钥匙。此次丽江之行，82岁的木光先生全程陪同，观看文艺演出；参加玉龙纳西族自治县与江阴市缔结友好城市签订框架协议的仪式；还参观考察了黑龙潭、福国寺、玉水寨。我们相互有了进一步的了解。

决定性瞬间发生在2012年12月初，我休假到丽江小住。启程前致电定居临沧的木光，告知我准备把上年出版的《徐霞客 丁文江研究文稿》一书带到丽江，放在其女儿处，书中登载了数幅他的照片，请其女儿适时转给他。木光把女儿的电话给了我。

几年前，木光的两个女儿从临沧迁居丽江。见面时，木光的女儿送我一册木光编著的《木府风云录》。

三

回到寄居的客栈，在丽江冬日暖和的阳光下，懒散的我躺在院子里的一把藤椅里，翻阅着这本集木光10年心血编著的《木府风云录》。看着看着，在我脑海中出现了一个个假设：

假设社会没有变革，木光也许像其父亲一样，在他生活的某个时候，会接到云南省政府主席签批的任命其承袭丽江土通判职令。如果追溯到明、清时代，袭职为木氏土司，那可是"大兵临，则俯首受绁"（徐霞客语）；大兵离去，享用"宫室之丽，拟于王者"（徐霞客语）的生活。

假设时世没有变迁，木光也许像其先祖木增一样，早早归隐山林，写诗赋文、教育子弟；或招迎中原文人到丽江，诸如徐霞客、担当和尚等，促进文化交流，畅谈书画，挥毫作文；或与像杨升庵、张志淳、董其昌、周延儒、张邦纪等名士一样的骚人墨客诗书往来，互相酬唱。

假设环境没有变化，木光也许像其祖祖辈辈一样，在丽江木府家院或白沙老宅或福国寺家庙终其一生。

历史没有假设。

社会的变革，让木光成为自食其力的劳动者。随着社会变革的潮汐，他从丽江木氏土司府到昆明求学、谋生，不久辗转流落到了边地临沧，靠自己的技能从事少数民族语电影的译制、发行、放映工作，还迎娶了汉族姑娘为妻，生儿育女，安家、落户、立业。

时世的变迁，让木光参政议政，担任了政协云南省第六届委员会委员，第七、八届常务委员，搞调研、提议案，为边疆少数民族群众代言。

环境的变化，让木光致力于祖先木增与徐霞客事迹的研究，而钻研木氏土司的历史文化成了他晚年的一大乐事，撰写文章、参加活动是他生活的重要组成部分。

四

就是在这个阳光明媚的上午，在丽江一家客栈的小院，我忽然产生一个念头：我与一位逝去370多年的古人——徐霞客交集多年，又是重走他走过的路，又是为他著书立说，还三番五次地到他的家乡访问，并在那里与3000公里外、滇西南澜沧江畔的一位"杖朝"之年的老者——木光，一而再再而三地相见。这次次的相聚，莫非是苍天让我们相识相知？冥冥之中是否已设定了一个悬疑，让我，并通过我，以木光为线索记录些什么。

童年木光、少年木光生活的年代，是一个风云变幻的年代，是一个时事纷扰的年代：封建王朝退出了历史舞台；民国政府在喧嚣声中匆匆登场；外辱入侵、军阀混战等。青年木光迎来了新中国，亲历了一个接着一个的运动。当然，还有改变了无数中国人命运的改革开放。

怎么把只有在这个特定历史时期出现的光怪陆离、杂乱无序的故事编织在一起呢？我想到了年谱这种形式。

五

"叙一人之道德、学问、事业，纤悉无遗而系以年月者，谓之年谱。"（朱士嘉：《中国历代名人年谱序》）在这个定义的基础上，我还把自1929年木光出生以来，与木光或木府相关的一些人和事，加挂在其相应的年月上。这样一来，就出现了以下一些人物和他们的事迹：

龙云，签批任命木光之父木琼承袭丽江土通判职的民国年间云南省政府主席，1949年后担任中央人民政府委员，兼人民革命军事委员会委员。

约瑟夫·洛克（美），曾在木家院拍摄《木氏宦谱》图片后，为怀抱刚满一岁木光的木琼拍照的学者，著有《中国西南古纳西王国》。

顾彼得（俄），曾在其著《被遗忘的王国》一书中，记录了木家院的境况，以及木氏后代的生活情况的学者。

被誉为"纳西族人民的好儿子"的木光表叔方国瑜，撰写了《木氏宦谱》《木氏宦谱图像世系考》《徐宏祖撰〈徐霞客游记·滇游日记〉》等文章。

木光舅舅李群杰，20世纪30年代曾担任中共云南省特委书记，后蒙冤达20年，平反后任云南省政协专职常委等职。

另外，本书收录了包括刘敦桢、罗常培、万斯年、李一氓、黄裳等学者写作的与木府有关的著作或论述。还把部分纳西文化研究者、徐霞客研究者发表的论文，或出版的著作亦辑录在相应的年月里。比如李霖灿、赵银棠、朱惠荣、白庚胜、木庚锡、杨福泉、段世琳等。

六

在编写这部年谱的日子里，我阅读了木光担任政协云南省委员会委员、常务委员期间的大量提案、建言以及参加各类活动的发言，其内容涉及的多是临沧地区高寒地区扶贫脱贫、边远山区学校建设、少数民族儿童辍学或低龄化新文盲、边境缉毒扫黄、境外宗教渗透等急待解决的民生问题，当然还有科技、经济、人口等方面的文章。我发现，每一个问题的提出，都伴有大量的调查数据、具体事例加以说明，还有解决办法。小到每场电影放映补助的费用多少比较合理，哪条县乡公路在什么地方相连为宜，有多少人接受境外宗教培训，外流教师的人数、原因、解决方式等，其内容往往是以小见大，具有忧国忧民的情怀。虽然显得琐碎庞杂，但这是"亲力亲为"的成果。我以为，这是这个历史时期来自最基层的最真实的调查报告，我尽量取其精华予以收录。

我作为一个与丽江与纳西族与木府与木光没有任何关联的编者，凭着热情热心热爱，试图用一颗真诚的心，轻叩木府文脉：以木光为线索，展现百年木府风云；追寻四五百年间木氏土司诚心报国；由此上溯到宋元以来木氏家族的文治武功。我想，这是一件值得做的事情。

在为编写这部书稿做准备的日子里，我的眼前时常浮现各个年代木光前行的身影，我也听到了同时代许多人的脚步声。木光的心路正是无数人的心路。他的苦痛、他的期盼及他的欣慰，应该是很多中国人的苦痛、期盼和欣慰。

作为书稿编者的心路，你懂的！

七

必须说的感动的话：

在编写本书初始，我首先想到了有做年谱经验的宋广波先生。宋先生供职于中国社会科学院近代史研究所，著有《丁文江年谱》《丁文江图传》《胡适红学年谱》等，是年轻有为的学者。我与他相识于2007年，当时我们一同到江苏省泰州市，参加纪念丁文江诞生120周年活动。本书还是初稿时，我便迫不及待请他切脉。正忙于一个重要编纂工作的宋先生，挤出不少时间读了书稿，书面提出30条意见和建议，让我受益。

木仕华，纳西族年轻的民族学研究者。近年来大凡与徐学有关的活动，都有他的身影，他在中国社会科学院民族学与人类学研究所工作，著作颇丰：《马学良评传》《东巴教与纳西文化》等。当得知我为目前行世的《木氏宦谱》内容误讹较多，又无一个较为准确的底本而苦恼时，他告诉我，方国瑜先生当年以一部《徐霞客游记》从木氏后人手中换得的《宦谱》，目前藏于北京大学图书馆。

如果能以该本《宦谱》为底本审校，再好不过了。他提醒我，写作时一定要注意民族关系的表述等，给我启发。

唐汉章，江阴徐霞客研究会副会长兼秘书长。唐先生的跋文，梳理了两个时代徐、木友情的关系，是本书不可或缺的背景材料。汉章多次接待木光老人并访问丽江古城，他的记述让我这有些沧桑味的书稿平添了现场感，颇有直击的真切。与汉章的交谊，让我感慨：徐霞客的追随者，在路上不会举目无亲。徐霞客的名字、徐霞客的魅力，能够让素不相识但有相同愿景的人一见如故，终生相知。

白庚胜，以致力于纳西学崛起为己任的国际纳西学学会会长，著作等身。现任中国作家协会党组成员、书记处书记的白先生公务繁忙，挤出时间与我晤面。在我向他介绍本书的时候，他对这个选题产生了极大的兴趣，抑制不住高兴的情绪，客气地插话，建议书名叫《木府血脉》，我以为此乃点睛之笔。其《滴水鉴大海》的序文，可认为是白先生对本书的殷切希冀，让我感触良多。

八

关于年谱的价值，清初学者全祖望在《施愚山先生年谱序》中说："年谱之学，别为一家。要以巨公魁儒事迹繁多，大而国史，小而家传墓文，容不能无舛谬，所借年谱以正之。" 古代的年谱一般所记的都是"巨公魁儒"之事迹，反映的人物和事件具有珍贵的文献价值，且传达了较为可信的历史真实。今天，本谱编者不揣谫陋，妄自为一个非"巨公魁儒"的人物做年谱，也许贻笑大方了。

最后，还有一事必须郑重说明：本书遵循写作年谱作品之惯例，所引文字资料均注明出处，包括作者姓名、书名或文章名称、发表时间及出版单位等。凡图片除本书编著者拍摄及木光先生提供之外，其余作品多注明作者或提供者姓名。部分不明作者的图片，标示"资料照片"备查。尊重原作者著作权，本书编著者责无旁贷，即或如此，仍难免有不妥之处，敬请相关人士谅解，若需商酌，请与本书编著者联系。

刘瑞升
2014年12月21日于北京平西府明德堂

四、补记

刘瑞升

① 在编写本书的过程中,我发现对于同一事物,各家说法不尽相同,本书原则上依文而录,标明出处。比如,木光认为自己是34世,而洛克则说是33世,木星以自己与木光是同辈人的身份说明是33世。再如对"琉璃殿"的记录,著名建筑学家刘敦桢在其著作中有明确描述,而《丽江纳西族自治县志》在引用时,却有明显差异等。另外,由于一些原因,部分很有价值的文献资料未能收入本书,包括原计划辑于每年之始"时代背景""丽江记事",还有顾彼得在《被遗忘的王国》中记述他亲历的有关木氏后辈的事情等。特此说明,在此不一一赘述。

② 2014年8月下旬,我专程前往丽江,欲就一些事情或不够明确的事件到档案馆查询资料,以充实本书。比如,木家院在1949年前后的变化、木琼入狱及出狱的情况、土地改革时木光家的状况等。然而,在县、市档案馆都吃了闭门羹,被告知没有。这让我不免失落。回到古城已是傍晚时分,我来到四方街,欲在曾经数次来丽江都探访过的书店里,寻找关于丽江的过往或是一些风物掌故什么的书籍。让我呆若木鸡的是,四五年前在几条巷子里,都能看到的书店——虽然门脸很小,稍不留神一步就从门前跨过——如今却销声匿迹了。我记得当年每家店里淘书的人不少啊!看来,在当下靠卖书已租不起一间小小的铺面房了。这些小书店比不了一间间酒吧之吸睛、之炫目,能够让丽江旅游"魅力四射"。但我以为,书店虽小,却是一个符号,传扬着纳西历史的缤纷,散发着纳西文化的芬芳。我很是怅然。记得那晚,站在石板路上,看着纷纷攘攘的四方街及其向四方延伸开去的巷子,一个个猩红色的灯笼一字排开,单只看,充满了喜悦;而结集在夜色中一溜儿晃荡,似乎有些暧昧和狰狞。

③ 2014年12月22日,难忘的日子,我与科学普及出版社副主编杨虚杰晤面。她对本书表示出极大的兴趣,至此本书进入了出版环节。2015年2月18日,农历年三十上午,我给尚在云南丽江

的杨虚杰发短信："你是我遇到的最令人佩服的出版人。"她与本书美术编辑在丽江工作了三四天，于大年三十傍晚才回到北京。我是在不同的出版社出过几本书的人，敬业的、专业的社领导和编辑也接触过不少，但是杨虚杰先生更值得托付。当然，还包括美术编辑林海波先生及责任编辑胡怡女士。

④ 2015年2月，我收到陕西作家唐应坤先生书写的汉字"木府血脉"及纳西族学者李静生先生的东巴文字题签。书法是作家唐应坤的业余爱好，而李静生先生的主业是纳西文化研究。二位先生的作品为本书增光添彩。

2015年3月

图书在版编目（CIP）数据

木府血脉 / 刘瑞升编著. —— 北京：科学普及出版社，2016.3
ISBN 978–7–110–09350–4

Ⅰ. ①木… Ⅱ. ①刘… Ⅲ. ①纳西族 – 民族历史 – 丽江地区 Ⅳ. ①K285.7

中国版本图书馆CIP数据核字(2016)第039425号

策划编辑	杨虚杰
责任编辑	胡　怡
装帧创意	林海波
设计制作	犀烛书局
责任校对	刘洪岩
责任印制	马宇晨

出版发行	科学普及出版社
地　　址	北京市海淀区中关村南大街16号
邮　　编	100081
发行电话	010–62103130
传　　真	010–62179148
投稿电话	010–62103136
网　　址	http://www.cspbooks.com.cn

开　　本	720mm×1000mm　1/16
字　　数	405千字
印　　张	24
版　　次	2016年5月第1版
印　　次	2016年5月第1次印刷
印　　刷	北京华联印刷有限公司

书　　号	ISBN 978–7–110–09350–4/K·142
定　　价	98.00元

（凡购买本社图书，如有缺页、倒页、脱页者，本社发行部负责调换）